工作的身體性

服務與文化產業的
性別與勞動展演

Embodiment in Work :
Performing Gender and Labor
at the Workplace in Taiwan

張晉芬、陳美華　　主編

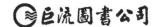巨流圖書公司

國家圖書館出版品預行編目（CIP）資料

工作的身體性：服務與文化產業的性別與勞動展
演／張晉芬,陳美華主編 .-- 初版 .-- 高雄市：
巨流 , 2019.07
　　面；　公分

ISBN 978-957-732-581-5（平裝）

1.勞動問題　2.性別研究

556　　　　　　　　　　　　　108009243

工作的身體性：
服務與文化產業的性別與勞動展演

主　　　編	張晉芬、陳美華
責 任 編 輯	邱仕弘
封 面 設 計	Charles Chen

發　行　人	楊曉華
總　編　輯	蔡國彬
出　　　版	巨流圖書股份有限公司
	80252 高雄市苓雅區五福一路57號2樓之2
	電話：07-2265267
	傳真：07-2264697
	e-mail: chuliu@liwen.com.tw
	網址：http://www.liwen.com.tw

編　輯　部	10045 臺北市中正區重慶南路一段57號10樓之12
	電話：02-29222396
	傳真：02-29220464
劃 撥 帳 號	01002323 巨流圖書股份有限公司
購 書 專 線	07-2265267 轉236

法 律 顧 問	林廷隆律師
	電話：02-29658212

出版登記證	局版台業字第1045號

ISBN 978-957-732-581-5（平裝）

初版一刷・2019 年 7 月
初版二刷・2021 年 9 月

定價：650 元

作者簡介

* 依文章順序排列

吳怡靜

成功大學性別平等教育委員會校聘組員（ejingwu@mail.ncku.edu.tw）。高雄醫學大學性別研究所碩士。目前關注於校園性別平等事件調查、處遇及校園 LGBTQ 族群處境議題。

王秀雲

成功大學醫學院醫學系副教授（hsiuyun@mail.ncku.edu.tw）。美國威斯康辛大學麥迪遜分校科學史系博士。研究興趣為醫療史、性別研究、性別與科技。目前正進行台灣戰後科學及醫療史研究。

楊雅清

台中市中港高中國中部專任教師（ycyang0416@gmail.com）。中山大學社會學系碩士。從事模特兒工作近 10 年。研究興趣為身體社會學、勞動社會學、海洋與社會。著有〈隱形的雇主、不被承認的勞工〉一文，收錄於《人間社會學》（2014，群學）。

賴淑娟

東華大學族群關係與文化學系副教授（sclai@gms.ndhu.edu.tw）。美國密西西比州立大學社會學系博士。研究興趣為族群關係、台灣原住民研究、性別研究、家庭社會學、勞動研究。目前正進行台灣文面族群女性編織勞動之過程與社會位置流動的研究。

羅中峰

佛光大學文化資產與創意學系副教授（cflo@mail.fgu.edu.tw）。台灣大學
社會學系博士、中國美術學院美術史論研究中心博士。主要研究興趣
為中國美術與文化史之銜接、中國文人生活美學，以及台灣美術史、
原住民文化資產與當代藝術創作。

張晉芬

中央研究院社會學研究所研究員（chinfen@sinica.edu.tw）。美國俄亥俄
州立大學社會學系博士。研究興趣為勞動市場、性別研究、社會階層
化。主要出版品之一為《勞動社會學》（2015，政大出版社）。目前正
進行台灣醫護人員的勞動過程與待遇之研究。

葉怡廷

陽明大學醫學生（st8111110@gmail.com）。陽明大學公共衛生碩士學
位學程碩士。碩士論文《「每個人的身體都不一樣」：居家服務中的身
體工作》獲頒「2017 年台灣社會研究學會批判與實踐博碩士論文優等
獎」。研究興趣為長期照顧、照顧研究、身體社會學。

王潔媛

輔仁大學社會工作學系助理教授（142698@mail.fju.edu.tw）。台灣大學
社會工作學系博士。研究興趣為外籍看護工的勞動經驗與社會融合、
失智照顧及社區工作。主要出版品散見各專書，包括《長照機構失智
照護之法律實務》（2017，洪葉文化）、《長期照顧概論》（2012，洪葉
文化）及《老人福利》（2017，華都文化）。近期研究成果發表於《台
大社會工作學刊》及《社會政策與社會工作學刊》。

陳美華

中山大學社會學系教授（mc153@mail.nsysu.edu.tw, meihua153@gmail.com）。英國約克大學婦女研究中心博士。研究興趣包括工作與性／別、親密關係、性產業政策。相關研究成果包括本地性工作研究、兩岸跨國性遷移，以及對異性戀常規性的批判，已相繼刊登於中、英文期刊。

蘇毅佳

中山大學社會學系碩士（ss920635@hotmail.com）。碩士論文《從「禁忌」的身體到「合宜」的身體：禮儀師的勞動過程分析》獲頒「2017年台灣社會學會碩士論文獎」。研究興趣為性別研究、勞動與教育社會學。

陳伯偉

東吳大學社會學系副教授（boweichen@scu.edu.tw, chenpowei6967@gmail.com）。英國伯明罕大學社會學系博士。研究興趣為階級與文化研究、性／別與障礙研究、身體與情感研究。近期研究成果發表於 *Gender, Work and Organization* 及《人文及社會科學集刊》。目前正進行障礙情／慾、親密關係，以及障礙親職實作的研究。

王宏仁

中山大學社會學系教授（hongzen@g-mail.nsysu.edu.tw, hongzen63@gmail.com）。澳洲國立大學亞太研究學院當代中國研究中心社會學博士。研究興趣著重於越南台資企業、台越婚姻、勞動移民。目前正進行親密關係與家族企業的研究。

目　錄

序言

　　本書收錄的文章主要包含三個主題：工作、身體、性與性別。其中任何一個面向都可以單獨成為一個研究主題或一本書籍。將三個主題結合在同一本書中，不僅是要顯示議題之間的交織性，也是要說明：早期以製造業男性及其陽剛的身體作為「工人」、「勞動者」的社會想像（Acker 1990）已然無法解釋當前服務業與女性受薪階級的日常勞動圖像。[1] 尤其，過往勞動社會學常以男性工人階級關心的議題，以及製造業勞動過程的霸權／專制觀點，作為核心理論圖式的研究途徑，明顯無法適當地勾勒當前女性在服務業中的勞動形態與勞動過程。

　　台灣自 1995 年開始，服務業的就業人數就突破所有就業人口的 50%；即使在那之前，服務業所占比例也高於製造業。2017 年服務業的就業人數超過 673 萬人，其中女性占了 54%。在台灣，除了學位論文之外，大概是到藍佩嘉（1998）、陳美華（2006）等人的研究發表之後，關於女性低階白領工作的勞動過程、身體和情緒勞動的操作、當代服務業與性／別的期刊或專書論文才逐漸增加。[2] 這應是與大量互動

1　Acker, Joan, 1990, "Hierarchies, Jobs, Bodies: A Theory of Gendered Organizations." *Gender and Society* 4(2): 139-158.

2　藍佩嘉，1998，〈銷售女體，女體勞動：百貨專櫃化妝品女銷售員的身體勞動〉。《台灣社會學研究》2: 47-81。
　　陳美華，2006，〈公開的勞務、私人的性與身體：在性工作中協商性與工作的女人〉。《台灣社會學》11: 1-55。

式服務性質工作的興起以及被認為符合女性特質、女性天生就會做的
刻板認知有關。同時,服務性工作流動性高、偏向個人式的服務,也
不如工廠內的勞工般較易凝聚集體意識和抗爭動力,早期的相關研究
因此較少探討服務業勞工的自主和性別意識。服務性工作中的互動過
程、勞動結果、具有性別意涵的各式身體勞動需要更多研究能量的投
入,讓個體的勞動血汗和過程被看見。

　　服務業中屬於女性的工作並非都需要與服務對象或客戶直接互
動,然而,即使是「單純的」性/別化身體的公開展示,在面對群眾
或觀眾時,仍需要展現適當的表情和肢體動作。在早期、當台灣社會
的經濟尚未起飛之際,雖然服務業只是初具發展,但商業銷售活動已
開始利用女性作為產品代言人。在第一個單元「**美學勞動**」中,吳怡
靜及王秀雲的〈性別、勞動身體與國家:台灣商展小姐,1950s-1960s〉
藉由歷史和訪談資料,勾勒出台灣在戰後動員女性展露身體美學的勞
動過程,並探究勞動者的自我認知。這些身體化的展演都經過組織安
排下的面試和職前訓練,對於求職者和受僱者的外貌和身材有特定要
求。楊雅清的〈名模養成:模特兒工作中的身體、情緒和自我〉分析
在光鮮亮麗的模特兒產業背後,資本家如何透過嚴厲的身材檢選、反
覆訓練各種身體技藝,包含微笑、走路姿勢、優雅站位等,將一個個
女體轉化成可配合客戶要求、符合時尚標準的商品化身體。

　　過去的勞動研究提到工匠精神,幾乎都是指男性擅長的技術,
如:鐵匠、金匠;女性擅長的技術幾乎從未被視為工匠技藝的一種。

在家庭中煮飯燒菜的大都是女性，有「媽媽的味道」似乎是對餐飲食物的高度讚許，但勞動市場中多數大廚都是男性。編織或做衣服自古以來是女性的專業，「男耕女織」即是描寫農村社會時常用的詞彙。然而，在現代資本主義社會中，知名的服裝設計師大都是男性，日常負責家中縫紉事務的仍然是女性；台灣許多中小企業是靠紡織起家，但女性也多數是老闆娘而非老闆（呂玉瑕 2001）。[3] 漢人社會如此，當前的原住民族社會也似乎把女性的編織技能視為居家自娛、頂多是具有族群和文化色彩的副業。本單元的第三篇文章──賴淑娟及羅中峰的〈"Gi Su Na Mi Tminun Na O" 我們還在織布：當代文面族群編織勞動的轉化與存續〉──顯示，編織作為原住民族群內女性代代相傳的技藝，雖然無法讓她們開工廠、成為名牌設計師，但藉由教導與學習，使用網路科技，擴展勞動過程的疆域，讓女性的勞動與經濟、集體記憶和族群認同連結。

在第二個單元「**照顧勞動**」中，三篇文章均為探討照顧工作的勞動過程與互動難題。在多項女性主導的白領工作中，護理算是相對而言工作報酬較高的職業。然而，在關於工作場所性騷擾的研究中，護理這項職業經常是被研究的對象。過去已有文獻揭露護理人員經常受到性騷擾。張晉芬的〈為何無法消除敵意工作環境？分析醫院內處理性騷擾事件的權力運作〉則進一步探討，當性騷擾發生後，醫院內部

3　呂玉瑕，2001，〈性別、家庭與經濟：分析小型家庭企業老闆娘的地位〉。《台灣社會學》2: 163-217。

如何處理以及其中涉及的權力運作。利用對醫院護理人員間接詢問所獲得的資料，作者發現，性騷擾被正式處理的機率低，處理方式也依加害人的身分而有所不同。當加害人為醫師或主管時，受害人明顯較可能離職；對後者來說，在權力關係不平等的階級結構下，醫院並非是一個友善的工作場所。

根據勞動部的調查（2018a, 2018b），低階服務業職位的平均月薪在職業結構中居於下層，尤其是那些必須直接在他人身體上勞動的身體工作者。[4] 例如，居家看護的平均月薪約為 2 萬 9 千元，外籍看護的報酬通常低於基本工資。由於這些工作大都是由教育程度中等的女性擔任，且其中不乏移民女性，不需要技術和太多知識、單一和重複的過程成為大眾對這些工作的刻板印象。然而，從葉怡廷的〈「每個人的身體都不一樣」：居家照顧服務中的身體工作〉及王潔媛的〈「沒有她們、我們關門」：外籍看護工在小型長期照顧機構的勞動實踐〉這兩篇文章可知，互動式的服務工作都需要依顧客或被照顧者（或其家屬）的特性和要求，付出高度的情緒和身體勞動，也要隨時因應突發狀況而有所變通。

第三個單元「**親密勞動**」所收錄的文章呈現出美學、照顧、與親

4　勞動部，2018a，「職類別薪資調查動態查詢系統：受僱員工人數及薪資」（資料年度：106 年 7 月）。https://pswst.mol.gov.tw/psdn/，取用日期：2018 年 8 月 13 日。
　　＿＿＿，2018b，〈106 年外籍勞工管理及運用調查：外籍家庭看護工薪資概況（表 2）〉。http://statdb.mol.gov.tw/html/svy06/0643menu.htm，取用日期：2018 年 8 月 13 日。

密間的交錯關係及勞動過程的複雜性。在台灣，多數美髮師的月收入是2萬6千元左右，僅有少數髮型設計師可能賺取更高的薪水。陳美華的〈美髮作為身體工作：從苦勞到美感協商的身體化勞動〉顯示，照顧與剪髮都需要具備一定的知識和技術。有些美髮師甚至自費出國學習髮型設計，但這種自發性的在職訓練所累積的人力資本卻未必反映在她們的社經地位上。並非所有互動式服務都是由女性提供，展現美感也未必都是顧客最想要的。陳伯偉及王宏仁的〈男男情慾按摩中的身體工作：親密關係的劃界與跨界〉突破異性戀關係的想像，利用訪談及觀察，探討男男按摩的過程中，金錢與情慾交流的關係。他們指出，男性按摩師固然必須具備展演有限親密（bounded intimacy）的能力，以進行認同劃界的工作，但也經常與顧客發生情慾溢出邊界的現象。

進一步而言，並不是所有服務性工作都是針對活著的人。蘇毅佳的〈從「禁忌」的身體到「合宜」的身體：禮儀師的勞動過程分析〉從殯葬業中禮儀師對大體的處理過程，指出其勞動過程的複雜性，包括美學、心理、情緒和身體勞動的要求。即使沒有了生命，人死後的軀體也不能完全被當作物品看待，因為這個身體不僅曾經是活生生的個人，對家屬也深具意義。對大體的謹慎處理既是對往生者的尊重，也是要做給活著的人看，當中自然脫離不了殯葬業的商業考量，以及禮儀師也是受僱勞工的成本計算。

本書所收錄的文章及編輯過程具有幾項特色。第一，所有文章都

是原創性的實證研究，論述的基礎來自於各個作者藉由訪談、觀察、歷史檔案或問卷調查所獲得的資料進行分析。第二，每篇文章都經過至少兩位學者的兩階段匿名審查（初、複審）。第三，本書所收錄的九篇文章中，有六篇改寫自作者的學位論文，其中一篇專門為本書撰寫（賴淑娟及羅中峰），都是首度發表的文章。張晉芬、陳美華、陳伯偉及王宏仁的文章已在期刊上發表，但投稿本書後，仍經過相當程度的修改，以符合專書的要求。

　　這本書能夠順利完成要特別感謝張逸萍小姐的全方位協助，包括與作者和審查人聯繫，校訂和編排文章格式，並且協助其他多項行政事務。謝麗玲小姐專業的校對和文字編輯大幅提高文章的學術性和可讀性。同時感謝巨流公司出版部同仁對於出版本書的鼓勵與支持。

主編

張晉芬、陳美華

2019 年 6 月

PART 1

美學勞動

Chapter

1

性別、勞動身體與國家：台灣商展小姐，1950s-1960s

吳怡靜、王秀雲

* 吳怡靜 成功大學性別平等教育委員會校聘組員。王秀雲（通訊作者）成功大學醫學院醫學系副教授。

** 本文是吳怡靜碩士論文中的一部分，由王秀雲改寫完成。王秀雲除重寫全文之外，並增加國外文獻的討論，身家清白與《商展小姐畫刊》內容分析，情感勞動（affective labor）的探討，其他之前未納入的史料及分析，以及參酌審查意見之修改。本文曾於2017年台灣社會學年會「社流感（Sociofluenza）：集體行動新視界」中的「工作、身體與性／別」場次發表，在此感謝該場次的籌組人張晉芬及陳美華教授、評論人陳美華教授及與會者的意見，本書兩位匿名審查人及編委會的建議，5位接受訪談的商展小姐，中研院社會所張逸萍小姐協助取得資料，文字編輯謝麗玲女士細心校稿，以及助理簡伊伶小姐於修改期間協助蒐集與整理資料。

*** 本文引用資訊：張晉芬、陳美華編，2019，《工作的身體性：服務與文化產業的性別與勞動展演》，頁3-57。高雄：巨流。

中文摘要

1950-1960年代，在台灣國家資本主義欲擴大國產品市場的脈絡下，工商展覽會往往聘用女性擔任商展小姐，以作為重要的造勢與促銷策略。本文以商展小姐為例，探討冷戰時期國族主義的性別政治、商展小姐身分的歷史變遷及其勞動內涵。筆者採用歷史研究法，分析報章文章、政府文獻、商展宣傳品，以及5位曾經擔任商展小姐的女性的訪談紀錄，研究結果指出冷戰脈絡下欲維持正統性的國族主義與資本主義之間的矛盾。一方面強調聘用商展小姐以鼓勵消費欲望是自由世界進步的象徵（有別於共產社會），另一方面商展小姐們也需要身家清白以符合傳統中國女性的形象。其次，與戰前相比，戰後由國家主導的商展小姐經歷了身分的轉變，納入「身家清白」作為商展小姐資格的規定，且實際上商展小姐們也不乏出身名門者，使其與日治時期的藝妓和酒女有所區分。最後，商展小姐作為一項工作，具有進步摩登的形象，是許多年輕女性渴望的工作選項，而其工作內涵除了展售商品之外，性別化的情緒勞動，以及維持微笑、氣質與美麗的情感勞動，都是其中的重要內容，呈現同時多工的現象。

關鍵詞：國族主義、性別政治、勞動、商展小姐、身家清白、冷戰

Gender, Bodily Labor and the State: "Shangzhan Xiaojie" (Business Fair Promotion Girls) in Taiwan, 1950s-1960s

Yi-ching Wu

Specialist

Gender Equity Education Committee

National Cheng Kung University

Hsiu-yun Wang

Associate Professor

School of Medicine, College of Medicine

National Cheng Kung University

Abstract

In early postwar Taiwan (1950s-1960s), the state sought to boost the economy and promote consumption of domestic goods through business exhibitions. As a way to promote desire for commodities, the exhibitions employed young and good looking *"shangzhan xiaojie"* (business fair promotion girls), who were inspired to become part of modern society. Situating this history in the context of the Cold War, this paper explores the gender politics and bodily labor of *shangzhan xiaojie* at the state-controlled business exhibitions. Sources for this chapter include newspaper reports, government documents, and other primary sources. To understand these women's labor experiences, oral history interviews were conducted with five former *shangzhan xiaojie*. We show the following results: the inherent contradictions of promoting consumption desire and maintaining the state gender ideology of virtuous women prompted the rule of *shenjia qingbai* (coming from a decent family background [身家清白]); in the postwar context when women's education and work opportunities were relatively limited, the job of *shangzhan xiaojie* was perceived by aspiring young women as attractive. Finally, *shangzhan xiaojie*'s labor was bodily, emotional, and affective; they were often engaged in multiple tasks, in which they carried out selling goods, posing for photograph-taking, and at the same time maintaining their beauty and grace.

Keywords: nationalism, gender politics, labor, business fair promotion girls, *shenjia qingbai*, Cold War

（商展小姐）像明星啊！出去的話，比（起）店員，好高級
的！（呵呵呵）也知道我們自己很受歡迎，也知道自己是個
人家矚目的對象，只要我們一來，哇，就圍了一堆人，在那
邊看，大人、小孩都擠在那看，那我們就給他們看嘛，微笑
啦、揮手囉，就這樣子。他們要照，就照相囉。

——毛冰如（2009 年 2 月 18 日）

一、前言

　　1950年代，戰後的台灣不僅處於冷戰（Cold War）結構中，也亟
欲從蕭條中發展經濟。促進消費是發展經濟的重要一環，商品展覽會
則是在電視尚未興起前，推銷民生產品的主要方式，並以「商展小姐」
作為刺激消費、擴大市場的重要策略。[1]商展小姐前有博覽會中的藝妓
酒女，以及幾乎同時發展的「中國小姐」選美，其身分充滿了矛盾張
力，她們需要與前者劃清界線以符合身家清白的形象，同時又是慾望
與消費的對象；商展小姐是早期的服務業者，類似當代的 show girl，透
過展示美貌與身體來從事商品促銷工作，有時像選美小姐，有時又像
明星，但她們同時也必須符合國民黨體制的性別規範。此外，有別於
show girl，在 1950-1960 年代的她們還具有現代性與進步性的形象。

　　在台灣1950-1960年代的工商展覽會場中的商展小姐是年輕、未
婚的女性，由參展的廠商或主辦單位在報紙上公開招募或透過人脈私
下甄選，在展場中推銷所屬廠商產品。商展小姐之間具有相當的異質
性，除了年輕且未婚的主要條件之外，她們來自台灣各地，包含本

1　本文使用「商展小姐」作為廣義的概稱。

省、外省籍，而且學歷不一，從小學到專科大學畢業都有，家庭背景則涵蓋普通家庭與名門。「商展小姐」主要的工作是在廠商的攤位推銷商品，與消費者互動、簽名或發送簽名照，有時也表演歌唱或時裝走秀，甚至是「選美」、遊行，及到前線勞軍等活動（聯合報 1959 年 10 月 7 日、1959 年 11 月 10 日、1959 年 11 月 17 日、1959 年 11 月 28 日、1959 年 12 月 2 日、1961 年 10 月 4 日、1964 年 3 月 28 日）（圖 1-1、表 1-1）。

戰後國民政府（以下簡稱國府）剛接管台灣不久，在欲維持政體及社會秩序的穩定之下，實施「動員戡亂」的「戒嚴體制」限制人民基本人權的行使（龔宜君 1998）。經濟方面，人民普遍貧窮，由國家主導的經濟正要擴大消費市場以利發展。1950 年代台灣進入「進口替代」時期，由國外進

圖 1-1　1959 年，手持各廠牌小旗子的商展小姐們在松山機場等候飛機起飛，準備前往金門勞軍。
資料來源：中央社。

口原物料在國內自製生產民生用品，如：紡織品、皮革等，供應國內市場以節省外匯，同時穩定國內物價（胡台麗 1986；林鐘雄 1987）。提倡愛用國產品的措施因應而生，並以舉辦「全國國產商品展覽大會」來促進消費。

在如此的政經脈絡下，各地陸續舉辦商展，其中以 1959 年由國家各部門（包括經濟部、財政部、內政部、外貿會、僑委會、新聞局、中央標準局、省建設廳、台北市政府、省檢驗局、中央委員會第五組等成立的輔導小組）協助籌備而舉辦的「中華民國四十八年國產商品展覽大會」最能呈現國家主導市場擴大的特色（聯合報 1959 年 1 月 13

表 1-1 受訪者基本資料

姓名	出生年	出生地	父母職業	家中排行	學歷	參加活動年分	活動地點／名稱	頭銜
毛冰如	1941	江蘇	父親在國民黨黨部工作；母親為家庭主婦。	老大（共6位手足；4女2男）	高中（高三肄業）	1959（18歲）	台北市／中華民國四十八年（第一屆）國產商品展覽大會	商展小姐（吉士小姐，代表派克化工廠）
王滿嬌	1943	新竹	父親從事便當生意承包；母親為家庭主婦。	老六（共9位手足；5女4男）	專科	1964（21歲）	基隆首站出發，巡迴台灣西部各城鎮（共17縣市20市鎮）／中華民國國產商品第三屆巡迴展覽會	商展小姐（代表味王公司）
洪王真	1948	金門	父親為漁夫；母親為家庭主婦。	老二（共6位手足）	初中	1966（18歲）	台北市／中華民國五十五年度全國國產商品展覽會	金門鎮金門小姐
鄭天瑤	1948	上海	父親後從事貿易；母親為家庭主婦（家務由備人代勞）。	老么（共4位手足；3男1女）	大學（參展後留學美國取得碩士學位）	1967（19歲）	加拿大蒙特羅／1967年加拿大世界博覽會	中國館女服務員
喻保雲	1943	廣東	父親是國共戰爭時知名殉國將領；母親為家庭主婦。	老二（共5位手足；1男4女）	專科（參展後留學加拿大取得碩士學位）	1967（24歲）	加拿大蒙特羅／1967年加拿大世界博覽會	中國館女服務員

日）。各種展覽會根據特性而有不同名稱的小姐、公主或皇后，如「工姐」、「工后」、「國貨皇后」、「紡織小姐」、「經展小姐」、「毛衣公主」、「女服務員」等，都僱用女性來促進消費，1959年的商展更開創了由觀展民眾選舉商展小姐的先例（附錄）。稍早1956年曾在台南舉辦的「台灣工業產品聯合展覽大會」，有「工展皇后」的選拔活動，但因故取消（聯合報 1956年2月15日）。由國家所主導的商展，也決定了商展小姐的部分勞動內容（如：義務勞軍）、性別規範及性的調控（regulations of sexuality）。

　　商展小姐的各種特性與當時的歷史條件密切相關。戰後教育機會增加及工業化，逐漸讓女性進入勞動市場。國府來台後實施六年義務教育，學齡女性接受基礎教育逐漸普遍，但受中、高等教育的女性仍屬少數（九年國民義務教育於1968年實施）；同時，農地改革與經濟政策使台灣逐漸從第一級產業為主的社會進入工業化社會，農村裡過剩的勞動力成為都市裡其他新興二級、三級產業的勞動力來源，其中也包括女性（陳惠雯 1999；梁瑞珊 2005）。不過，大部分的女性只能進入低階的勞動市場，成為女傭、女工，甚至性產業工作者（許芳庭 1997）；相較之下，服務業如售貨員或車掌小姐（吳昆財 2006），是當時較理想時髦的職業，而商展小姐正是這類新興、時髦的女性工作之一。

　　在冷戰的政治社會氛圍下，富有商業及娛樂效果的「商展小姐」選舉活動的性別政治（gender politics）為何？她們的勞動內容是什麼？本文以1950-1960年代所舉辦的工商展覽會中商展小姐的活動為例，探討在國家資本主義欲擴大市場的脈絡下，展覽會女性勞動的歷史變遷，尤其是以「身家清白」作為商展小姐資格的規定，使其與藝妓酒女有所區分，並分析其美麗勞動的內涵及性別意義。

表1-2　中華民國四十八年（第一屆）國產商品展覽大會前十大商姐簡介

代表公司／單位	代表稱謂	姓名	年齡	學歷	出生地	家庭背景	備註
金門館	金門小姐	林惠珠	20	金門中學肄業	金門	-	金門縣政府打字小姐；當選陳列部第一名。
台北市日用衛生品工業公會	日用衛生品小姐	胡克清	20	靜修女中肄業	江西	父親經營美軍招待所	後來與美國人結婚
南華化學工業股份有限公司	瑪莉小姐（瑪莉香皂）	阮女玲	19	嘉義女中（高中）肄業	嘉義	父親已歿	曾做過「飛快車小姐」*；當選摩售部第一名；後來與美國人結婚。
新光標準內衣染織整理廠股份有限公司	司麥脫小姐（司麥脫襯衫）	李芝安	18	文山中學（高中）	浙江	父親為國防部中將高參、軍長	後來成為電影明星（邵氏）
燕娜化工廠	意文小姐（意文面霜）	吳秀惠	19	台北市立女中（今金華國民中學）畢業後，於國立藝術學校（今國立台灣藝術大學）專攻影劇。	台北	父親從商、家裡開汽水社	曾參加菲律賓國家展覽會，表演民族舞蹈。
南僑工業股份有限公司	-	林芳子	18		宜蘭	-	後來移居國外
派克化工廠	派克小姐（派克香皂）	高幼梅	19		北平	-	-
派克化工廠	吉士小姐（吉士牙膏）	毛冰如	18	東方中學（高中）肄業	江蘇	父親在國民黨黨部工作	後來成為電影明星
地球文具公司	地球墨水小姐	陳淑儀	22	畢業於台北女子師範專科學校，當過教員。	台北	父親是工程師，叔公為監察委員。	後來與旅菲華僑攝影家的長子結婚
調味粉公會	-	陳碧霞	18	台北商專	台北	父親從事布匹批發工作	曾做過「飛快車小姐」

資料來源：聯合知識庫，吳怡靜整理製作。

* 1956年台鐵由台北到高雄的班次列次列車，全程只需5.5小時，較之前「特快車」8至9小時的車程快速，故命名為「飛快車」。「飛快車小姐」是該列車首創的服務生制度。

二、文獻探討

　　1950-1960年代台灣的商展小姐的歷史涉及諸多議題，包括國族主義、性別與身體。現有的相關研究文獻相當豐富，涵蓋許多近代以來經歷殖民或半殖民經驗的國家，包括印度、奈及利亞、牙買加及中國等。這些研究不約而同地都指出女體是國族主義的重要戰場。Rochelle Rowe（2009）以1950年代的牙買加選美為例，從所謂的「十種類型，一個民族」（Ten Types, One People）口號及其批評中，探討種族化的女性特質與國族主義的性別政治——選美奪冠者往往是膚色較白的女性，膚色較黑的女性則難與其競爭。例如，1959年的牙買加小姐 Sheila Chong 雖然有黑人、華人及敘利亞背景，但膚色較白。Oluwakemi Balogun（2012）以奈及利亞的兩次選美為例，探討性別化的國族主義隨著目的及訴求對象不同，建構不同的女性特質（womanhood）模範。其一為奈及利亞皇后（Queen Nigeria）選舉，目的在於團結國家，因而鼓吹奈及利亞文化的國族主義理想，另外則是「奈及利亞最美麗的女孩」（the most beautiful girl in Nigeria）選舉，主要是為了參加國際的「世界小姐」（Miss World）及「宇宙小姐」（Miss Universe）選舉，強調使用國際選美標準，但兩者都號稱所建構的標準符合真正的奈及利亞女性特質。

　　這些研究的另一個重點是指出國族主義的性別政治的矛盾與複雜性。Huma Ahmed-Ghosh 的研究（2003）指出印度所面臨的矛盾，一方面希望能成為自由現代的國家（亦即西化），另外一方面又企圖回歸傳統。在這個脈絡之下，選美的風行導致印度國家感的性別化（gendering of Indian's sense of nationhood）。Susan Brownell（1998）以1980-1990年代中國女運動選手及模特兒為例，指出中國女性形象的改變（之前強壯的鋼鐵工人、採棉花工逐漸被苗條的都會時尚女性所取代），即使個

別女性在其中覺得解放，女性身體仍陷於由官方的國族主義以及由下而上發展出來的父權所結合而成的結構之中。

　　此外，還有研究者指出國族主義的兩面刃。如 Hsiao-pei Yen（2005）以1930年代新生活運動脈絡下《玲瓏》雜誌為材料，探究女體如何成為國族主義的戰場，尤其注意呈現女性的聲音。研究結果指出，一方面國族主義的保守面具有規範女性的身體與行為的力道，另外一方面女性也可能利用國族主義來正當化她們所欲追求的現代自由。在國族主義下，女性運動員成為健美的典範，以《玲瓏》為代表的都會女性中，游泳很快地成為（可暴露身體的）正當運動；身穿泳裝的女運動員或明星的照片，成為正面的形象，展示身體獲得正當性；北京婦女遂也用游泳的正當性來抵抗新生活運動中禁止女性裸露腿腳的限制。同樣地，國家不只主導性別規範，也提供機會；女性雖然必須符合國族性別規範，但是女性也因為肩負刺激消費的功能而獲得機會。林純秀（2008）以《今日世界》雜誌為例，探討國族主義與性別政治的形構，指出為了建立代表正統中國文化傳統的正當性，國府積極建構「傳統中國性」，但面對美國主導的局勢，如此的建構也形成既要維護傳統、又要追求美式現代性的矛盾。此一矛盾除了展現在該雜誌的敘事之中，也具體地表現在女性形象的再現上，展現了國族、冷戰（反共）、逐漸萌芽的資本和現代性的政治性。而「新女性」一方面維繫國族地位，另一方面被商品化，女性在過程中因此打破傳統束縛，擁有改善、顛覆性別權力關係的可能。這項研究提供關於冷戰時期歷史背景及理論的參考，尤其是國族主義的性別政治，但缺乏「新女性」的具體探討，且受限於使用的材料，少見女性的聲音。本文透過口述歷史，納入商展小姐的經驗。

　　在國府打造傳統正當性的氛圍下，商展小姐（代表著消費逸樂女體）的種種也顯露出國族主義與資本主義結合的性別政治。在冷戰脈

絡之下，國府為了鞏固政權與文化正統性，不僅批評日本殖民，也極力與共產黨劃清界線。如此，將養女問題與娼妓化約為日本殖民政權的遺毒。在中共施行「人民公社」時，整合反共與婦女論述推行「幸福家庭」活動（游千慧 2000）。在反共抗俄的口號之下，進行由上而下的總動員，其中婦女的動員以中華民國婦女聯合會最具有代表性，該會不僅致力於勞軍，同時以「家為國本」，推行為國家犧牲的賢妻良母形象（洪國智 2003）。在此架構之下，女性身體在外表與符號象徵意義上都必須是純正的，因為她們維繫著民族復國大業（趙彥寧 2001）。上述研究有助於理解冷戰時期的國族性別政治；以標榜「身家清白」的商展小姐來促銷國產品，並與前此的展覽會小姐區別。

　　關於台灣社會變遷的研究不少，但是台灣消費社會初始的女性勞動樣貌，仍有待研究。現有的性別與勞動研究主要來自社會學領域。例如，Arlie Hochschild（1983）以美國空服員的研究為例，指出其勞動的重要內容為情緒勞動（emotional labor）——提供乘客舒適的情緒，因此航空公司管理並要求空服員偽裝、壓抑自我的情緒及感覺。商展小姐的年代中，所謂的服務精神也類似這類的情緒勞動。然而，如藍佩嘉（1998）所指出的，Hochschild 並未針對身體在勞動過程中的情形多加著墨。Elizabeth Wissinger（2007）有關當代美國模特兒的研究指出，這類型的工作是非物質性及情感的勞動（immaterial and affective labor），主要在於激起情感的流通。她認為模特兒的工作不僅是販賣產品，還調控身體的情感（bodily affect），而這是透過注意、興奮或是興趣來達成的，身體情感的消費即在如此的情感的流通中進行。Wissinger 認為情感是一種身體的活力（bodily vitality），而模特兒在下意識的層次致力於情感的生成。時尚的定調乃至於文化標準的形成，部分是經由時裝秀及模特兒工作來引導消費者而達成。雖然商展小姐的工作內容與時裝模特兒不盡相同，但是兩者仍有其共通之處，尤其是情感勞

動（affective labor）。藍佩嘉（1998）針對百貨專櫃化妝品的女售貨員研究，聚焦於勞動身體。同樣關注勞動身體，本書第七章陳美華的研究指出，美髮工作者的美學勞動展演鑲嵌於組織層級以及勞動者的個人性／別認同中，並觀察到美髮勞動的同時「多工緩衝現象」。這些研究對於本文有相當的助益，不過，當代與超過半個世紀前台灣的物質條件相當不同。

　　雖然台灣消費社會興起的歷程未必與其他國家相同，但由於台灣的歷史研究較少，本文藉由國外的相關研究來對照台灣案例的特殊性。Elspeth Brown（2014）有關美國1920年代舞台模特兒的歷史研究，分析舞台模特兒的性、美感與種族三者之間的關係。在擴大市場促進消費的脈絡下，舞台模特兒當時是新形式的勞動，透過身體美感的展現刺激消費。她指出，為了符合中上層階級的品味，大多出身自勞工階級的舞台模特兒必須經過許多美感身體訓練，才能達到預設目的。Susan Benson（1987）有關百貨公司女性銷售員的歷史研究，聚焦於管理者、售貨員與消費者三者之間在消費現場的矛盾，提供了關於服務業的勞動特性的理解。至於台灣商展小姐的不同之處，在於她們身處冷戰與資本主義的共構中，而且她們與所推銷的商品都是消費的對象。

　　商展小姐勞動內容的特殊性在於她們在提供銷售服務的同時，也擁有類似明星的地位，供人「欣賞」和「評頭論足」（涂繼輝 1986）；商展小姐既對女性不拋頭露面的社會規範形成挑戰，也是女性嚮往的工作，尤其是當主事者將商展小姐與過去的藝妓酒女劃清界線後。Mike Featherstone（1982）在 "The Body in Consumer Culture" 一文中提到，二十世紀初消費文化興起後，改變人們過去勤儉刻苦的生活形態，轉向享樂主義的生活風格，也使得「今日的英雄人物已經不再是事業強人而是影星／歌星般美麗的人」（同上引：171-172）。換句話

說，在消費文化中受眾人景仰的對象，不再局限於專門領域的長才或德高望重的領袖人物，年輕貌美的商展小姐也能成為眾所矚目的焦點。

三、資料來源與研究方法

本文所使用的材料包括文獻史料與商展小姐口述史。前者包括1950-1960年代間《聯合報》、《中央日報》、《台灣民聲日報》、《自立晚報》、《今日世界》的相關報導、影音資料與歷史文獻。為了了解商展小姐的觀點，也納入商展小姐的口述史訪談。研究者依據史料中的主辦單位與人物姓名以網路追蹤尋找，輾轉聯絡。最後共尋獲5位曾經在國內外工商展覽會場中擔任商展小姐或女服務員的受訪者（表1-1）。

四、冷戰下國家工商展覽會及性別政治

（一）國家、工商展覽會及商展小姐

在這一小節，首先討論商展出現的背景及商展小姐的功能，其次討論在冷戰結構下，由國家主導的商展為了同時顧及擴大市場（展示美女以刺激消費）與性別規範（維護身家清白的良家婦女），如何形塑商展小姐選舉的相關行動，尤其是展場小姐的性別規範。

商展主辦者與國家關係密切。戰後幾次大規模的國產商品展覽會的主辦單位為「中華民國工商協進會」（以下簡稱工商協進會），該會的成立始於束雲章等「為使國家法令能推行無阻」，並「對政策加以研討，以公正之意見，作有效之建議，溝通意見……使人人勇於投資，

然後工商業方容易興盛」，成員主要來自「大陸各地工商界人士」（束
雲章 1971：2）。1959年國產商品展覽大會開幕時，由當時的陳誠副總
統揭幕，台灣省政府主席周至柔剪綵，蔣宋美齡也到場參觀。[2] 參展的
廠商506家，展覽品6,128件，零售部233家，攤位345個，總營業額為
新台幣3,000萬元，接受外商訂貨約美金600萬元，公開展出40天，觀
眾約230萬人。工商協進會稱此商展「盛況空前」，有助恢復「八七水
災」之後的社會繁榮（中華民國工商協進會 1971：421）。該水災恰發
生於1959年商展小姐選舉前不久，共計造成643人死亡、60人失蹤和
1,555人受傷，損失約37億4,235.8萬元，傷亡慘重（張炎銘 2015）。如
此，商展同時具商業與國家的雙重特性，如第二屆的商展即以慶祝開
國50年為名而舉辦。

　　誰是商展小姐？首先，商展小姐的選拔情形有異質性，有些接近
於選美，有些則似乎僅是所屬公司從售貨員中派出來參加，例如太平
鐵櫃小姐（稍後討論）。1959年的《商展小姐畫刊》中，64位商展小姐
的描述內容詳盡程度不一，有些內容特別強調人氣和美貌等，有些則
僅交代服務精神，少數甚至連照片都沒有。這也可以說明為何有些商
展小姐在參選時已經具有明星身分，有些日後成為明星，但也有多年
後流落街頭的。

　　除了前述提及的家庭背景有異之外，在64位商展小姐中，45人為
台灣籍，17人為外省籍，2人不明，其族群政治耐人尋味。例如，63號
陳淑儀的介紹文字：「有很多人說，本省籍的小姐一眼便看出來了，但
是地球文具公司的陳淑儀小姐卻是例外，即使看一百眼一千眼，也猜
不出她是本省籍小姐。她那明朗的面形，從側面看真像英格烈褒曼。」
一方面暗示本省籍女性的輪廓不太可能符合當時主流的美麗標準，另

2　「商展小姐」活動影音紀錄參見：http://catalog.digitalarchives.tw/Search/Search.
　　jsp?QS=%B0%D3%AEi%A4p%A9j，取用日期：2018年2月22日。

外也顯示美麗的族群階序是西方白人、外省人、本省人。

另外，在城鄉或本島與外島的劃分上，受訪的金門小姐洪玉真提到：

> 有個人就說：「ㄟ，妳怎麼會是金門來的（小姐）？金門來的
> 不是一個又黑又壯、土土的一個地瓜，金門地瓜小姐嗎？」
> 我就感覺說（那個說話的人認為）原來（金門人）也不是說
> 真那麼土，可是感覺上我自己是覺得（金門人）真的是滿土
> 的啦（笑）。她們是感覺說，因為她們是憑想像說，戰地嘛，
> 又沒有人來過嘛，就一定會感覺說這裡一定會很落後、很苦
> 嘛。

胡台麗在〈芋仔與蕃薯：台灣「榮民」的族群關係與認同〉一文中也曾提到，這些來自中國的外省及退伍軍人「初到金門和台灣時見本地人大多吃地瓜（蕃薯），便叫金門或台灣小姐地瓜小姐；而當台灣新兵訓練績效差時，就說他們是吃地瓜長大的，所以土土的、很難教」（胡台麗 1993：283）。

商展在電視尚未普及前提供了廠商宣傳、促銷商品的場合，有助商品在市場上的流通與競爭。曾歷經工商展覽盛會的南僑化學工業股份有限公司董事長陳飛龍回憶：

> 以前（購物）都沒有得選擇，就是，我買得到什麼（商品）
> 就是什麼。但是在那個年代（1950年代末期）開始，我可以
> 有選擇了，我可以告訴人家說，我的（商品品質）比他好，
> 你不要買他的（商品），你買我的。（陳飛龍，2009年8月20
> 日）

　　透過「商展小姐」來宣傳促銷商品，吸引顧客上門購買，是刺激消費的重要方法，也是工商展覽會場中的特色，在工商協進會所欲達到的「掀起熱潮」目標下，商展小姐如同產品代言人，向民眾推薦產品。

　　此處所謂的熱潮，或是促進工商業發展，是透過女性的身體展示來達成的，也就是說，女性銷售員可作為「消費符號的承載者」，透過她們的「身體」來展現商品的廣告意象與消費符號，以創造消費的慾望（藍佩嘉 1995）。例如，在1959年國產商品展覽大會場邊出刊的畫刊中，一篇介紹「吉士香皂牙膏小姐──毛冰如」的短文是這麼寫的：

> 你問問毛小姐肌膚如何那樣白嫩，牙齒如何那樣清潔，她在
> 商言商，三句話不離本行，立刻答覆你：「我是用派克香皂洗
> 面，吉士牙膏刷牙的呀！」（王克繩 1959：7）

　　台灣戰後初期的展覽會主要針對男性消費者，依循異性戀邏輯來進行促銷。我們或許會因為此時販賣的主要是民生產品，如：牙膏、牙刷、襯衫等日常生活必需品（但也有鐵櫃），而以為目標消費客群是家庭主婦；實際上，雖然從參與人數來看男女都有，但主要的促銷對象是男性。由國家及親近國家的商人所主導的商展，針對「國軍」促銷是重要的方式。展覽會提供軍人優惠票價（以1964年國產商品示範展覽會為例，入場券一般票價為新台幣1元，軍警學生優待5角），或是禮遇前往參觀的軍人（聯合報 1959年11月7日），或舉行勞軍義賣活動。基於異性戀邏輯，小姐們的照片是向軍人致敬的禮物，並促進消費（正氣中華報 1959年12月3日）。

　　這個以異性戀為主的刺激慾望活動，批評與讚揚並存，顯示國族意識形態與道德潛在的矛盾，呼應了前述許多有關國族主義與女體的

研究。一方面，支持者稱其為進步與躋身世界國家的象徵，另外一方面，選美則被視為低下的色情活動。[3]前者將商展小姐選舉視為追隨世界的風潮，主張選美是受「國際重視」且「文明先進國家」爭相仿效的活動，是「為自由中國爭個國際體面」的方式（霜木 1952）；1951年源自英國，具國際性的「世界小姐」選美造成風靡，香港於1952年派代表參選。台灣當時積極參與國際「選美」活動，此時報紙也頻頻報導「選美」活動。例如，1952年香港舉行「香港小姐」選美活動，1953年台灣高雄市齒科醫師公會舉辦「美齒小姐」比賽（聯合報 1953年5月5日）[4]、1960年「中國小姐」選拔等。台灣在1960年首次舉辦的「中國小姐」選拔即是為了參加該年美國長堤的「世界小姐」活動（聯合報 1959年12月4日、1960年3月1日）。

　　冷戰的政治也滲透到商展小姐的選舉之中。例如，1959年的商展為了介紹前線的成果，設有金門館，而金門小姐「特著戎裝，頭頂鋼盔，大有花木蘭再世之概」，且其支持者以「榮譽屬於前線」為號召，大有金門小姐勢必奪冠的氣勢，因而引起糾紛（述今 1959）。又《商展小姐畫刊》中對錢蓉蓉的描述：「在馬祖勞軍時，曾於傾盆大雨之下高歌不輟，戰士都為之動容」（王克繩 1959）。

　　冷戰時期的國民黨政府自詡為自由中國，亟需國際的認可，以阻擋中共成為中國的代表。商展小姐的設置正是國府結合資本主義與異性戀體制的重要策略，以此來為自由與共產世界劃界。

3　「選美」並非西方國家的專利，邱旭伶（1999）指出，在中國的娼妓史中，明末清初即有所謂評選「花榜」的活動。1920年代的上海則因電影事業蓬勃發展而造就許多影劇紅星，「普遍的吸引一般民眾的注意力，致使花榜評選在『娼妓』觀念的限囿下，逐漸為人排斥」，取而代之的則是各種新型的「影后」、「歌后」、「舞后」等選美活動。

4　「美齒小姐」活動影音紀錄參見：http://vcenter.iis.sinica.edu.tw/watch.php?val=aWQ9TUU2Yk9EZz0=，取用日期：2018年1月22日。

> 目之於色，有同好焉，無論老少男女中外，美人兒人人愛
> 看，而且都能欣賞，台北商展選商姐就是一個很好的證據，
> 趁中共沒伸腿以前，我們亟應以「中國」名義參加，站穩腳
> 步。（何凡 1960a）

同時，消費行為也象徵國家的自由與先進，藉此向世界展現在台灣的自由中國，與貧窮、落後的「鐵幕國家」中共間的區別。

商展小姐如何「體現」（embodied）國家對「現代」「理想」女體的想像？在國府婦女政策相當保守的年代（Diamond 1975），商展小姐選舉充滿了矛盾。一方面是資本主義下的物質消費與身體展示，另一方面則是與西方身體有別的中國身體。施脂粉、裁綺羅的女性成為自由消費社會的象徵：

> 如果一個妙齡女子尚不知施脂粉裁綺羅，來裝扮自己，那他
> 一定是出自一個貧窮與落後的地區，故鐵幕國家沒有時裝設
> 計這一種職業，裁縫的手藝都是很拙劣的，更絕少有時裝與
> 商品展覽……如果商品展覽利用女人去達到刺激消費的目
> 的，而其間沒有任何敗德穢行，這在自由的商業社會，司空
> 見慣。（言曦 1959）

換言之，打扮入時的女性是區隔進步與落後、自由與共產的重要判準。

上文中的「敗德穢行」潛藏女性身體在這個冷戰脈絡中所可能遇見的矛盾。例如，有論者公開於雜誌上稱商展小姐是「替受教育的女性去公開獵取豐富的生活」立榜樣，但同時也認為整個社會就在「一種咽吞的情形之下接受了這種西方文明」（康可 1964）。此外，過度暴露身體與國民黨自1930年代以來的性別規範有所牴觸，女性的身體因

而陷入西方（現代）與東方（傳統）的矛盾之中，與上述的其他國家
案例類似，尤其是國際選美中的泳裝表演項目引起的爭議。當台灣預
計參加1960年美國長堤的「世界小姐」選美時，剛好大會修改評選的
標準並廢止泳裝表演。評論者有所謂「女性形體的審美不能強以西方
的生理標準去衡量東方的女性」（邱言曦 1975[1959]：95-96）。最後，
有的學校對校友參加商展小姐選舉反應熱烈，動員學生投票成為小說
題材（宋芳茵 1964），有些則相當不以為然，例如，派克小姐返校拉票
時被校長「拒於門外」（李安國 2005：220）。

　　又如，有人認為選美若牽扯上商業則過於「低下」（挹素 1952），
甚至與「色情」畫上等號。例如，1953年高雄市議會即以「美齒小姐」
選舉帶有「色情」為由，意圖阻止活動舉行，但最後選舉仍如期舉行
（聯合報 1953年3月15日、1954年4月5日）。當時正值推動「厲行戰
時生活：糾正奢侈風氣」、批評女性濃妝艷抹和奇裝異服的年代（王秀
雲 2019：111），更有1954年中國文藝協會發起「文化清潔運動」，主
張清除「赤色的毒、黃色的害、黑色的罪」文藝三害，以女人來刺激
消費是萬不可有的「敗德」行為。[5]敗德或色情與否一直是商展小姐相
關現象的重要核心議題之一，顯示消費女體所引起的隱憂，這一點可
以從分析選拔的相關規定來了解。

（二）國家與消費女體的正當化

　　前述提到在商展中舉辦商展小姐選舉可促進氣氛，那麼，主辦者

5　又如商展小姐阮女玲在美國某夜總會工作，事經報紙披露，成為「出賣色相」的
　　醜聞，引發阮女玲的抗議：「我所服務的夜總會，更是一個高尚的夜總會。前來的
　　賓客，不是帶著自己的太太，就是帶著自己的女友，我的工作是穿著夜總會的規定
　　制服送酒。此種制服並非比基尼式的三點裝。是美國合法的老式泳裝，與迷你裙的
　　短裝無多大差別。而在女孩子日常穿敞胸露背短裙的美國，並不足為奇」（吳崇蘭
　　1980：318-321）。

如何說明這樣的活動呢？根據1959年的報紙報導，理想中的商展小姐要有如下的條件：（1）要有熱忱的服務精神，親切的服務態度；（2）儀表端莊美麗，談吐嫻雅大方；（3）她所代表的商品確實品質優良，「一如其人」（聯合報1959年10月11日）。

就某個意義而言，選舉商展小姐與選美幾乎沒有兩樣，美麗是主要重點，雖然也有廠商堅稱服務才是重點。這種號稱選服務、實際選美的活動，屢次引起道德爭議，尤其在非常時期更是如此。1959年舉辦商展小姐選舉前夕的8月7日，發生了台灣史上死傷慘重的「八七水災」。在如此的氛圍下，警備總部發言人王超凡表示，類似商展選美的活動對於「社會風氣有不良影響」；台北市警察局也認為商展的選「美」活動太過歡樂且鋪張，不符合當時宣導「節約」的精神，又逢「救災」期間，因而要求廠商停辦（聯合報1959年9月9日）。經濟部則表示「未便干涉」，治安當局通知「未便照准」的選舉「糾紛」，後來甚至引起監察委員介入調查，認為「政令紛歧」。

面對這樣的壓力，主辦單位公開重申選舉商展小姐的目的是：「增加商品展覽會觀眾愛用國貨興趣，提高工商從業人員服務精神，及推行對顧客禮貌運動……決非外傳所謂選美」（聯合報1959年9月9日、1959年9月11日）。最後，副總統陳誠表示，積極推展工商業可以彌補災區的損失，籌辦委員會也出面澄清這個活動要選的是「服務」小姐絕非選美，才得以解除這個道德的危機，活動如期舉行（聯合報1959年9月12日）。

不過，也有論者以〈商展小姐有若無〉為題批評這個說法，指出若真的要提高服務及禮貌，應該從現任的店員當中選出候選人，在展覽期間決選，才能表揚優秀店員，而不是臨時徵聘，把「業餘」小姐充場為「職業」小姐（自立晚報1959年9月17日）。評論者邱言曦也於《中央日報》撰文評論，認為商展小姐應該是職業的店員，若其條

件「不加以約束，徒以色相及低俗的趣味爭選票……就不如不做好了」（邱言曦 1975[1959]：96）。以1959年的選舉為例，有人指出這些選出的商展小姐，有一個已嫁洋龜婿，「其餘沒有一個在她的職業崗位上服務」，有人被派去飛機場獻花，有人又請去剪綵揭幕，有人登上議壇，「於是登台表演像電影明星，社交酬酢，宛如交際花草……替社會增加幾個準名女人而已，請問有甚麼意思？」（自立晚報 1960年1月4日）顯示參加選舉的小姐與提供服務的店員有所不同，選舉的重點展示年輕美麗的容貌與身體，且有些參加者因選舉而提升地位。

在「八七水災」之後，同年11月的省議會上，省議員李源棧（1910-1969）也建議：「政府在國難期間即速嚴令制止社會舉辦各項『小姐』選舉，以免浪費人財物力，影響民心士氣」（李源棧 1959）。李源棧的理由是國家應該撙節人力物力反攻大陸，而舉辦各種小姐選舉是浪費人才物力，且對民心士氣有不良影響，應嚴令禁止。不知是否因為水災的理由不足以禁止選舉商展小姐，所以李源棧提出反攻大陸這個更重大的國難，並且將範圍擴大到所有的小姐選舉，指其屬不正當娛樂。

我們可從幾個層次來進一步討論這個選美或選服務的質疑。以「色情」之名反對「選美」活動的立場，在政府提倡節約、整頓社會風氣的氛圍下，的確發揮相當程度的作用。參展廠商在徵選商展小姐的條件中，必須強調參選小姐「身家清白」，將這種在公共空間公開展示且評選女體的活動意涵純潔化，用「身家清白」來阻斷參選小姐與「性」（sexuality）意涵的連結，以杜絕外界「有色」的疑慮（下一節將進一步討論）。商展小姐選舉同時也涉及雙重的消費，也就是以觀看來消費女色與消費商品，如此引起的道德疑慮，正指向國府內在的矛盾：一方面推動模範婦女的意識形態（以身家清白的良家婦女為代

表），另一方面又要以女性的美貌與身體來刺激消費。[6]

選美與服務爭議於1964年又再次發生。1964年的國產商品示範展覽會，太平鐵櫃小姐宣布因選舉辦法一改再改而退出選舉（聯合報1964年2月20日）。太平鐵櫃小姐的退出或許部分原因是鐵櫃的消費模式與其他產品有所不同（鐵櫃不像消耗性產品能體現消費的核心意義），但負責人詹金圳（曾任台北市議員）主張商展小姐的選舉應以服務及禮貌爭取選票，並表示太平鐵櫃小姐在商展期間都穿著制服，不像其他小姐打扮得花枝招展。言下之意，太平鐵櫃小姐主要是提供服務，而非美貌與身體。

在「中國小姐」選拔出現後，產生了階級秩序的重新排列，因為「中國小姐」可以代表自由中國走向國際，而且不是在商業活動的情境之下選出。由政府高層加冕的商展小姐，卻因與商業緊密結合，且由參展觀眾票選、未經過「專家」篩選把關，也就變得較不入流且「難登大雅之堂」。

> 過去如商姐選舉等，身分龐雜，有些人的確不登大雅，如稱之為典型的「中國小姐」，實在有辱國體……不過選「國姐」比選「商姐」有一方便處，即後者是「捐官」性質，出動職業跑票人表現「民意」，使后座「有財者居之」。前者則是正軌的選法，譬如選中國籃球代表隊，由專家組織選委會擔任，而不是由觀眾投票。（何凡1960b）

當國家欲躋身國際社會時，選美變成國家的民主自由與商業的繁榮進步的象徵，可以與共產國家區別。當國族主義與商業邏輯結合

6　也有人稱商展小姐選舉為遊戲，后冕是帶有廣告意味的商品（孫如陵1968：120）。

時，原本由娼妓、酒女來擔任促銷宣傳活動的工作，便由「家世清白」的商展小姐所取代；當「身家清白」的商展小姐與「中國小姐」並列時，卻又因其帶有濃厚商業色彩，而不夠「純正」。以下即討論商展小姐身分的歷史轉變，尤其身家清白這個規定的性／別意涵。

五、從「酒女」到「身家清白」的女孩

究竟什麼樣的女性能在商品展覽會場中擔任促銷工作？情況隨著時代而有所不同。日治時期的博覽會中可見從事表演的藝妓、藝姐，或許她們的表演具有刺激消費的功能，但她們並不直接推銷或販售商品。以1935年台灣博覽會為例，主要由台北地區的藝妓、女給（女招待）、藝姐組成表演團體，演出歌舞、戲曲等娛樂性節目，此外還有與浴衣廠商合作、動員各地藝妓和女服務生舉行「浴衣大遊行」的活動（程佳惠 2001）。這些浴衣美人或藝妓、藝姐雖吸引目光，但未直接參與銷售。

戰後初期的工商展覽會上，沿用從事特種行業的小姐擔任招攬消費者的工作。根據宋玉雯（2008：33）的研究：「公共食堂時期的酒家小姐，宛如明星，她們是謀求振興工商業、繁榮地方的活廣告，也是招攬消費者購買商品的好幫手。」同時，在國族意識的招喚下，這群酒家小姐也是被動員的對象。宋玉雯指出當時國防部軍友社為了擴展勞軍活動，不但發行敬軍禮券，更在公共食堂放置捐款箱，要求女服務生向來食堂消費的酒客們推銷。

以藝妓與酒女從事展覽會場的促進活動，似乎是日治至戰後初期的慣例，代表著消費慾望與消費美色之間的互生關係。然而到了戰後，當國家成為擴大消費市場的主要行動者時，道德可議的美色就成

了問題。反對從事特種行業女性在商展會場出現或擔任宣傳者的聲音於1958年出現，知名專欄作家何凡在《聯合報》以「酒女世紀」為題評論：「近年酒女的力量真夠大，她們甚至被捧成台灣的第一流人物。你看，國慶閱兵，酒女掛貴賓證而登台；勞軍籌款，酒女上頭條新聞，刊照片，說身世，比登廣告更能廣泛宣傳；國產商展，要靠酒女登台歌舞拉觀眾……這簡直是『酒女世紀』嘛！」（何凡 1958）。何凡點出國家為達各種目的所使用的方法問題，國家活動中到處可見酒女，不僅象徵風氣敗壞墮落，也危及國家的正當性。

隨後自1959年開始，商展小姐選舉或招募逐漸強調「身家清白」並納入菁英婦女，與特種行業女性劃清界線。例如，1959年國產商品展覽大會舉行前夕，商展小姐選舉委員會於第三次會議中討論是否應該限制參選商展小姐資格，以防「問題小姐」（是否單身、職業是否正當）的產生（林笑峰 1959）。雖然最後並未明文限制商展小姐的參加資格，但從參展廠商刊登招募小姐的廣告中，可以觀察到已設下篩選制度。以該次展覽會獲得商展小姐第一名的廠商「瑪莉香皂」為例，甄選資格為：「體格健美，品貌端正，態度和藹，服務週到的女性，必須是初中畢業以上，身家清白，年齡十八歲以上二十七歲以下的未婚女性」（聯合報 1959年9月24日）。1961年舉辦的「國產商品第二屆全省巡迴展覽會」，為了「掀起熱烈高潮」，參加表演者除了商展小姐之外，並有當地名媛及美軍眷屬（中華民國工商協進會 1971：422）。

1964年舉辦的國產商品示範展覽會，也明文規定競選標準為「（一）服務是否認真；（二）禮貌是否週到；（三）體態是否健美；（四）業務是否熟悉；（五）必須曾受良好教育，身家清白的淑女。」此外，廠商在會議中更明白指出商展小姐加冕會中絕對「不能讓酒家女參加助陣」（聯合報 1964年2月28日），將「酒家女」趕出原本擔任宣傳促銷商業活動的位置。

　　「身家清白」的資格限定顯示戰後商展小姐的歷史特殊性。以「身家清白」作為資格限定的歷史悠久，根據《清會典》事例吏部「考職銓選，俱令確查身家清白之人充補」，此處「身家清白」指未從事倡優、皂隸、奴婢等所謂卑賤職業者。也就是說，只有這樣的人才有資格應試做官。[7]到了二十世紀，從《申報》的徵人啟事也可觀察到民間無論是徵保母、藥廠代表、無線電支柱員、咖啡店女侍等都設此條件。在《日日新報》也有類似的現象，無論是製絲所徵女工、禁煙分會招收會員或是巡警學堂招生，都規定應徵者須身家清白。從日治與戰後初期在各種展示場中的酒女非「身家清白」之人，而將「身家清白」設為商展小姐的條件，不僅規範女性的階級，也規範了性身分。

　　「身家清白」畫出了性別規範界線，「身」的清白指商展小姐本身必須是「未婚女性」，暗示這樣的女人應該是沒有發生過「性行為」、是未被男人「玷污」的處子，必須是清白、純潔的；而「家」的清白則是依循漢人父系家庭的思維，透過父執輩的身分職業、家世背景為小姐的「清白」加以背書。這樣的條件清楚限制哪些女人才能出任「商展小姐」。想當然爾，公共食堂裡的女服務生不具「清白的淑女」身分，如此一來就被排除在外。

　　然而，為什麼此時需要強調這些能在公領域現身的女性必須具有「清白」、「淑女」的形象？前面提到商展主要是由國家主導，各部門積極參與，在此情形之下，必須要是清白的淑女才能為國家所肯定與獎賞。例如，1959年的商展會上，由主要政府官員為商展小姐加冕，立法院長張道藩為陳列部第一名林惠珠加冕，內政部長田炯錦為第二名胡克清加冕，經濟部長楊繼曾為第三名陳碧霞加冕，監察院長于右任

7　解嚴後所公布的《公務人員考試法》，廢止身家清白的規定。但是警察學校考試仍有此一規定，其內涵為父母是否有前科紀錄，直到1998年一警察大學考生因身家不清白而在複試時被剔除，引起議論，警察大學才廢除這項門檻（陳靜琳1998）。

為零售部第一名阮女玲加冕，財政部長嚴家淦為第二名陳淑儀加冕，外貿會主委尹仲容為第三名林芳子加冕，僑委會委員長陳清文為第四名李芝安加冕，中國國民黨中央第五組主任張寶樹為第五名高幼梅加冕，台北市長黃啟瑞為第六名吳秀惠加冕，商展會主委束雲章為第七名毛冰如加冕（聯合報 1959 年 11 月 8 日）。

　　其次，唯有清白的淑女才能符合當時國府所強調的「模範婦女」及「幸福家庭」婦女政策。商展小姐在工商展覽會場提倡「愛用國貨運動」或是到前線勞軍，雖然成為眾人觀看的對象，但仍必須謹守「身家清白」的界線，且必須是「模範的服務小姐」。商展小姐既非過去的特種行業女性，也不是在家庭中的婦女，加上其主要任務是推銷國產品，因此有必要強調身家清白。猶如十九世紀中期以降，歐美國家百貨公司興起後，「原本奠基於公共／私密空間二元對立下的『街女』（fille publique）與『良家婦女』（femme honnete）之間的區別被徹底打破」（張小虹 2002：163-164）。換言之，國家必須將原來的藝妓與酒女轉換成良家婦女，才能穩固國家資本主義擴大消費市場的正當性。

　　從《商展小姐畫刊》的內容可以觀察到，商展小姐的選拔與徵婚或徵友非常類似。在候選小姐的描述中，除了美貌、氣質好、興趣之外，還有不少關於是否有男友的描述，如：「問她有沒有男朋友時，她臉紅了」、「自稱沒有最好的男友」、「好消息是還沒有男友」、「現在沒有男朋友」、「將來若有家人，一定使這家人舒適又溫暖」、「將來一定是賢妻良母」、「已經有個男朋友不過還沒決定誰是終身伴侶」，保力達小姐許照子的描述甚至以「想要嫁給大學生」為題。這些現象顯示，商展小姐被歸為未婚的良家婦女，擔任商展小姐只是在進入婚姻前的一個暫時性工作，甚至有助於其在婚姻市場中提高身價。

　　然而，「小姐」這樣的稱謂有相當程度的語意張力。「小姐」除了泛指「年輕女性」之外，在非正式的通俗用語中，往往也有貶低的意

思，甚至有時也作為性工作者的代稱。[8]因此，1967年由外交部與中央
銀行所主辦的加拿大世界博覽會服務小姐甄選活動，即特別強調這些
即將代表中華民國出訪的是「女服務員」，而非「商展小姐」：

> 據籌備委員會的秘書劉章富說，這十二位小姐都是各大學的
> 畢業生或是在學的學生，她們可以說流俐的英語、法語，而
> 且還有敏捷的應對能力。劉章富特別強調，她們不是「商展
> 小姐」，她們此次出國有著很重的責任，因為我國此次參加加
> 拿大的博覽會，成績如何，除了展出的產品為主要因素外，
> 這十二位小姐在觀眾之前所作的介紹，也將是中國館的成敗
> 關鍵。（聯合報 1967 年 4 月 20 日）

　　上述的新聞說明了這12位參加世界博覽會的服務小姐的甄選過
程，以及她們的職務內容。從中我們可以發現，這位負責籌備的劉秘
書認為，若用「商展小姐」的頭銜來稱呼這些通過嚴格考試、能說外
國語且具有大專學歷的小姐們，似乎有損於她們的地位。的確，若從
早期一些廠商自行招募「商展小姐」的評選制度來看，甄選標準只需：

> 體格健美，品貌端正，態度和藹，服務週到的女性，必須是
> 初中畢業以上，身家清白，年齡十八歲以上二十七歲以下的
> 未婚女性。（聯合報 1959 年 9 月 24 日）

> 初選標準計有五項：（一）儀容（廿五分），（二）體態（廿五
> 分），（三）風度（二十分），（四）發音（二十分），（五）服

8　「小姐」一詞於舊時指娼妓或歌女。詳見教育部重編國語辭典修訂本的解釋（http://
　dict.revised.moe.edu.tw/cgi-bin/cbdic/gsweb.cgi?ccd=P.owoL&o=e0&sec=sec1&op=v&vi
　ew=2-1，取用日期：2019年4月8日）。

飾（十分）。（聯合報 1959 年 9 月 8 日）

若要成為加拿大世界博覽會的女服務員，必須通過由國家單位所舉辦的筆試（分初試及複試兩階段）及面試，入選後還須參加特別集訓。相對來說，資格條件的確嚴格許多。

　　然而，去除大專以上的學歷限制以及因其在海外參展而需具備外語口說能力不談，事實上「商展小姐」與「女服務員」在展覽會場的工作內容相去不遠。她們在展場中都是負責宣傳布達的任務，差別在於前者宣傳的是「商品」，而後者宣傳的則是「國家」。再者，「女服務員」們除了向民眾介紹國產工商產品及報告國情之外，也同樣需要從事歌唱、服裝表演、勞軍，甚至宣慰僑胞等具娛樂性質的工作。因此，廣義的「商展小姐」呈現的其實是一種「小姐光譜」，而這樣的光譜因國族主義、文化資本、社會資本等條件，形成其內部的階級性。[9]

六、正當、時髦與進步的商展小姐

　　女性為何想成為商展小姐？除了因為商展由國家主導而具有正當性之外，上述的身家清白限定也消除了很多的疑慮。這一小節討論讓商展小姐成為吸引人的工作的其他條件，包括：類似明星的光環（對於美貌的肯定及受眾人讚賞）與相對優渥的酬勞，以及進步的象徵。從這些條件我們可以理解，相較於戰後初期報紙中諸多關於女性淪落或被迫成為酒女的故事，無論是報紙或是曾經擔任商展小姐者的自述，都顯示成為商展小姐多出自女性個人的選擇，甚至是夢想。

9　特別感謝喻保雲女士提供相關資訊及提醒。

（一）時髦的工作——明星夢

首先，此時常見懷抱著明星夢的年輕女學生出現於社會新聞中。例如，下面這一則：

> 高市三個尚未成年的女學生，幻想做電影明星，無心讀書，於廿一日清晨七時連袂自家中出走，擬赴基隆偷渡，轉往香港，尋找她們做明星的美夢……買車票由左營赴台北基隆，她們擬偷渡赴香港，希望親自看到大明星尤敏和林黛。（聯合報 1960 年 5 月 23 日）

從上述報導可以發現，年輕女性夢想成為電影明星並付諸行動，有些甚至因此而受騙（聯合報 1956 年 6 月 13 日）。成為電影明星，除了能在鎂光燈下受眾人關注並肯定美貌，在物質生活普遍貧困的戰後，經濟收入高又可以旅行國內外也是重要誘因。一篇介紹美國好萊塢百態的短文寫道：「成為明星便可揚名天下，到處受人崇拜，到處受人包圍，一天要收到幾十封情書，受著無窮無盡的歌頌，另方面，也有了錢……真可謂吃用不盡」（金夫 1955）。

年輕女性的夢想與當時社會和物質條件密切相關。消費、娛樂生活興起，紡織時尚發展，工商業發展對於女性勞動力的需求等等，都是影響年輕女性對娛樂事業產生嚮往的原因。在電視普及以前，人們主要的娛樂活動為戲劇、廣播及電影；1962 年「台灣電視公司」成立後，電視節目加入娛樂文化，讓演藝事業更具有吸引力（朱心儀 2004；黃世明 2006）。

在二十世紀初期，演藝事業是拋頭露面的工作，如上述的倡優即構成身家不清白。之後，明星所擁有的權力使電影事業逐漸變成女性

所嚮往的事業，不再是低下的工作，雖然演藝事業對女性而言仍是拋頭露面的工作，也隱含違反性別規範的張力（聯合報1956年7月10日）。1950年代港片在台灣盛行，港星如李麗華、尤敏、葛蘭、林黛、林翠、張揚等成為偶像；1960年代以後，香港邵氏電影公司來台創立分公司，創造許多機會（劉現成2003）。曾經當選1959年國產商品展覽大會前十大商展小姐的毛冰如提及她少女時期的追星往事：「我那個時候就好像對做電影明星很崇拜，很喜歡看電影，很崇拜那些女明星，都還有給她們寫信呢！去要她們的照片」（毛冰如，2009年2月18日）。

　　此時展覽會所招募的「商展小姐」，既類似明星的工作，又是由政府「正字標記」（產品品質符合國家標準）所認證的知名工商團體主辦，是「正派經營」，吸引了許多女性。受訪者毛冰如與王滿嬌都表示，當時的廠商和她們簽約時還到家裡去拜訪並取信於她們的父母。「那個時候那個派克公司的老闆也到我家來跟我父親見面，那我父親看他們都很正派，所以他就贊成。一開始是有說要去競選、去選小姐，起先也不高興啊，說一個女孩子拋頭露面的，後來一看，喔！這是很正軌的、很正軌的路的……他一看這個工廠也是正字（標記）的，再打聽一下，都很好……」（毛冰如，2009年2月18日）。

　　毛冰如回憶她到各地去推銷商品時的情景：

像明星啊！出去的話，比（起）店員，好高級的！（呵呵呵）也知道我們自己很受歡迎，也知道自己是個人家注目的對象，只要我們一來，哇，就圍了一堆人，在那邊看，大人小孩都擠在那看，那我們就給他們看嘛，微笑啦揮手囉，就這樣子。他們要照，就照相囉。那個時候比較多的就是那種攝影，就攝影協會的那些人吶，要求我們，請我們到什麼什麼

地方去，去植物園啦，或者是國家那個招待外賓的地方，到
那個花園去給他們拍照。（毛冰如，2009 年 2 月 18 日）

　　毛冰如談論起當年到台灣各地去推銷商品時的景況，當時的她們
彷彿就像影視紅星一般，受到各方的矚目與歡迎，有時還會有人放鞭
炮。[10]有別於過去主要以電影明星擔任商品的代言人，從此開始，商家
公開招募各地的女性擔任商展小姐，平凡百姓、鄰家女孩都有當選的
可能；這種麻雀變鳳凰的機會，自然也吸引了許多當時「**想做電影明
星**」的女性關注（聯合報 1959 年 9 月 9 日）。事實上，有幾位商展小姐
當時已經是演員，如：錢蓉蓉（演過媽祖傳）、陳涼子（台語片），也
有人在參加商展小姐選舉之後成為明星，如：毛冰如、李芝安，或是
成為雜誌的封面女郎，如：李芝安。

（二）商展小姐作為進步的象徵

　　成為「商展小姐」是一件時髦且進步的事情，可以多少抵銷拋頭
露面的疑慮。戰後的工商展覽會場呈現出「現代化」的景象：明亮的
照明設備、具條理性的商品陳列，以及各式各樣新興的商品等，都不
外乎要強調台灣此時工商業繁榮的景象就是「進步」的象徵。這些商
展小姐不僅能夠在國際的展覽會場販賣現代化的商品，介紹「進步的
現代中國」（聯合報 1967 年 4 月 12 日），就連她們頭上戴的后冠也能代
表「自由中國手工藝技術的進步」（聯合報 1959 年 10 月 9 日）。

　　毛冰如的父親原本反對她參加商展小姐的選舉，但是因為父親的
同事「開明時代來臨」的說法，方才同意。「我父親本來不答應，後來

10　傳統文化中，節慶場合經常放鞭炮或敲鑼打鼓，除了趨吉避凶之外，也能吸引人群
　　圍觀。日治時代公學校女教師是相當受敬重的職業，若有女性學成返鄉任教，是地
　　方上的盛事，民眾為之打鼓吹笛，以示歡迎與尊重之意（游鑑明 1995）。

（國民）黨部的很多同事都跟他講『這個沒有關係嘛，現在時代開通了嘛！』後來我父親反而也很支持我囉！」受訪者楊先生的鄰居曾經參選某屆商展電器小姐，他分享自己的商展經驗時表示：「他們應該就是覺得（參加商展小姐選拔）是（跟喝咖啡一樣）modern 的事，所以很贊同。」[11]可見，成為一位「商展小姐」是進步的事情。

那麼，為何這時「時代開通」的說法可以說服毛冰如的父親接受女兒外出從事「拋頭露面」的工作？其實，與1950-1960年代台灣正值冷戰時期的社會氛圍密切相關。為了強化「自由世界」與「共產世界」在意識形態上的區隔，「美式現代性」成為區辨兩者的優劣標準，而政治穩定、消費能力、娛樂生活與女性裝扮等都成為評量現代化的指標，也就是說，透過種種可見於社會中的物質特徵來堆砌抽象的現代性概念，「女性形象」成為關鍵之一。「女性裝扮被視為是進步、時髦、現代的展現，相對的，中共的女性形象，不打扮等經常被譏笑為落伍的、非現代的」（林純秀 2008）。當然，作為「自由中國」的代表，台灣的年輕女孩在外從事時尚的工作也是進步的象徵，與歐美國家普遍存在的職業婦女一般光明磊落，自然沒有什麼好反對的了。

另一個「現代與進步」的形塑則來自於商展小姐與母親的比較。她們的母親無論是來自上層階級的貴婦，或是需要從事家務、農忙的中下階層，幾乎都沒有在外工作的機會與經驗。鄭天瑤如此描述她的母親：

> 她是西元1910年出生的，民國前，所以她是舊時代的人，她一生只穿旗袍……那個時候也算是大戶人家的千金，她有去唸過中興女中，她也有稍微裹小腳，所以腳就有點畸形……

11　此段訪談引自趙彥寧對楊先生的訪談紀錄（2009年6月12日）。

我媽媽她不做事的……就是像電影「色戒」裡面那些上海派的太太們那樣打牌啦、還有點心可以吃。（鄭天瑤，2009年10月26日）

1956年隨父母來台的鄭天瑤自認是「第一代的新女性」，而她的母親則是「舊時代」的人；因為自己能夠工作賺錢，她的母親則是「不做事的」，不僅不用外出工作，且家中有傭人代勞家務。她認為除了是否受過教育之外，「能不能外出工作」才是區別新／舊女性的主要因素。這裡可以看見一個有趣的歷史對照，無論是待在家中不需從事家務工作，或者是需要協助家務、農務的母親，都是「傳統的母親」；「現代的新女兒／性」則是外出工作、可以自由追求自我，這樣才算是現代、進步的新女性。

1950年以降，國府鼓勵女性進入職場，將其視為經濟發展的重要環節。根據台灣省建設廳的統計，1959-1963年間，婦女就業比例大約在14.1%（1958）到13.3%（1962）之間（二十年來的台灣婦女編輯委員會1965），且大多在製造業（紡織業及食品加工廠為主）。不過，工廠女作業員的形象，雖然因為國族主義而被稱為是「值得驕傲的事情」，但是畢竟是「跟男工一樣地辛勤工作……付出血汗」，不若類明星的商展小姐來得吸引人（同上引：50）。

「商展小姐」這樣的工作，不僅逐漸擺脫「拋頭露面」的惡名，還具有現代感與進步性。曾經在1960年代擔任台東電台主持人的管美綾女士，在報紙投書回憶台東首次舉辦「光復小姐」選美活動。她寫道：「民國五十五年十月二十五日，台灣光復二十一周年。當時電台台長包松泉先生（名歌星包娜娜的父親）有感於光復那年出生的孩子都已長大成人，女孩子們也都亭亭玉立了，於是決定舉辦一場『光復小姐』選美。那是台東有史以來唯一的一次選美，盛況空前」（管美綾

2009）。換言之，在整個冷戰戒嚴的氛圍之下，除了女性充滿企圖心之外，社會也對這類活動感到興奮。

（三）待遇好的工作

商展的廠商及主辦單位提供給商展小姐的優渥條件，是一般從事低階服務業者所望塵莫及的，例如，高額的酬勞、補貼治裝費、住宿費，這也可以解釋為何可以吸引數以百計的女孩報名參加。根據毛冰如的回憶，當時的工商職員月薪約500元，而她當商展小姐一個月約得1,200元（毛冰如，2009年2月18日）。鄭天瑤於1967年從事海外服務小姐的酬勞更是可觀，一個月300美元，可以說相當豐厚（鄭天瑤，2009年10月26日）。可觀的酬勞，讓她買了生平第一只鑽石戒指送給母親。當時還只是大學生的她，為自己有能力送昂貴的禮物給母親而感到十分驕傲。

商展小姐若參加競選獲得名次還能獲得獎金、后冠，並且接受招待到國內外遊覽等。如：「瑪莉小姐」阮女玲，除了獲得5,000元獎金外，所穿著的衣衫、皮鞋和各種裝飾，都由南華化學工業股份有限公司給予補貼。「地球墨水小姐」當選後可獲得10,000元獎金；「派克小姐」、「吉士小姐」若當選「商姐」，派克化工廠免費招待遊覽兩週（聯合報1959年10月5日）。相較於當時一般女性的工作（如：會計、出納、業務員、秘書、電話生、接待員、售票員、帶位員等），「商展小姐」薪資高、工作時髦，還可能一圓星夢，而且「靠自己」就能達到夢想，因此不難理解對於女性的吸引力。

此外，這種不需要透過他人人際關係網絡的介紹，可以「靠自己」報名參加，如同「機會或運氣」，容易讓人想嘗試。高中肄業的毛冰如表示，因為她不像護士或老師有明確的專業技能，所以當時並不清楚

自己出社會可以做些什麼事情，「反正想做護士又怕看血打針，想做老師學問又不夠，這種好的、這種女孩子該有的職業我都想過，但自己又想過沒有這個本事」，當她看到報紙上刊登甄選商展小姐的廣告時：「我覺得我可以去做這個事情吶！因為我那個時候的學歷也只能做做這種……那時候，碰碰運氣啦，我都沒有跟我父母講，我就自己去啦」（毛冰如，2009年2月18日）。1959年剛從文山高中畢業的李芝安也是「自己寄了照片應徵」（黃文騊、李芝靜 2018：127）。

　　另一位商展小姐也抱持「靠自己」並獲得肯定的態度參加商展小姐選舉。參加過商展小姐的傅琪郁（1980）多年後以〈我當上了「商展小姐」〉為題投書報紙，文字中流露出得意，因為這是可以獲取社會經驗又可以獲取報酬的事情，並屢次提起評審對她的肯定：「精神鼓勵」、「豎起大拇指連連稱好」、「有被器重的感覺」，令她「禁不住雀躍起來，滿腔興奮地奔回家去」，這是一件讓她獲得自信與得意的事情。

七、女性特質與美學勞動的性別政治

（一）展示美麗與溫柔的勞動

　　不令人意外地，商展小姐的勞動內容相當性別化，尤其強調女性特質。Sandra Bartky（1997: 129-154）指出在許多以女性為主的工作中，親切且服從的服務態度向來都被要求內化為工作的一部分，隨時都必須笑容可掬。透過公開化選舉制度而產生的「服務小姐」所造成的效果，或許不只是增加工作效率或業績，更可能進一步標示出怎樣才是當時社會所期許的「合宜的」女性形象。這一點可從商展小姐的相關報導發現，有許多篇幅都在描述她們具有「溫柔」、「笑容可掬」、

「儀表端莊」、「氣質脫俗」等特質（鳳磬 1964；王克繩 1959）。

我們可以進一步分析這個性別化勞動的內涵。商展小姐選舉中不斷地強調「選服務」，究竟是什麼樣的「服務」？為何商展小姐可以用來作為「提高服務精神」的模範？這裡的「服務」是兩種勞動的混合，一種是類似 Hochschild 所謂的「情緒勞動」，另一種則是「情感勞動」，兩者都相當性別化。就情緒勞動而言，商展小姐為了表現出「合宜的服務精神」，無論遭遇什麼情況都要管理自己的情緒，表現出溫柔和氣的姿態。參展廠商利用商展小姐作為「提高工商從業人員服務精神，倡導對顧客禮貌運動」的模範，不只因為從事基層銷售員多數為女性，更重要的是參展廠商預設且強化了「優良服務精神」與女性特質之間的聯結。「服務小姐」選拔則是將女性特質與服務精神等同，亦即，如女性般順從的態度就是好的服務態度。

情感勞動指的是，消費者在消費過程中，受這些美麗的女性所影響進而購買商品，正如毛冰如提及她到軍營中的販售經驗：

> 他可以天天都來跟你買牙膏，天天都來跟你買肥皂，我還問說你買這麼多幹什麼？他就是為了要看我們，給我們簽個字（名）。他把他所有的錢就這樣子花掉！（毛冰如，2009年2月5日）

這種勞動是建立在美貌與女性特質的展演，在過程中，商展小姐也成了被消費的對象。換言之，展示美麗是勞動的重要內容。商展小姐所描述的工作內容是「不用做事」，只需打扮得美美的，站在櫃台前，巧笑倩兮地推銷商品、招攬生意即可，如王滿嬌所言：「就是招牌，坐在那裡當招牌，就沒有其他事情做。」又如毛冰如所言：

我們就只要打扮得漂漂亮亮的，然後商展開始的時候，我們
就有一個櫃台啊，我跟我那個女朋友兩個人就是掛上那種裝
飾選小姐那種條子有沒有，我是吉士小姐，她是派克小姐，
然後我的名字、她的名字。（毛冰如，2009年2月5日）

這裡提到的「不用做事」指的是物質性的「身體勞動」，但並不
表示擔任商展小姐的工作內容是輕鬆的，反而是兼具情緒與情感的
勞動。實際上，《商展小姐畫刊》中對商展小姐的描述，除了針對美
貌與身體之外，「氣質脫俗」、「舉止文雅」、「高雅的風度」、「甜美的
笑容」、「和藹高雅」、「溫柔文雅」、「風度高貴」等等屢屢出現，這些
都是某種形式的情緒（笑容）與情感（文雅、高雅）勞動（王克繩
1959），其功能在於營造一種消費者正與這些高雅美麗的女性往來的氛
圍，進而促進商品銷售。

這種情感勞動也需要動員身體來配合。有別於一般人天冷添加衣
物，商展小姐為了維持特定的風格與氛圍，例如，「自己很漂亮的那種
樣子」，仍然得穿著單薄的婚紗裙子；換言之，她們的身體得被整編到
如此的風格與氛圍中。若遇到受捉弄的情形，必須以情緒來維持，否
則恐怕無法臨危不亂。毛冰如回憶起一次在花車遊行上，10月天的台
北已經有涼意，還得要「不怕凍」的穿上薄裙，受到圍觀群眾捉弄時
還是要擺出「很漂亮」、「臨危不亂」的樣子：

10月份耶！〔強調語氣〕然後我們穿著那種很薄的婚紗裙子
喔，戴上皇冠，然後就坐在花車上，那些男孩子也是很調皮
啊，把那個鞭炮丟到我們車上，哇！我們又是很害怕，又要
表現得很漂亮，反正就是……要臨危不亂，我們都很鎮定，
那個時候就是要把那種美，好像自己很漂亮的那種樣子啊擺

出來。（毛冰如，2009 年 2 月 5 日）

在展場上維持美麗端莊是重要的勞動內容，並且呈現同時多工的現象。毛冰如談到商展會上的勞動經驗時表示：

> 每天那個人山人海的，我還要簽那個簽字、簽名啊，天天來，人家來了就要找妳簽名啊，簽得我們那個手都痠啊。那個臉頰啊，笑得我啊，每天晚上，回去我那個臉啊都痠的，真的是不簡單耶！現在想起來啊都覺得很好玩呐……人家來買東西啊，我們也是要賣嘛，一面賣一面跟人家那個聊天啊，或者是拍照啊，要擺姿勢啊，跟他們拍照。（毛冰如，2009 年 2 月 5 日）

商展小姐的工作不只是販售商品，還必須為顧客簽名，要「笑容可掬」地陪客人聊天，擺姿勢讓民眾拍照，好似「千手觀音」一般有求必應（圖 1-2）；同時為了維持美麗展示身體，她們也得耐冷。這種同時進行多種工作的情形，正如本書第七章陳美華在美髮業所觀察到的「多工緩衝現象」，這類的性別化勞動同時也是隱而不見的。

再對照藍佩嘉（1995）對於 1990 年代百貨公司專櫃化妝品女銷售員的研究，她提出「剝削的身體、馴化的身體、鏡像的身體、溝通的身體」四個「身體勞動」（bodily labor）概念。藍佩嘉指出「服務勞動者的身體動作、儀態展示、表情姿勢，以及情緒互動」在勞動過程中，將受到無論是管理階層、顧客甚至是自我等，多方權力複雜的管理與規訓。商展小姐在勞動過程中，的確會面臨「情緒互動、身體表情姿勢或儀態展示」的情緒管理與外在形象的規訓；不過藍佩嘉的四個身體勞動概念並不完全適用於歷史中的商展小姐。就「剝削的身體」

而言，相較於百貨公司的專櫃小
姐，1950-1960年代的商展小姐薪
水相對較高，更具有明星光環與時
代進步的身分，若以勞動報酬率來
看，不若藍佩嘉所言具有「壓榨的
薪資制度」，商展小姐獲得較高實
質與象徵意義上的酬勞。[12]

　　商展小姐另一項勞動內容是
「義務勞軍」，這是由於商展主辦單
位（如：工商協進會）與國家的關
係密切之故。受訪者毛冰如表示，
商展小姐活動結束後，約有1年的
時間義務參與勞軍活動行程。毛冰
如並不認為受到剝削，她表示就算
沒有任何酬勞，仍舊會前往參加勞
軍活動，或許是因為國族主義使
然，或許是以商展小姐身分勞軍本

圖1-2　商展小姐漫畫。圖左的文字是「商姐
除了招待顧客、銷賣貨品以外，還得應付熱
心的觀眾的簽名要求，所以她們默禱菩薩希
望變成千手觀音，才能對付裕如」。
資料來源：王克繩（1959）。

身就是一種榮譽資歷，潛在性地能夠轉換成其他資本。

（二）商品與小姐

　　前面提到商展小姐在展場上也經歷了被商品化的過程，我們可以
看到商展小姐的身體具有展示商品效用的功能（如：「肌膚如何那樣白
嫩，牙齒如何那樣清潔」）。實際上，在商展會發行的畫刊插畫中，明

---

12 所謂象徵意義上的酬勞，指的是因為擔任商展小姐而獲得好的名聲和知名度，或在
　　往後的就業機會、婚姻市場或人際關係上具有加乘作用。

圖1-3　商展小姐漫畫。強調商展小姐是為顧客提供服務的，她們不是商品。

資料來源：王克繩（1959）。

白要求觀眾「千萬不要把她們當商品看待」，似乎暗示著很多人把她們當作商品看（圖1-3）。不意外地，這種現象引起了批評：

據說一般前往參觀的人們，真正去「看貨」的並不很多，倒是去「看人」的並不在少。果真如此，則「醉翁之意不在酒」；所謂「商展」也者，只能說是成功了一半，甚且可能變質，由「商展」變成為「美展」。（聯合報1964年2月5日）

又如：

此次商展，竟將「貨色」劃分為二，不僅展出了「貨」，而且展出了「色」：甚至在宣傳上乃以「色」為主，以「貨」為輔，變成活的「美展」，失去商展的基本意義。（聯合報1964年3月19日）

又如下面的這則笑話，一位窈窕漂亮的小姐被老闆選作商展小姐，一位操大陸口音的人問：「小姐多少錢？」她微笑回答：「三十塊錢。」「怎麼？這麼漂亮又這麼苗條才三十塊錢？太便宜了！太便宜了！」（東方白1994：263-264）。這個將小姐比擬為商品的笑話充分顯示小姐與商品之間的緊張關係。

在展覽會場中的女性具有娛樂效果，可以吸引人潮。上述兩則報導對此的批評是，雖然商展小姐選舉活動能吸引大批觀眾，群眾主要目的是看「商展小姐」的「色」，而不是去看國產商品的「貨」，未免本末倒置。這樣的批評並非無中生有，從幾則新聞中亦可發現，商展小姐確實吸引許多男性觀眾前往會場，表達愛慕，甚至更有報導某男子為了籌車費而多次行竊，只為北上一見商展小姐芳蹤（聯合報 1959年 10 月 26 日）。

> 派克小姐高幼梅被大群的學生包圍，喊她學生情人，金門小姐林惠珠，則深受軍人的愛戴。瑪莉小姐阮女玲攤前多是醉翁之意不在香皂的壯年人和青年，錢蓉蓉則老少咸宜，顧客最多。和她隔鄰的李芝安，也站在櫃檯前，不時有些好事之徒，用紙寫幾句「臨時情書」給她，上面頗多肉麻之詞。（聯合報 1959 年 10 月 12 日）

從這些批評與畫刊插畫，也可以看見冷戰時期的性道德管控。一方面主政者希望以展場商展小姐純正的女性形象來等同國家的正當性，矛盾的是，另一方面又擔心觀看者的凝視是有色眼光，破壞了他們所要營造的維護復國大業的情境。所以，此時出現的批評聲浪並非因為商展小姐有任何「不正當」或「危害善良風俗」的外在身體形象呈現，而是認為到展場觀看者的凝視眼光有問題；這樣的批評彰顯出商展小姐活動帶有情慾化的事實與矛盾。

另外，在這種公開展示的場合中，商展小姐雖然受到民眾歡迎，另一方面卻也凸顯女性公開展示女體的困境：在某個程度上她們被商品化，如可欲的商品，只差沒能真正買斷帶回家。評論者則懷疑她們促銷國貨的效果，例如一篇「非商品」的評論寫道：

這些美麗的「眾家英雌」，美則美矣，但畢竟非商品，如將商
展的宣傳重心，放在商展小姐身上，如將商展的主要活動，
放在選拔商姐這件事上，即使能多選出幾位阮女玲，向外輸
出，嫁給洋人，但對提倡國貨，振興工業，并無多大裨益。
（聯合報 1964 年 2 月 5 日）

阮女玲是1959年國產商品展覽大會票選第一名的商展小姐，1963
年與一美籍機械工程師結婚，婚後隨丈夫返美定居（聯合報 1963 年 9
月 8 日），其他還有與海外華僑結婚或是移居海外者。[13]

商展小姐若受歡迎，從反對者的角度來看就成了強出頭。有些批
評表面上是針對商展小姐，其實是對於小姐變成商品的不滿。例如，
讀者楊海宴（1959）便投書表達他對商姐選舉的不以為然，指出展覽
會的主角是「國產商品」，卻被這些「愛出風頭」的小姐搶了風采、模
糊焦點。他用「打雜」來形容這群商展小姐，認為商姐選舉活動弊病
百出，主要都是因為原本僅是商展配角「跑龍套」的商姐反客為主，
氣焰蓋過應為主角的商展品，而造成的苦果。

就拿最近選舉商展小姐而論，之所以弄得糾紛百出，烏煙瘴
氣者，就是因為那些商姐妞兒過於「強出頭」之故，於是百
病叢生，無所不用其極，己既不利，人亦不堪，真是何苦來
哉……奉勸正在打雜的朋友，還是安安逸逸的打你的那份雜
吧。

---

13 在1959年的前十大商展小姐中，有2位（阮女玲、胡克清）與美國人結婚，1位
（陳淑儀）與旅菲律賓華僑之子結婚，1位（林芳子）移居國外。

造成展場混亂有諸多因素，例如，商展大會設計的投票箱不足、投票動線不良、參觀民眾不遵守秩序等等（聯合報1959年10月18日）。不過，批評者將問題歸咎於「花枝招展」、「強出頭」的商姐教唆與哄抬。

實際上，商展小姐屢遭觀眾在肢體及口語上的冒犯、騷擾。根據當時的報導，商展期間發生了數次商展小姐遭到騷擾的事件，甚至有商姐的衣裙「幾乎被無賴撕裂」（何凡1959）。因此，商展大會只得訂出「觀眾可提詢問，絕對不得輕薄」的規定，限制民眾向商展小姐提問的內容，以「控制」這些群眾的「熱情」（聯合報1959年10月8日）。毛冰如曾經歷過不愉快的騷擾經驗：

> 像我們當選以後啊……雖然只有1個月，但也是很累，那個感覺就像「哎呀～很想趕快回家睡覺！」那當選的當天啊……那個時候就有一個那種公子哥兒的，反正就是家裡也是很有錢的啦，就過來要請我去跳舞，我就跟他講我不行……我要回家休息，他說：「給妳臉不要臉，還以為自己了不起啊！」齁！還這樣子講我耶！我心想……我這個人也是很那個的（不服氣），我就說，我說：「幹麼呀你！你有沒有投我？你有沒有投我票？你有沒有對我好？你幹麼呀？我要陪你跳舞？」我就這樣子講他。然後喔，他就拍桌子耶！有些人就跑過來拉我（來勸架的人）還哭……幹麼呀！我們女孩子也不需要這樣。也不一定要陪你跳舞。（毛冰如，2009年2月5日）

綜合上述的例子，可以說，基於性別權力關係的不平等，即使商展小姐在當時媒體版面已經具有能見度和發言權；但在商展會場中，商展小姐只是商展會上點綴的花絮或附屬品，仍被許多男人當作可以公然輕薄、調戲的對象。這也迫使某些商姐不堪騷擾且心生恐懼，因

而產生退選的念頭，不得不放棄她們的夢想（聯合報 1959年10月8日）。雖然商展會的興起提供年輕女性機會，但社會中仍然存在的性別權力關係不平等，使得這些年輕女孩在公領域活動時，仍須面臨種種不利的威脅。

八、結論

　　台灣消費市場的擴大與消費社會興起的歷程中，鮮少針對女性及勞動內容深入探討。在1950年代特殊的歷史條件之下，商展小姐是介於售貨員、選美小姐、模特兒及明星之間的工作，如此也使其勞動內容包含銷售、微笑及展示自己的美麗。本文是為這段歷史所跨出的第一步，藉由1950-1960年代商展小姐的歷史，觀察冷戰下由國家主導的消費市場特性、女性身體與工作的關係，以及她們的勞動內容。

　　首先，我們可以看到，國家性別意識形態、商業與性別之間，呈現時而互生、時而矛盾的現象。無論是現有關於國族主義與女體的研究，或是台灣商展小姐的例子，都可見國族主義看待女體的矛盾性，一方面在企圖建構一個現代化（資本主義）國家之下展示美貌與女體，另外一方面又需以身家清白來加以規範，排除過去也曾在各種展場上活躍的藝妓與酒女。然而，如此並無法完全去除公開展示美麗女人或女體的（性）道德的可議之處，尤其是與當時國府所奉行的性別意識形態相左，因此不斷地有人質疑或是建議禁止。主辦單位雖以提高服務之名舉辦選舉，企圖解除出賣色相的疑慮，但並未解決矛盾。又如，國家有難時不宜舉辦商展小姐選舉的主張，也是類似的問題性使然。無論是主張國家有難，不宜舉辦選舉，或是認為商品才是主角小姐僅是提供服務，正反雙方爭議的程度也顯示商展小姐選舉的力量

（無論是敗壞風氣或促銷商品）。

　　就勞動內容而言，有別於當代各種身體工作的分化，商展小姐混合了售貨員、模特兒與明星的特性，她們既要促銷商品，也要以情感勞動營造氛圍，更要維持優雅與美麗，與本書第七章陳美華所討論的多工現象類似。在展示女性來刺激消費、擴大市場的過程中，她們提供了情緒勞動與情感勞動。雖然商展小姐說她們的工作就是「沒事」，只要打扮得漂漂亮亮，但這正是其工作的核心重點之一——展示美麗的外貌與身體、營造氣氛，並且須臨危不亂。此外，她們本身也被商品化，成為慾望投射的對象，因此頻頻遭遇性騷擾。

　　從參與商展的女性角度來看，商展小姐是令人嚮往的工作。對於身處戰後貧困社會中的女性而言，優渥的收入、可躋身進步獨立的現代女性行列、獲取豐富的生活經驗、美貌地位受認可，又能貢獻國家，都具有吸引力。無論從報名人數，或是商展小姐的訪談或投書，都可以看到她們在社會仍普遍貧窮、工作機會不多的情況之下，積極把握機會。此外，她們成為商展小姐之後，各人發展不同，有的多年後流落街頭，有的則以商展小姐（或是任何小姐）的新身分而獲得工作機會或姻緣並提升社會地位，如此的差異，正是因為以美貌或身體的勞動方式所獲得的報酬有其不確定性。對照當代類似的工作，如show girl，冷戰已遠，女性經濟獨立以及工作選項眾多，這一類型的工作已經不再是進步的象徵，也不那麼吸引人，但對許多女性而言，仍是明星（或名模）夢的起點。

問題與討論

1. 一個工作可能因為所處的時空不同，導致從業者的性別／階級／族群有所不同，同時具有不同的社會地位。請嘗試舉例並探討造成這些差異的各種條件。

2. 請討論當代 show girl 的酬勞、勞動內容為何？

3. 請討論 1950-1960 年代的商展小姐為何需要由「身家清白」的女性擔任？

參考文獻

二十年來的台灣婦女編輯委員會編，1965，《二十年來的台灣婦女》。台北：台灣省婦女寫作協會。

中華民國工商協進會編，1971，《工商協進二十年》。台北：中華書局。

王克繩，1959，《新風氣商展小姐畫刊》。台北縣：新風氣社。

王秀雲，2019，〈「不男不女」：台灣「長髮」男性的治理及性別政治，1960s-1970s〉。《台灣社會研究季刊》112: 99-146。

正氣中華報，1959，〈高幼梅與毛冰如　倩影三千贈戰士　由中興書店代發〉。第2版，12月3日。

朱心儀，2004，《台視1962-1969節目內容的演變》。花蓮：花蓮師範學院鄉土文化研究所碩士論文。

自立晚報，1959，〈商展小姐有若無〉。9月17日。

＿＿＿＿，1960，〈商展小姐造型〉。1月4日。

何凡，1958，〈玻璃墊上　酒女世紀〉。聯合報，第7版，8月11日。

＿＿＿＿，1959，〈談商展「選美」〉。聯合報，第6版，10月6日。

＿＿＿＿，1960a，〈競美於國際〉。聯合報，第7版，3月18日。

＿＿＿＿，1960b，〈再談選美〉。聯合報，第7版，3月21日。

吳昆財，2006，《1950年代的台灣》。台北：博揚文化。

吳崇蘭，1980，《彩虹夢》。台北：中外圖書。

宋玉雯，2008，《「良婦／娼婦」間的可能性：酒家小姐的記憶與身分轉換》。新竹：清華大學社會學研究所碩士論文。

宋芳茵，1964，〈選舉商姐秘記〉。《人間世》7(4): 17-19。

李安國，2005，《瞬間跨過一甲子：新住民的老故事》。台北：李宇飛發行。

李源棧，1959，〈台灣省議會第一屆第二次定期大會議事錄〉。11月9日。

束雲章，1971，〈中華民國工商協進會創立經過〉。頁2-5，收錄於中華民國工商協進會編，《工商協進二十年》。台北：中華書局。

言曦，1959，〈商展與女人〉。中央日報，第5版，9月30日。

東方白，1994，〈真與美〉。《文學台灣》12: 232-265。

林笑峰，1959，〈商姐資格大會審　准否競選費周章〉。聯合報，第2版，9月30日。

林純秀，2008，《冷戰現代性的國族／性別政治：《今日世界》分析》。台北：世新大學社會發展研究所碩士論文。

林鐘雄，1987，《台灣經濟發展四十年》。台北：自立晚報。

邱旭伶，1999，《台灣藝姐風華》。台北：玉山社。

邱言曦，1975[1959]，〈顧客之道〉。頁95-96，收錄於邱言曦著，《言曦散文全集》。台北：台灣中華書局。

金夫，1955，〈旅美雜記（六十三）：明星夢〉。聯合報，第6版，8月31日。

洪國智，2003，《中華婦女反共抗俄聯合會在台慰勞工作之研究（1950-1958）》。中壢：中央大學歷史研究所碩士論文。

胡台麗，1986，〈台灣農村小型工業發展的特質及其經濟文化基礎〉。頁209-232，收錄於瞿海源、章英華編，《台灣社會與文化變遷（上冊）》。台北：中央研究院民族學研究所。

＿＿＿＿，1993，〈芋仔與蕃薯：台灣「榮民」的族群關係與認同〉。頁279-323，收錄於張茂桂編，《族群關係與國家認同》。台北：業強。

述今，1959，〈政治性的商展小姐〉。《聯合評論》1月20日。

孫如陵，1968，《自牧集》。台北：立志。

挹素，1952，〈選美〉。聯合報，第6版，7月2日。

涂繼輝，1986，〈買賣生意應猶在，只是方式改：台北市商業活動的變化〉。《我們的雜誌》21: 29-37。

康可，1964，〈少女的迷惘〉。《自由談》725: 13-14。

張小虹，2002，〈在百貨公司遇見狼：空間、慾望與城市現代性〉。頁159-204，收錄於張小虹著，《在百貨公司遇見狼》。台北：聯合文學。

張炎銘，2015，〈87水災：死亡、失蹤人數最多的大水災與裘恩（JUNE）、芙瑞達（FREDA）颱風。水利署電子報，第123期，5月22日。http://epaper.wra.gov.tw/Article_Detail.aspx?s=1F01FDF93FEDEEC0，取用日期：

2018年8月7日。

梁瑞珊，2005，《戰後台灣化妝品產銷與女性裝扮文化（1950-1980）》。
　　南投：暨南國際大學歷史學系碩士論文。

許芳庭，1997，《戰後台灣婦女運動與女性論述之研究（1945-1972）》。
　　台中：東海大學歷史學系碩士論文。

陳惠雯，1999，《大稻埕查某人地圖：大稻埕婦女的活動空間近百年來
　　的變遷》。台北縣：博揚文化。

陳靜琳，1998，〈身家清白的迷思〉。《師友》377: 40-41。

傅琪郁，1980，〈我當上了「商展小姐」〉。自立晚報，3月16日。

游千慧，2000，《一九五〇年代台灣的「保護養女運動」：養女、婦女
　　工作與國／家》。新竹：清華大學歷史研究所碩士論文。

游鑑明，1995，〈日據時期的職業變遷與婦女地位〉。頁101-137，收錄
　　於台灣省文獻委員會編，《台灣近代史：社會篇》。南投：台灣省
　　文獻委員會。

程佳惠，2001，《1935年台灣博覽會之研究》。中壢：中央大學歷史研
　　究所碩士論文。

黃文騄、李芝靜，2018，《飛越敵後3000浬：黑蝙蝠中隊與大時代的我
　　們》。台北：新銳文創。

黃世明，2006，〈台灣休閒娛樂的生成變化〉。頁192-193，收錄於黃
　　世明、劉維公著，《台灣全志卷九：社會志：文化與社會篇》。台
　　北：國史館台灣文獻館。

楊海宴，1959，〈論「打雜」〉。聯合報，第6版，10月30日。

管美綾，2009，〈大同戲院的青春記憶〉。聯合報，D4版，10月7日。

趙彥寧，2001，〈誰是三級片皇后？〉。頁123-127，收錄於趙彥寧著，
　　《戴著草帽到處旅行：性／別、權力、國家》。台北：巨流。

鳳磐，1964，〈商展小姐群像〉。聯合報，第5版，1月1日。

劉現成，2003，〈邵氏電影在台灣〉。頁130-145，收錄於廖金鳳等編
　　著，《邵氏影視帝國：文化中國的想像》。台北：麥田。

聯合報，1953，〈議會制止選齒姐　牙醫滿口有文章〉。第4版，3月
　　15日。

＿＿＿＿＿，1953，〈皓齒贏得女王冕 萬人櫻口看銀牙 高市齒姐昨行加冕禮〉。第4版，5月5日。

＿＿＿＿＿，1954，〈選舉美齒小姐 本市裹足不前〉。第3版，4月5日。

＿＿＿＿＿，1956，〈只緣競爭太激烈 工展皇后難產生〉。第3版，2月15日。

＿＿＿＿＿，1956，〈願將此身上銀幕 未成明星作流星 兩女生出走看葛蘭出發羅東南下岡山〉。第3版，6月13日。

＿＿＿＿＿，1956，〈李麗華經過金山 轉往好萊塢拍片〉。第2版，7月10日。

＿＿＿＿＿，1959，〈國貨商品展覽會 定雙十揭幕 籌備委會昨告組成〉。第5版，1月13日。

＿＿＿＿＿，1959，〈佳麗八十人 粉黛競天工 天工公司今初選商姐 體態儀容及風度並重〉。第2版，9月8日。

＿＿＿＿＿，1959，〈「商展小姐」選舉流產 節約救災期間警局通知停辦〉。第3版，9月9日。

＿＿＿＿＿，1959，〈小姐們大失所望〉。第3版，9月9日。

＿＿＿＿＿，1959，〈商展會發表聲明〉。第3版，9月9日。

＿＿＿＿＿，1959，〈商展小姐選舉糾紛 監委表示重視〉。第3版，9月11日。

＿＿＿＿＿，1959，〈小姐與監委〉。第3版，9月12日。

＿＿＿＿＿，1959，〈陳副總統 關懷商展 昨日召見束雲章〉。第5版，9月12日。

＿＿＿＿＿，1959，〈佳麗絕代加桂冠 國色堪比瑪莉香〉。第2版，9月24日。

＿＿＿＿＿，1959，〈商展廠家各擺噱頭 佳麗競選花樣翻新 商姐榮銜逐鹿戰 群芳爭豔商展場〉。第3版，10月5日。

＿＿＿＿＿，1959，〈商姐國慶遊行 排定花車陣勢〉。第5版，10月7日。

＿＿＿＿＿，1959，〈日選十姝 與客酬答 觀眾可提詢問 絕對不得輕薄〉。第5版，10月8日。

＿＿＿＿＿，1959，〈商姐奪得后座 可至香港一遊 僑商麗梨戲劇用品店贈送后冠 加冕典禮將有一番熱鬧〉。第5版，10月8日。

＿＿＿＿＿，1959，〈商展秩序 已趨正常〉。第5版，10月8日。

＿＿＿＿＿，1959，〈為商姐助興 銀樓贈后冠鑲珠嵌玉光輝燦爛 精工巧製價逾萬元〉。第5版，10月9日。

_____，1959，〈貨、色俱佳〉。第3版，10月11日。

_____，1959，〈學生擠得選舉狀元 商姐媚笑換取選票 日勞累花容見憔悴 人潮洶湧觀眾太熱情〉。第3版，10月12日。

_____，1959，〈商姐選況昨又紊亂 如不改善將再停選〉。第3版，10月18日。

_____，1959，〈為助小姐當選 專偷鐵馬變錢 仰慕錢蓉蓉三度來北 為籌助選費九次竊車〉。第4版，10月26日。

_____，1959，〈前線將士卅人 昨參觀商展〉。第3版，11月7日。

_____，1959，〈商展加冕頒獎 定十一日舉行 政府首長多人將親主持 國貨彩券同日開獎〉。第3版，11月8日。

_____，1959，〈慶祝國父誕辰 十位商姐後天遊行〉。第3版，11月10日。

_____，1959，〈七位商姐 初試歌喉〉。第2版，11月17日。

_____，1959，〈商展勞軍團 週一赴金門 九位商展小姐參加〉。第3版，11月28日。

_____，1959，〈商姐勞軍團 在金展開活動〉。第3版，12月2日。

_____，1959，〈明年選舉中國小姐 參加長堤競美 明年五月後辦選拔事宜 八月赴美爭取世姐榮譽〉。第2版，12月4日。

_____，1960，〈選中國小姐 今展開工作〉。第3版，3月1日。

_____，1960，〈銀色幻想曲 欲圓明星綺夢 三女學生出走〉。第3版，5月23日。

_____，1961，〈巡迴高展委會昨首次會推選五召集人〉。第5版，10月4日。

_____，1963，〈中美戀‧工商緣 商后阮女玲 嫁得金龜婿〉。第3版，9月8日。

_____，1964，〈非商品〉。第3版，2月5日。

_____，1964，〈選舉商展小姐 辦法一改再改 新方案今提廠商代表會 太平鐵櫃小姐宣佈放棄〉。第3版，2月20日。

_____，1964，〈選舉商展小姐 觀眾今起投票〉。第5版，2月28日。

_____，1964，〈惡夢初醒〉。第3版，3月19日。

_____，1964，〈商姐將赴前線勞軍 僑商謝坤銓 捐款物勞軍〉。第3版，3月28日。

_____，1967，〈加博覽會下旬揭幕 十二淑女廿日啟程 從事半年國民外交工作〉。第2版，4月12日。

_____，1967，〈中國館‧麗人行 世界博覽‧爭奇鬥豔 十二金釵‧去也翩翩〉。第3版，4月20日。

霜木，1952，〈選美特輯〉。聯合報，第6版，6月25日。

藍佩嘉，1995，《銷售的政治：性別化的勞動身體規訓》。台北：台灣大學社會學系碩士論文。

_____，1998，〈銷售女體，女體勞動：百貨專櫃化妝品女銷售員的身體勞動〉。《台灣社會學研究》2: 47-81。

龔宜君，1998，《外來政權與本土社會：改造後國民黨政權社會基礎的形成（1950-1969）》。台北：稻鄉。

Ahmed-Ghosh, Huma, 2003, "Writing the Nation on the Beauty Queen's Body: Implications for a 'Hindu' Nation." *Meridians: Feminism, Race, Transnationalism* 4(1): 205-227.

Balogun, Oluwakemi M., 2012, "Cultural and Cosmopolitan: Idealized Femininity and Embodied Nationalism in Nigerian Beauty Pageants." *Gender and Society* 26(3): 357-381.

Bartky, Sandra Lee, 1997, "Foucault, Femininity and the Modernization of Patriarchal Power." Pp. 129-154 in *Writing on the Body: Female Embodiment and Feminist Theory*, edited by Katie Conboy, Nadia Medina and Sarah Stanbury. New York: Columbia University Press.

Benson, Susan Porter, 1987, *Counter Cultures: Saleswomen, Managers, and Customers in American Department Stores, 1890-1940*. Chicago: University of Illinois Press.

Brown, Elspeth H., 2014, "The Commodification of Aesthetic Feeling: Race, Sexuality, and the 1920s Stage Model." *Feminist Studies* 40(1): 65-97.

Brownell, Susan, 1998, "The Body and the Beautiful in Chinese Nationalism: Sportswomen and Fashion Models in the Reform Era." *China Information*

13(2-3): 36-58.

Diamond, Norma, 1975, "Women under Kuomintang Rule Variations on the Feminine Mystique." *Modern China* 1(1): 3-45.

Featherstone, Mike, 1982, "The Body in Consumer Culture." Pp. 170-196 in *The Body: Social Process and Cultural Theory*, edited by Mike Featherstone, Mike Hepworth and Bryan S. Turner. London: Sage.

Hochschild, Arlie Russell, 1983, *The Managed Heart: Commercialization of Human Feeling*. Berkeley, CA: University of California Press.

Rowe, Rochelle, 2009, "'Glorifying the Jamaican Girl': The 'Ten Types – One People' Beauty Contest, Racialized Femininities, and Jamaican Nationalism." *Radical History Review* 103: 36-58.

Wissinger, Elizabeth, 2007, "Modelling a Way of Life: Immaterial and Affective Labour in the Fashion Modelling Industry." *Ephemera: Theory and Politics in Organization* 7(1): 250-269.

Yen, Hsiao-pei, 2005, "Body Politics, Modernity and National Salvation: The Modern Girl and the New Life Movement." *Asian Studies Review* 29(2): 165-186.

附錄　1956-1970歷年工／商展覽會及商展小姐一覽表

年分	活動地點	活動名稱	商展小姐名稱
1956	台南	台灣工業產品聯合展覽大會	工姐／工后
1956	泰國曼谷	國際貿易博覽會	招募僑胞婦女，充任招待員。
1957	台北	裕隆公司自製吉普車試車典禮	車展小姐
1957	美國紐約	美國世界貿易展覽會	服務小姐
1957	台北	中華民國紡織工業展覽會	紡展之后、紡展小姐
1959	台北	中華民國四十八年（第一屆）國產商品展覽大會	選舉商展小姐
1959	美國芝加哥	芝加哥國際商品展覽會	中華民國的貿易展覽會小姐
1960	台南	台灣省國產商品展覽大會	-
1960	巡迴台灣各地	中華民國國產商品巡迴展覽會	-
1961	台北	加速經濟發展覽會	接待小姐
1961	台北	中華民國國產商品第二屆全省巡迴展覽會	-
1962	巡迴台灣各地	提倡愛用國貨暨商場禮貌商品標價巡迴示範展覽會	巡迴商展小姐
1963	台北	中華民國國產商品第三屆巡迴展覽會	商展服務小姐
1964	日本琉球	中華民國商品赴琉球展覽會	會場服務之商展小姐
1964	台北	中華民國五十三年（第三屆）國產商品示範展覽會	選舉商展小姐
1964	台南	台南國產品聯合展覽推銷會	由台北商展小姐組團巡迴南部7縣市宣傳，以期吸引南部觀眾。
1964	美國紐約	紐約世界博覽會	服務小姐
1964	台北	經濟建設成果展	經展服務小姐
1964	高雄	高雄市建市40周年國產商品展	-
1965	日本	中華民國台灣省特產品展	商展小姐12位
1966	台北	中華民國五十五年度全國國產商品展覽	商展小姐
1966	新竹	新竹商展會	商展小姐
1967	加拿大蒙特羅	加拿大世界博覽會	中華民國館女服務員
1967	台北	第一屆「國產毛衣皇后」選拔	選舉毛衣皇后、毛衣公主

年分	活動地點	活動名稱	商展小姐名稱
1968	台北	第一屆國產衣料展覽會	選舉中國雲裳小姐
1968	台北	中華民國紡織工業展覽會	紡展小姐
1969	台北	中華民國五十八年工業展覽會	招募服務小姐
1969	高雄	全省性工商國產商品成果展	選舉工商小姐
1969	屏東	屏東工商業產品展覽會	選舉工商展小姐
1969	台南	台南市工商業國產商品成果展	商展小姐
1969	澎湖	澎湖第二屆國產工商品展覽會	舉辦禮貌小姐選舉
1970	桃園市中壢區	桃園縣中壢市第一屆國產商品展	最佳服務小姐選舉

資料來源：聯合知識庫，吳怡靜整理製作。

Chapter

2

名模養成：模特兒工作中的身體、情緒和自我

楊雅清

*　　楊雅清 台中市中港高中國中部專任教師。

**　　筆者感謝所有受訪者與在田野中認識並給予幫助的朋友、廠商和經紀公司，也感謝兩位審查
　　人提供的寶貴意見，以及逸萍的協助。此外，感謝新社高中和中港高中的同事們，特別是蘇
　　幼芳老師，在我忙於寫作、教學與其他工作時，給予重要的支持和協助。

***　本文引用資訊：張晉芬、陳美華編，2019，《工作的身體性：服務與文化產業的性別與勞動展
　　演》，頁59-105。高雄：巨流。

中文摘要

　　模特兒的身體往往被視為符號載體或文化產品，然而，「理想身體」並非與生俱來，需要透過勞動者有意識地操演、訓練和維持。僅藉由美學勞動和情緒勞動的理論模型，難以描繪深刻而動態的身體化能力。本文企圖回到勞動過程，藉由了解身體技藝的養成，探究勞動主體如何動員身體化能力，如何使用情緒和身體，並且經歷自我和認同的轉變。本文援引17位受訪者的深度訪談，並於2009年10月至2010年底進行參與觀察，進入訓練課程和工作現場，體察模特兒工作中的身體技藝，理解她／他們在日常生活中如何照顧與管理身體。本文提出三項發現，首先，模特兒必須遵循市場的美學慣例塑造商品化身體。為了應付不同市場需求，勞動者更發展出相應的身體技術和策略，以符合相異的美感規則。其次，模特兒有意識地操作「情緒記憶」或「身體性情緒」兩套技術，展現不同美學慣例需要的情緒表現。最後，由於工作內容少有互動服務，模特兒較常以「身體性情緒」進行表層表演，保持某種程度的真實自我；此外，按照市場美學慣例刻畫的商品化身體，可能導致個體與自我偏好的身體意象衝突，從而感到與自我身體之間的疏離，反之，若是自我形象與產業慣例一致，勞動者對商品化身體會有正向的感受，並以此建構身分認同。

關鍵詞：模特兒、情緒勞動、美學勞動、身體性情緒、身體化能力

Becoming a Model:
An Inside Look at the Body, Emotion, and Self of the Modeling Industry

Ya-Ching Yang

Teacher

Taichung Municipal Chung Gang Senior High School

Abstract

The body of a model tends to be seen as a medium of symbols. However, the ideal body is not a given; instead it is a product of constant practice and maintenance. This paper intends to focus on the labor process, on how models hone their body techniques, such as emotion and flesh, and on how embodied capacity is mobilized along with the shifting of personal identification.

Through in-depth interviews, this paper presents three particular discoveries. First, models commercialize their bodies by following specific aesthetic conventions for the job. To fit into different market aesthetics, different body techniques are invented out of necessity. Secondly, models consciously manipulate both emotional memory and embodied emotion. The latter, in particular, is there to maintain their sense of true self. The final observation is that there is the possibility of feeling detached and a sense of being self-impaired if their preferred body image clashes with that of the industry convention.

Keywords: modeling, emotional labor, aesthetic labor, embodied emotion, embodied capacity

> 我每天都必須擔心自己的長相。如果妳曾以為，擁有纖細的大腿和閃亮的秀髮就可以使妳更快樂，妳只需要認識一群模特兒就好了。她們擁有全世界最細的腿、最亮的頭髮、最時尚的衣著，但她們也是這個星球上對自己身體最沒有安全感的女性。
>
> —— Cameron Russell（2012；TEDxTaipei 翻譯）

一、前言

　　Cameron Russell 年紀輕輕便成為美國內衣品牌維多利亞祕密（Victoria's Secret）的天使模特兒，那是全世界模特兒的夢想舞台。178公分，金髮、白人，身材玲瓏有致，肌肉結實，全然符合主流審美標準。顯然是人生勝利組的她，卻對自己的身體充滿焦慮。相似的說法，出現在 Ashley Mears（2008）對紐約模特兒的研究，她們為了獲得工作機會，不惜謊報年齡、體重，卻逃不過客戶的凝視（gaze），一旦無法穿進客戶提供的緊身褲，可能被不留情面地開除。在這個以身體為商品的產業中，模特兒的身體被觀看、監視和銷售，面對其他更年輕、更漂亮或更纖瘦的競爭者，以及未來不確定的職涯發展，不難想像她們對自己身體的焦慮與不安。讓我們從下面這段田野筆記開始：

　　那是一個頗具涼意的傍晚，賓客們披著圍巾、穿著外套，捧著知名大廚料理的精美餐點和香檳，相互寒暄。我們4個女生身著桃粉色短禮服，腳蹬著至少7公分鞋跟的白色高跟鞋，站在遊艇上。海風越來越大，船身越來越晃。我心想：還好剛才沒吃太多食物，雖然有點餓，不過至少不會暈船想吐。

這是一場遊艇新品發表會，來自世界各地的媒體和買主不時站上船頭拍照，他們手持香檳笑得燦爛，站在一旁的我們，已經笑了第四個小時。還有3小時才能結束這場工作。我的小腿肌肉感到痠痛，膝蓋覺得腫脹壓迫，身體因為冷風而有點發抖；我的臉也抽搐著，長時間保持笑容，導致雙頰肌肉痠楚，痠痛從嘴角蔓延到顴骨，我將嘴唇閉上，用微笑面對攝影機，讓兩側唇角稍微放鬆，這麼做，讓我覺得舒服一些，但仍舊不適。接著，我把手肘彎曲靠在欄杆上，把身體的重量從雙腳移開，頓時，小腿一陣放鬆，腫脹感消退，不過，這時我的腰必須出力，使上半身保持端正，即使我想偷懶，也必須讓自己看起來「好看」，旁人看起來，我只是換個拍照姿勢而已。

這個側身移動的姿勢形成一個攝影機拍不到的死角，讓身邊的女孩有機會能微微移到我身後，用極小的聲音說：「幫我擋一下」。接著，她非常誇張地張大嘴巴，扭動下顎和唇部，像是做鬼臉那樣，非常好笑，不過幾秒鐘的時間，她恢復成原本的姿勢，露出7顆牙齒、看不見牙齦，身形婀娜，燈光下的她看起來非常美。（田野筆記，2010年8月20日）

　　從這個田野小故事，可以看出模特兒作為表演工作者，如何有意識地操作自己的身體與臉部表情，每一個行動都經過縝密的計畫與自我監控。模特兒的身體，在許多文獻中常被看成是文化產品或符號，演出男性注視下的理想女性身體，像是纖瘦的、性感的肉體形象（Barthel 1988; Bordo 1993）。必須注意的是，這樣的身體形象並不是與生俱來，上述的身體表現是一種表演性的操演（performativity），如同

性別一般，模特兒傳達的符號必須透過實際的身體行動被「做」出來（Butler 1993）。換句話說，模特兒不只是被動乘載符號的人形立牌，作為勞動者，她／他們有意識地表現活生生的身體與情緒，並藉此換取工作報酬。

　　一般大眾對模特兒工作的認識，大多是舞台走秀和拍照展示。1111人力銀行如此介紹模特兒工作：「於平面媒體、廣告中、展示台上，作肢體姿態之展示、或配合銷售目的展示穿著配件及演出等工作」（1111人力銀行 2018）。顯而易見地，身體是模特兒工作中不可或缺的生產工具。在此產業中，肉體被利用的方式，不再只是承載勞動力的容器，而是展現美感、營造感受氛圍的被規訓的身體。

　　已有相當多的討論聚焦於勞動者的身體化能力（embodied capacity），如情緒勞動和美學勞動（Hochschild 1983; Leidner 1993; Witz, Warhurst and Nickson 2003）。前者強調服務業中的受僱者必須管理自身情緒，展現出公司期待的臉部表情與身體狀態，繼而影響消費者的感受，並以此為公司獲利。美學勞動則是強調勞動者的身體特質被雇主挪用，成為營業場所裡活生生的「人形立牌」，簡言之，便是以勞動者的肉體性「外表」來體現企業形象。然而，有些學者認為，這樣的討論方式容易落入身心二元分立的陷阱，若著重於情緒議題，對身體的探究便不夠細膩（Warhurst and Nickson 2007; Witz et al. 2003; Speiss and Waring 2005）；過度強調身體面向，會忽略情緒的重要性（Entwistle and Wissinger 2006）。這些研究，雖然都關照到身體和情緒，也承認身體和心靈是不可分割的整體，然而，還有更多的細節值得發掘，例如，肉體和情緒之間的互動關係如何？勞動者如何操作自身的這些身體化能力？情緒傳遞和身體展演有哪些可能的表達方式？筆者認為，模特兒產業是勞動者動員身體化能力的極端案例之一，此一職業的工作內容完全聚焦於身體的操作。本文回到勞動過程和勞動現場，希望找出模

特兒可能發展的身體技術（Mauss 1973），藉此理解表演工作者如何動員並調節內在情緒和外在身體來達成工作目標。

首先，本文試圖藉由模特兒被招募、篩選與訓練的過程，了解她／他們的身體如何被開發、動員或改造？必須學會哪些技術來呈現身體？其次，模特兒在操演身體的同時，不僅僅高度動員肉身，也包含情緒和心智的涉入，她／他們如何管理情緒表現？在工作執行的過程中，情緒與身體的互動關係又是如何？最後，身體作為感知世界的媒介之一，模特兒工作對身體的要求標準與進入產業前的身體樣態相當不同，從而為她／他們提供了一套新的感知世界的方式，並形塑出新的自我，這個「自我」會如何表現？勞動者又如何看待她／他們自己的身體？本文以經驗訪談和田野實作資料為基礎，描繪出模特兒在勞動過程中使用身體的方式，以及身體所扮演的角色，並且理解其身體、情緒和自我認同之間複雜交錯的動態過程。

二、文獻探討

在福特主義盛行的時代，Harry Braverman（1974）對去技術化（deskilling）的討論已關注勞動者的身體與心智。泰勒式的科學管理將工作區分為勞心和勞力兩部分，勞心是管理階層的工作，工人被化約成只需要進行單調動作的肉體。生產線上的身體，不僅失去勞動的意義，也在身心二元分立的觀點下被輕視和貶低。隨著互動式服務產業的興起，身體以另一種方式被資本使用，不再是生產線上單面向、重複動作的肢體，而是必須服務有感覺的、活生生的人，不僅是面對面的互動，更是身體對身體的接觸（Leidner 1993）。

Arlie Hochschild（1983）啟發性地提出情緒勞動的概念，將勞動者

身體化能力納入勞動社會學的討論範圍。她筆下的情緒勞動，發生在面對面、聲音對聲音的互動服務中；勞動者管理自身的情緒，生產出工作上需要的心理狀態，並藉此影響及操弄他人情緒，例如消費者。最後，這些在組織內的情緒勞動也受到雇主及管理者的訓練和監督。

隨著服務產業越發多元，身體的利用方式再一次發生變化，特別是對風格和美感的要求。Anne Witz、Chris Warhurst 及 Dennis Nickson（2003）強調身體展演的面向，繼而提出美學勞動的概念，並定義為：

> 美學勞動是員工的身體化氣質（embodied disposition）被動員、發展和商品化。在員工進入其工作時，已然擁有某些身體化能力和特質的形式，也就是「氣質」。強調雇主如何在招募、選擇和訓練過程中，動員、發展和商品化這些身體化氣質，將之轉化為符合服務接觸（service encounter）風格的「技能」（skill），並以此來討好顧客的感受。（Witz et al. 2003: 37）

在此，勞動者的身體，必須「看起來好看，聽起來好聽」（looking good and sounding right），像是特定風格的人形立牌，擺放在時髦餐廳、時尚夜店裡，展演品牌或雇主所要營造的氛圍。

服務業中的美感身體，同時也是性別化和性化的。Melissa Tyler 及 Philip Hancock（2001）發現女性空服員還需要接受有關走路、眼神接觸的訓練，她們必須要展現富有女性特質及性吸引力的姿態；而 Lisa Adkins（1995）對遊樂園女員工的研究也揭示身體的情慾與性別面向。這些研究即使沒有使用美學勞動這個詞彙，都顯示雇主如何挪用勞動者的身體特質作為營利工具。

從上述的簡要整理，我們可以發現，在不同產業模式下身體受到資本不同方式的動員與利用。一方面，我們看到多元的身體勞動方

式；另一方面也可以發現，在這些理論模型中身體能力被分拆開來，成為不同的勞動面向。許多後繼的研究者廣泛地運用這些理論概念來分析不同面向的勞動特性，例如，Ashley Mears 及 William Finlay（2005）認為模特兒必須管理自己的身體資本（bodily capital），情緒勞動則是用來應付工作場合中與他人的社交往來，此外，情緒勞動也發生在拍照當下，模特兒必須克服身體不適，演出雇主需要的情境。如此將身體和情緒分而論之，似乎是身體歸身體、情緒歸情緒，身體化能力是破碎且不連貫的。

陳美華（2006）對性工作者的研究，也借重情緒勞動和美學勞動這兩個理論概念進行討論，不過，在該文所展現的性工作圖像中，更清楚地顯示美感的身體也蘊含勞動者的主觀情緒——打扮成雇主滿意的樣貌，即使勞動者並不情願這麼做（同上引：17）。而情緒勞動更是高度肉體化、性化的，透過聲音、表情，甚至是身體的顫抖，來傳達興奮與愛情（同上引：29）。

Maurice Merleau-Ponty（1962）對知覺現象學的討論中，拒絕身心二元分立的觀點，他將活生生肉體（lived body）的「知覺經驗」視為意識的關鍵，是所有意識的根本，換句話說，人們透過身體認識世界，身體和意識同時在場。身體不只是客觀的身體，更是身體化的主體。對勞動主體而言，情緒和肉體同時作為身體的一部分，情緒的傳遞往往需要肉體的配合，而肉體展演當下情緒也沒有缺席。現象學提供了一種整體性的觀點，並不是「肉體加上情緒」便等於整個身體，而是涉及身體各部位器官活動與意識之間複雜的交互作用。對 Merleau-Ponty（1962）來說，身體／自我是不可分割的，當肉體在工作的同時，身體內的腦袋和意識也同時運作，易言之，身體不只是機械式的物體，而是自我的一部分，情緒必然參與其中。當人們在肉體上做些什麼、或是以肉體去做什麼，都對周圍的環境產生知覺和意識。透過

現象學的概念，我們可以發現，身體和情緒的二元對立在「自我」的概念中被統合起來，我們藉由身體認識並體驗世界，並將對世界的認識體現出來。

Joanne Entwistle 及 Elizabeth Wissinger（2006）藉由現象學，進一步擴張美學勞動的概念，指出模特兒必須行銷自身身體，因此，勞動者需要打造身體外表，進行各式情緒勞動以保持魅力，與他人發展友好關係，從而散發出「個人特質」（personality）。Entwistle 及 Wissinger 認為，這種「個人特質」即是一種美學勞動的展現，不僅包含模特兒對自我的理解，也說明勞動主體企圖將自我體現給外界的過程，她們以現象學的觀點分析模特兒的身體作為自我的載體，這些表現出來的「個人特質」更可視為特定自我的可見形式，其中蘊含身體和情緒各種綜合性的努力。

如上所述，許多研究已經指出，情緒勞動是高度身體化的。透過現象學「藉由知覺將身心視為一體」的觀點，美學勞動也必須承擔多樣的情緒感受。筆者認為，模特兒工作作為動態的勞動過程，她／他們的身體不只是接受外界擺布的肢體，身體和情緒同時是自我的一部分，勞動主體也會對外界做出回應，例如，拍照、走秀時或需承受極度不適的身體痛苦，她／他們當下的情緒反應為何？如何處理內在的情緒和外顯的身體表現？本文以下探究模特兒如何調節情緒和肉體，以及可能發展出哪些因應策略。

三、資料來源與研究方法

（一）台灣模特兒產業概況

　　1990年開始，西方時尚產業在台灣興起，隨後開始出現模特兒經紀公司，隨著經濟成長，市場對模特兒的需求逐漸增加，不過，當時以聘用外籍模特兒為主，國內模特兒較不受重視。直到2004年，林志玲現象為模特兒產業開創出另一番新氣象，模特兒工作觸角亦向外延伸（林均郁 2007）。一般說來，台灣模特兒的工作範疇相當廣泛，包含時裝秀、平面廣告、電視廣告、商品代言、網拍和 show girl 等。自從名模風潮開啟模特兒轉向藝人的契機，不少知名模特兒開始接拍戲劇和主持，許多名不見經傳的小模，也開始當起電視節目來賓或接演戲劇配角。

　　除了少數大型經紀公司，市場同時出現為數眾多的小型經紀公司與個體經紀人。這些小型仲介經常是一人作業，只要掌握業主和模特兒供需雙方的資訊，便能開始營業。一般說來，廠商和模特兒之間缺乏直接聯繫，這種結構洞（structural hole）（Burt 1992）的存在，使中間人得以獲取中介利益，因此，經紀人常由產業內的相關人士擔任，如：攝影師、退休模特兒或模特兒本人。由於進入門檻不高，使得同業競爭相當激烈，勞動環境益發複雜。加上市場紛亂，台灣實際的模特兒從業人數難以估算，她／他們的勞動條件也呈現高度差異。

　　根據模特兒和經紀公司的合約類型，可以將模特兒分為簽約模特兒和「野模」。簽約模特兒僅能承接所屬經紀公司（或經紀人）所指派的案件，常有受訪者以「賣身契」來描述簽約模特兒和經紀公司之間的契約關係；野模則可不透過中間人，自行與業主洽談，或者配合多間經紀單位承接案子。不論哪一種類型的模特兒，只要承攬工作透過

中間人，都會被抽取一定比例的仲介費用。兩者的差異在於，簽約模特兒的抽成比例會在合約當中議定；野模則是以喊價的方式，自行和經紀公司或僱用廠商議價。除了極少數的模特兒可能領有經紀公司支付的月薪，一般來說，模特兒的收入多寡取決於接案數量，如何增加接案數量成為從業者的重要課題。

在 Mears（2011）的美國模特兒產業研究中，明確區分出兩種類型的模特兒：前衛時尚的時裝模特兒（editorial model）和一般廣告的商業模特兒（commercial model），兩者分別對應不同的市場需求和美學內涵，吸引不同的受眾，也面對不同的職涯風險。時裝模特兒的工作大多為時尚雜誌內頁拍攝和走秀工作，從業者有嚴格的身體限制，身高至少5尺9吋、纖瘦，外表必須符合高級時尚多變而浮動的獨特美學。商業模特兒則是為大眾美學和大眾市場服務，身高要求低，外表必須具有親和力，常見她們笑容可掬地出現在廣告看板或電視廣告。

在受訪者的陳述中，台灣模特兒產業並沒有如此壁壘分明的分類，而是按工作內容區分為：走秀模特兒、show girl、展場主持人、平面拍攝模特兒、網拍模特兒、電視廣告模特兒等。事實上，台灣本地市場不如西方時尚產業龐大，工作機會相對較少，為了爭取收入，模特兒會盡可能調整自己的外表和表演能力，努力符合不同市場的需求，以獲得更多工作機會。

（二）研究方法

筆者從2009年10月開始到2010年底，以半結構式訪談和田野觀察取得研究資料，總共訪談15位模特兒（3位男模、12位女模）、1位經紀人和1位經紀公司負責人。受訪模特兒的工作內容廣泛，每個人都從事過下列二到三項工作，包含：電視廣告、show girl、平面廣告、網拍

模特兒和展場主持人。有6位女模和2位男模曾和經紀公司簽約,其中有3人和大型經紀公司簽約,而解約後的模特兒則為野模獨立接案。我刻意挑選不同位置的模特兒,除了有無經紀約外,包含不同年紀、地區(北區、中區及南區)和工作年資,期望能夠蒐集多元資訊,呈現較完整的模特兒產業圖像。

表2-1　受訪者基本資料

受訪者	性別	年齡	背景
小竹	女	20	走秀模特兒,身高173公分,美少女選美活動出身。
小瑪	女	27	Show girl,身高165公分,自費請經紀公司授課,經紀公司未簽約。
大民	男	26	大型經紀公司男模,走秀、平面拍攝,身高188公分。
Kate	女	20	Show girl,身高162公分。
Daniel	男	-	小型經紀公司負責人,9年模特兒經紀人經歷,模特兒出身。
小海	女	21	大型經紀公司簽約模特兒、走秀模特兒、show girl,身高174公分。
小莫	女	22	大型經紀公司走秀模特兒,身高176公分,曾簽約小公司後解約,進入大型經紀公司。
錢錢	女	21	走秀模特兒、show girl,曾簽約小型經紀仲介,因薪資糾紛而提起民事訴訟,後為野模。
Amber	女	21	Show girl、平面模特兒,身高168公分,偶爾可接走秀工作。
Yoyo	女	30	走秀模特兒、show girl,身高173公分,曾簽約後解約,15歲入行,曾擔任台步訓練老師。
薇妮	女	23	平面模特兒、show girl、購物台走秀模特兒,身高174公分。
Sandy	女	25	主持、show girl,也擔任經紀仲介,身高171公分。
小奕	男	21	平面、廣告模特兒,身高173公分。
小萱	女	28	廣告模特兒,身高168公分,曾簽約,解約後為野模。
小喵	女	20	平面模特兒,身高163公分,曾簽約3年。

　　另外，本文也使用參與觀察法。模特兒大多認為管理身體和情緒表現等工作內容是理所當然，不需說明。當我繼續追問，她／他們才會回想起當初如何受訓以及訓練內容有哪些，這顯示出模特兒把工作需求當作日常生活模式，並已習以為常。這些管理身體和情緒的方法，幾乎都是口傳身授，沒有文字紀錄，僅少數較有系統的模特兒公司會以錄影方式製成錄影帶，供模特兒到公司觀看。經紀公司聘請的訓練老師，常是有經驗的「老模」，由她／他們來帶領新人，親身告訴新進模特兒該如何運用肢體，哪些肌肉該用力、眼神應如何收放。

　　在一次與經紀公司負責人談話時，她出乎意料地同意我進入位於高雄的經紀公司做觀察，使我有機會獲得第一手資訊，理解模特兒如何被經紀公司有計畫地打造與訓練。在筆者進入田野時，此公司已成立15年，亦在台北設立分公司。進入此公司研究，可以發現北部與南部產業市場和競爭差異；而該公司長達15年的運作經驗，也得以讓筆者透過和公司創辦人和前輩模特兒的訪談，以及內部留存的影像資料和文件，看出台灣模特兒產業發展的重要轉型過程。我從2009年10月中開始，參與每週一次的模特兒訓練課程，將每次訓練觀察繕打為田野筆記，並對公司內資深模特兒進行訪談。另外，我也和受訪模特兒一起去面試及試鏡（casting），幾位模特兒在我提出觀察請求前，便自告奮勇，熱心地提出邀請。藉由理解工作現場和日常生活的互動，我得以掌握模特兒如何進行勞動實踐以及勞動控制的日常運作。

四、時尚美學下的身體商品

　　在時尚產業中，行動者共享相似的美學標準和常規，並且透過實踐使這些常規不斷再生產，成為群體的行為慣性（Becker 1995; Mears

2010），引導他們選擇哪些人可以進入產業，哪些樣貌又被視為具有美感價值。本節先以身高為例，探究業界美學慣例中對身高的嚴格要求，如此難以人為力量改變的身體條件，成為仲介和廠商首要的篩選條件；其次，台灣並不像西方時尚產業有廣大的消費市場和時裝週，能將商業／時裝模特兒做明確區隔（Mears 2010; Godart and Mears 2009），模特兒為了獲得足夠的收入，必須應付不同市場偏好的美學慣例，藉由減肥健身、醫學美容和其他身體技術，取得時裝秀和車展等美學品味各異的工作。最後，模特兒為了達成這些不同市場的美學慣例而調整自己的身體，對自我身體意象的認同也隨之改變，有些人樂於擁抱美學慣例，並以此定義自己是個專業的「模特兒」，有些人則對這樣的身體感到疏離，繼而導致低落的自我認同。

（一）篩選身型

「是身高吧！大家會說妳夠高，妳可以去當模特兒」（小竹，女性，20歲，走秀模特兒），這是173公分高的受訪者小竹選擇模特兒工作的原因。許多模特兒在從業前都曾經聽過他人這樣的建議和評論。不論是生活經驗或是坊間相關書籍，日常生活中許多訊息告訴我們模特兒應該是什麼模樣：「第一個外在條件是『高』，要有一定的高度，高往往可以引人注意，容易吸引群眾目光。第二個外在條件是『外表』，最基本要五官端正……第三個外在條件是『不能胖得太過分』」（林志玲、江怡蓉、王曉書、洪曉蕾、王聖芬 2004：219）。這些資訊成為從業者評估自身身體條件的粗略標準，並自我篩選。

經紀公司對應徵者提供一套標準化數字作為審查指標：

以伊林而言，挑選模特兒的第一個先決條件是身高。對服裝模特兒而言身高和身材比例很重要，女生要一七五公分以上，男生則是一八五公分以上，九頭身的比例最好，從腰部以下算起，腿佔全身的2／3，也就是上身比例是1，下半身比例是2，加上肩寬、臀窄、臉小、頭小，這種模特兒最完美，是標準的衣架子，但在這些條件中，只具備三項也符合當模特兒的標準。（黃志瑋、林嘉綺、蔡淑臻、陳思璇2004：188）

上述經紀公司的審查標準，不僅是入行門檻，也將應徵者從特定的工作類型中排除，例如，「因為身高啊！我不夠高，他們（經紀公司）都要高的。唉……身高」（小瑪，女性，27歲，show girl，身高165公分）。

在我進行參與觀察的過程中，曾多次聽經紀人描述模特兒工作需要的身體樣態：「模特兒的臀圍不可以超過35吋……一般走秀模特兒的身高要170以上，平面也要165公分。不過南部市場比較小，也比較難挑到人才，有時候168我們也會讓她上去走」（田野筆記，2009年10月11日）。由此可見，經紀公司或市場需要的體態，不完全是制式僵化的標準數字，仍有彈性運作的空間。那麼，為什麼要訂標準？這樣的標準又是從何而來？受訪者大民給了一個答案：

男模，大概184……男模最標準大概185左右，以台灣來講最標準大概183到185。對，照理說。那我的話有點偏太高，有一點點偏太高。我就是再高了大概3、4公分，**因為男模的話，特別是秀場，他們衣服都是已經做好，他們不會為你量身訂做，所以他的 size 來說就是這樣**，那我的話，因為我比人家高了3、4公分，所以我穿什麼……肩寬搞不好也會很難

穿，就是說要看身材比例，如果我的話，常常去就是袖子太短，或褲子短個2、3公分，那穿起來就沒有那麼好看，**很多牌子他也會因為是亞洲市場，固定的那個** size **版型。**（大民，男性，26歲，大型經紀公司男模，身高188公分）

男模大民的說法和 Mears（2010）的研究結果相當類似，也就是模特兒的身量尺寸必須符合服飾廠商和設計師提供的產品，這和時裝界的慣例（conventions）有關，產業中的常規和慣例透過內部的行動者不斷複製並實踐，甚至相互模仿（Godart and Mears 2009），從而維護並穩固了特定審美標準。藝術和文化產業中的慣例，是一套共同的規範、常規和理解，這套慣例形塑特定群體的品味和美學，建構了場域中行動者的行為慣性（Becker 1995; Mears 2010）。這套美學慣例同時引導相關者認識「什麼是美」以及「美應該如何表現」，讓行動者能共同朝著這套美學標準前進。

在時尚產業鏈中，模特兒要成為「好賣的商品」，身量尺寸必須建構為合乎市場美學慣例的標準化規格。受到全球時尚產業鏈的影響，設計師若想登上巴黎、紐約等指標性時裝秀，必須遵從全球時尚圈高度相似的美學慣例，而模特兒的體態也以能穿上以西方審美標準設計的進口服飾為準，簡言之，時尚業的高度全球化使得全球模特兒的身材標準越趨一致。

在台灣，為了符合市場慣例的服裝尺寸和裝扮，經紀公司打造出同質

圖2-1　模特兒必須能穿上服裝品牌提供的衣服尺寸，才能取得工作。
資料來源：筆者拍攝。

性極高的模特兒標準化身體。以走秀為主的服裝模特兒來說，男性一律深色頭髮、身高180公分以上；女性多為深色長髮、短指甲、身高170公分以上。事實上，身高取決於骨骼架構，目前的醫療技術尚無法大幅改善成人骨架。為了符合市場需要，身高作為與生俱來的身體特徵，便成為經紀公司首要篩選條件。

從產業招募的內容看來，模特兒的身體確實服膺於各種規範性制度，其中市場因素和父權體制最為明顯。對女性主義者來說，這樣的身體誠然是受壓迫的身體（Bartky 1988; Bordo 1993; McNay 1993）。不過，模特兒作為勞動主體，並不只是被動且痛苦地遵循這些性別和美學規範，正如許多後現代理論家的觀察，女性也可能是積極、具有能動性的主體，她們主動追求這套壓迫她們的審美標準，並從中得到滿足和自我成就（Gill 2003）。換句話說，勞動者並不只是被迫地「穿戴」市場要求的審美符號，她們更需要主動地「做」，積極地打造自己的身體。

（二）打造時尚身體

只有162公分高的 Kate 曾如此埋怨：「身高真是……**臉再怎麼樣長得醜也沒關係，還可以化妝整形**。我就是身高不夠，不能走」（Kate，女性，20歲，show girl）。Kate 雖然無法成為她夢想中的秀場模特兒，憑藉出色的容貌，能夠接拍廣告、擔任展場 show girl。從 Kate 的說法中，我們可以發現勞動者本身的積極作為，除了身高無法以人為方式改變，體重、體態、膚質和外貌都是模特兒可自我監控和改善的項目。

和其他表演工作非常相似，在模特兒工作過程中身體無時無刻都受到外界嚴厲的目光監督和凝視（Brace-Govan 2002; Vincent 1989）。從新人訓練開始，剛入行的新人必須先測量三圍、身高和體重，以及其他更細微的身體特徵，如：肩寬、鞋號、髮色和瞳孔顏色，經紀公

司都會詳細記錄，如有不合標準之處，公司會要求模特兒在時限內調整。一個理想的模特兒身體，必須由擁有肉身的勞動主體和經紀公司相互合作才能成就：

> 他會要求男模也要全脫這樣。就是上半身就是不能穿，可是一般其實背心就可以了。因為男生……又不需要看那個……可是他會這樣子，這樣子過去（走過去之意），我們有一排10幾、20個，這樣子過去，他會看，看到還不錯的就摸～說：「這不錯」。他們每1、2個月會有一次評比，就是參加，就是**一排評審**，然後你就是去走路啊，自我介紹，**他們就是對你的身材，對你的談吐，對你整個人的造型或特質去做一些評語，然後你要設法去改變**。（大民，男性，26歲，大型經紀公司男模）

上文描述的新人訓練情境是模特兒將自己的身體陳列出來，供評審（通常是產業內的專業人士）針對身材、談吐（如：口音、腔調）等身體特質逐一審視並提出建議，而模特兒必須「主動」配合修正，包括常見的減肥、鍛鍊肌肉，或是改造特定的身體部位，例如，牙齒矯正、使用醫學美容技術改善皮膚狀況。這樣的凝視，不只發生在經紀仲介，模特兒同儕間的相互競爭也讓從業者在各種眼光注視下，備感壓力：

> 因為女生在上課一定是穿比基尼在上課，就是兩件式，就是小胸罩和丁字褲，或是泳……反正就是很小件的三角褲這樣，所以基本上哪裡有什麼，一定會被挑，而且妳是在一個每次上課10幾、20個女生一起上課，**所以只要妳一點點身**

材哪裡走樣，妳旁邊一比較起來，妳就很明顯，然後就會被罵，然後那個心理壓力就很重，就會自己覺得很羞恥。妳知道嗎？當然老師也會講，但就算不講……就是心理上心理層面上的壓力滿大的。（大民，男性，26歲，大型經紀公司男模）

從上述說法可以發現，模特兒不僅以產業中的身體標準衡量自己，也以其他人的身體作為比較基準，嚴格地監視自己的體態和行為，將市場標準內化，進行自我規訓（self-disciplining）。來自仲介、同儕和業主的凝視，在模特兒的職業生涯中不斷出現，她／他們不斷執行 Sandra Bartky（1988）所謂的「完美身體規訓計畫」（disciplinary project of bodily perfection），不斷地節食、運動、美白，甚至整形。曾有模特兒為了看起來上鏡頭，不顧整形醫師的勸告進行縮鼻翼手術，所追求的美感超出人類合理的身體狀態：「我（整形外科醫師）跟她說，人類的鼻孔有圓形的、有橢圓形的，就是沒有三角形的，要縮那麼小，鼻孔一定會變形，但她就是要小，很奇怪，她說沒關係，上相好看就好」（田野筆記，2010年11月25日）。

　　美學勞動不只展演特定的企業美學，同時也是文化資本的體現。身體的特徵和性別、階級、種族有密切關係（Pettinger 2004）。狹窄的鼻翼、高挺的鼻梁，不能過度寬大的嘴唇，這些特質更是來自西方白人美學的族群特徵（Wissinger 2012）。為了符合時尚產業的主流美學，經紀公司招募具有這些特徵的身體，並進一步發展和培訓這些傾向，也消除不符合美學標準的肉體氣質，像是「俗氣」的穿著、偏黃的牙齒等。經紀公司藉由化妝、穿著和美姿美儀課程，將新人改造成符合產業美學的身體，如果模特兒不願意配合，可能被開除或「封殺」：

我們認為在我們的觀念裡面，表演人員沒有權利選擇你喜歡什麼就只學什麼，當你簽給一家經紀公司的時候，我們給你的訓練你必須全盤吸收，因為我們是旁觀者，我們很容易知道，透過這些老師的訓練我們很容易看到這個人適合什麼，**那當你沒辦法接受公司規畫的時候，我們會選擇把你淘汰掉**。（Daniel，小型經紀公司負責人）

為了獲得工作機會，多數模特兒會願意接受改造建議。一些文化工作或創造性工作，也面臨相似的壓力（Hracs and Leslie 2013; Neff, Wissinger and Zukin 2005）。在彈性勞動的工作條件下，勞動者像是一個「自我創業家」（entrepreneur of the self），必須自負風險，為了獲得更多收入，身體資本的管理和經營變成模特兒必然承擔的責任。

　　台灣模特兒工作的區隔並不像歐美國家清楚分明，模特兒可能依照自己的身體特質承接不同類型的工作，走秀模特兒也可能拍廣告、承接展場 show girl 的案子。許多模特兒發展出特殊的工作技巧，彈性地對身體自我改造以應對不同工作內容，例如，減肥或增肥：

對，（廣告）角色是一個壯壯的運動員這樣。我一直吃，隨時都在吃，漢堡啊、炸雞啊，接下來又接到一個什麼走秀的工作，當然啊，就要減肥嘛。下次可能又是這樣的角色，又要開始增胖，演員他們也是，胖胖瘦瘦的，很辛苦。（大民，男性，26歲，大型經紀公司男模）

　　活動展場的美學慣例和時裝模特兒的前衛美感相當不同，為了因應這些差異，女性模特兒發展出多種應對策略。例如，在秀場「矮個兒要穿更高的高跟鞋」，但若是在車展或電玩展，「show girl 廠商不會挑

這麼多，他們只挑 face 好不好！（研究者：還有什麼呢？）胸部吧。
他們（廠商）需要的是這一塊。」為了達成美學要求，展場工作中普
遍會強調「胸部」：

> 擠啊！Nubra 是一定要的，再纏膠帶，這樣把背後的肉撥
> 到前面，奶要擠到下巴……開玩笑，要擠很高，因為胸部往
> 上推嘛，下面會變空，什麼東西能塞都盡量塞啊，衛生紙
> 啊、襪子啊，吼！！工作結束換衣服很精采欸！大家都在下
> 水餃，什麼叫下水餃？水餃墊就整個嘩啦掉出來，什麼都有
> 啦！（小瑪，女性，27 歲，show girl）

對時裝秀而言，過大的胸部並不合適，可能將服飾撐開變形，無法達
成展示商品的目的，對高端時尚來說，女體曲線被認為是低俗而便宜
的象徵，因此，去除「性」或者是「難以觸碰的性」建構了時尚界裡
菁英式的美學慣例（Mears 2010）；但是對展場活動來說，「火辣」的女
體才是吸引人潮的賣點，具有大眾吸引力。模特兒為了盡可能地獲取
更多的案子，她／他們必須學習改造身體氣質的技巧，展現不同市場
的美感慣例。

（三）美學勞動與自我認同

　　「跟妳說，我會跟假人比腿，比誰比較細。我的比（人形）模特兒
細，我就很開心」受訪者小海（女性，21 歲，大型經紀公司簽約模特
兒、走秀模特兒，身高174公分）曾經這麼說。如果人形模特兒是重現
人體形象的物體，我們會發現他並不僅是偏離真實，而是再現主流文
化中的理想身體。模特兒（和整個時尚產業）不停地追逐這些身體標

準，甚至企圖超越。

Mears（2010）發現，時尚界的美學慣例和性別、種族、階級息息相關，例如，有色人種常被看作異國風情的象徵，然而，現存美學慣例要求的「異國情調」僅強調膚色差異，五官樣貌仍須保持白人特徵；或者，從白人菁英女性的文化意象出發，纖瘦的身材可讓人聯想到上流階層，而任何關於情慾的身體曲線都被認為廉價低俗，此外，笨重的體形或性感的女性軀體，都被認為是中下階層的象徵。當產業內的行動者不斷相互模仿、參照，使得這些美學慣例得以制度性地再生產，若是想在這個場域裡得到正向的回應，譬如接到更多案子，或是得到再僱用的機會，必須在自己的身體上刻畫這套工作上的美學慣例。

當模特兒帶著自己的身體進入產業，學習業界美學慣例並內化，她／他們對自己身體意象（Schilder 1935; Davis 1997）的理解，也隨之改變。她／他們以產業內的標準（如：身高、體重、三圍）審核自己並加以改造，這個過程並不容易，更充滿了內在的矛盾與衝突。

Kevin Thompson（1990）發現，一旦人們無法滿足對自我理想身體的期許，將產生負向的身體意象，繼而引發負面情緒、低自尊和低落的自我認同。即使在私領域，人們也會對身形外表感受到壓力，一旦身體外貌的要求擴展到工作場域，成為工作內容的一部分，身體條件是否符合美學慣例便成為個人工作能力和競爭力的評價標準。

> 在學校班上什麼，會覺得自己不是長很差，也不會覺得醜。在這裡，有這麼多漂亮的人，可能以路人來說，長得還算可以，但在這個工作就是醜。很現實的。（小莫，女性，22歲，大型經紀公司走秀模特兒）

就是很誇張，妳就覺得妳站在她（模特兒同儕）旁邊，妳是個垃圾。妳沒有辦法想像就是……而且我又矮，妳那麼高，整個氣勢就差很多，高5公分差很多，普通人長得醜就算了，但是我又矮，站在人家旁邊**感覺自己就是個垃圾**。（小瑪，女性，27歲，show girl）

從上述小瑪的敘述中，可以看出她對自己身體的焦慮和沮喪，而這樣的心理狀態，對模特兒來說並不少見，尤其在試鏡這個模特兒工作的重要環節。原則上，每一次接案前業主會先行舉辦試鏡會，再從中篩選。面對來自各家經紀仲介的競爭對手，模特兒之間少不了相互打量：

那些人的身價就是在這裡，妳試鏡完會知道廠商為什麼要這一個，不要那一個，妳應該站出去就知道妳比誰好，妳比誰還不好。（錢錢，女性，21歲，走秀模特兒、show girl）

對新手模特兒來說，每一次試鏡落選，不只是對身體商品的拒絕，更是對自我的拒斥。

一開始我覺得，我以為就是大家可以好好地做事，可是後來我發現還是會有競爭的心態。就覺得說我一定要比別人更優秀，（研究者：外表嗎？）對。應該是我覺得別人對我有這種意思……我有時候也會這樣，我想說：喔！天啊，她怎麼會這麼正，然後我會這樣子，**會覺得自己輸了**。（Amber，女性，21歲，show girl、平面模特兒）

面對不斷的拒絕和外界凝視，部分模特兒發展出負面的身體意象，對身體感到焦慮、低自信，並引發其他行為，例如，催吐、節食、大量運動、整形等。一些有經驗的模特兒則發展出防衛機轉，將身體視為和自我無關的商品，以此調節內在衝突：

> 轉念，轉念很重要。**一開始會很難過啦，覺得自己是不是不好，比不過人家，想通就好了。今天是妳不適合這個產品，不是妳不好啊！**妳怎麼會知道廠商想要什麼，對不對。有人比我們更適合，本來就是這樣。廠商有他自己的喜好嘛，口味不一樣，他說不定是喜歡古典美，我不是古典美啊，我們就無緣。不然這樣說啦，妳是一台很棒的洗衣機，可是客人現在要買飲水機，他不需要洗衣機，這跟妳這個人好不好沒有關係啦！（Yoyo，女性，30歲，走秀模特兒、show girl）

雖然業界的美學慣例對從業者帶來壓力，不過，當她／他們的身體意象越接近這些標準，更樂於擁抱隨之而來的報償：接案量增加、崇拜和讚美，以及正面的自我認同。

> 就算不做模特兒，女生就是要讓自己漂漂亮亮的啊！有些工作要素顏，我還是會帶墨鏡，做點造型。人家會覺得「喔～那女生……」當妳知道人家是因為妳漂亮看妳，那種感覺很好啊。（小竹，女性，20歲，走秀模特兒）

> 當我踏上舞台那一刻，我就知道這是我要的，我要走的路，我很享受那種感覺。不管多辛苦。（薇妮，女性，23歲，平面模特兒、show girl）

會啊，會啊，就是妳變得漂亮妳自己也會有自信，然後妳變漂亮廠商會更喜歡找妳對不對？對啊，有什麼不好？像我，我就是去推腿啊，目的就是要我腿可以變得更直更漂亮，可是很痛，就全身烏青（台語），可是這個就是要忍耐啊。對啊，或者是做臉啊什麼。只是說要花很多錢，就是額外的投入的錢吧。（Sandy，女性，25歲，主持、show girl）

不論是小竹、薇妮還是 Sandy，當她們越接近自己偏好的身體意象，她們展現出高度的自我認同和滿足，甚至建構出新的身分認同：「一般人就那樣，做這個工作，要有自覺，妳是模特兒，妳要漂亮」（小莫，女性，22歲，大型經紀公司走秀模特兒）。當行動者的目標和體制內的美學慣例一致，她／他們便願意自我規訓，遵守產業中的遊戲規則，並追求隨之而來的獎勵與報償。

　　然而，也有一些模特兒始終無法適應這些被給定的慣例，她／他們所追求的身體意象和市場常規衝突，導致對自己的身體概念產生認知失調，負面情緒隨之而生。一位模特兒在自傳裡描述她的內心衝突，她曾透過刺青、破壞自己身體的方式，來確定自己對身體仍有權力：

我被公司歸類為甜美型的模特兒，一直以來我都是給人這樣的印象吧——常傻笑的柔弱女生。曾有一位秀導說我的「笑容」就是我的殺手鐧，我想這是一種讚美，但偏偏在我的潛意識裡，對於「甜美」兩字十分反彈……我知道維持「傻瓜兮兮的甜美」模樣最受大家歡迎，但我的個性並非全然如此，不知如何協調這種外表和內心衝突的我，對「甜美」這個形容詞，已經到了深惡痛絕的地步。（Eva 2007: 143-144）

當身體成為時尚產業中的交易商品，身體有了新的使用方式和新的意義，人們藉由身體來經驗和認識世界，同時形成感受和意識。作為模特兒，不僅身體被改變，內在的自我認同也不若以往。即使在私領域，身體依舊無法離開工作者，必須無時無刻地自我監控和規訓，一旦無法接受市場慣例打造出來的肉身，勞動者可能感到疏離、對身體失去掌控能力。

　　Entwistle 及 Wissinger（2006）的研究提及模特兒自我形象偏好和業界標準之間的矛盾問題，指出勞動主體即使對業界體態標準感到不滿或有負面情緒，例如外表遭受批評，她／他們會使用情緒勞動技巧，壓抑真實情緒，展現合適的「個人特質」。這樣的分析方式凸顯肉體和意識同時在場的身體化主體，使身體更富情緒意涵。不過，本文在此進一步提出更多身體化主體對外在環境的感受和回應。事實上，每個人都以身體展開對世界的認識和意義，並藉由經驗積累進行抽象反思再修正行為（Merleau-Ponty 1962: 101-103），因此對於外在產業環境強加的美感慣例，勞動主體可能順服或反抗，不只是以情緒勞動的方式應對，也可能刻意迎合業界標準，「整修」肉體的疼痛對某些人來說反而促進正向的自我認同；又或者，勞動主體面對無法調適的衝突，也可能放棄和退出產業。

五、操練身體技藝

　　作為表演工作者，模特兒在舞台和鏡頭前的表現，有一套規範性的展演方式和肢體動作程序，透過身體技藝的操練，表演者能精準且具美感地傳達訊息。本節首先討論模特兒的台步養成，台步不僅是伸展台上特定的行走方式，也同時訓練站姿和儀態，更進一步說，即是

模特兒的身段藉由前輩口傳身授的指導，將這套新的身體運作方式
化為身體記憶，力求演出時能顯得自然不刻意。接著討論模特兒的
情感展演，過去的研究常以情緒勞動討論之（Mears and Finlay 2005;
Entwistle and Wissinger 2006），本文發現除了動員情緒，模特兒能以
操作肢體和臉部肌肉的方式做出好看的表情，讓觀眾感受特定情緒氛
圍。最後，本文發現身體性情緒（embodied emotion）的操演，讓勞動
者不需投入過多真實情緒，只需做表層表演（surface acting）即可，而
熟練的肌肉運作能穩定地產出好看且精準的情感表現。

（一）台步養成

　　台步是走秀模特兒必備的工作技能之一，這是一套有別於日常走
路的行走方式，行進時必須挺直身體，眼神直視前方，上半身不可左
右擺動，雙腿跨大步，模特兒面前似乎有一條隱形的直線，引導她／
他們筆直前行。這樣的行走方式，使用的肌肉和身體施力部位，和人
們平時習慣的走路方式大不相同。

　　訓練台步的第一步是「貼牆」，目的是矯正駝背和小腹，並讓身材
看起來加高眺，行動者要將身體貼到牆上，肩膀、腰部與小腿腹都緊
貼牆壁。若站姿不夠筆直，腰部和牆壁之間會出現縫隙，訓練老師會
將自己的手臂塞進這個縫隙中，新人必須鍛鍊腹部及背部肌肉，使腰
部與牆壁完全密合：

　　吳姊：妳們都要貼，一開始要貼20分鐘⋯⋯（指著學員小
　　亮）妳怎麼貼這麼久還沒貼到牆？繼續貼，妳要延長時間才
　　可以，回到家要繼續練啊！不然肚子凸成那樣走到台上能看
　　嗎！（吳姊來回巡視，之後以雙手用力押著另一個學員曉莉

的肚子往牆上推）**肚子往內縮！記住這種感覺！在台上沒有牆壁讓妳貼啊！記住這種感覺！**（田野筆記，2009 年 11 月 8 日）

上述過程極度耗力，冒汗、發抖和咬牙是常見的肉體反應，也是許多模特兒的痛苦回憶：

喔！對！妳不講我都忘記了！貼牆！超痛苦的！腳超痠的啊！一直壓妳的肚子，還穿高跟鞋，小腿超痠，全身都在抖⋯⋯妳問他說可以休息一下嗎？那個老師就這樣笑笑地跟妳說，不行喔，再一下下⋯⋯再一下⋯⋯（研究者：那現在呢？妳還會貼牆嗎？）**不用啦，習慣了就不會，平常走路就會這樣走，吸肚子走。**（小海，女性，21 歲，大型經紀公司簽約模特兒、走秀模特兒）

指導者要求受訓的新人，以身體「記住這種感覺」，將身體知覺轉為身體記憶，如此在正式工作時才能習慣成自然。經過長時間的練習，身體逐漸被馴化，在柔軟的肉體和牆壁同樣筆直之後，初學者才要開始學「走路」：

在行走的時候，腳尖 45 度向外，舉起腳，**腳跟微微畫過另一隻腳的小腿**，往前踩。另一隻腳亦然。如此走路便會呈一直線。台前定點擺姿勢，兩隻腳呈「丁」字型，大腿往內側壓，這用在較優雅和暴露的衣服上，像內衣或泳裝，以防露出胯下，不甚美觀。（田野筆記，2009 年 11 月 8 日）

在這個過程中，身體不斷感受新的訊息：藉由訓練老師施加的手勁，理解身體應該施力的部位；體驗疼痛和肢體不協調，透過確認疼痛的位置，來檢查自身姿勢是否有誤，以及許多過去從未體驗過的肌肉活動方式。

更重要的，在學習的過程中，行動者必須動員身體感官，如：視覺、觸覺。簡單的一句指令：「腳跟微微畫過另一隻腳的小腿」，涉及複雜的身體和意識互動，舉例來說，若是以左腳觸碰右腳，我們便能透過左右腳知覺的相互探測，使腳步維持筆直，右腳體會到左腳的存在，左腳也確認右腳的位置。這種雙重感覺（double sensation）的出現，使身體同時作為主體和客體，身體感受自己的同時，仍不斷探索外在。用現象學的觀點來看，肉體和意識同時在場，身體作為知覺主體也是自我的一部分，模特兒在訓練過程中對自己的身體和肢體表現開始有新的認識，更學會新的身體操作方式。

圖2-2　模特兒於百貨公司展演當季服飾，可見微笑角度、插腰、丁字站姿都相當一致。
資料來源：受訪單位提供。

「用你的身體去記，不要想太多！」這句話常常在訓練課程中出現。一旦初學者想要反覆背誦肢體移動的步驟，行動反而常會「卡住」，意思是記不起步驟導致動作無法連貫：

（吳姊邊指導邊說）就是要一直不斷練習，**妳不要想**，你眼神對了，一想，**腳在那邊抖抖抖，舞台上很忌諱這樣！習慣成自然了，妳的動作就會自然**。（田野筆記，2009年11月29日）

猶疑不決的眼神和無所適從的肢體是秀場的嚴重禁忌，多餘的動作可能導致場面尷尬，更無法明確傳達商品訊息。模特兒藉由不斷練習，按照這些口傳身授的技術規則運作，讓身體熟悉一套新的、標準化的運作方式，這些新的「習慣」或「身體記憶」，將使勞動者得以穩定展演美感身體。

（二）情感展演

美學勞動的提倡者企圖找回組織中勞動者的身體（Witz et al. 2003），她／他們考察風格化服務業，發現雇主常利用員工的身體氣質展現特定的美感風格，員工就如同人形立牌一般，被擺放在夜店或時尚餐廳。這樣的說法凸顯服務業工作者的外在身體，卻無法窺見內在情緒，也難以理解她／他們為了達成工作目標，做了哪些努力。Hochschild（1983）對情緒的討論，能補充美學勞動的論述無法回答的問題。

在日常生活中，笑容是一種情感的表達方式，然而，當笑容成為工作，勞動者是否真實地表達內心情緒，便成為有趣的議題。Hochschild（1983）特別強調情緒與感受之間的關係，指出勞動者會運用特定情緒管理技術，以迎合工作現場的情緒規則。她曾提到幾種激發特定情緒的方式，例如，藉由回憶過去經驗來感受快樂或悲傷，這種試圖讓內在感受與外在表現一致的情緒勞動，屬於深層表演（deep acting）的範圍。

這種情緒展演與模仿有所不同，勞動者動員情緒記憶（emotional memory），將過去的情緒經驗保留下來，使用情緒線索來達成想像，從而能夠真實地表現出當下情境應有的情緒。這套技術在模特兒訓練課程中也被頻繁使用：

因為以前就是在上課的時候，就比如說，他會教你一種捷徑就是……比如說，**他現在要你笑，你就要想像你以前練習過那件事**，比如說，喔！可能我朋友很白癡啊，在路上跌倒，被大家大笑，然後……**因為你如果平白地笑出來，會很乾，如果你覺得很好笑的事情，你想到那件很好笑的事情，你就會笑得很自然，可能喜怒哀樂，你都要想一件事情，讓你……可以馬上聯想到。**（小奕，男性，21歲，平面、廣告模特兒）

剛剛我去試鏡試一個什麼人壽，我以為我要演一個幸福的太太，結果他跟我講說，妳要演一個老公剛過世，然後妳就心情很不好……哈哈哈。誰知道要去那邊演傷心的戲啊！試鏡就是演戲啊！（研究者：所以在試鏡前妳必須要激發一種情緒來適應劇情？）對啊，對啊，就是要先準備好，腳本要先知道，像我現在可以不用事先知道腳本，因為我比較有經驗了，可是我還是希望可以事先知道，心裡先準備好，**不要用錯的情緒去，像我今天用開心的心情去，結果今天做老公死掉，哈哈哈，我說，可以等我1分鐘嗎？請給我1分鐘準備，因為我是用開心的情緒去的**，哈哈哈。（小萱，女性，28歲，廣告模特兒）

從上述例子可以看出模特兒需要表演出符合劇情要求的感覺規則（feeling rule），情緒記憶技術對於新手模特兒，或者需要劇情演出的電視廣告來說，是一套有效的情緒管理技術。

不過，情緒記憶只適用在部分情況，還有許多工作類型是靜態、缺乏互動對象的，像是走秀、平面照片拍攝，在這些情況下，模特兒的情緒展現必須考量更多美感層面，操作臉部表情更為標準化：

吳姊要我們帶著笑容走，說道：**露7顆牙齒，在舞台上都不能放鬆，最好是心裡要想著快樂的事，打從心底笑出來**，笑是最難的，妳們要練習笑，這都是要透過練習的，小亮本來就比較甜美，妳一定要會笑；（指著我）妳不笑會讓人家覺得妳臉很臭，妳更要笑，南部比較喜歡甜美的。（田野筆記，2009年10月25日）

對模特兒來說，不僅要笑得自然、要笑得好看，更要符合市場的美感慣例，例如，露出「7顆牙齒」。這些標準化的笑法，被大多數模特兒遵守：

要練習啊！要7顆牙齒，妳其他牙齒**露出來**也不能太明顯。（小海，女性，21歲，大型經紀公司簽約模特兒、走秀模特兒）

對啊，可能光一個笑臉……可能就會要求你說，下禮拜，**你要笑出一個最好看的臉給我（經紀人）看！**就是……因為一開始大家不可能在鏡頭面前就很自然。（小奕，男性，21歲，平面、廣告模特兒）

不論是語言學或認知心理學，都認為臉部表情是非語言溝通（non-verbal communication）中相當明確的一種訊息傳遞方式，溝通對象藉由解構表情訊息，得以理解對方的情緒和認知狀態（Ekman 1999; Haidt and Keltner 1999）。在模特兒工作中，無法以話語表達的工作類型占了相當大比例，不準確的表情和肢體動作，可能導致訊息混淆。因此，如何精確地以面部表情、手勢動作等身體姿態傳遞情感訊息，並且符

合市場美感慣例，勞動者需要耗費大量時間練習。

　　部分對人類臉部表情的研究將重點放在：人們如何透過臉部肌肉的運作形態來理解特定情緒（Ekman, Friesen and Ellsworth 1972）。換句話說，當人們可以操作這些臉部肌肉，便能展現特定的情緒意象。透過觀察模特兒的工作方式，我發現，她／他們藉由操練肌肉運作，來傳達工作所需要的情緒氛圍，並顧及當下的美學要求。我將這種刻意訓練的肉體技術，稱為「身體性情緒」，是以身體肌肉來傳達特定美學下的情緒展現。

> （研究者：妳怎麼教新人擺 pose 啊？）我那時候就跟他們說：好，我們現在先來拍只有頭。頭的部分……就手部你在頭的附近這種，然後，嘴巴ㄚ、ㄧ、ㄨ、ㄟ、ㄛ。（研究者：ㄚ、ㄧ、ㄨ、ㄟ、ㄛ是什麼？）就是ㄚ、ㄧ、ㄨ、ㄟ、ㄛ，就五個表情，這五個嘴型。（小喵，女性，20歲，平面模特兒）

以五種發聲方式操作嘴型，演示五種笑容形態，ㄚ是開口大笑的樣子，ㄧ則是牙齒微露，嘴角往兩側拉動，展現較溫柔的微笑，ㄨ是少女雜誌上常用的嘟嘴，ㄟ則是做出吐舌的動作，表現俏皮的姿態，ㄛ則用來表達驚訝。這些表情，分別對應到不同的情緒氛圍，肌肉的施力也要符合美感規則。

> 有廠商說，妳笑起來不甜美。然後我就很氣啊，說我不甜美，妳就要看著鏡子……看說為什麼我笑起來不甜美，OK，**看妳的嘴型，像我的嘴型是屬於菱角嘴**，就是嘴角是往下的，那我就是讓自己就是說，平常在工作的時候，就是我必須讓我自己的**嘴角就是一直要往上，不要讓他垂下來**，妳讓

他垂下來人家就會覺得說，這個模特兒怎麼會臭臉。那所以他就可以分三段，**第一段就是平常讓他往上提，然後第二段就是再微開一點，就變微笑，就變這樣子。可以再開一點就是這樣，這是第二個。然後露牙齒又是另外一個，要露上面，那如果全笑就是這樣，所以還是可以看得到下面（的牙齒）**。（Yoyo，女性，30歲，走秀模特兒、show girl）

從上述 Yoyo 的例子看來，她先分析自己的嘴型，發現觀看者對嘴角往下的解讀是情緒不佳，她便開始鍛鍊嘴角的肌肉，並分段練習各種笑容，以應付不同工作場所需要的情緒規則。

另一方面，除了笑容，肢體語言和眼神都有助於傳遞情緒姿態。許多模特兒都認為雜誌是她／他們最好的教科書，「**是能賣出去的照片**」。像是受訪者小海曾說，她在受訓期間要「交作業」：公司要求她閱讀雜誌後，將自認好看的圖片剪下製成剪貼簿，每週繳交，並試著擺出同樣姿勢，並說明為什麼圖片中的模特兒要那麼做。

模特兒藉由觀察和模仿雜誌中其他同業的肢體動作和面部表情，掌握市場的美學慣例，並了解在特定的氛圍下，常見的肢體符號會如何呈現，例如，少女雜誌會將腳尖朝內、嘟嘴；強調溫柔端莊的氛圍，則需將雙手交疊在肚臍前方，雙腳合攏，單膝微曲；若要傳達自信，可將下巴微微抬高。

類似的身體技術在中國戲曲上高度發展，戲曲演員的「身段」即是透過札實地反覆練習，以極度「程序化」的身體表現，展現戲曲文化的特定美學和情緒意象：「戲曲裡那些耍髯口、耍甩髮、耍翎子、耍袖口等等，都是表現感情的東西，感情中的喜怒哀樂，都不是有了心理體驗就會相應地流出來，他必須當作技術來練，練成鮮明的形式，或叫做『程式』」（李春熹 2005：234）。

　　表演工作者運用的肉體操演，能透過反覆訓練而達成一套固定的表演形式，這些身體性情緒的展演方式，和中國戲曲中所謂的程序化相當類似（陳芳 2014）。必須說明的是，中國戲曲中的「程序化」泛稱舞台表演的固定格式和規範，包含劇本結構、臉譜、服裝和肢體動作；而「身體性情緒」的概念，則是用來理論化「以身體肌肉傳達特定美學下的情緒展現」。

　　在舞台上，訊息的傳遞必須簡潔明快，包含情緒在內。表演者藉由練習身體性情緒，得以精準地藉由符號——刻意展現的臉部表情和身體姿勢，演繹業主欲傳遞的訊息，而非個人內心主觀的心理狀態。舉例來說，模特兒初次登台時絕大多數人是「發抖」、「很緊張」，但這些操練過的身體技術，讓她／他們能夠穩定地走完一場秀。換句話說，「身體性情緒」的鍛鍊，讓表演者能夠藉由精準的動作，來掩蓋自然的真實反應。

　　至此，我們可以發現模特兒展演情緒常用的兩套技術，她／他們會依照不同的工作內容，使用（或混用）情緒記憶或身體性情緒，前者需要投入自身真實情緒，後者則是使用熟練的肌肉運作。

圖2-3　在高處拍攝禮服樣本，身體性情緒的運用能夠掩蓋真實懼高的緊張情緒。
資料來源：林子揚拍攝及提供。

　　（研究者：你要想一些事讓自己融入嗎？）這會啊！會啊！……你這個就要去看很多劇場的書，**那些書會教你怎麼融入情緒。走秀不太需要，你只要做幾個表情就好。**（研究者：那什麼時候需要？）**演戲和廣告的時候吧！演戲和廣告**

會有台詞，會有腳本，你要有情境，要能去想像。（大民，男
性，26歲，大型經紀公司男模）

（三）情感表演下的真實自我

Hochschild（1983）指出，當企業越要求空服員投入真誠的情緒，
勞動控制滲透進個體心裡，「真實自我」將受到情緒商品化的威脅和侵
蝕。她將情緒勞動區分為深層表演和表層表演；前者是發自內心的情
緒表現，勞動者越投入越可能失去真實感受，後者則是皮笑肉不笑的
虛應故事。

對互動式服務工作而言，進行面對面的、聲音對聲音的接觸，表
層表演很可能被消費者識破，因此，管理者必須制定好一套感覺規則，
讓勞動者得以遵循，並改變自我的真實情感，讓顧客感受到「真誠」。

以模特兒工作來看，不論是時裝秀或照片拍攝，與觀眾之間都保
有一定距離。此外，在這份工作中「看起來好看」比真誠的情緒展現
更為重要，因此，模特兒演出「身體性情緒」，雖然是 Hochschild 所謂
的表層表演，卻沒有被識破的風險。甚至，快速而精準的表情變化和
肢體表現，更能獲得表演技術上的正面評價。另一方面，由於較少機
會涉入自身情緒，模特兒反而能夠維持自我真實的想法和情感，像是
模特兒錢錢，即使遇到不喜歡的觀眾，也能在短時間內微笑合影：

之前那個活動，碰到一個阿宅，超怪的，一直靠近，我心裡
想最好不要碰到我，趕快拍照趕快走。（研究者：跟他合照
嗎？）對啊。不然就想等一下要吃什麼，我常在想要吃什
麼，還有打麻將。哈哈哈。（錢錢，女性，21歲，走秀模特
兒、show girl）

笑不出來……還是要笑啊！明明就心情不好還要笑！（研究者：那怎麼笑？）就把牙齒露出來！硬笑！（研究者：不會假假的嗎？）就一直練習就變成習慣了，像這樣，習慣就不會假。（小海，女性，21歲，大型經紀公司簽約模特兒、走秀模特兒）

事實上，仔細考察模特兒的工作內容，會發現她／他們致力於肉體技術的展演遠大於情緒的處理和控制。以拍攝照片為例，模特兒必須分辨燈光方向，調整合適的姿態，並審視展示商品，思考哪些姿勢可以將商品特色展示出來，並聽從攝影師和廠商的指令。通常這些指令是以「性感一點」、「甜美」、「霸氣」這樣的抽象詞彙來描述，模特兒會熟練地操作符合美學規則的表情和肢體，若和攝影師想法不同，便需要按照指示調整身體姿態，這個過程往往是不適、甚至疼痛的，像是「下巴再往內收一點」、「腿再打直」、「腰撐住」，工作者必須專注於檢視與擺放自己的身體。可以進一步想像，身體疼痛會影響表情展現，臉部和頸部的線條可能因此緊繃，此時「身體性情緒」就更加重要，模特兒必須專注於控制臉部肌肉、眼神，以呈現業主所需的氛圍。

有一次……我跟我女朋友在車上吵架，可是我等一下就要工作，是一下車就要工作喔。（研究者：那怎麼辦？）就還是要去啊！不能不去，就在大樓門口深呼吸，動一動，緩和一下情緒這樣……（研究者：動一動？）就**臉動一動、嘴巴動一動，這樣才不會僵**。（研究者：可是你還是在生氣耶）就不要想，不要去想，專注在工作上。（研究者：專注在工作上？）**對，就去聽攝影師、廠商要你做什麼，跟平常工作一樣啊。**（小奕，男性，21歲，平面、廣告模特兒）

小奕對於情緒不佳的應對策略是「舒緩臉部肌肉」，避免拍照表情僵硬，這顯示出身體對工作執行的重要性。讓自己「專注在工作上」，意味著他必須把自己的身體看成勞動對象，盡力完成指示，無暇分神注意私人情緒。

　　從另一個極端案例，可以發現模特兒如何以身體性情緒展現出工作現場需要的感覺規則，且不需要執行發自內在的深層表演。

　　在一次參與觀察中，我和另一位入行已5年的模特兒倪倪一起走一場VIP秀，廠商要求模特兒必須和顧客互動，展露「春天的甜美感覺」，以激發顧客的購買興致。這場秀分兩天進行，第一天，倪倪在後台不斷訴說著她交往3年的男朋友疑似劈腿，看起來相當焦慮，甚至哽咽。我問她：「妳等等還笑得出來啊？」她一邊補妝一邊說：「上台音樂一下，不笑都很困難。工作歸工作。」她對著鏡子微微笑了一下，對我說：「妳笑一下。」她說：「就像這樣，一直維持這樣子的弧度就可以了。」第二天，倪倪告訴我她生理痛，在後台，她一句話也不說，造型師忙著幫她按摩，希望能減輕痛楚。她勉強上場走了幾趟，我問她：「妳還好吧？」她蜷著身子說：「妳幫我走接下來的好不好？我真的笑不出來了！我不行……」（田野筆記，2010年1月30日、2010年1月31日）

即使私領域的情感關係讓倪倪感到焦慮，她仍舊可以操弄臉部肌肉，維持特定嘴型弧度，加上控制眼神與顧客交流，稱職地表現出「春天的甜美感覺」。然而，生理上的痛苦卻讓她無法繼續工作。對於「情緒低落時該如何笑」這個問題，許多模特兒表示「不覺得會帶來困擾」、「這就是工作的專業」，更有人表示「這本來就很正常啊！**你已經學會**

笑了啊！」這意味著「笑」不再是自然而然的情緒反應，而是可以控制的肉體技術，勞動者不需要投注過多私人情緒，更能快速轉換不同的情緒表現。

六、結論

「一場秀的重要祕密，在後台才可窺見」（Goffman 1959: 113）。模特兒的身體往往被視為文化符號的載體，卻忽略了她／他們同時也是符號的生產者和美感經濟下的勞動者。本文進入勞動現場，藉由了解模特兒的勞動過程，考察身體、情緒和自我之間的交互關係。面對情緒和身體二元分立的爭議，我認為不能分而視之，倘若只是指認某些勞動特色屬於情緒勞動，另一些特徵屬於美學勞動，將無法理解身體和情緒之間複雜且深刻的關係。勞動主體的身體化能力作為無法分割的整體，現象學以身體化主體的觀點，提供了另一種理解勞動者身體化能力的方式，個體從事美學勞動可能引發多樣的情緒感受，而情緒勞動本身即是高度身體化的工作。本文藉由考察微觀的身體技術養成以及實際勞動過程，提出下列三項發現。

首先，模特兒的身體受到產業中美學慣例的規範，這些約定俗成的身材標準，成為經紀仲介和雇主的招募標準，模特兒也依此進行自我規訓。然而，不像西方時尚產業有明確的市場區隔，台灣模特兒為了糊口往往遊走不同市場，理解相應的美感慣例，發展出各式策略來改變自己的外貌，像是為了工作增肥或減肥，或是調整胸部大小。

其次，為了符合美學慣例，模特兒的身體技術也被標準化，包含台步和肢體訓練，在過程中身體的使用習慣被改變，透過不斷地操演，美感身體得以看起來「自然」和「毫不費力」。此外，為了製造好

看的臉部表情，笑容、眼神不再是自然的情緒展現，而是仰賴勞動者有意識地運作和控制臉部肌肉，藉由訓練身體性情緒，穩定和迅速地轉換各種情緒風貌。

最後，本文認為對模特兒工作來說，比起深層表演影響自我，身體性情緒的技術操演讓勞動者只需進行表層表演，不需投注過多私人的真實情緒。值得注意的是，個體無法脫離肉身，商品化身體需要維持美感慣例，勢必浸入私領域，像是日常保養、飲食控制，這讓公私領域的界線劃分更加困難。此外，新的身體樣貌和使用方式，不僅讓模特兒對自己的身體有了新的感受和認知，更建構了新的自我認同，一旦市場的美感慣例和模特兒自身的身體意象衝突，更可能導致勞動者與商品化身體之間的疏離和情緒失調。

近年來，許多關於模特兒工作的研究文獻相繼出版，一些研究關心產業的勞動特性（Mears and Finlay 2005; Mears 2008; Entwistle and Wissinger 2006），例如美學勞動或情緒勞動。本文藉由探究模特兒從業的身體技術，更加強調情緒和身體不可分割性，並提出勞動主體不同的因應策略，例如有意識地操作情緒記憶或身體性情緒，以達成工作目標；此外，相較於互動服務工作對內在情緒的壓迫，本文亦指出，對模特兒來說，塑造符合美感慣例的身體，更可能威脅自我認同。另一些研究關心時尚圈的文化生產議題（Godart and Mears 2009; Mears 2010）。立基於這些文獻，本文提供一個台灣在地的觀點和分析，面對規模相對小、工作機會相對少的國內市場，勞動者適應性地發展各種身體技術，以服務不同市場的美感慣例，不若西方模特兒壁壘分明的分類，台灣模特兒盡可能彈性地「塑造」自己的身體，以求承接不同類型的工作。

問題與討論

1. 近來網紅經濟盛行，不管是 YouTuber、Instagrammer 或直播主，都可能藉此獲得利潤、銷售商品和取得業配收益。這些網路紅人和模特兒工作相當類似，需要拍出好看的照片、呈現引人矚目的外表，妳／你認為，她／他們會如何動員情緒和身體？另外，網路紅人和觀眾在虛擬平台上接觸，和服務業「面對面」的互動情境相當不同，妳／你認為在虛擬空間上的身體表演，和現實生活有差異嗎？如果有，會有哪些地方不一樣呢？

2. 2017 年 5 月開始，法國政府開始嚴格管制時尚圈「不得聘用瘦得不健康的模特兒」，並要求經過修圖的照片需做標示，避免人民追求危害健康的身體美學，以防範厭食症的發生。巴黎時裝週作為全球時尚產業的源頭之一，追求、吹捧並鞏固時尚圈的美學慣例。對於此一立法，有幾種聲音出現，包括：以健康檢查為標準並不客觀，可能受到竄改；禁止修圖的規定阻礙了美學創作；政府不應該決定人民的體重等等。更多業內人士擔憂的是，從此必須準備各種不同尺寸的服飾讓模特兒試穿。妳／你的看法如何呢？此外，妳／你認為，當業界面對政府制度性的干預，是否可能改變長時間累積的美學慣例與標準？

3. 閱讀完有關模特兒對身體技藝的操練，也請妳／你試著「有意識地」操作自己的臉部肌肉和肢體動作，並自拍幾張照片；或找出幾張舊照，試著重現照片中的姿態和表情。最後，透過觀察自己的表情和姿勢，是否發現有一套屬於妳／你自己的肢體和肌肉運作方式呢？如果妳／你願意，也可以試著操作文章中提到的「露出 7 顆牙齒」、「丁字站姿」及「ㄚ─ㄨㄟㄛ嘴型練習」，並和自己所習慣的肌肉運作方式做比較。在日常生活中，身體性情緒的操作大多是希望能在照片中呈現自己理想的面

貌。當這些身體技藝進入市場、成為可供販賣的商品之後,便要面對更加嚴苛的美學標準,更標準化、更快速地操作肢體和肌肉,以符合不同市場的美學需求。模特兒的工作不只是走走路、拍拍照而已;將這些視作天生、自然的行為,讓從業者的身體技術長期被低估。藉由上述習作,是否讓妳╱你對模特兒工作有了新的看法和體會?

參考文獻

1111人力銀行，2018，模特兒的職務定義。http://www.jobsalary.com.tw/jobdescription.aspx?codeNo=220203，取用日期：2018年4月2日。

Eva，2007，《魔朵的秘密》。台北：茵山外。

李春熹選編，2005，《阿甲戲劇論集》。北京：中國戲劇出版社。

林均郁，2007，《從「林志玲現象」與「名模熱」看台灣名模產業與影視娛樂產業之間的關係：一個政治經濟學分析》。台北：淡江大學大眾傳播學系碩士論文。

林志玲、江怡蓉、王曉書、洪曉蕾、王聖芬，2004，《凱渥名模美麗宣言》。台北：台視文化。

陳芳，2014，〈表演重塑：台灣「莎戲曲」演員的身體異化〉。《戲劇學刊》20: 39-67。

陳美華，2006，〈公開的勞務，私人的性與身體：在性工作中協商性與工作的女人〉。《台灣社會學》11: 1-55。

黃志瑋、林嘉綺、蔡淑臻、陳思璇，2004，《伊之獨秀》。台北：台視文化。

Adkins, Lisa, 1995, *Gendered Work: Sexuality, Family, and the Labour Market.* Bristol, PA: Open University Press.

Barthel, Diane, 1988, *Putting on Appearances: Gender and Advertising.* Philadelphia, PA: Temple University Press.

Bartky, Sandra Lee, 1988, "Foucault, Femininity, and the Modernization of Patriarchal Power." Pp. 65-81 in *Feminism and Foucault: Reflections on Resistance*, edited by Irene Diamond and Lee Quinby. Boston, MA: Northeastern University Press.

Becker, Howrad S., 1995, "The Power of Inertia." *Qualitative Sociology* 18: 301-309.

Bordo, Susan, 1993, *Unbearable Weight: Feminism, Western Culture, and the Body.* Berkeley, CA: University of California Press.

Brace-Govan, Jan, 2002, "Looking at Bodywork: Women and Three Physical

Activities." *Journal of Sport and Social Issues* 26(4): 403-420.

Braverman, Harry, 1974, *Labor and Monopoly Capital: The Degradation of Work in the Twentieth Century.* New York: Monthly Review Press.

Burt, Ronald S., 1992, *Structural Holes: The Social Structure of Competition.* Cambridge, MA: Harvard University Press.

Butler, Judith, 1993, *Bodies That Matter: On the Discursive Limits of "Sex".* New York: Routledge.

Davis, Caroline, 1997, "Body Image, Exercise and Eating Behaviors." Pp. 143-174 in *The Physical Self: From Motivation to Well-being*, edited by Kenneth Fox. Champaign, IL: Human Kinetics.

Ekman, Paul, 1999, "Basic Emotions." Pp. 45-60 in *Handbook of Cognition and Emotion*, edited by Tim Dalgleish and Mick Power. West Sussex, UK: John Wiley & Sons.

Ekman, Paul, Wallace V. Friesen and Phoebe Ellsworth, 1972, *Emotion in the Human Face: Guidelines for Research and an Integration of Findings.* New York: Pergamon Press.

Entwistle, Joanne and Elizabeth Wissinger, 2006, "Keeping up Appearances: Aesthetic Labour in the Fashion Modelling Industries of London and New York." *The Sociological Review* 54(4): 774-794.

Gill, Rosalind, 2003, "From Sexual Objectification to Sexual Subjectification: The Resexualisation of Women's Bodies in the Media." *Feminist Media Studies* 3(1): 100-106.

Godart, Frédéric C. and Ashley Mears, 2009, "How Do Cultural Producers Make Creative Decisions? Lessons from the Catwalk." *Social Forces* 88(2): 671-692.

Goffman, Erving, 1959, *The Presentation of Self in Everyday Life.* New York: Doubleday.

Haidt, Jonathan and Dacher Keltner, 1999, "Culture and Facial Expression: Open-ended Methods Find More Expressions and a Gradient of Recognition." *Cognition and Emotion* 13(3): 225-266.

Hochschild, Arlie, 1983, *The Managed Heart: Commercialization of Human Feeling.* Berkeley, CA: University of California Press.

Hracs, Brain, J. and Deborah Leslie, 2013, "Aesthetic Labour in Creative Industries: The Case of Independent Musicians in Toronto, Canada." *Area* 46(1): 66-73.

Leidner, Robin, 1993, *Fast Food, Fast Talk: Service Work and the Routinization of Everyday Life.* Berkeley, CA: University of California Press.

Mauss, Marcel, 1973, "Techniques of the Body." *Economy and Society* 2(1): 70-88.

McNay, Lois, 1993, *Foucault and Feminism.* Cambridge, UK: Polity Press.

Mears, Ashley, 2008, "Discipline of the Catwalk: Gender, Power and Uncertainty in Fashion Modeling." *Ethnography* 9(4): 429-456.

_____, 2010, "Size Zero High-end Ethnic: Cultural Production and the Reproduction of Culture in Fashion Modelling." *Poetics* 38(1): 21-46.

_____, 2011, *Pricing Beauty: The Making of a Fashion Model.* Berkeley, CA: University of California Press.

Mears, Ashley and William Finlay, 2005, "Not Just a Paper Doll: How Models Manage Bodily Capital and Why They Perform Emotional Labor." *Journal of Contemporary Ethnography* 34(3): 317-343.

Merleau-Ponty, Maurice, 1962, *Phenomenology of Perception,* translated by Colin Smith. London: Routledge & Kegan Paul.

Neff, Gina, Elizabeth Wissinger and Sharon Zukin, 2005, "Entrepreneurial Labor among Cultural Producers: 'Cool' Jobs in 'Hot' Industries." *Social Semiotics* 15(3): 307-334.

Pettinger, Lynne, 2004, "Brand Culture and Branded Workers: Service Work and Aesthetic Labour in Fashion Retail." *Consumption Markets and Culture* 7(2): 165-184.

Russell, Cameron, 2012, "Looks Aren't Everything. Believe Me. I'm a Model." *Ted Talks.* http://tedxtaipei.com/articles/looks-aren-t-everything/ (Date visited: June 20, 2018).

Schilder, Paul, 1935, *The Image and Appearance of the Human Body: Studies in the Constructive Energies of the Psyche.* London: Kegan Paul.

Speiss, Leslee and Peter Waring, 2005, "Aesthetic Labour, Cost Minimisation and the Labour Process in the Asia Pacific Airline Industry." *Employee Relations* 27(2): 193-207.

Thompson, J. Kevin, 1990, *Body Image Disturbance: Assessment and Treatment.* New York: Pergamon Press.

Tyler, Melissa and Philip Hancock, 2001, "Flight Attendants and the Management of Gendered 'Organizational Bodies'." Pp. 25-38 in *Constructing Gendered Bodies*, edited by Kathryn Backett-Milburn and Linda McKie. New York: Palgrave.

Vincent, Lawrence M., 1989, *Competing with the Sylph: The Quest for the Perfect Dance Body.* Pennington, NJ: Princeton Book.

Warhurst, Chris and Dennis Nickson, 2007, "Employee Experience of Aesthetic Labour in Retail and Hospitality." *Work, Employment and Society* 21(1): 103-120.

Wissinger, Elizabeth, 2012, "Managing the Semiotics of Skin Tone: Race and Aesthetic Labor in the Fashion Modeling Industry." *Economic and Industrial Democracy* 33(1): 125-143.

Witz, Anne, Chris Warhurst and Dennis Nickson, 2003, "The Labour of Aesthetics and the Aesthetics of Organization." *Organization* 10(1): 33-54.

"Gi Su Na Mi Tminun Na O"
我們還在織布：當代文面族群編織勞動的轉化與存續

賴淑娟、羅中峰

* 　賴淑娟（通訊作者）東華大學族群關係與文化學系副教授。羅中峰 佛光大學文化資產與創意學系副教授。

** 本文主標題是太魯閣族語，引自「織路・知路——與時空的對話」的展覽文案。本文之完成首先要感謝宋美枝（Meyce Yusi）女士與曾玉樺老師耐心地帶領我們認識太魯閣族的編織文化，還有 Pisuy Poro、朱秀玲以及參與陪伴教學的織女們在編織經驗的分享，都是我們成長的養分；同時感謝兩位匿名審查人給予本文中肯的修改建議；最後感謝科技部研究計畫（MOST 106-2420-H-259-021）的支持，使得東部文面族群編織文化的調查得以順利進行。

*** 本文引用資訊：張晉芬、陳美華編，2019，《工作的身體性：服務與文化產業的性別與勞動展演》，頁107-155。高雄：巨流。

中文摘要

　　本文探討台灣文面族群編織工藝的身體技術、社會功能與意義的轉變，解析在解殖運動歷程與全球化離散／跨界的現象中，編織如何透過翻譯、展演與銜接，在文化表達與市場交易的場域，從女性家戶勞動轉化成多重涉入的身體勞動。以花蓮縣水源村與宜蘭縣南澳鄉的編織者為研究對象，她們的編織不只是為家人而織的母職表現，更是透過織藝陪伴教學團體，從水源部落以跨界自體繁殖的方式擴展到花蓮西林村，甚至宜蘭縣的南澳鄉，繼續衍生，並且透過網路分享平台，形成一股編織熱的現象，反映台灣東部潛在一些文面族群女性渴望透過編織的文化實踐與身體銘刻再次確認族群／自我的認同。這些婦女並將編織的成果鑲嵌在文化表達與觀光旅遊的市場機制，形成分享記憶、彼此確認與互為賦權的團體。她們選擇「回歸傳統」，採集傳統文化資產，並且透過文化遺產的活化與再實踐，從邊緣到中心，找出生存的策略與新的方向。

關鍵詞：文面族群、復返、編織、原民現身

"Gi Su Na Mi Tminun Na O" We Are Still Weaving: The Transformative Survival of Weaving Labor for Contemporary Facial-Tattoo Ethnic Groups

Shu-chuan Lai

Associate Professor

Department of Ethnic Relations and Cultures

National Dong Hwa University

Chung-Feng Lo

Associate Professor

Department of Cultural Assets and Reinvention

Fo Guang University

Abstract

This research is aimed at discussing the transformation of social function and the meaning of weaving labor for Taiwan's contemporary facial-tattoo ethnic groups. It focuses on how weaving is transformed from household labor to multiple involvements of body labor in the arena of cultural expression and market trade through translation, performance and articulation in the phenomenon of post-colonial movement and global diaspora. We interviewed the weavers living in Shwei-Yuan village, Hualien and Nan-Ao township, Yilan. They weave not only for their family, to fulfill the duty of motherhood, but also for themselves, to search for their own and their ethnic group's identity. They formed a supportive learning group at Shwei-Yuan village and then expanded to other villages such as Xi-Lin, Hualien and Nan-Ao, Yilan. They connected with each other through the internet. Later on their connection became a fervent movement. Additionally, these women engage in the cultural expression and tourist market trade by weaving, and have become a group sharing memory, affirming each other, and empowering themselves.

Keywords: facial-tattoo ethnic groups, returns, weaving, présence indigene

熟練織布機的操作方式進行式……感受一下身體與織箱的互動，提綜腳鬆，手拿刀棒平行穿入。布面呈現交叉時，腳稍作使力，織箱上的線紗緊繃時，立起開口棒，向綜光棒處推下，線紗形成梭口，刀棒滑入，pung pung 織作，身體記得兩個動作反覆練習。

這幾年來看見與享受美好的事，也學習了不只是織布這回事了，發現人的互動也像編織一樣美好，比織布還要溫暖呢～～

紅藜阿嬤說：「會耕作的人才配有土地，也才懂得珍惜土地，做土地的主人。」生活織作如耕作土地，如何配有老嬤的織布技藝。她們期待孩子們重新織作，pung pung pung……才會懂得珍惜，做延續老織箱的主人。

—— Meyce Yusi（田野筆記，2016 年 6 月 9 日）

一、前言

根據 James Clifford（克里弗德 2017：21）[1]的觀察，「原民現身」（présence indigene）是自 1980-1990 年代以來，後殖民與全球化趨勢中的普遍現象。「原民現身」的概念是 Clifford 取自 1950 年代早期「自豪非洲人運動」（Négritide）及為其發聲的刊物《非洲人現身》（*Présence Africaine*）所帶來之轟轟烈烈影響力的比喻。「現身」意味被壓抑的族群在社會運動過程中，透過影像與發聲，表達族群生命的轉化性復興，

1　在此所引用的是中譯本，詳見參考文獻。

繼而在主流社會中選擇一種公共角色讓自己被看見、被聽見。「現身」是一種有自覺的再現，不是被動的存在，而是向內、向自身文化挖掘，創造機會的能動性。

　　部落社會在西方政經文化強勢發展的逼進下，曾經被以為會逐漸消失，但在二十世紀後期，乃至進入二十一世紀，語言文化雖然在式微當中，仍有為數不少的族人堅毅地挺住壓力，在殘存的文化與傳統中，挑選具有適應力的材料，把遭受破壞的生活方式重新改編與重組，在錯綜複雜的後現代性中，採取各種轉圜、折衝與策略方式，開闢出新的路徑。證諸阿拉斯加中部阿魯提克人（Alutiiq）面具工藝文化復振的案例，Clifford（克里弗德 2017）指出：在歷史轉化過程中，阿魯提克人透過銜接（articulation）、翻譯（translation）、展演（performance），使面具文化得以重回部落生活世界，也使阿魯提克人現身於主流社會。他同時指出：原民社會歷經殖民統治，其文化存續不再是非存即亡的線性思考，而是充滿了彈性的可變性與能動性；族人們在這歷程中回到傳統、扎根於傳統，尋找合適的素材配合當前可資使用的條件，用因勢權宜[2]的方式把各種分歧世界給連接起來，終使回返的面具在一個變遷世界中找到嶄新意義（同上引：354、370）。由於總是在回歸，也總是在創新，在回歸與創新之間，不斷地復返（returns，複數），如螺旋（the spiral）一般同時包含循環運動和線性運動。因此，不只是為了回到過去以保存文化遺產，更要「守護或保證其活力」，使其第二生命繼續延伸至原住民的未來（同上引：370），亦即致力於把過去和未來連結起來的「傳統的未來」（traditional futures）。在這因勢權宜，不斷復返的可變性中，得以看見原民社會的存續精神、存活策略及能動性。

2　原文為 contingent，中譯本原譯為「偶發」，筆者改譯為「因勢權宜」，以強調該詞「受制於無法預測的特定機緣條件而發」的本意。

　　上述這種全球原住民「復返」與「現身」的經驗，可部分類比於台灣原住民的發展趨勢。曾經被喻為黃昏民族的台灣原住民，經過1980年代以來接續的社會運動、族群意識的覺醒、政策法律的制定、文化藝術的發展以及部落重建，漸漸從歷史的帷幕中被看見（孫大川2010a；盧梅芬2007；謝世忠2017），顯然這個被看見也是一種「原民現身」。尤其1990年代，第二波原運主流──原住民全民文化運動──展開，從中央到基層鄉公所實施文化經濟政策，推動社區總體營造兼具文化產業，還有部落族群自主的文化復振，例如，追溯部落歷史、重返祖居地、恢復祭儀歌謠，以及工藝及其產銷的相關工作室、工坊或社團如雨後春筍般地成立（謝世忠1999；徐功明1999；盧梅芬2007）。在這由上而下或由下而上的文化復振歷程中，族人正走在「復返」的程途中。

　　在「復返」原住民文化資產的過程中，因為傳統性別分工的緣故，往往形成男女各司其職的現象，產生性別化的傳統知識，尤其是女性專責的工作形塑原住民女性知識。例如，卑南族婦女的幫團（石婉筠2008）、噶瑪蘭社會中的mtiu（女巫師）[3]（劉璧榛2010）、排灣族或卑南族織繡的工作（林佩君2016；陳文德2004）等。然而，在大多以男性為主導的族群政治運動與文化復振歷程中，原住民女性傳統知識的傳承常常不被看見，即或有之，也是少數（謝若蘭、拉娃‧布興2014：437；謝世忠2017）。編織工藝向來是台灣文面族群[4]女性著稱的

3　排灣族、阿美族、泰雅族亦有女巫師，各稱為puringau、sikawasay、pahagup。

4　「文面族群」即一般所謂「泛泰雅」族群，實際包括泰雅族、太魯閣族與賽德克族。這三個族群在2004年前都歸類為泰雅族，目前都已被官方認定為具自主性而不相屬的族群。「泛泰雅」的稱呼被批評為還是在泰雅族名稱的大傘之下，族人更希望以「文面」這個共同的文化特色來統稱彼此，因此有「文面族群」之稱。廖守臣（1984: 8）曾參酌移川子之藏、森丑之助等人的分類，再加上自身田野調查的確認，依據語言的差異及起源傳說，將泰雅族分為泰雅（Tayal）與賽德克（Sciq）兩大亞族，泰雅亞族又分為賽考列克（Squliq）與澤敖列（Coli）兩個族群（語群）；

文化特色，也成為其族群／性別認同的重要象徵。Clifford 在《復返》（*Returns*）一書中沒有特別探討性別的議題，然其探討文化存續歷程中關於「銜接」、「翻譯」、「展演」的概念頗值得借鏡參照，用來分析花蓮、宜蘭地區文面族群女性編織勞動發展的現況。

　　本文透過這些文面族群女性回歸編織傳統的實踐歷程，探討編織工藝如何從傳統的原民家戶勞動，歷經現代化與殖民邊緣化之後，透過文化表達與市場交易轉化，而成為多重涉入的身分象徵與身體勞動。進而論述此一轉化過程反映了族人在經過解殖運動與全球化歷程所造成的離散／跨界現象中，如何選擇「回歸傳統」，返回祖先經驗與訓示的理解；故而採集與翻譯傳統文化資產，並且透過活化與再實踐，找出生存的策略與新的方向。我們試圖說明，這些編織工藝文化資產的轉化與創新，為女性族人提供了更多認同與發展的可能性。

二、文獻探討：編織勞動的轉化

（一）性別化銘刻的身體與母職勞動

　　在殖民現代化力量未大舉影響原住民部落社會前，文面族群的社會組織如同一機械連帶社會結構，勞動生活與 gaga/waya/gaya[5]（信仰、規範）和親屬組織彼此鑲嵌在一起，據此部落社會與個人在面對荒野山林或鄰強環伺下得以生存。若以性別的勞動分工為起始點，其中最

　　賽德克亞族依親族與地域分為德奇塔雅（Tktaya）、道澤（Tuda 或 Tosa，亦稱托賽）、太魯閣（Tluku）等群。太魯閣群於 2004 年正名為「太魯閣族」；德奇塔雅與道澤群則於 2008 年正名為「賽德克族」，相繼從泰雅族的分類中脫離出來。

5　Gaga/waya/gaya 同意，為信仰、規範的意思，泰雅族發音為 gaga，賽德克族發音為 waya，太魯閣族發音為 gaya 。

明顯的界線莫過於男獵女織，並從其中衍生出複雜的文化意義與性別化的身體技藝。首先從文化意涵來看編織的意義與重要性如何融合在宗教信仰、生命禮儀、社會禁忌與歌謠傳唱當中。人們之所以遵行gaga/waya/gaya，是因為相信 utux（神靈）看顧日常生活並主宰生命的福祉，女性若習得編織技藝，可視為其成長的標記，得以獲得文面的資格與社會的認可，成為婚配的對象，而其婚後延續一生的編織生涯亦是賢德婦女的展現，因此取得死後走過彩虹橋、面見祖靈的應許，以完成圓滿的一生（曾秋馨 2015；吳秋慧 1999）。

　　女性的編織生涯與各個階段的生命儀式有密不可分的關係，嬰孩出生時需要織布的包裹，兒女長成後需要新嫁衣，面臨死亡時需有裹屍布。編織勞動過程中亦有社會禁忌規範，例如，編織的相關工作，從種植苧麻、製線到編織，完全由女性負責，男性嚴禁參與，特別是當男性進行打獵的時節，更是不可觸碰織布機或苧麻線，否則狩獵時將一無所獲。因此打從女孩兒出生時，即要為其技藝著想，故將臍帶放在織布箱中，期待將來長大時能精於編織。進而在女孩兒成長過程中，藉由傳唱編織歌來引導學習技藝。其中，泰雅族與太魯閣族都有編織歌這樣唱著：

Son qani qu kmkgiy	像這樣刮麻
Son qani qu mnuka	像這樣捻線
Son qani qu mcira	像這樣紡線
Son qani qu tminun	像這樣編織
	（泰雅語）
bombom tminun (x2)[6]	蹦蹦開始織布了 蹦蹦開始織布了

6　唱兩遍的意思。

muda baga merit	經過雙手織作挑織紋路
kdusa ka nuqih	來回纏梭 讓經線和緯線密密相依
kika knkla rudan ta	這是老人家所知道的智慧
tminun paah krig	從苧麻絲交織而成緊實的布
suyang bi qtaan	非常好看
saw bi dowriq rudan	在那彩虹橋之上是祖靈守護的眼
gaga hakaw utux	
dmnkla payi ta wih	這些是老人家用智慧所編織的
	（太魯閣語）

透過編織歌謠的吟唱，不僅使女孩兒熟稔編織的工序與技巧，同時也加強勞動分工與性別認同的關聯性，不斷確認女性角色的職責與榮譽。

　　性別分工需服膺於 gaga/waya/gaya 的信仰，並且在生命禮儀、社會禁忌與歌謠傳唱當中，不斷在人們的身體與心靈銘刻相關文化符號，從而形成性別化的身體。例如，在具體的性別分工中，女性肩負種植苧麻、製線與織布的工作；男性除了狩獵，需於山林中採藤、編織藤器，並且為家中婦女製作與織布有關的工具。除了工作內容的差異，使用的工具亦有所不同。例如，女性編織時需坐在地上，腰身挺立，兩腿伸直，腳趾頂住織布箱，藉著腰帶使身體與編織的布和織布箱連成一體。此時，女性身體固著於地，起身時需先解下腰帶，相對較不容易行動（見圖

圖3-1　女性進行傳統編織的姿勢
資料來源：筆者拍攝。

圖3-2　女性使用的背籃
資料來源：筆者拍攝。

3-1）；男性打獵則是帶著獵具，馳騁於山林，身體是活躍跳動的。另外，女性揹東西的背籃稱為 kili（一般是由男性用藤製作），背籃的主體是用背部頂著，其連結的帶子則是從背越過頸後環繞在女性額頭上，女性在使用此工具時需彎腰、身體前傾，頭低下來，雙手左右各放在耳際，拉著背帶，使背籃固定在背上（見圖3-2）。男性使用的網袋稱為 tokan，背負的主體是背部，其連結的帶子則是從背部越過兩肩；男性在使用此工具時不需彎腰、身體前傾，而是抬頭挺胸即可步行（見圖3-3）。從上述性別分工所衍生工具的使用及身體的操演，可以看出女性編織的身體相對不方便移動，同時又需用彎曲謙卑的身體背負重物而行動。

整體而言，編織技藝包裹著由圖紋、傳說、禁忌與歌謠所構成的社會記憶，形成了豐富的編織文化，並且在這文化中蘊含女性養成的規範與性別化的身體。性別化的身體也鑲嵌在日常多元的勞動生活中，例如，白天忙於田裡的耕作農事，織布則是在早晨出門前或晚上空閒時進行，所呈顯的不僅是身體的勞動，也是實踐母職的情感勞動。

圖3-3　男性使用的網袋
資料來源：Wilan Mawi及Pisuy Poro拍攝及提供。

（二）編織的第二生命：編織勞動的變遷、多重意涵與挑戰

隨著日治時期推動皇民化運動、國民政府實施山地平地化政策，以及現代化資本主義市場的介入與西方宗教的引進，文面族群的編織技藝與相關的信仰、禁忌和歌謠，漸漸式微（吳秋慧 1999：96；趙慧琳 2008；郭秀岩 1975），整個傳統工藝可說是籠罩在殖民文化的烏雲當中。

一直到1980-1990年代，隨著台灣民主運動的風潮，原住民政治運動興起，多元文化與多元族群的意識逐漸明朗，尤其1990年代可說是原住民藝術群起復振的時代（謝世忠 1999；徐功明 1999；盧梅芬 2007）；特別是從中央推動的家政教育訓練出一批從事工藝的工作者，以及社區總體營造與文化產業政策催生下，期盼工藝推廣能兼具文化傳承與經濟發展的功能（盧梅芬 2007）。除了官方的推動外，在地的部落族人於族群意識覺醒下，也自發性地回溯傳統，尋找養分，帶動創作風潮。在這樣的氛圍之中，工藝創作已然從傳統家戶／部落勞動轉化為族群認同的標誌；從生活所需的物件轉化為族群文化的象徵（孫大川 1999；江韶瑩 1999）。

另外從經濟勞動的面向而言，原住民社會面對殖民統治與現代化的衝擊，勞動力與物質資源的運用都被納入資本主義市場運作中。為了經濟的生存，工藝勞動不再只是具備使用價值，亦需面對市場邏輯而產生交換的價值。簡單地說，工藝的目的不再只是為家人所用，也包括在市場上產值的多寡，能賺錢嗎？能賺多少錢？工藝作為一種亟待復振的文化資產，往往被期待文化保存與經濟發展同步並行，以經濟的誘因成為文化活化的動能。

原住民在歷經百年殖民統治後，於掙脫殖民遺緒的解殖過程中，工藝勞動的意義也改變了。本來是部落社會中的家戶勞動，轉化為對

抗殖民的族群認同標誌，並被賦予發展經濟的功能。連帶地，文面族群的編織勞動也遭逢上述的改變，對生長於當代的編織者而言，勞動的意義與身體的銘刻不再籠罩在 gaga/waya/gaya 文化系統之下，而是交融在為家人而織、為族群而織、為顧客而織的多重意涵中（悠蘭・多又 2012；葉秀燕、吳孟蓉 2014）。

　　相較於世界各地原住民文化復振的經驗，本文所關注的編織勞動在當代社會處境的多重意涵（生產衣飾的家務勞動，文化認同的建構，經濟利得的生產等等），以及織品的多元化社會功能，其實亦有雷同相應的現象；[7] 並且反映出當代的織女肩負家庭、文化與經濟等三個面向的功能和角色（如圖3-4）。首先，對家庭而言，為家人而織是傳承編織在傳統社會的功能，是照護親人的家戶勞動，編織的物件是作為家人衣飾保暖、生命禮儀或親友餽贈的物品。

　　再者，對文化而言，當編織成為族群認同的標誌時，在使用織品的當下不再只是穿著的功能，更是族群身分的肯認；而編織工藝本身也成為文化復振的內容，族群認同追尋的載體。因此，鄉鎮公所及學校在推動民族文化發展計畫所開設的課程，往往需要技藝純熟的織女

7　綜合言之，諸多原住民傳統文物在經過文化復振之後，得以重回部落生活世界；然而，其社會功能往往不同於傳統而更顯得多元豐富。例如，作為阿魯提克／蘇格皮亞克人（Alutiiq/Sugpiaq）傳統生活核心物件的面具，就是銜接（articulate）了多重使用脈絡，而擁有多樣化功能的嶄新面貌，重回部落生活。諸如：（1）作為氏族或部落連續性與權力的象徵，以及尊榮祖先的物品；（2）在原民身分政治的世界中，作為圖騰文化象徵而區別於其他群體；（3）運用於傳統儀式與儀式生活（ritual life）──誇富宴與仲冬聚會；（4）用於文化節慶的舞蹈表演；（5）用於學校和博物館工作坊的雕刻課程，以發揮傳承文化的功能；（6）作為「部落藝術」市場的商品，在藝廊販售給蒐藏家，並供博物館和文化中心展示；（7）在觀光場所中，運用古老的圖案形式為風格，製作成紀念品販賣給遊客；以及（8）在人際互動場域中作為社會交換和送禮的物品。於是面具這項傳統遺產就在諸多重疊的脈絡中找到了「第二生命」──「同時既是一件跟舞蹈、故事和歌曲密切相關的公共物件，又是藝術、身分和市場的表演空間裡的一個藝術標誌、一個身分指標」（克里弗德 2017：334、357、366）。

擔任講師。這些講師在
鄉公所或國中、小學開
班授課，並在教學課程
結束時舉辦成果展，或
與幾位較出色的學生進
行主題策展，以推廣編
織文化。甚至，編織還

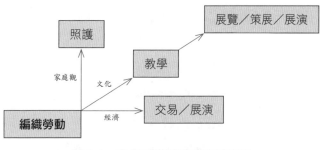

圖3-4　當代編織勞動的多重意涵

能與現代基督教信仰銜接，例如，水源部落的婦女在威朗紀念教會
教堂中展示織品，透過圖紋意義的重新詮釋，賦予織布嶄新的宗教意
涵。

　　最後，對經濟而言，面對觀光休閒時代的來臨，將工藝品轉化為
商品，成為編織者經濟生存的策略之一。她們會成立工坊作為創作產
品的基地平台，作品大多以織布搭配其他媒材設計成錢包、頭巾或吊
飾等商品，然後將商品寄賣於精品店或文化園區；或者參與工藝市集
設攤販售，進行所謂「跑攤」。在販售過程中不只是商品與金錢的交
易，有時會輔以文化的展演。例如，編織者會一邊啟動織布箱進行編
織，一邊解說編織的過程，敘說編織的故事；或者針對織品解說材
質、製作過程與圖紋象徵的意涵。因此，商品交易過程也在進行文化
的展演。

　　於是，本文關注的當代原民編織遂從家戶勞動的私領域，跨越到
文化與經濟的場域；然而，織女會隨著個人技藝純熟程度、生活所需
或人生旨趣，各自側重在不同的領域，至於成立工作室的織女通常同
時兼具上述多重的角色。編織於當代的多重意涵與媒體、網路以及社
會機構亦形成一文化混合體，例如，織女為了分享文化或介紹自己創
作的織品，會於臉書（Facebook, FB）或粉絲頁發文或貼出照片；透過
網路急速的傳訊，往往能獲得即時的回饋與發散式、感染性的影響。

在做編織教學或文化推廣時，來自各部門資源與人力的協作，包括：文化部、原住民族委員會（以下簡稱原民會）、縣市政府、鄉鎮公所、學校、學術機構與基金會等，都是重要的社會連結。另一方面，在做文化商品的產銷連結時，文創園區、工藝企業社（如：原風驛站、Wata 創意整合有限公司）等，則是不可忽略的展售網絡。

「原民振興是一個寓連續性於轉化中的複雜過程，牽涉到銜接（文化和政治上的結盟）、展演（為不同的「大眾」而設的呈現形式）和翻譯（跨過文化分歧性和世代分歧的部分溝通和對話）」（克里弗德 2017：288）。因此在實用主義的原則下，編織勞動作為一種文化生活，在「持續創造、傳播和變遷」的過程，會把自身族群的元素與當前條件，以新的形式加以結合，產生文化的獨特性，而成為「傳統的發明」（Tilley 1997: 83）。或者如 Barbara Kirshenblatt-Gimblett（1998）所說，文化傳遞的過程是以過去的元素，在特殊的關係脈絡裡重新被創造出來而成為「遺產的第二生命」（克里弗德 2017：332）。

在文面族群 gaga/waya/gaya 的傳統裡，編織衣飾一向是女性的工作，並有性別界線的禁忌。因此當編織文化經過殖民壓抑到解殖再現，從私領域單一的家戶勞動，跨入公領域，於當前的環境條件與社會脈絡下，產生「第二生命」或成為「傳統的發明」，不僅顯示原民生成（indigenous becoming）的持續性，更標示文面族群女性於當代的現身，藉由編織的實踐，其性別、族群與自我的認同交融在一起，使她們被看見。

然而，近年來族群內部的這條性別界線面臨了一些挑戰。雖然編織一向是女性的工作，但隨著 gaga/waya/gaya 式微，工藝市場功能的增強與文化復振的急迫性，有少數男性亦開始從事編織，使傳統男獵女織的圖像趨於模糊。狩獵在日治時期遭逢限制，於民國時期亦受槍砲彈藥與野生動物保護等法律的規範，使得男人不能再馳騁於獵場，

轉而進入底層勞動市場。編織於日治時期在某些地區遭到禁止，1950-1980年代亦趨沒落；直到1990-2000年代，由於文化復振與部落營造風潮，甚至有少數男性加入行列。根據相關研究（悠蘭・多又 2012：130-138；彭麗芬 2013：127-130）以及近年來的媒體報導，男織的出現大致可以分為老中青三個世代。年長世代仍慎戒於性別界線的禁忌，但礙於生活的現實加入編織，例如，今年將近70歲的 Yabung，她的先生 Watan 50多歲時即因身體不好，提早從鐵工的勞動市場退休，之後與妻子一起從事編織，製作商品販售。由於仍然相信男人不能從事編織的禁忌，因此他織布時只使用現代織布機，絕不觸碰傳統織布機。中年世代則漸漸不重視 gaga/waya/gaya 的約束力，加上如果接受基督教信仰，相信唯一真神，就不再相信祖靈，且認為夫妻是一體就應一起工作、互相協助。至於年輕的一輩從事編織者，大多是出自對文化傳承與族群認同的執著，認為文化傳承迫在眉睫，為何還分男性或女性？況且在男女平等的時代，gaga/waya/gaya 的限制已不合時宜。只是以注重文化傳承為名而忽略 gaga/waya/gaya，有時不免呈顯矛盾。因此有的年輕人不輕易觸犯禁忌，而採取繞路的方式──策略性地使用現代織布機，守住底線不使用傳統織布機（詹芳雅 2012）；甚且有年輕男性因為跨性別傾向，特意使用傳統織布機進行性別認同的宣稱，其作風也獲家鄉族人的認可（鄒欣寧 2017）。

三、資料來源與研究方法

本文以在花蓮縣秀林鄉水源村從事傳統水平式背帶腰織機編織的社群 "Mwaray da" 為研究對象。水源村坐落於花蓮西部美崙溪支流溪畔，為一太魯閣族部落。目前族人大多從事服務業或勞力工作，男性

多為軍人或建築工人，女性則為護理師、看護或飯店房務工作人員。部落如同其他部落，隨著殖民與現代化的影響，編織文化漸漸式微，據說大約20多年前（大約1994年前）只有7位老人還會織布，而傳承學習的更為少數。然而，2015年部落有一個女性團體 Mwaray da，卻帶動太魯閣族編織的復古熱。在太魯閣語 M 的意思是「正在進行」，waray 是「線」，da 有「完成」之意，故其總體意涵是：把編織的女性如同一條一條線地串起來。此社群主要由3位善於編織的太魯閣族[8]女性所組成，在她們的陪伴教學，[9]加上鄉公所相關編織課程的推行，吸引水源村、西林村婦女參與；甚至遠至宜蘭南澳地區的泰雅族女性也前來學習織布。這一群女性將近20幾位，其中有些學習者織藝日益熟練，也成為老師再去教導年輕的太魯閣族或泰雅族女性；特別是透過網路的分享與部落地緣人際的連結，將渴望透過編織的文化實踐來確認自己族群認同的女性連結在一起。

　　本文採用參與觀察與深度訪談為蒐集資料的方法。參與觀察的場域是 Mwaray da 進行陪伴教學的現場，編織學習的組成分為一對一及團體課程兩種形式，一對一的課程通常是織女與學習者彼此約定學習的時間，彈性進行；團體形式一般是與鄉公所合作所開設的課程。筆者從2015年以編織學習者的角色參與課程，因此較有機會於織女教授編織期間進行對話與觀察。其中有來自西林村與宜蘭南澳鄉的學員習得技藝後，又於自己的家鄉教授編織，因此筆者觀察的地點從水源村擴展至西林村與宜蘭南澳鄉。另外，參與觀察的資料也包含在 FB 上互動所蒐集的訊息。

8　其中一位本身是布農族，後來嫁到水源村太魯閣族家庭，技法的學習以太魯閣族的文化為主，圖文設計與顏色的使用有時有布農族的味道。

9　陪伴教學的精神與執行將在本文第四節「從邊緣到中心的部署」第一小節「陪伴教學、編織記憶與社會行動：學習擴展與認同建構」做詳細說明。

表3-1　受訪者背景資料

代號	姓名	年齡層	教育	織齡（年）	編織形態	陪伴教學團體成員
1	Meyce	50	國中	24	兼顧文化推廣與經濟交易	是
2	Pitay	30	技術學院	7	兼顧文化推廣與經濟交易	是
3	Ali	30	高職	7	兼顧文化推廣與經濟交易	是
4	Pisuy	30	大學	3	文化推廣	是
5	Ipay	20	大學	1	文化推廣	是
6	Rukun	20	大學肄業	1	文化推廣	是
7	Yaway	20	研究所	1	文化推廣	是
8	Ipiq	20	研究所肄業	4	文化推廣	是
9	Hei	50	國中	23	經濟交易為主，文化推廣為輔。	否
10	Mali	50	國中	20	經濟交易為主，文化推廣為輔。	否

　　在深度訪談方面，主要涉及織女學習編織的歷程與生命經驗，訪談的對象包含 Mwaray da 的3位主要成員及所教授的學生，共10位。10位當中又分成學習的三個世代，從表3-1可看出 Meyce 是第一位從事編織的老師，是第一世代，年齡大約50多歲；Pitay、Ali、Pisuy 是 Meyce 的學生，算是第二世代，年齡大約30多歲；而 Ipay、Rukun、Yaway 及 Ipiq 則是第二世代織女的學生，年齡大約20多歲。另外 Hei 及 Mali 兩位織女不是陪伴教學團體的成員，她們的經驗可與 Mwaray da 成員做對照。這些織女的教育程度隨著世代的延續而增加，第一世代是國中畢業，到第三世代都是在學或畢業的大學生或研究所碩士生。另外關於編織的目標或是經營形態可分為三種，第一、二世代大多是同時兼顧文化推廣與經濟交易，第三世代則是著重在文化推廣。這些受訪者的背景、編織經驗與學習歷程富有多樣性，是本文分析具代表性的對象。

四、從邊緣到中心的部署

　　Clifford 指出：「部落藝術都是原住民社會與文化振興的根本一環。在實踐上，當個原民藝術家[10] 需要用偶發的方式把各種分歧世界給連接起來。『藝術家』的身分因此是個銜接與翻譯的場域，其內涵會視所處的跨文化角力場之不同而有異」（克里弗德 2017：367）。從「傳統肩負者」的自覺意識來看，本文所討論的織女正是這場文化運動的核心角色。

　　當文面族群女性的編織從傳統家戶勞動的照護，轉化為族群文化的象徵與經濟營生的工具，針對這些編織功能的轉化，本文特別著重在三個面向的觀察。首先是水源部落 Mwaray da 陪伴教學團體的開始與擴展，使得織藝的學習以跨界自體繁殖的方式擴展到花蓮西林村，甚至宜蘭縣的南澳鄉，繼續衍生；尤其透過網路分享的平台，形成一股編織熱的現象。再者是織女嘗試與國家行政體系協商，叩問博物館典藏的大門，進入博物館親撫早期以國家或學術權威蒐藏入庫的織品，藉著分析祖先織品織紋與技術，再進行重製與展覽的工作。最後是將編織與市場機制結合，除了將織物轉化為文創商品，輔以編織技藝的展演與文化故事的訴說，從中取得文化分享的空間與經濟的動能。

　　前述織女返回編織文化根源，透過銜接、翻譯與展演的過程，使得編織文化在當代社會中以多元的樣貌呈顯文面族群女性的「現身」。其中所產生的自信心、族群認同、社會連結與經濟收入，都成為從邊緣到中心之協商資本。

---

10 或者廣義地稱為「傳統肩負者」（或「文化傳承者」）（tradition bearer）（克里弗德 2017：286）。

（一）陪伴教學、編織記憶與社會行動：學習擴展與認同建構

Mwaray da 最早是由名為 Meyce Yusi（宋美枝）的太魯閣族女性所發起；她20多年前從紅葉部落嫁到水源部落，婚嫁的前一天，Meyce 的老奶奶依太魯閣族習俗，送給 Meyce 她長年使用的 ubung（傳統織布機）[11] 及編織的 qabang（被單）。這台織布機與被單成為她婚後思念娘家時的撫慰與對老奶奶的記憶，最後成為她想學習編織的動機。當時在水源部落還能記得織布的老人家不多，幸好 Meyce 先生的伯母還會編織，Meyce 就向伯母學習，[12] 有時少數幾位老人家也會串門子來看她織布，給她意見。

Meyce 經過多年的磨練，織藝精湛，但卻擔憂無人延續，加上回想自己學習的歷程，長輩的陪伴與分享是很重要的關鍵，因此她陸續邀請部落幾位婦女一起做編織。經過幾年的謀合，Meyce 邀請她陪伴當中的3位學生組成 Mwaray da，一起推動「陪伴教學」的精神，她們也成為編織老師，與部落其他婦女分享編織的技藝與記憶，以回饋當初她們學習時 Meyce 老師的陪伴。這種以陪伴回饋陪伴的方式，正是「陪伴教學」的精神，如同 Meyce 說道：

> 其實陪伴教學這一塊，主要是老人家就有這一塊。因為我自己學本來就有老人家陪伴我，我其實是想要回應老人家給的那個，所以我自己也這麼教⋯⋯我的老師有跟我講說，跟她同年紀的，其中一位會了一個圖紋，大家都全部一起在她的家裡學⋯⋯就像那個阿嬤講的，她是說她們有那樣的⋯⋯那個叫習慣⋯⋯是怎麼樣的一個概念有陪伴教學呢？因為我覺

11　水平式背帶腰織機（如圖3-1所示）與後來改良、較方便使用的桌上機或直立式的梭織機有所不同，需要十幾項不同工具一起與身體連結，完成編織的動作。

12　當時是1994年。

得人好多哦！已經超出我的能力了，所以我就想要我陪伴過
的學生，就是習慣來跟我學習的這些學生，能互相陪伴、互
相學習，妳並不一定是要來我這裡，妳可以去在自己家裡，
或者是再邀請。（田野筆記，2016年6月9日）

如同 Meyce 所說，陪伴教授編織技法對以前的老人家來說是一種
自然生發的生活習慣，她想復振的不只是編織的技法，更是長輩這種
分享的態度，於是稱之為「陪伴教學」。10幾年來 Meyce 陸陸續續陪伴
了20多位學生，其中有3位近3年參與陪伴教學，也陪伴了近10幾位
學生。剛開始的學生大部分是水源部落的婦女，後期開始有部落外的
原住民或漢人也來學習，形成一股復古的編織熱。從水源部落 Mwaray
da 開始帶動的編織陪伴教學團體，打破編織不外傳的族規，以跨族
群、跨地域的方式擴展到花蓮西林村及宜蘭縣的南澳鄉。這些學習成
員的年齡介於20至40歲，大部分成長在族群文化失落的年代，但對祖
母／外婆或曾祖母仍有編織的記憶，這股追憶的情感驅使她們用身體
實際地操作織布機，也藉此更加確認、豐富其族群認同的內涵。

記憶是一種使當下（現在）聯繫於過去生命經驗，而進行再建構
的歷程；記憶的內容可能是過去已發生的事實，經過回憶產生對現在
的再建構，形成新的意義與動能。[13] Meyce 與她的學生從事編織，往往
都有關於太魯閣族的生命記憶，這些記憶促使她們因著對母親或祖母
的追憶，而啟用長輩遺留、塵封已久的機具，一起學習編織，或模仿
老布的顏色與織紋，成為陪伴教學的團體。同時在編織時透過記憶與

---

13 例如，二二八記憶的重構產生顛覆大中國的史觀，加強與台灣本土的連結；霧鹿地
區布農族透過對歷史人物 Lamatasinsin 的記憶來參與現在，積極地與國家及強勢族
群互動，以獲取資源並提升地位（楊淑媛 2003）。亦即，記憶可以產生動能，並且
轉化為行動的資本。

逝去的長輩相遇，例如，看到織具時想起曾經善於編織的老奶奶，或是夢中見到老奶奶的笑臉。這些生命經驗豐富了編織的內涵，它不只是肢體的勞動與技術的雕琢，更帶動內在深處的情感與悸動，蘊生一種獨特的生命經驗：

> 妳自己原本就是有這樣的一個記憶的話，妳學習的動力也會不一樣。妳回憶起來的那一些，那個情節啦……好像會把它慢慢地恢復起來的樣子，只是每一個人的感動都不一樣……有的人（在）整經（理線的時候）她就哭了！……有的人是在織布的時候她就開始嘆氣，就掉眼淚了……她已經回到她跟老人家互動的那個記憶啊！唉，我覺得那個是已經共處在一起的……我在想會不會是已經回到她很感念的那個情景。有的是織布啊，織一織她就眼睛紅了，她說她很懷念那個老奶奶……有的人是學了以後，她晚上還會作夢有老人家來看她，因為她婆婆在加護病房，她要織給她婆婆一塊布。我說我的織布機借給妳好了，我也好擔心她會來不及。她就借回去，那天晚上她就作夢，說有老人家。隔天就跟她 Line，我說請問妳（夢裡）的老奶奶長什麼樣子？非常慈祥，哇！她說她的夢裡面有一個非常慈祥的老奶奶在笑。（另外一位）第一次來到我的工作室，她的眼淚就掉下來……她說她看到的是她的 vuvu（年老長輩），老一輩的阿姨，她織布的情景是她小時候的記憶。她有跟老人家一起……那個就是有過那一段的情誼。對，那個是成長的記憶。對啊！所以我說有的人整經掉眼淚，或者看到織布箱掉眼淚。她已經是跟她的記憶連結在一起了。很感動的！（田野筆記，2016 年 6 月 9 日）

　　陪伴教學的學員藉由記憶回歸織布的文化源頭，從尋找已不常見的織布工具，[14] 到最基本的整理經線、上機 [15] 與織布等技法操作，藉著身體的實踐（bodily practice），連結心智、情感、工具與肉身的動作，持續反覆模仿及練習，使得情感有所歸屬、認同得以建立、技法得以養成（莫斯、涂爾幹、于貝爾 2010；Plath 1998）。

　　在回到文化源頭，學習織作的過程中，也並非一成不變地模仿。除了對傳統工具與技法的堅持，在線材方面則使用市面上可取得的棉線、毛線或各種多樣的線材。以前從種植苧麻到製線，過程需要繁複的工序與漫長的時間，是目前暫時難以企及的功課；而當代所提供的多樣線材，正可讓新的一代在學習舊技法的同時，善用不同素材，使作品產生不同的質感效果。另外，在學習形式方面也有所不同，例如，以前學習的方式是口傳心授，長輩織布時，學習者在旁邊看著、聽著，體會經緯穿梭的原理以及上線、下線交替提起的頻率，自己再勤加練習，亦即在耳濡目染的過程中，領受默會知識，以傳承此技藝。然而，隨著部落環境與社會組織的變遷，口傳心授的方式已然式微。年輕的一輩因受現代教育的影響，習慣以文字或具體的圖像為媒介來學習織布，因此會先將所要織的花紋設計在方格紙上（或稱為組織圖），再看著方格紙上的記號來整理經線，或者藉著手機影像的紀

14　由於編織工藝的式微，傳統水平式背帶腰織機已不常見，要學習織布，第一個要解決的問題即是找尋織布工具，筆者在訪談中得知，光是織布工具的找尋過程就有很多的故事。例如，一位 20 出頭的泰雅女孩 Ipay，她的 yaki（奶奶）將織布機私藏在旱田的工寮中，已經很久不織布了，直到 Ipay 參加陪伴教學，織成了第一匹布，yaki 看了非常驚訝，心感孫女居然會織布，遂拿出塵封的織布機讓 Ipay 使用，Ipay 用實力傳承了 yaki 的織布機。Rukun 在 yaki（曾祖母）的床底下發現一組老舊的織布機，想要把織布機拿出來用，家人非常驚訝為何還要用這老舊的器物，甚至反對 Rukun 使用，要她好好讀書，別讓織布的事分心。Rukun 噙著淚向家人訴說編織對她的意義，家人終究成全了 Rukun 的堅持。

15　上機的意思是將在理經架上排好的線，輔以各種工具將線組套在織布箱，亦稱倒紗。

錄、Line 或 FB 的分享，複習每一個動作。編織文化的傳承從口傳心授的方式轉化為書寫／媒介的傳輸（written/inscribed transmission），[16] 以因應不同的思維與生活方式。

Patricia Collins（1991）在 *Black Feminist Thought* 一書中討論到：黑人女性雖然長期處於受歧視與壓抑的環境，仍然蘊生自我肯定（self-definition）的堅強能量。這股正面的力量來自黑人女性社群中姊妹情誼的連結，繼而成為一個安全的空間（safe space），例如，家庭中多代的母女連結、教會中的信心鼓勵，或社區中勞動的協助。在此空間中，大家可以放下被歧視的戒心，彼此坦誠相待，自由地抒發想法，盡情地發揮能力，在自主的人際互動中相互接納與相互肯定（affirming one another），從而產生抵抗主流社會的堅強能量與相互合作的社會資本。在水源部落從事編織的一群婦女因著地緣與族群的親近性，透過陪伴教學產生類似黑人女性的姊妹情誼，在編織的互動中產生人際的連結，成為相互分享、支持與合作的美學團體（Collins 1991）。如同以下成員們分享的經驗所示：

> 所以我覺得織布這一件事情不是只有文化傳承的一個意念在裡面，而是我覺得（還有）很多！它也是一個人際關係……可以讓妳分享，又可以讓妳得到人家分享給妳的。比如說我有喜怒哀樂，都可以跟這裡的朋友分享。（Ali，田野筆記，2016 年 6 月 15 日）
>
> 之前她老公去世，那一段時間非常低迷，什麼事情都不想做……那時候還好是有美枝老師陪伴她，那我覺得這就是情感之間的那種聯繫。我們這個團隊裡面不是只有織藝上的交

---

16 Connerton（1989）亦認為不同的時代有不同的記憶載體。

> 流，就是生活，然後我們又是部落裡的人，生活情感跟朋友
> 情感有連結⋯⋯比如說前陣子是因為我爸生病，所以她們就
> 會有一些關懷。（Pitay，田野筆記，2016年6月15日）

　　陪伴教學的團體不僅在織藝上相互切磋、生活上相互照顧，也相互增強彼此的信心與族群認同，而認同所帶來的確認感往往也帶出相關的社會行動，回饋原鄉編織的記憶。例如，Sayun是一名社工員，當她學會編織後，想到可以用編織與所服務的老人家溝通，因此每當到部落探望案主時，總是帶著織布機，織給老人家看，或讓老人家操作，藉著織布的互動帶起文化照顧的效果。Ipiq是懷抱理想回鄉的女青年，與幾位同齡伙伴在距離水源村大約40分鐘車程的支亞干部落從事傳統領域調查，製作部落地圖。她在訪查部落歷史的過程中，發現原來自己的阿嬤曾經是部落族人回憶中重要的善織者，但後代卻遺忘了。於是Ipiq向住在水源村且會編織的姨媽學習編織，姨媽正是Meyce陪伴教學的學生。Ipiq透過親身編織，認識各種不同織具、織法、織紋與故事，嘗試接續阿嬤遺留下來的文化資產；甚至因為編織記憶與技藝的回歸，Ipiq的父親也開始想起曾經為母親製作編織工具的情景，而漸漸著手為女兒製作編織相關的工具，父女二人就在編織記憶與技藝的互動中，修復了彼此之間原來緊張的關係。從家庭關係修復為起點，Ipiq更帶動部落女性回到家裡詢問老人，尋找封塵的織布機，挖掘深埋的編織知識，大家一起學習織布，因而成為水源部落陪伴教學的延伸。Ipiq從原本一向科學、陽剛的傳統領域調查，開出另一條女性在地知識的路線——編織文化的溯源與再製。

　　Pisuy是來自桃園市復興區、遠嫁宜蘭縣南澳鄉的泰雅族女性，她先在水源部落習得基本編織技法，再回到家鄉向部落耆老學習更複雜且更具地方性的圖紋；並且學習看著老布而分析圖紋與技法運用，據

以辨識太魯閣族與泰雅族挑織技法的差異。當她技藝更為精煉時，獲得原民會「藝術人才培育計畫」補助，以「沉浸式泰雅傳統織布工藝工作坊」帶動14位部落婦女與來自外地的文面族群青年學生，一起住在山上自建的泰雅傳統家屋中，共同學習編織；倡議「生活即文化，文化即生活」的理念，讓編織不只是博物館櫥窗的物件，而是活化在日常生活中的態度與習慣。這些學員大多成長於文化失落的年代，她們學習編織往往是在面對自我追尋與族群認同的課題，因此透過身體涉入的編織，也完成「心」的編織──「心」是編織過程中心情、心態的調整，也是自我或族群認同的實踐過程：

> 我在這世代卻忘了自己是誰？什麼是文化？該做些什麼？而我發現在我們心中，每一個人都與織布有很深的連結，這個連結讓我們聚在一起。老師在 msay（整經）的過程中我會去看手的姿勢……同時也在訓練自己的內涵，培養耐心、細心、專心，整完就會有種到了另一個境界的感覺……我發現在織布的過程中，心跟態度很重要。在織布會遇到困難時，會有挫折，會沒有耐心、會覺得煩躁，各種情緒都會讓自己想放棄。但如果真的投入在其中，又是另外一種感覺，會想把布織好、把心情重新調適好，讓自己能夠穩穩地打下去（意指打布、編織）。（Ipay，田野筆記，2017年11月9日）

> 學習編織是為了找到回家的路，追索部落記憶、理解流域群的流變、傳承家族技藝等。織了這塊布之後，編織對於我反而像記錄自己的生命狀態或交付自己的靈魂，織布機成為了身體的一部分，線段在織布機上成為布面，原先碎裂、不那麼全然的自己好像也因此完整了起來。（Yaway，田野筆記，2017年11月9日）

　　事實上，重返編織之路這類傳統重新銜接（rearticulated tradition）的例子，[17]著重於保存與更新原民價值觀和傳統，同時也是重建文化自豪感和強化身分認同的關鍵。故「遺產重拾」（heritage retrieval）的工作，「是一個跨越時間和空間的修復性連接」，足以將貫穿於變遷之中的文化連續性彰顯出來，乃是原民身分再銜接過程的核心──這是一條返家（homecoming）與開始（beginning）的道路──因為「你必須往回望和找出過去，然後才往前走」（克里弗德 2017：266、274、324-325、368）。

（二）後殖民文化表達與權力的協商：傳統織品重製與展覽

　　眾所周知，在歷經殖民主義對於傳統文化的摧毀之後，全球原住民莫不致力於轉化性的原民振興運動：「透過把尚存的語言、親屬關係、宗教、維生方法、地方意識和工藝與藝術形式加以重新編織」，以重建文化整全性與歷史連續性（克里弗德 2017：251）；其中，親眼目睹遺產文物以求尋根、設法予以重製以復振文化的歷史實踐，頗值得關注。[18]

　　基本上，在殖民歷程中，殖民國家為了掌握歷史記憶與文化詮釋權，常利用博物館來合理化其為殖民文化的守護者，管理與運作著重於官方與學術的權威和歷史論述（Anderson 1991）。然而，自從1960-1970年代，為了回應多元文化主義的呼聲，曾經以殖民統治或國家

17　相關案例如阿魯提克博物館（Alutiiq Museum）參與協辦的「同時望向兩邊」展覽，以及該館所推動的各項遺產復振運動（克里弗德 2017：326）。

18　James Clifford 在《復返》（*Returns*）一書中詳細介紹了阿魯提克博物館如何與法國布洛涅市（Boulogne-sur-Mer）城堡博物館（Château Musée）合作，促使後者所擁有的「皮納爾面具蒐藏」（Pinart Collection）能返鄉展覽（同上引：334-347），從而填補了該族群面具文化流失的歷史空白，展示一項重新銜接新脈絡的傳統（rearticulated tradition），並奠定蘇格皮亞克文化更新的基礎。諸如此類行動，其實也能與台灣原住民類似的文化復振運動相互呼應。

意識為主導的博物館正調整步伐，重新思考在社會中的定位，不再只是以「物」為中心，而是以與物件有關的「人」和文化脈絡為主要關懷，致力於與物件源出社群（source community）產生連結（王嵩山、陳佳利 2011；王舒俐 2016）；並且積極地參與社群生活，敞開博物館的典藏大門，接納來自地方的更多詮釋與可能性，達到社群參與（community engagement）與社群賦權（empowerment）（Rhys 2014）。在博物館經營面臨權力平衡及原住民社群文化權伸張的趨勢中，台灣自2009年開始有文物返鄉展覽，博物館藏品近用等案例包括：花蓮縣瑞穗鄉奇美部落、屏東縣獅子鄉、宜蘭縣大同鄉、台東縣海端鄉等地的原住民地方文化館先後與台灣博物館（以下簡稱台博館）合作，使台博館源出當地的文物得以返回家鄉展覽，[19]不僅使部落族人得以親近、目睹祖先留下的遺物，也使文物經由當地耆老與文史工作者的詮釋而更具豐富的脈落與內涵。

　　除上述文物返鄉外，也有原民部落族人申請進入博物館親看藏品、分析技法與重製。Yuma Taru 是台灣最早進入國、內外博物館尋找文面族群編織藏品並予分析、重製的傳承者。根據方鈞瑋（2008: 20）的解釋，「重製」與「複製」有所不同，複製是：「『仿原有之形體，製成與原有者相似之作品』。而重製……我們將其定義為：『以原件為本，允許採用新技術與新材質所進行的製作』……目的不再複製與原件一模一樣的物件，反而著重轉化過去，企圖從過去中獲得一種精神與氣質，使其成為今日向前的資糧。重現的祖先盛裝最終是期望能回

---

19 台灣博物館（以下簡稱台博館）2009年與花蓮縣瑞穗鄉奇美文物館合作「奇美文物回奇美」展覽；2010年與宜蘭縣大同鄉泰雅生活館合作「驚見泰雅古文物——重現在大同特展」；2012年與屏東縣獅子鄉文物館合作「遙吟 e-nelja 榮耀 vuvu ——獅子鄉大龜文古文物返鄉特展」、「Vuvu 的衣飾情：台博館與台大典藏獅子鄉古文物返鄉特展」；2015年與海端鄉布農族文物館合作「Kulumah in 回家了！——台博館海端鄉布農族百年文物返鄉特展」。

到部落並穿回當代族人的身上。」重製對族人產生的效果也反映博物館權威的再協商。

這樣的作法啟發了水源與南澳陪伴教學的織女，她們各向台灣史前文化博物館（以下簡稱史前館）與中央研究院民族學研究所博物館，申請進館親看、撫觸並分析以前在部落收藏的織品。水源部落 Meyce 在帶領學員製作太魯閣傳統服飾時，發現部落裡老一輩袖套與裙片的圖紋很多樣，到了後輩衣飾的圖紋變少了，察覺文化斷層很嚴重；另一方面，她對自己看著文獻或老布織出來的圖紋並沒有十足的把握，希望有博物館藏織品可以對照與確認，把斷層的那一部分找回來。因此她透過在大學任教的一位人類學教授引介，進入史前館，調出秀林鄉與鄰近萬榮鄉所屬的織品，記錄並分析織紋的理路。回想當初進入史前館近看織品時，Meyce 回憶道：

> 我想（把）圖紋找回來，讓族群的圖紋織樣豐富起來。對自己的影響是有學習的，因自己分享織作，延續技術給水源部落的婦女時，心裡常常這麼想：一定不能出差錯……部落老人家這麼大歲數願意花時間教我……常聽嘆氣地說沒人學。（田野筆記，2016年6月9日）

> （看到藏品時）第一是起雞皮疙瘩，太驚訝收藏得完好……現在我有機會看，有種感動，我織的是一樣的……年代已久，有種放心。（田野筆記，2016年6月9日）

回到部落後，Meyce 與鄉公所合作，以陪伴教學的成員為班底，先後開設太魯閣族袖套與裙片織作的課程。有的學員以家族傳承的衣飾為範本，有的以博物館記錄的紋樣為參考，進行重製的工作。經過一

年的工作時程，終於完成袖套與裙片。有了第一次重製的經驗，Meyce
期待博物館的技術能在織女的日常生活中活化，使織女具備為家人製
作文化衣裳的能力：「那年每個人也織作館藏的圖紋織樣，從自己再出
發把原本的裙片再豐富起來，大家整理圖紋圖譜，再織作出來。部落
媽媽們就有能力為家人、孩子做文化衣裳了，覺得很好。」

　　傳統衣飾的重製涉及製作之前研究記錄、建立知識體系，以及製
作後累積與整理技能。透過這樣全人身心的實踐過程，連接過去與現
在的鴻溝，使當代族人重獲祖先榮耀與知識，並且更加確認博物館典
藏的織品確實能透過後輩族裔的重新詮釋，而賦予新的生命，在日常
生活當中活化。這些婦女用筆記錄、用身體織作、用情感投入，使原
來從事家戶勞動的織女，延伸為在地知識的蒐藏者、文化復振的傳承
者。

　　住在南澳的 Pisuy 則是在與耆老學習復興區 Kgogan（卡奧灣群）織
紋時，知道此耆老已織作一件貝珠衣多年，遇到一個技術上的瓶頸，
因為沒有古物件可參看、難以克服，因而想到運用博物館藏的可能
性。剛開始不得其門而入，後來透過在國小任教的先生與任職於中央
研究院朋友的穿針引線，2017 年 2 月終於得以進入中央研究院民族學
研究所博物館中親眼參看、撫觸、分析南澳的藏品，也為貝珠衣製作
的解碼亮起一道曙光。在民族學研究所博物館精研織品 3 天的經歷中，
Pisuy 在 FB 寫道：

　　像是一場穿越時空的文化之旅，興奮、驚嘆！久久不能回
　　神……謝謝中研院民族所胡台麗所長的肯定與支持，在百忙
　　之中抽空陪伴著我們這群小小的部落婦女，讓我們朝向心中
　　的夢想往前進了一大步……謝謝這一切，願能讓更多的人們
　　看見，源於這塊土地的，泰雅織藝之美 ^^

常常覺得，人的一生，其實就是認識自己、然後可以自在美
麗做自己的過程。

無奈有種牽絆，叫做血脈；蝴蝶要尋蜜，向日葵要向陽；血
脈裡流淌的，會領（逼）妳走上回家的路徑！

要專注心中的渴望，保持行動，方向就在跨出的腳步！小小
失根的偽部落婦女[20]如我，卻幸運的被領上一條目不暇給的
織路。

　　在上述幾段文字中，我們讀到一位泰雅女性在尋根織旅中，與百
年前祖先遺物相遇時，心神的震撼、美感經驗的招喚、自我追尋的依
歸與族群認同的確認。

　　織女在文化溯源的過程中，從操作織布機、學習基本功法、尋訪
部落耆老、模仿老布的製作，到敲扣博物館大門近用館藏織品並予以
重製，這當中累積了編織的知識與技能，希望透過織布來說故事，與
更多人分享。因此對於創作的織品，織女希望透過展覽與主流社會做
文化溝通；既表達族群美學，也與族人分享物件的集體記憶與情感認
同。2015年 Mwaray da 陪伴教學團體與花蓮縣文化局合作，由 Meyce
帶領3位學生在石雕博物館做了第一次展覽「織路・知路──與時空的
對話」。這次展覽以 Qabang Truku（太魯閣的手織布或稱被單；qabang
是太魯閣族女性結婚時的嫁妝）[21]為主題，展出的物件有苧麻與毛線

---

20 Pisuy 自稱為偽部落婦女，她說：「是覺得從小在都市成長的價值觀和生活習慣，其
　　實仍和部落現況格格不入，但是又常對外自稱『部落婦女』，所以加上一個『偽』
　　字以此自嘲。」
21 形制通常是由一個傳統地織機織出的3匹布縫成1張大被單（大約長200公分，寬
　　180公分）。台灣的文面族群都有這樣的習俗：平日婦女在忙碌的農作之餘勤織不
　　輟，一日一日地累積編織的布匹，以作為女兒的嫁妝，少則20至30條被單，多則
　　100多條，通常這些嫁妝隨著新娘到了夫家後，再分送給夫家親戚，被單準備得越

織成的被單老布，也有現代的創作被單。作品是用傳統織布機織成，織品的形制承襲傳統，但使用的線材與顏色則較具現代感與跨族群的設計感，因為成員中有遷住水源的阿美族與嫁來水源的布農族。除了被單，展示的作品也延伸至生活實用的織品用具，例如燈罩、提包與圍巾。為了強調傳承的意涵，織女特別在現場擺置一組古老的織布箱——Bubu[22]的織布箱，並以母語標示「"Gi su na mi tminun na o" 我們還在織布」、「"Pdsun mu laqi mu" 織給孩子的」，以喚起族人深刻的記憶，呈顯延續與創新的銜接。

「織路‧知路——與時空的對話」展覽結束後引起不錯的回響，因而陸續收到其他地方開展的邀約，同時吸引更多人到部落參訪編織工藝的製作過程並實作體驗，進而認識水源部落。再過一年，陪伴教學的成員把重製太魯閣衣飾中的袖套與裙片，於「2016揮舞交織技藝的手聯展 Lnglungi, rgrigi ka baga Tmninun rdrudan」和「2016起承轉合織布工藝特展」中展出。2017年更有第三代陪伴教學的成員，亦即 Meyce 的學生所教學員開辦的「女性工藝師的日常步調」、「姿態‧織泰——沉浸式泰雅傳統織布工藝工作坊成果展」等展覽。這些展覽都呈顯織女在學習歷程中如何追溯文化根源，再進行創新與銜接的內涵。此外，這種展覽的方式有別於國家少數藝術菁英的展覽，毋寧說是從部落土地長出來的作品，著重的是訴說族群故事、分享集體記憶，致力在變遷的表演中，追蹤文化存續、創新編織經驗的存在形式，並在原漢競爭的族群關係中找到表述的空間。這樣的展覽不只是美學或藝術的陳述，也使族人重新連結到過去，呈顯「我們存在」、「我們深深扎根在這裡」、「我們與你們不同」的訊息（克里弗德 2017：268）。[23]

　多，越顯新娘的重要性（賴淑娟 2014）。

22　太魯閣語中意指年長女性。

23　其實，任何原民遺產的復振，都有進行身分認同的展演脈絡，包括：針對位於想像

　　另外，展覽所產生重要的效果之一，是使織女培養說文化故事的能力。織品物件的展示需配合族群或家族故事的敘說以加深其內涵、豐富其意象；因此織女不僅身體織布，也要用口「說」布。言說的過程更增加她們表達的能力與自信心；同時也成為文化主體，經驗到賦權的充實與自由，如同 Pitay 所說：

> 我覺得真正改變是我如何去面對不一樣的人做很好的溝通，訓練我的說話能力……因為妳每在一個分享的時候，就是在訓練自己如何表達心裡想要說的。

> 我就鼓勵她說妳們要多講話，去訓練自己的膽量，然後去訓練自己說話藝術……其實講話它沒有局限……因為妳的作品是妳自己做的，所以妳畢竟有一個結構在、跟一個想法在，妳就直接講就好了，不會很困難，所以我都會去鼓勵她們。

> 對，最主要是交流，我覺得就像我們講的分享很重要。如果說妳不願意分享的話，妳的東西就會像一杯水一樣，妳永遠沒有流動，就是一個渾水在那裡，日子一久會變渾水。可是我們必須要不時的倒空自己，就是把這杯水倒空要換新水。
> （田野筆記，2016 年 6 月 15 日）

的原民共同體內部和外部諸多觀眾的展演，以及在個別原住民自我內部的（within the self）展演。亦即，當部落藝術家在新的社會脈絡中獻身於傳統的保存與傳遞，即能從舊的技藝和舊的故事、從自己的文化身體與慣習（habitus）裡，汲取力量和自信，因而有助於「重新聚集自我」（a new gathering up of the self）（克里弗德 2017：211、370）。於是，透過類此遺產的轉化性復振工作，可以「在原民社群的內部和彼此之間充當動員和自豪的場域，是跨世代抱負和教育的泉源」（同上引：268）。

（三）文化經濟的轉化與性別關係的協商：編織記憶與在地經濟的相遇

文化資產的復振總是與文化產業或文化觀光相互連結，水源部落的陪伴教學團體成立之初雖然不是以產業發展的市場導向為目標，但在文化分享與表達過程中，隨著觀賞者的詢問，公部門、新聞媒體與旅行社的關注，連帶引發相關經濟發展的需求。水源部落陪伴教學的織女為了因應市場需求，除了延續傳統的創作，也逐漸研發與傳統圖騰或故事有關的商品。她們的織品約略可分為兩大部分，一種是不以出售為目的的創作，一種是手織結合異材縫製的文化商品。首先，關於延續織紋、技法的創作，是觀察、師法部落老布，以平織、夾織、浮織及斜紋織等技法，加上顏色變化，呈顯編織者想說的故事。例如「對話」這幅作品（見圖3-5），是用紅與深咖啡色做世代之間的對話，以夾織技法織出兩邊半菱形的紋路，將其擬人化，象徵兩個文面的對話，講述年老與年輕世代間的親情與思念，也反映現代狩獵議題，期盼獵人重馳山林的意象。

「雨後天晴」的作品則是以平織技法（見圖3-6），用綠褐紅的混色棉線所織出

圖3-5 「對話」作品

資料來源：Meyce Yusi拍攝及提供。

圖3-6 「雨過天晴」作品

資料來源：曾玉樺拍攝及提供。

的兩條布。其中左邊一條顏色較深沉，呈顯萬物景致在雨前的迷濛；另一條顏色較明朗，呈顯雨後的清新。整幅作品反映出部落接觸大自然、從大自然體會心境的變化與昇華。這些心之所至的創作大部分是織女日常的紀錄，或許可謂用織布來寫日記；而技法與紋路的延伸都有所本，亦即所有的創作都有傳統的元素做引導：

> 譬如說美枝阿姨是說如何運用傳統圖紋去延伸，譬如說這樣的一個圖紋好了，我怎麼去變化成我自己的圖紋，變成自己的。但我們必須要有一種說法是說，我這樣的眼睛（菱形）可能是從哪裡的眼睛去延伸出來的，這必須要去說明。因為不能說我的眼睛就這樣出來的啊，也不可能憑空想像就出來的，妳一定是要有根據……就像老師剛剛講的，妳一定有參考資料，然後妳才可以動出妳這樣的靈感。因為以前的老人家的圖紋真的很多，被找到的是12種以上。那妳還是要去做一些變化讓它變成妳的，所以妳就是要去讓那個眼睛，有一些去修改變成妳要的。對啊，我的意思是這樣，而且妳顏色也不一定要跟老人家顏色一樣，所以現在我們喜歡用混的顏色，混色的眼睛。直到去了台東史博館才發現以前那個年代老人家就有用混色的眼睛耶！（Pitay，田野筆記，2016年6月15日）

這些延續傳統的創作，若有機會作展覽或與朋友互動時，即可拿出來分享。在訴說織布的故事時，聽故事的人極有可能被打動，這時候說者與聽者之間產生心領神會的交集，聽的人就會想要收藏、擁有這塊布；而說的人若感受到對方的誠意，甚至有若遇知音的感動，可能因此完成一次有緣的交易。即使織品原本不打算出賣，有時候她們

也願意選擇性地賣出作品。因為出賣作品如同「割肉」一般地不捨，因此也要看看與買方投不投緣，所以交易的過程全憑感情與心情：

> 那喜歡的人它（織布）自己就會被帶走，對啊，它有它的主人。就是那塊布或是商品，它會遇到它的主人，然後有 match 的那一種。所以我們也不會很勉強地說我們的東西一定要全部都要賣掉……因為如果說妳的顏色對了，或是這個大家看就有緣的時候，其實我們的商品幾乎都是很容易會被帶走，而且我覺得手作的感覺就是有這種魔力。（Pitay，田野筆記，2016 年 6 月 15 日）

在此情境下織品被擬人化地對待，商品可以賣、但看投不投緣；不因講價而降價，賣不出去也沒關係，有時反而因為看見買方極為喜歡而感動，自願降價。交易的關鍵在於人與人、人與物之間的情感流動，「有緣」才是一門好生意，以此維持手作者與物件之間互為主體的關係。

再者，文化商品的創作發想，仍然要以傳統的技法與圖紋為設計基礎，藉以製作日常可以使用的物品。例如，以太魯閣族裙片上夾織的各種菱形圖紋製作鑰匙圈、燈罩；用織作厚被單的斜紋織製作圍巾、桌墊、杯墊與布包；用太魯閣袖套的夾織圖紋印製馬克杯。這些文化商品的設計，一方面要呈顯文化的內涵，另一方面又要考量一般消費者的預算，因此這些工藝品大多是規格化、可量產、價格中等，但一定堅持手織手作，不失去當初文化推廣與分享的初衷。這些商品與市場的連結，主要是透過季節性或族群節慶的工藝市集，例如，太魯閣國家公園的夏季工藝市集、秀林鄉的感恩祭，以及各個部落／區域的節慶市集。這些文化商品也會擺放在旅遊景點餐廳、飯店或工藝

圖3-7　編織時進行文化解說
資料來源：Meyce Yusi拍攝及提供。

品店定期展售。另外則是透過部落小旅行，遊客來到部落時，織女以說故事及體驗編織的方式與遊客分享文化與記憶。

　　以上在地經濟的進行，不只是物件與金錢的交換；更重要的是織女與民眾在互動過程中所進行的文化展演與交流。例如，在某些展售商品的場合，織女們會帶著織布機、穿著族服在一旁織作，遊客可能會好奇圍觀，詢問那是什麼工具？為何要這樣做？這樣做有什麼意義？這些圖紋有何意思？織女則一邊織作，一邊與遊客聊天，身心並用地回答這些問題。若是進行部落小旅行，在導覽及體驗過程中會與民眾有更多層面的深入互動，例如，不同織品的解說與問答，針對個別需要體驗手作者的指導。織女與民眾在一問一答過程中進行了文化的表達與傳播，並且透過重新詮釋那根植於過去的文化，更能對人談述自己。手作的文化商品蘊含織女的身體勞動、文化知識、工藝技術、美感創意與詮釋訴說；不必然會落入商品化批判觀點所擔憂的失去文化本真性與主體性的問題（Urry 2002；趙芝良、徐霈馨、周碩雄 2010）。

　　上述這種在地經濟，不僅著重文化表達的詮釋權，也需關照經濟收益的有效性，而這有效性表現在織女以下幾點策略的運用。首先是高、低價位商品的搭配，較高價位、創作性的織品必須仰賴有緣人的青睞，作品介於5,000至10,000元，可賣出的件數可能不多，因此需搭配較易出售、單價介於150至500元的小型文創商品，其價位雖較低，

但較多人購買；透過這種高、低價位商品的搭配，保持收入水平。另外的策略是淡旺季的搭配，編織文創商品的販售與觀光業及節慶活動有密切的關聯，通常在夏季與冬季的長假期間以及部落有節慶活動時，工藝市集的活動較為活絡，旺季時的收入可以彌補淡季的收入。再者，編織通常會與其他相關勞動鑲嵌在一起，除了市集織品的販售，還會搭配其他的工作，諸如教授編織課程、協助其他織女合作完成訂單、兼營縫紉工作等等。最後，除了個人的收入，有些織女會以團體合作的方式將收入歸入公基金。例如，Mwaray da 會一起擺攤，一起接待遊客做 DIY，一起行動的所得都歸入公基金。公基金累積的利潤可以拿來策展，增加能見度，或作為下一次展售的材料費，成為創業運作的資本。這種地方微型經濟的形式可以提供弱勢團體累積利潤、增進經濟自主的機會。例如，Ali 曾分享她累積小額利潤的經驗，以不動用家庭固定開支為前提，用小額的本錢購買材料織作作品，待作品賣出，再以所得利潤購買材料；然後再做新作品，再累積利潤，積少成多，透過小額利潤累積的過程，這些收入讓她漸漸可以經營一個家庭式的工坊。

　　編織勞動的轉化所產生的資本，連帶地也影響家庭內性別關係的協商。首先是象徵資本的累積所帶來的改變，例如，有的織女剛開始從事編織時，她們的丈夫不支持，甚至反對，因為他們質疑編織工作不符經濟效益：

> 因為真的吃力不討好。耗時、耗工又耗力。而且織了，也不見得有人會買妳這一塊布……妳把那麼多時間花在那個沒有人買……人家先生就說倒不如妳為什麼不去工作？因為現實還是要顧啊！然後所以有一些是被她的先生就是說看不到錢。（Ali，田野筆記，2016 年 6 月 15 日）

　　雖然如此，這幾位遭反對的織女仍然持續織布，後來參與姊妹們組成的展覽，在展覽中落落大方地解說作品，引起很大回響，媒體也加以報導。織女的先生看到妻子的作品公開展覽，感到無比殊榮，因而經驗到編織帶來的自尊、信心與喜悅，從此就不攔阻太太從事編織，關於編織經濟效益的質疑也煙消雲散。

　　再者是經濟資本的累積所帶來的協商能力。關於編織經濟效益很難二分法地說是有或沒有，它會隨著織女在經營時側重經濟面向或文化面向而有所不同。側重經濟面向的人會花較多時間在製作商品或促進行銷，交易規模較大，收入效益也較佳；側重文化面向的人會花較多時間創作或進行文化推廣，雖然也同時進行交易，但經濟規模可能較小。像 Mwaray da 這樣的團體則是同時兼顧文化傳承與經濟交易，經濟形態比較接近在地的微型創業，進行小額利潤的累積。這些累積也能貼補家用，使織女在管理家庭經濟時更具自主性。

> 我一直提醒我先生，我從來沒有拿菜錢買線。我都跟他講說，我買這些編織工具，分期付款，但是我都會把錢賺回來……比如說我花了100塊買這個材料，結果織作成品，我賣150塊，我還多賺了50塊回來。如果再用這個收入去買材料，再做、再賣，你看我就淨賺100塊，我就再買材料，所以其實我沒用到家裡的錢。我就會說，我沒有拿菜錢哦！這些我買進來，不管材料，還是工具，我還是都有把原本的費用，我全部都已經賺回來了，然後我還有多賺。（Ali，田野筆記，2016年6月15日）

　　以上所述的編織勞動，在轉化為經濟功能時，織品的設計仍保留傳統形制或圖紋等元素；商品展示或故事訴說過程，則進行文化的表

達與交流；同時在實質的經濟收入上，亦增加在家庭中性別協商的能力。

五、結論

（一）編織勞動的當代省思

　　文面群族的編織工藝在前現代時期是專屬女性的家戶勞動，在gaga/waya/gaya 性別分工的規範下，形成私領域內性別化的身體，同時蘊含母職的情緒勞動。在歷經國家統治與資本市場介入後，隨著經濟勞動形態的分殊化，傳統編織一度消失於女性的勞動生活中，性別化身體的界線漸趨模糊。爾後在族群意識覺醒與自我認同追尋過程中，一群文面族群女性重新拾起織具，坐在地上、伸直雙腳、腳尖頂著織布箱，使自己的身體再度和編織工具連結。這種編織工藝實踐的身體已不同於傳統的身體，傳統的編織身體乘載家庭衣著保暖與嫁妝迎送的需要；當代編織的身體除了順應技法所形成的慣習（habitus），同時跨出私領域，呈顯的是一種文化展演。例如，在擺市集或展覽時，一邊織布一邊向民眾解說編織的習俗、編織工具的名稱與功能，或者詮釋所織作品的紋路故事與創作理念，在這展演過程中增加了言說與互動，並且大多是非家人的互動。這與傳統的家戶編織（於清晨或晚間進行織作）有很大的不同；當代編織的身體轉化成包含肢體、語言、心智與情感等多重涉入（multiple involvements）的技術（陳美華 2019；Toerien and Kitzinger 2007）。不管是從展演性（performativity）的意義行動（Butler 1990）或表演勞動（performing labor）（李明璁、林穎孟 2013）的角度來看，都呈顯當代編織身體的主體性。特別是關於言說

的能力，Mwaray da 串成的織女大多都能訴說作品織紋的心情或故事，不管是描寫自身的心境或講述族群的文化，從起初的生澀到後來能侃侃而談，充分展現其自信。如同孫大川（2010b: 89, 93）所言：「『思』的活動觸及到『語言』和思的『主體』，語言就是思維的存有展現，而主體也只有通過思與語言的活動，才可完成其詮釋的歷程……飽滿的主體要言說……」從這些既要編織又要說故事的織女身上，我們看到透過身體技藝展現主體。

除此之外，當代文面族群女性從事編織時，其情感勞動的乘載不只是對家人，更擴及對家族的記憶、族群的認同與自我的肯認。例如，在編織期間夢見逝去的長輩，看見織布機時感動落淚，親撫博物館老物件時的驚訝和感歎，回家的心情，織布也是織心的過程，織回曾經失落的自己等等。這些編織不僅是肢體勞動的過程，更是當代文面族群女性多重心理與情感證成的憑藉。其情緒展現的「我」，指涉的不再只是家庭中妻子或母親的角色，而是由內而外，多重與擴展的我──包含了自身主體之我的追尋以及族群之我的確認。

上述的觀察，與過去原住民女性勞動的研究有所差別。自1960-1970年代以降，國民政府施行山地平地化政策，部落社會驟然向現代社會開放，原住民女性在現代教育程度與就業技術不足的情況下，加上受歧視的經驗，在自由市場競爭過程中往往被排擠至社會階級的底層；更甚者，則承受性別、族群與階級多重的壓力，導致低薪工作、從事色情行業、飲酒現象、婚姻不穩定等劣勢處境，成為主流社會失聲的一群（王淑英、利格拉樂·阿𡠄 2001；郭孟佳 2004；顏婉娟 1999；黃淑玲 2000；賴淑娟 2008a）。一直到1990年代展開原住民民族自覺運動、2000年代推動部落營造，加上資訊、服務、觀光等產業帶動原住民社會經濟的活絡，才使得婦女工作機會越趨多元；也在這些工作中漸顯其族群認同與自主性，同時也抵抗長期以來社會所加諸

的污名化影響（賴淑娟 2008b；廖秋玫 2001；悠蘭‧多又 2012；葉秀燕、吳孟蓉 2014）。於是，本文藉由 Mwaray da 編織身體勞動轉化的案例，從傳統工藝變遷的面向，更細緻地呈顯女性身體與情緒的多重涉入、主體的反思，以及族群文化的承擔。

（二）後殖民女力與編織工藝的存續

文面群族的編織工藝在歷經殖民與解殖過程後，由 Mwaray da 串成的部落編織女力，透過翻譯、展演與銜接，在文化與經濟場域，以文化表達與市場交易進行部署和協商，攻占一個爭取資源與表達的位置，展開從邊緣到中心移動的多重涉入。或許不是大幅度轉變、直逼中心，但在移動的過程可以看見自主連結、形成互助的編織美學團體（Collins 1991），並在此連結中相互接納與相互肯定，彼此更加確認族群身分，也在辦展覽時告訴族人與主流社會：「"Gi su na mi tminun na o" 我們還在織布！」我們並沒有消失。另一方面藉由文化經濟的轉化與在地經濟的結合，這些織女不僅增加經濟的動能，在家庭中也增加性別協商的本錢。她們在「復返」於傳統與未來的歷程中，不僅編織的文化資產得以保有轉化的存續（transformative survival）；就族群關係或性別關係而言，也是從邊緣往中心的移動。存續（survival）或者移動或許不是大規模的變革，但也是一種文化微抵抗（Certeau 1984；葉啟政 2004：474-478）。另一方面，在致力於編織文化存續的過程中，遊走禁忌邊緣的男織出現，也面臨族群內部性別分工界線與性別認同的挑戰。

從巨觀的角度來看，文化遺產正面臨國際政治的現實壓力；然而，在新自由主義及全球化競爭趨勢下，傳統工藝成為各國政府強化國族認同、爭取國際資源及開展國際市場的手段。Mwaray da 的部落女力雖然無法比擬這樣的規模，從工藝與社群的關係而言，這種「小遺

產」（small heritage）與地方的內在連結是原生的：因應在地需求，從傳統中衍生文化的慣習，從環境中取得材料、創發知識與技術；相較於外力推動、大規模發展的形態，更易於與自然人本的價值銜接。「即使文化遺產史的確不脫國族與上位者權威論述之主宰，然反映在地生活常民遺產的「小遺產」亦不可被輕忽，其有時成為對抗大論述的力量，有時則偷渡於大論述之間，形成構築集體未來圖像的一部分（江明親 2016：39；Harvey 2008）。如同 David Harvey（2008: 33）特別強調，建基於個人與地方的小遺產是不可輕忽的，雖然不是很明顯地反抗官方，網路中連結散播的部落格或電子資料是最親近、容易傳給下一代的物質與思維基礎，我們未來的記憶（prospective memory）將成為下一代回溯的記憶（retrospective memories）；亦即將傳統與未來連結在一起，使文化資產得以延續，這與 Clifford 所談的「傳統的未來」有相近之處。

　　Clifford 談論原民社會於不斷「復返」過程中築構「傳統的未來」，並且正走在「成為21世紀原住民」（becoming indigenous in the Twenty-first century）的途程，成就「原民現身」。這樣的論述會不會太樂觀呢？盧梅芬（2007: 16）在討論台灣原住民藝術復興現象時，以批判的觀點認為：文化重建是與同化殖民後「文化殖民」這兩股力量共同塑造樂觀的景象，也就是說同化殖民的力量仍然存在，反而殖民國家與市場只是披著文化傳承的外衣，高喊多元文化的價值。李威宜（2014）亦從族群展示的反思提出不能迴避博物館空洞化（蚊子館）與商品化（紀念品化）的困境，應檢視台灣威權慣習制約下的社會條件與歷史遺留。Clifford（克里弗德 2017：21）在談「原民現身」時並沒有忽略殖民國家與全球化的持續影響，他認為：「傳統被恢復並與其殖民、後殖民、全球化諸歷史有著連結之關係……致力挑戰民族國家和跨國性資本主義的現代化議程表……『自豪原住民運動』與其說是一種一貫的

意識形態,不如說是一些不同源頭與方案。它運作於不同的範圍:地方傳統層次……以及跨國活動。」這是一個因時制宜、不同層次的複雜過程。回到本文所觀察的 Mwaray da 發展歷程,上述的討論進一步引導未來的研究,例如,觀察國家政策、鄉鎮公所的作為,以及全球化的觀光旅遊,如何影響編織勞動的轉化及女性的社會位置。

問題與討論

1. 當代文面族群的編織，從家戶勞動轉化為多重功能與意涵，例如文化的表達與經濟的交易，身體與情緒勞動可能伴隨產生什麼變化？這些勞動經驗與漢人女性可能有哪些異同？

2. 本文中的織女在從事經濟活動時，使用哪些策略維持收入？還有哪些作法可以增加微型創業的經濟效益？

3. James Clifford 在《復返》（*Returns*）一書中，使用「銜接」、「展演」與「翻譯」等概念來統整世界各地原住民復振傳統文化的努力。請問，本文所討論的案例，如何呼應 Clifford 這三個概念，並進行對話？

4. 在文面族群中，編織是專屬女性的工作，面對新興男織現象的出現，將會在族群內部產生什麼樣的矛盾？族人應如何化解這樣的衝擊？將來編織勞動的性別分工可能形成什麼圖像？

5. 本文中所描述之編織的在地經濟是屬於微型經濟，如果要擴展其經濟規模，並且兼具傳統的技法、圖紋元素與手作的原創性，如何可能？一旦規模擴大，或許會形成編織的勞動組織或代工系統，這對文面族群女性的姊妹情誼、族群認同會有何影響？

參考文獻

方鈞瑋，2008，〈重現祖先的盛裝：記史前館泰雅族傳統服飾及相關器物重製蒐藏計畫〉。頁13-24，收錄於方鈞瑋編，《重現泰雅：泛泰雅傳統服飾重製圖錄》。台東：台灣史前文化博物館。

王淑英、利格拉樂・阿嫣，2001，〈都市原住民婦女生活史〉。頁121-174，收錄於蔡明哲編，《台灣原住民史：都市原住民史篇》。南投：台灣省文獻委員會。

王舒俐，2016，〈展覽作為一種社會介入：論博物館、當代典藏與公共史學〉。芭樂人類學部落格，http://guavanthropology.tw/article/6557，取用日期：2018年5月15日。

王嵩山、陳佳利，2011，〈百年來的博物館學議題〉。《博物館與文化》1: 1-3。

石婉筠，2008，《傳統不變？卑南族卡地布部落女性社會、經濟與公領域地位的轉變》。台北：世新大學社會發展研究所碩士論文。

江明親，2016，〈傳統工藝與社群發展〉。《文化資產保存學刊》36: 35-51。

江韶瑩，1999，〈部落工藝美學的過渡：台灣原住民的工藝的傳統與再生〉。頁115-160，收錄於台灣民俗北投文物館編，《原住民的工藝世界：傳統、創新與商機研討會論文集》。台北：行政院原住民族委員會。

克里弗德著，林徐達、梁永安譯，2017，《復返：21世紀成為原住民》。台北：桂冠。（Clifford, James, 2013, *Returns: Becoming Indigenous in the Twenty-First Century*. Cambridge, MA: Harvard University Press.）

吳秋慧，1999，〈從社會文化脈絡來談泰雅族織物〉。頁87-113，收錄於台灣民俗北投文物館編，《原住民的工藝世界：傳統、創新與商機研討會論文集》。台北：行政院原住民族委員會。

李明璁、林穎孟，2013，〈從情緒勞動到表演勞動：台北「女僕喫茶（咖啡館）」之民族誌初探〉。《台灣社會學刊》53: 103-141。

李威宜，2014，〈族群展示的反思：後威權台灣的觀察〉。《考古人類學

刊》80: 221-250。

林佩君，2016，《部落書寫體：針路》。台東：卡塔文化工作室。

孫大川，1999，〈部落工藝的經濟轉化：行政部門的可能作為〉。頁259-
　　268，收錄於台灣民俗北投文物館編，《原住民的工藝世界：傳統、
　　創新與商機研討會論文集》。台北：行政院原住民族委員會。

_____，2010a，〈台灣原住民的困境與展望〉。頁22-35，收錄於孫大川
　　著，《夾縫中的族群建構：台灣原住民的語言、文化與政治》。台
　　北：聯合文學。

_____，2010b，〈從言說的歷史到書寫的歷史〉。頁82-98，收錄於孫大
　　川著，《夾縫中的族群建構：台灣原住民的語言、文化與政治》。
　　台北：聯合文學。

徐功明，1999，〈台灣原住民的「工藝與藝術」及其論述觀點初探〉。
　　頁61-85，收錄於台灣民俗北投文物館編，《原住民的工藝世界：傳
　　統、創新與商機研討會論文集》。台北：行政院原住民族委員會。

悠蘭・多又，2012，《傳承、變奏與斷裂：當代太魯閣族女性的認同變
　　遷與織布實踐》。花蓮：東華大學族群關係與文化學系碩士論文。

莫斯、涂爾幹、于貝爾著，蒙養山人譯，2010，《論技術、技藝與
　　文明》。北京：世界圖書出版公司北京公司。（Mauss, Marcel,
　　Emile Durkheim and Henri Huber, 2006, *Techniques, Technology and
　　Civilization.* New York: Durkheim Press.）

郭秀岩，1975，〈山地行政與山地政策〉。《中央研究院民族學研究所集
　　刊》40: 97-106。

郭孟佳，2004，《公主變女傭：觀光發展下的烏來泰雅族女性》。台
　　北：世新大學社會發展研究所碩士論文。

陳文德，2004，〈衣飾與族群認同：以南王卑南人的織與繡為例〉。頁
　　63-110，收錄於黃應貴編，《物與物質文化》。台北：中央研究院民
　　族學研究所。

陳美華，2019，〈美髮作為身體工作：從苦勞到美感協商的身體化勞
　　動〉。頁283-328，收錄於張晉芬、陳美華編，《工作的身體性：服
　　務與文化產業的性別與勞動展演》。高雄：巨流。

彭麗芬，2013，《迴聲與回身：不同世代泰雅族女性織布的生命記憶與身體經驗》。花蓮：東華大學族群關係與文化學系碩士論文。

曾秋馨，2015，〈口傳文學與婦女教育：以泛泰雅族群傳統織布為中心〉。《東華中國文學研究》12: 163-179。

黃淑玲，2000，〈變調的 "ngasal"：婚姻、家庭、性行業與四個泰雅聚落婦女 1960-1998〉。《台灣社會學研究》4: 97-144。

楊淑媛，2003，〈過去如何被記憶與經驗：以霧鹿布農人為例的研究〉。《台灣人類學刊》1(2): 83-114。

葉秀燕、吳孟蓉，2014，〈族群技藝與文化創意產業：以花蓮縣秀林鄉太魯閣族女性工藝編織者為例〉。《台灣原住民族研究季刊》7(3): 1-37。

葉啟政，2004，《進出「結構─行動」的困境：與當代西方社會學理論論述對話》。台北：三民。

詹芳雅，2012，〈將博‧里漢傳承編織文化〉。東方報，7月9日。http://www.eastnews.tw/index.php?option=com_content&view=article&id=25074:2012-07-08-17-51-17&catid=28:people&Itemid=66，取用日期：2018年6月13日。

鄒欣寧，2017，〈織布的男人 Watan Tusi 瓦旦‧督喜〉。Pulima Link，http://www.pulima.com.tw/Pulima/xxxx_17121411360093546.aspx，取用日期：2018年6月13日。

廖守臣，1984，《泰雅族的文化：部落遷徙與拓展》。台北：世界新聞專科學校觀光宣導科。

廖秋玫，2001，《台北市原住民婦女創業歷程之研究》。台北：台灣師範大學社會教育學系碩士論文。

趙芝良、徐霈馨、周碩雄，2010，〈主與客的劃界：剖析司馬庫斯部落觀光發展中存在的真實性〉。《戶外遊憩研究》23(1): 85-107。

趙慧琳，2008，〈女兒，妳的名字叫努娜〉。《傳藝雙月刊》74: 34。

劉璧榛，2010，〈從 kisaiz 成巫治病儀式到當代劇場展演：噶瑪蘭人的女性巫師權力與族群性協商〉。頁505-555，收錄於胡台麗、劉璧榛編，《台灣原住民巫師與儀式展演》。台北：中央研究院民族學

研究所。

盧梅芬，2007，《天還未亮：台灣當代原住民藝術發展》。台北：藝術家。

賴淑娟，2008a，〈原住民社會階級與性別的層級化歷程：一個泰雅村落底層女性生命經驗之觀察〉。論文發表於「2008年女學會年會：性別向度與高齡化社會」，台中：弘光科技大學，2008年10月4日。

賴淑娟著，野村鮎子譯，2008b，〈部落と都会の間：台湾原住民女性の世代間における経済活動の変転〉。頁249-268，收錄於野村鮎子、成田靜香編，《台灣女性研究の挑戰》。日本京都：人文書院。

＿＿＿＿＿，2014，〈賽德克道澤群之編織技藝與記憶〉。論文發表於「台灣人類學與民族學學會2014年會：當代人類（學）處境」，台北：政治大學社會科學院，2014年10月3日至4日。

謝世忠，1999，〈傳統與新傳統的現身：當代原住民的工藝體現〉。頁33-59，收錄於台灣民俗北投文物館編，《原住民的工藝世界：傳統、創新與商機研討會論文集》。台北：行政院原住民族委員會。

＿＿＿＿＿，2017，《後認同的污名的喜淚時代：台灣原住民前後台三十年1987-2017》。台北：玉山社。

謝若蘭、拉娃‧布興，2014，〈無聲婦運：原住民族婦女關注議題與原運參與〉。頁415-444，收錄於陳瑤華編，《台灣婦女處境白皮書：2014年》。台北：女書文化。

顏婉娟，1999，《烏來泰雅族婦女飲酒經驗之探討》。台北：陽明大學社區護理研究所碩士論文。

Anderson, Benedict, 1991, *Imagined Communities: Reflections on the Origin and Spread of Nationalism.* London: Verso.

Butler, Judith, 1990, *Gender Trouble: Feminism and the Subversion of Identity.* London: Routledge.

Certeau, Michel de, 1984, *The Practice of Everyday Life.* Berkeley, CA: University of California Press.

Collins, Patricia Hill, 1991, *Black Feminist Thought: Knowledge, Consciousness, and the Politics of Empowerment.* New York: Routledge.

Connerton, Paul, 1989, *How Societies Remember*. Cambridge, UK: Cambridge University Press.

Harvey, David C., 2008, "The History of Heritage." Pp. 19-36 in *The Ashgate Research Companion to Heritage and Identity*, edited by Brian Graham and Peter Howard. Hampshire, UK: Ashgate Publisher.

Kirshenblatt-Gimblett, Barbara, 1998, *Destination Culture: Tourism, Museums, and Heritage*. Berkeley, CA: University of California Press.

Plath, David W., 1998, "Calluses: When Culture Gets Under Your Skin." Pp. 341-351 in *Learning in Likely Places: Varieties of Apprenticeship in Japan*, edited by John Singleton. Cambridge, UK: Cambridge University Press.

Rhys, Owain, 2014, *Contemporary Collecting: Theory and Practice*. Edinburgh, UK: MuseumsEtc.

Tilley, Christopher, 1997, "Performing Culture in the Global Village." *Critique of Anthropology* 17(1): 67-89.

Toerien, Merran and Celia Kitzinger, 2007, "Emotional Labour in Action: Navigating Multiple Involvements in the Beauty Salon." *Sociology* 41(4): 645-662.

Urry, John, 2002, *The Tourist Gaze*. London: Sage.

PART 2

照顧勞動

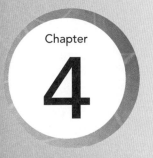

為何無法消除敵意工作環境？
分析醫院內處理性騷擾事件的
權力運作

張晉芬

* 張晉芬 中央研究院社會學研究所研究員。

** 本文改寫自筆者於《社會科學論叢》第 12 卷第 2 期（2018）發表的文章，主要刪減文獻討論及研究方法的內容，並增加附錄。筆者感謝陳美華教授和審查人對於本專書論文的指正與建議，以及張逸萍小姐協助校對和圖表編排。

*** 本文引用資訊：張晉芬、陳美華編，2019，《工作的身體性：服務與文化產業的性別與勞動展演》，頁159-202。高雄：巨流。

中文摘要

工作場所性騷擾的發生並非隨機或偶然的，而是不僅反映性別歧視，也代表著權力關係的不平等。Fiona Wilson 及 Paul Thompson（2001）針對組織內性騷擾事件的運作提出三個權力面向。本文在控制個人、工作及組織特徵後，檢驗性騷擾事件的處理和結果是否能反映權力的運作，包括管理階層偏袒地位較高的加害人，在敵意工作環境下被害人自我退縮等。資料來源是2014年在三家醫院蒐集的問卷普查資料，研究對象為女性護理人員。統計分析結果顯示，有較多護理人員指認性騷擾的來源是病患，其次是醫師或主管，然後是病患親友。主管比基層護理人員更可能指認性騷擾的發生，尤其是來自病患和家屬的騷擾。公立醫院內的性騷擾事件循正式管道處理的機率顯著低於私立醫院。當加害人是醫師或主管時，性騷擾被害人離職的機率較高。綜合分析結果，組織內性騷擾的處理不能排除權力的運作，結果很可能使得醫院內的性騷擾事件被正式處理的機率偏低，而私下和解和被害人離職成為相對較常見的結局。法令規定和場所的宣示本身並不足以消除敵意的工作環境；醫院必須採取更積極與公開的態度，避免偏頗的權力運作模式，才能讓女性免於性騷擾的威脅。

關鍵詞：護理、性騷擾、權力不平等、性別

Why Can't Gender-Based Hostility Be Eradicated from the Workplace?
Analyzing Power Operations in Dealing with Sexual Harassment in Hospitals

Chin-fen Chang

Research Fellow

Institute of Sociology

Academia Sinica

Abstract

Workplace sexual harassment doesn't happen accidentally or randomly. It represents sex discrimination and is the result of power inequality. Fiona Wilson and Paul Thompson (2001) discussed three dimensions of power operations in dealing with sexual harassment in organizations. The data came from a questionnaire survey of female nurses at three hospitals in Taiwan collected in 2014. Results showed that there are more nurses identifying sexual harassment made by patients than by doctors or supervisors, and by patients' families or friends. The supervisors of nurses were more likely to indicate sexual harassment incidents than the rank-and-file nurses. Public hospitals were more reluctant to formally deal with sexual harassment than private ones. However, victims of the latter were more likely to quit their jobs than the former. If sexual harassment assaulters were doctors, the victims were more likely to quit their jobs eventually. The implementation of law alone cannot eradicate sexual harassment in the workplace.

Keywords: nursing, sexual harassment, power inequality, gender

護士陳述最深刻的性騷擾事件中，以性接觸（48%）最多，性侵犯有27.6%，言語騷擾較少，但皆留下深刻的、負面的影響。所陳述的性騷擾事件，包括了騷擾者的年齡、婚姻、病情及行為，所描述最久遠的事件發生在十六年前，可見騷擾事件對護士個人影響的深遠！事隔數年，甚至十數年，仍留下深刻烙痕，也有護士不願意再提起，以免再度受到傷害。性騷擾所帶來的傷害，遠超出本研究中所探討的情緒層面！年輕女子遭受男性性傷害後，心靈創傷無以撫平，日後對性、對婚姻、對人際的影響恐難以估計。

—— 林文香及夏萍絪（1999）

一、前言

上述引言來自於林文香及夏萍絪（1999: 47）的實證研究結果。當時還是用「護士」的稱呼，現在大多稱之為護理師。名稱雖改，但作為職場弱勢的身分仍然不變。時至今日，我們仍然經常看到揭露工作場所性騷擾或加害人被判刑定讞的新聞。從相關的研究和新聞報導中可發現，醫院也是容易出現性騷擾的場所，其中尤以女性護理人員為主要的被害人。

在1990年代初期，台灣已開始有文章探討工作場所的性騷擾。不論是在學界或一般性的公共論述和報導中，關於護理人員過勞或遭受病患暴力的議題，都持續受到重視（李選、白香菊、顏文娟 2010；盧孳艷、邱慧洳、蘇柏熙、亮亮、蔡秀男、劉育志、方瑞雯、白映俞、吳靜芬 2013）。從2000年初長庚醫院男性醫師性騷擾女性護理人員的判決（焦興鎧 2009），以及學者的訪談（羅燦煐 2011），都顯示性騷

擾持續困擾護理人員。工作場所性騷擾的發生並非隨機或偶然，而是反映身分差異與權力關係不平等。性騷擾就是性別歧視，是男強女弱刻板印象的展現（麥金儂 1993）。性騷擾背後反映男尊女卑的身分差異，亦即不論男性如何對待女性，後者都應該忍耐（曾嬿瑾、古允文 2010）。例如，即使職業相同，女性教官仍常受到校園內其他男性同事的性騷擾，像是在言語中突然出現一兩句黃腔、猥褻或是刺探私生活的話語（楊櫻華、游美惠 2006）。雖然在異性戀霸權的制度下，性騷擾可能發生在異性戀女性對男性、對同志，或者其他不符合「主流」男性氣概男性的身上（Connell 1987; Schultz 2001），多數工作場所內的性騷擾仍是男性對於女性的行為和言語侵犯。性別仍然是性騷擾形成最重要的人口特徵，女性受害的機率遠高於男性（Uggen and Blackstone 2004）。台灣的數據也顯示類似的狀況，根據政府單位近期的一項調查（勞動部 2017），男性樣本中僅有 0.8% 表示曾經遭受職場性騷擾，女性則有 3.5% 有此經驗，超出男性 4 倍以上。在那些曾被性騷擾的受訪者中，有 23% 曾提出申訴。至於為何有些受害人沒有提出申訴，有 33% 是當作開玩笑、不予理會，22% 怕別人閒言閒語，15% 怕被調職或丟掉工作，11% 不知道申訴管道，7% 認為不易蒐證，也有人是因為怕遭二度傷害，或者認為申訴也沒有用。

　　工作場所中的言語性騷擾會造成被害人的負面情緒，行為上的騷擾更會增加身體上的威脅、甚至傷害。除了影響個人的身心健康，也會造成工作意願低落和工作表現退步（陳柑伴、楊秀芬、陳慧蘭、楊美賞 2010；邊立中、鄭雅文、陳怡欣、陳秋蓉 2014）。國外也有例證顯示性騷擾影響工作執行，例如，有護理人員因為不堪醫師的性騷擾、覺得受辱，而在未妥善完成手邊工作的情況下，流淚掩面奔出診間，病患因而出現流血狀況、所幸並無大礙（Valente and Bullough 2004）。表面上這看似護理人員的失職，實際上卻是反映性騷擾令人無

法忍受以至於影響勞動過程。

　　台灣於2002年開始實行《性別工作平等法》（以下簡稱性平法）。該法具體訂定受僱者在執行職務時，不應受到性的騷擾，也就是「……性要求、具有性意味或性別歧視之言詞或行為」（第12條第1項第1款）。規範的對象包括雇主、管理階層、同事、客戶，以及因職務關係而有所接觸的任何人。該法也禁止雇主對受僱者及求職者以接受性邀約或對其施以行為或語言上的性騷擾作為訂定或改變勞務契約的條件（第12條第1項第2款），並且要求雇主主動建立性別友善的工作場所（第13條）。性平法不但禁止性騷擾的發生（第12、13條），同時也要求加害人和雇主負賠償責任的規定（第27~29條、38-1條）。自該法施行以來，截至2015年底，累積的性騷擾申訴案件為1,007件。近幾年並且有持續增加的趨勢，每年都超過100件，例如，2013年有103件，2014年有127件，2015年則增加到156件（勞動部2016a）。雖然案件的數量未必代表性騷擾的嚴重性或多寡，申訴案件次數增加也可能反映被害人日益具有權利意識和勇於檢舉（焦興鎧2009），但持續增加確實是一個警訊，更何況可能有更多事件未被申訴或提告。

　　多數工作場所內的性騷擾同時具有性別和階級的權力面向。男性或女性都可能因為處於組織內較低的階層而受到主管或較高層級同事的性騷擾。[1]然而，在多數組織中，管理階層及雇主為生理男性的比例遠高於女性，性騷擾的性質同時交織著性別與階級兩個面向。台灣法院近年來判決性騷擾成立的案件即可反映這種權勢壓迫下的性騷擾，例如，民航局所屬航空站的主管人員公開性騷擾多名女性下屬（聯合報2011年5月28日；中國時報2012年9月12日），私人企業的管理階

1　台灣也曾發生過女主管對男下屬進行性騷擾，且事件發生後惡意資遣被害人的案例。被害人後來提出告訴，由於管理階層的處理明確違反《性別工作平等法》（以下簡稱性平法），法院最後判決公司敗訴（中國時報2012年4月21日）。

層或雇主在言語和行為上性騷擾女性員工（中央社 2012年5月11日；中國時報 2012年4月21日）。權力不平等的操作也發生在不同的僱用形態之間，例如，過去曾經發生法院判決確立的正職員工對外包人員或派遣勞工被要派單位主管騷擾等案例（聯合報 2012年1月19日）。這些行為既含有對女性的歧視，也是一種基於階級或組織僱用形態賦予的地位差異，而形成的逾越和侵犯。

包括前面引述的文獻在內，台灣學界已累積許多關於工作場所內性騷擾的研究，例如，性騷擾行為和言語發生的情境（職業或場所），對於性騷擾的認定和實質經驗的描述，被害人的感受與對事件的個人詮釋，以及被害人的自我培力（如：林文香、夏萍絗 1998a、1998b；羅燦煐 2011）。相對來說，較缺乏對於性騷擾後續處理的追蹤，以及處理方式與加害人身分之間關係的研究。本文試圖探討，工作場所內權力的不平等不只讓弱勢者容易成為被害人，權力運作的結果也並未保障被害人，這些因素都可能造成工作場所無法有效減少性騷擾的發生（亦請參考本文附錄）。Fiona Wilson 及 Paul Thompson（2001）對於性騷擾事件為何較少公開或被舉發，提出三個面向的權力運作論述（詳見下一節的說明）。本文即是採用此一觀點論述性騷擾的權力運作。

本文以醫院作為研究場景，分析組織對於性騷擾事件的處理，以及其中權力運作的意涵。護理師與醫師是醫院內最主要的兩個職業類別，但醫護之間同時具有性別與階級的權力不對等關係，護理師多為女性、醫師多為男性。由於醫師具有較高的職業聲望、經濟地位及專業權威，因而成為醫院內的優勢階級，護理師的階級位置不如醫師。醫師對於護理人員的性騷擾，同時呈現性別與階級的不平等；病患或親友對於護理人員的性騷擾則較屬於性別不平等的面向。本文藉由分析一項問卷調查資料，呈現性騷擾在職場內被指認的情形，事件後續的處理過程和結果，以及所反映的權力操作。

二、文獻探討

　　根據前言中提到的政府單位關於職場性騷擾發生的調查統計數據（勞動部 2017），加害與被害人的性別，及實際案例的發生及處理過程，可以看出多數的性騷擾都是男性對女性、上司對下屬，或身分地位較高者對較弱勢者，顯示出性別與階級交織的權力關係。根據 Catharine MacKinnon 的說法（麥金儂 1993：55），女性少有機會對男性施予性騷擾，因為權力關係不對等，前者對後者工作機會的影響甚小；而女性在性事的主動上也受到壓抑。性騷擾既是性別歧視，也是一種性別的壓迫。工作場所的性騷擾既然發生於職場中，加害人的身分、組織內決策者的立場、組織的文化都會影響性騷擾是否會被指認、被處理、或有處理結果；這即牽涉到組織內的權力運作。

　　Wilson 及 Thompson（2001）提出權力運作的三個面向論述，分析職場性騷擾中的權力運作意涵，進而解釋為何性騷擾的事件很少被舉發，或者舉發後也鮮少被處理。本文藉由這兩位作者的相關論述探討台灣職場中性騷擾事件的處理，以及其中權力運作的可能性。

（一）加害人為權力較高者

　　權力的第一個面向是指行動者之間的權力關係。以性騷擾來說，由於被害與加害人雙方在組織內的不對等的權力關係，使得受害人不敢聲張或舉發，甚至即使公開但仍難獲得同情或支持（Wilson and Thompson 2001: 65）。在科層組織中，這種權力關係有兩個層次。第一層為性別關係，第二層為階級關係，兩種權力關係同時交織運作。許多研究與案例都顯示，在這兩種權力關係下女性下屬或處於弱勢地位的女性容易成為被害人、卻又不敢聲張。一項針對土耳其醫療院所的

調查發現，護理人員中接近40%有被性騷擾的經驗，尤其以年輕、未婚女性最容易成為目標；而加害人主要是醫師（Çelik and Çelik 2007）。由美國的女性和女性團體在2017年發起、之後受到其他多國響應的「#MeToo」（反性騷擾）行動，始自於媒體揭露包括新聞集團的主播長期性騷擾女性員工，矽谷投資人性騷擾女性創業者，以及好萊塢的超級電影製作人性騷擾或性侵害多名女性。之後又有其他被害人挺身而出，終於獲得更多的報導關注和司法調查。根據媒體報導（*The New York Times* October 5, 2017），有些性騷擾和性侵事件已持續多年，但畏於加害人在組織或業界的影響力，許多被害人隱忍不敢說。即使曾有受害女性勇敢揭露，但人微言輕、不是一線的明星，這些經驗都沒有被當一回事。

　　台灣學者關於性騷擾的研究早已呈現這種直接權力面向的存在及後果。男尊女卑的身分差異，男性品評或打量女性身材或容貌司空見慣，即使在專業領域內也是如此（曾嬿瑾、古允文 2010）。醫院內，醫師的性別比例大多仍以男性居多、護理人員絕大多數為女性，原本即存在性別權力差異。醫師的權威與較高的社經地位進一步擴大醫護間的權力不平等關係，醫師或部門主管甚至可能自恃權威、客觀上處於強勢地位而威脅被害人屈從，或是提供一些恩惠給對方作為性交換。根據羅燦煐（2002）的訪談，除了言語上的性騷擾或動手動腳之外，醫師對於護理人員的性侵犯還包括要求護理人員調班以方便陪同喝花酒。有些醫師對於護理人員的抗拒視而不見，或者認為對方未必是真的拒絕。從國外回來的名醫更好比鍍了一層金，比院內的其他醫師又高出一等，護理人員對於這類醫師的性騷擾往往更不知所措。這種情況類似於將護理人員看成性慾對象（sexual objects），而非同事（Stanko 1988）。基於醫師在醫院內居於較高的權力位置，有時反而是受害的護理人員被污名化（蕭昭君 2005）。被害人會因為與加害人之間權力的懸

殊而不願意指認或公開性騷擾事件。

（二）管理階層的漠視或刻意壓制

　　第二個面向的權力，是指雇主或管理階層有認定特定議題是否值得重視、某些行為是否需要懲處的權力。這並非雇主或上司個人有騷擾行為或言語，而是在處理過程中偏向較有權力的一方，也就是加害人（Wilson and Thompson 2001: 66-67）。性騷擾對組織來說終究是不名譽的事，為了維護組織或部門聲譽或個人權威，管理層級於是刻意淡化事件的嚴重性，或者完全忽視、將事件壓下來。組織通常會偏袒地位相對較高的加害人，或是官官相護，直接的影響就是漠視女性員工被侵犯的事實。以前述提到的國外性騷擾事件為例，包括新聞媒體或創投公司的高層都知道有性騷擾事件的發生，卻選擇不處理，或解釋為對於女性的調情，甚至幫忙加害人負擔賠償費用。

　　管理階層日常處理事務的態度和原則也可能影響被害人是否願意主動指認或公開事件。根據一些國外的案例，有些醫學院的女學生被騷擾後，找不到可以信任或合適的主管傾訴個人經驗，最終決定隱忍不說（Nicolson 1997: 39）。主管本身如果過於嚴厲或對於同仁之間發生的事情表示不感興趣，也會讓被害人無從申訴，導致性騷擾持續發生（Cogin and Fish 2009）。國內亦有學者發現，如果加害人是上司的得意屬下或單位內的績優人員，被害人會覺得舉報也沒有用，性騷擾事件也就沒有曝光（羅燦煐 2011：288-289）。相反地，如果管理階層對於性騷擾抱持零容忍的態度，可能鼓勵被害人挺身而出，避免更多人受害（羅燦煐 2011：292）。

　　新北市林口區（前台北縣林口鄉）長庚醫院的楊姓護理人員持續遭受該院某醫師公開的言語性騷擾，包括評論她的身材、刺探她與配

偶間的性生活等。該名護理人員雖然曾經表示不悅、氣憤地流淚，並
要求該醫師停止，對方仍然持續出現言語、甚至動作上的性騷擾。她
曾經向醫院主管反映，院方先是不積極處理，後來雖成立調查委員
會，但其中並沒有女性或護理人員參與（焦興鎧 2001：99）。[2] 醫院對
於醫師的看重甚於護理人員，階級關係更甚於性別關係。由於醫院高
層多為男性，社會同質性（homosociality）的作用造成在處理過程中忽
視女性護理人員的權益。這也可以說明為何性騷擾事件通常都被低度
報導或統計數據偏低，即使現在多數較具規模的醫院都有防治性騷擾
的辦法或處理流程，但程序和委員會的運作仍然由醫院主導，難以排
除權力上層的影響。

（三）父權工作環境的性別角色外溢效果

　　第三個面向的權力並非直接來自階級或專業地位的壓力，也未必
直接涉及管理階層的態度，而是被害人根據組織性別文化的理解或過
去的處理經驗，對於不平等關係的順服或自行化解被性騷擾的困境。[3]
例如，工作場所內講黃色笑話、掛裸女月曆，或是在言語中出現性騷
擾等。女性工作人員除非離職，要不然只得默默接受，用個人方式承
受這種敵意的工作環境（麥金儂 1993：66-67）。與前述兩種權力面向
相比，這個面向的權力運作沒有實際強迫加害人噤聲或拒絕處理事件
的管理階層，而是被害人自動屈從和消音，是無形的權力壓迫下的結
果。Wilson 及 Thompson（2001: 71）認為，這與某些基進女性主義

2　當時性平法還沒有通過立法，楊姓護士以《民法》關於侵權行為的條文提起訴訟。
　　2001年法院裁定侵權成立，判定被告賠償45萬元（網市／罔氏電子報 2002）。

3　Fiona Wilson 及 Paul Thompson（2001）除了論述這三個權力面向與性騷擾揭露之間
　　的關係，並在討論第三個權力面向時，根據後結構主義的說法，認為有時被害人也
　　參與情慾交流、成為共謀之一，也難以視為「性騷擾」。本文並非探討性騷擾的主
　　觀定義和曖昧之處，對於這兩位作者的相關論述不予以評述。

的觀點類似,就是在父權體制的教化下,社會的運作就是男尊女卑、女性的地位不如男性。男性認為可以任意用言語或行為侵犯女性而不會受到太大或甚至任何懲罰,甚至「被害人」可能也不以為忤,將其視為一種職場文化,而不是性騷擾。這個面向並非責怪被害人不夠勇敢,或是缺乏性別或權力意識,而是指出環境的不友善。雖然組織沒有利用權力直接操作或掩飾已發生的事件,但組織文化傳達出的是容許言語或行為上的性騷擾、管理階層無意處理。給被害人的訊息既然是敵意的,性騷擾事件的被害人或許會選擇噤聲不語或用出走方式離開敵意的工作環境。

國內有研究顯示,有些醫療場域的日常是有醫師會「在臨床工作中,故意將專業術語引入黃色笑話」,「刻意的談論……生活上有關的性話題,並加以嘲弄或挖苦」,「故意做身體上不必要或帶有性暗示的接觸」等(林秀美、陳陌陞、莊世杰 2006)。男性騷擾者覺得無傷大雅、女性護理人員則似乎只能默默承受。這種情境同時顯示出前述第一及第二個權力面向,加害人為男性醫師、性騷擾的言語或行為沒有被提出或處理。既然反抗無用、說了也沒有人同情,於是被害人對於性騷擾採取消極應對或自行躲避的處理方式(謝易達、莊漢宗、李怡真 2014;Stanko 1988)。被害人會自我覺察組織內的氛圍(organizational climate),害怕被報復,或是認為管理階層不會處理,而選擇不公開或不向上級申訴(Fitzgerald, Swan and Fischer 1995)。即使管理階層不會阻擋或偏袒,對於性騷擾的認知和處理也可能傾向當作個人問題,盡可能以雙方和解方式結案(Salin 2009)。

社會學者重視結構性因素的影響,雖然並沒有直接論述組織內權力運作的狀況,但是一些研究已呈現對於衝突處理的差異性,包括:組織屬性與規模、工作場所內部的社會連帶、制度性支持機制的運作等。學者發現,如果辦公室或工廠的員工之間具有相互照應的傳統

（De Coster, Estes and Mueller 1999），或者組織內對不當行為有明確的申訴管道（Chamberlain, Crowley, Tope and Hodson 2008），都有助於降低性騷擾發生的機率。因此，從正面表述來看，組織內對於弱勢者的正式或非正式支持系統，也可能使得第三個權力面向的影響降低或無從發揮作用。

除了雇主、管理階層及同事，許多工作場所的性騷擾來自客戶。Wilson 及 Thompson（2001: 72）論述性騷擾所反映的權力不平等不只發生在組織內的人員之間，也出現在醫學院的男學生對女同學、病患對女性醫師。這一方面是男尊女卑文化環境下造成對女性的歧視，另一方面是「以客為尊」的商業文化更強化這種男女之間權力關係的不平等。在服務業不斷擴充、女性成為服務業主要勞動力的就業結構下，由於工作性質多半具有互動性，以女性為主的職業，包括櫃台人員、餐廳內的女服務生或護理人員等，幾乎都會產生性別角色的外溢效果。也就是，從事這些工作的女性被性化，性騷擾甚至被認為是從事這類職業不可免的必要之惡，造成性騷擾事件的低報現象（Huebner 2008; Gutek and Morasch 1982）。工作場所的文化和主管的態度也會影響角色外溢的狀況嚴重與否。有些工作場所會讓顧客或病患明白服務和服務者性別的區隔，避免與性相關的語言或行為的產生，但是也有些雇主或管理階層認為，服務就是具有性的意涵，勞動者自己要學會評量或應付來自客戶的性騷擾（Warhurst and Nickson 2009）。在父權文化陰影下，出現被騷擾的狀況時，多數服務生或售貨員都是忍耐、閃避、委婉地制止，或是向其他同事求救或諮詢，很少會直接怒斥或向主管投訴，盡量息事寧人、避免與客人發生直接衝突（Good and Cooper 2016）。Lu-Ming Tseng（2013）研究台灣保險從業人員被顧客性騷擾的經驗，也發現組織的態度會影響保險員是否願意舉報。

病患或親友對護理人員的性騷擾是性別與醫病兩種權力關係的交

織。雖然護理工作本身包含照護及服務在內，容易被等同於女性特質，而成為被性化的目標（Stanko 1988），在以客為尊、不要得罪病患的觀念下，護理人員可能傾向容忍，或者被醫院主管要求息事寧人。根據勞動部（2016b）的統計資料，在性騷擾的申訴案件中，如以加害人的身分區分，主要是同事及客戶，其次是上司。多數關於護理人員被性騷擾的研究，屬於醫病關係中的性騷擾是男性病患、家屬或親友對於女性護理人員的言語和行為上的侵犯（林文香、夏萍絗 1998b、1999）。不論是在診療、檢驗、手術或住院時，醫療人員在過程中都會與病患產生互動或有近距離的接觸，容易成為被性騷擾的對象（陳祖輝 2005）。在經常性的護理工作中（如：量體溫或血壓），也很容易遭遇性騷擾。台灣針對護理人員及護校實習生所做的調查顯示，多數受訪者都有被病患或親友性騷擾的經驗。例如，林文香及夏萍絗（1998b: 172）根據受訪護理人員的自述，列出24項護理師被男性病患性騷擾

圖4-1　某醫學中心的反性騷擾公告
資料來源：筆者拍攝。

的類型，顯示對女性來說醫院的工作環境充滿「敵意」。根據夏萍絗及林文香（2001）對於護校學生的調查，超過一半以上的受訪者曾被病患性騷擾。台灣曾有病患的男性家屬在探病時，對護理人員做身體上的性騷擾，而被法院判刑的例子（自由時報 2016年10月10日）。由上述情況來看，醫療院所似乎難以完全避免性騷擾。

　　不過，有研究顯示如今醫護人員面對性騷擾已不完全處於被動、忍氣吞聲的態度。一項針對台灣中部地區醫院的研究顯示，受訪的護理師多半會主動

迴避可能發生性騷擾的情境，或者用行動和態度明確拒絕對方的騷擾（王素美、吳佩玲、張之蘋、許秀蜂、郭雅惠 2012：51）。

（四）研究假設

本文以量化統計方式分析醫院內關於性騷擾事件的權力運作，提出以下三個假設。

假設一：根據 Wilson 及 Thompson（2001）提及的第一個面向，基於權力關係的不平等，本文假設：相對於來自醫師或主管的性騷擾，來自病患或親友的性騷擾較可能被公開，也因此較可能被指認（這未必代表實際上哪一類的加害人造成的性騷擾次數較多）。

假設二：第二個面向的權力運作是指管理階層不願意積極處理性騷擾事件，使得性騷擾被正式申訴及處理的機率偏低。這個面向的權力運作強調的是權力階層內部對於加害人的包庇。因此，本文假設：（a）相對於基層護理人員，主管較不願意指認醫院內有性騷擾事件；（b）如果是來自醫院同事或上司的性騷擾，較不會出現正式的申訴或提告。

假設三：第三個權力運作面向主要反映敵意工作環境的影響。本文假設：（a）即使有事件發生並提出申訴，性騷擾被正式處理的比例偏低；（b）如果是來自醫師或主管的性騷擾，被害人較可能選擇私下和解或離職，對於來自病患或親友的性騷擾，較可能提出申訴。

三個權力面向之間並沒有順序及階段性,也並不互斥,有些性騷擾事件的處理和後續發展可能同時遇到這些不同權力面向的操作。不同權力面向的單獨或共同行使,都可能造成被害人不敢聲張、性騷擾事件無疾而終,或被害人離職等結果。因此,除了每一個權力面向有各自的假設,本文最後將綜合分析結果,對於醫院內處理性騷擾事件的權力運作提出整體性看法。

前述關於三個權力運作面向的假設並沒有設定任何條件,偏向一種去脈絡化、假設其他條件相同的討論架構。然而,結構性特徵仍可能造成性騷擾事件被指認或處理過程的差異,其中兩個主要的結構性解釋變項是醫院組織與部門別。組織的特性分成經營屬性和規模。公立醫院比私立醫院更注意形象、擔心輿論的指責,可能會選擇淡化性騷擾事件。不過,私立醫院在利潤及顧客導向的經營文化下(Selberg 2012),也可能傾向息事寧人、避免事件被公開。因此,針對公私立機構之間處理方式的差異,本文並無具體的假設。至於規模的差異,大型醫院通常具有制度化的管理規範,其中也包括性騷擾事件的處理;同時人員較多,相關事件反而容易曝光(Mueller, De Coster and Estes 2001)。因此,本文預期在大型醫院中,性騷擾事件被指認及正式處理的機率大於中小型醫院。[4]

部門別是依病患性質及護理需求分為八類,包括:門診、內科病房、外科病房、婦產科病房、小兒科病房、精神科病房、麻醉科和手術室,以及急重症科、加護病房和創傷(以下簡稱急重症)。[5] 內科的護理人員須執行較多例行性工作,例如,換藥及量血壓、脈搏或體溫等,工作性質較常需要接觸病患。內科的病患並未經過大型手術,也

4　本文所調查的三家醫院都有明確的性騷擾防治公告、申訴單位及流程。
5　為方便行文及閱讀,以下若未特別說明,在提到內科、外科、婦產科、小兒科及精神科時,都是指病房。

不是處於緊急或嚴重病情，比較可能與護理人員產生互動。莊世杰、林秀美及潘豐泉（2009）即發現內科的護理人員回答曾經受到病患或親友性騷擾的比例高於其他科室或部門。王素美等人（2012）也發現，一般病房的護理人員受到性騷擾的情況高於加護病房或急診室人員。因此，相較於其他部門，本文預期內科護理人員指認性騷擾的次數較高。

　　至於其他工作特徵，主要作為控制變項。筆者預期從事兼職或外包工作等組織內的臨時人員，由於僱用狀態不穩定、在醫院中屬於弱勢地位，願意指認性騷擾或提出告訴的機率低於正職員工（LaMontagne, Smith, Louie, Quinlan, Shoveller and Ostry 2009）。另外，固定班別的護理人員可能因為接觸的醫事人員較為固定，訊息獲得的範圍較有限，對於性騷擾事件的發生或後續了解較少；工作經驗越長，所知道的性騷擾事件應該也會越多，本文因此放入友誼網絡的指標。筆者預期，與同事關係較好的受訪者，有較高機率指認性騷擾的發生和得知後續處理情形。問卷的題目是：「在醫院的同事中，有多少人是您的好朋友？」選項為李克特（Likert）量表：幾乎沒有、有一兩位、有一些、大部分都是。主管的身分是虛擬變項，分為主管和非主管。

　　另一組控制變項是護理人員的社會人口特徵，包括：婚姻狀態（從未結過婚、已婚且有伴侶或同居、曾經結過婚但已無伴侶），教育程度（技術學院／科技大學或更低學歷、一般大學畢業、擁有碩士或博士學位）。本文假設未婚女性較已婚者更容易成為性騷擾的目標（王素美等 2012；Welsh 1999: 177）。至於教育程度的影響，筆者並沒有特別的假設。

　　本文的分析順序是先呈現性騷擾被指認的狀況、後續處理、加害人身分等的次數分配；接著用多變項迴歸模型分析性騷擾事件在醫院形態、部門別及工作等特徵上的差異；之後探討加害人身分與客觀因

素間的關聯；最後分析被指認的事件是否被正式處理及後續處理的結果。

三、資料來源與研究方法

統計分析使用的資料來自筆者於2014年在台灣三家醫院進行的問卷調查。[6] 在這三間醫院中，有兩間的護理人員的問卷回收率超過94%，另一間則為74%。總計有效的回收問卷為3,719份。關於性騷擾的題項，有50人漏答或拒答。[7] 為了保持匿名性，本文以公立大型醫院、私立中型醫院、公立中型醫院作為代名。

本文的研究目的並非醫院內是否有性騷擾、有多頻繁，或者了解當事人的感觸等。這些議題很重要，但已有相當多的研究可參考（請參考前一節的文獻回顧）。筆者關心的議題是醫院內性騷擾的後續發展及其中的權力運作。工作場所內的性騷擾可能牽涉到被害人與加害人之間的同事或上下承屬關係，如果問及個人曾經被性騷擾的經驗，護理人員可能會猶豫或完全拒答。此外，雖然實際上問卷的發放與回收都由筆者及助理親自執行，問卷中也清楚地說明：「此項調查……並非受貴院委託而執行。院方將不會看到個別問卷的填答結果，也無法透過問卷結果追溯至個人。」但性騷擾是一個敏感議題，為了提高受訪者的回答意願，筆者採取間接問法，以消除受訪者可能有的尷尬或疑慮。因此，問卷中關於性騷擾的問題並非詢問個人的經驗，而是對醫

---

6 該計畫和問卷初稿都經過三家醫院的「研究倫理委員會」審查，並獲得通過。
7 這三間醫院都聘有男性護理人員，但人數不多，合計僅占護理人員的3%。回答知道有性騷擾的人數更少，因此分析時排除男性護理人員。本文之後在樣本及結果說明中所稱的護理人員都指女性。

院內性騷擾發生情形的了解。

　　題目的設計是：「在您所工作過的醫院裡，是否曾經發生過有員工遭遇言語或身體上不友善的性暗示或性接觸的事件？」利用間接方式詢問敏感議題，以尋求受訪者配合作答的問法，社會學研究已有先例可循。例如，Ronald Rindfuss、Larry Bumpass、Minja Kim Choe 及 Noriko Tsuya（2004）探討日本社會非傳統許可的婚姻和生育行為時，詢問受訪者是否知道親友有同居、非婚生育或選擇不結婚等狀況，而非直接詢問受訪者的個人經驗。Chin-fen Chang 及 Mei-hua Chen（2013）使用「東亞社會調查」（East Asian Social Survey）2008年的資料，分析台灣、日本及南韓民眾出國從事性觀光的經驗，該項調查的問卷題目同樣以間接方式詢問相關行為。本文使用的問卷問法，是由在同一個醫院內的護理人員提供關於院內發生的性騷擾事件和後續處理程序；由於並非直接詢問個人經驗（不排除），亦可避免護理人員因為顧忌個人資料可能被暴露而選擇迴避作答。此一方法不僅可提高回收率，也可呈現組織處理性騷擾事件的整體模式。

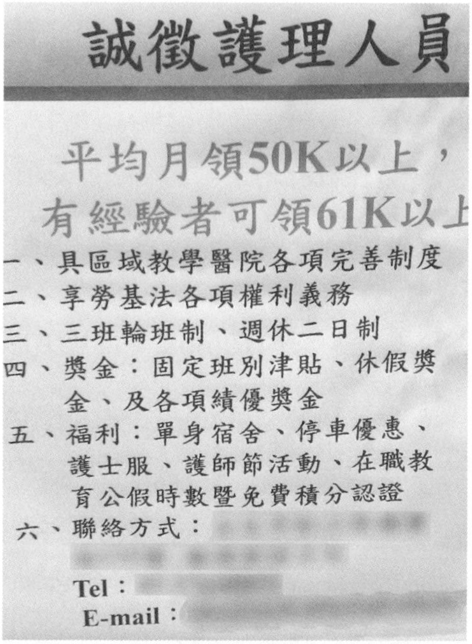

圖4-2　某公立醫院的護理人員招募啟事
資料來源：筆者拍攝。

四、研究發現

關於研究結果，本文先以流程圖呈現性騷擾指認的次數分配、加害人身分、後續發展、加害人是否受到處分，接著呈現主要變項的描述性統計結果。本文的多變項分析主要針對三個依變項：性騷擾事件的指認、加害人身分、後續發展及結果。以下分別說明研究發現。

（一）對於性騷擾事件的指認

關於是否知道醫院內發生過性騷擾事件，根據圖4-3，在3,326份有效問卷中，有2,339位回答「沒有」，占調查人數的70%；回答「有」的為548人，另有439人回答「好像有，但不確定有」。合計回答「有」或「不確定」的人數約占回應人數的30%（筆者再度說明：回答「有」或「不確定」的人數並不代表性騷擾發生的次數）。在回答「有」或「不確定」的受訪者中，回答發生過一次的接近28%，兩次的為19%，超過兩次的則為53%，顯示醫院內的性騷擾多非單一事件，而是重複發生。國內的研究顯示護理人員受到性騷擾的比例在42%到57%之間（王素美等 2012：48），顯示性騷擾的「普遍性」。

至於加害人的身分（複選題），依據次數分配的結果，較多受訪者指認性騷擾來自病患，其次是醫師或主管。這些結果似乎回應前述關於男尊女卑權力關係的影響。亦即雖然護理人員在院內執行專業的工作，但性別歧視文化的運作（如：病患為加害人）讓職場未能免於發生性騷擾事件。

（二）性騷擾事件的後續處理

關於事件發生之後的發展，問卷採取複選題。有108位護理人員表

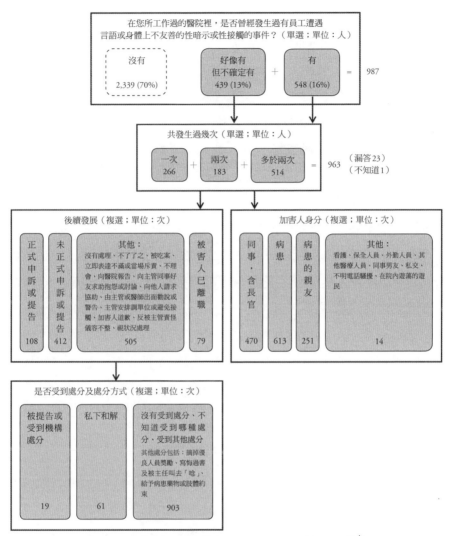

在您所工作過的醫院裡，是否曾經發生過有員工遭遇
言語或身體上不友善的性暗示或性接觸的事件？（單選；單位：人）

沒有	好像有 但不確定有		有	
2,339 (70%)	439 (13%)	+	548 (16%)	= 987

共發生過幾次（單選；單位：人）

| 一次
266 | + | 兩次
183 | + | 多於兩次
514 | = 963 |（漏答23）
（不知道1）

後續發展（複選；單位：次）

正式申訴或提告	未正式申訴或提告	其他： 沒有處理、不了了之、被吃案、立即表達不滿或當場斥責、不理會、向醫院報告、向主管同事好友求助抱怨或討論、向他人請求協助、由主管或醫師出面勸說或警告、主管安排調單位或避免接觸、加害人道歉、反被主管責怪儀容不整、視狀況處理	被害人已離職
108	412	505	79

加害人身分（複選；單位：次）

同事，含長官	病患	病患的親友	其他： 看護、保全人員、外勤人員、其他醫療人員、同事男友、私交、不明電話騷擾、在院內遊蕩的遊民
470	613	251	14

是否受到處分及處分方式（複選；單位：次）

被提告或 受到機構 處分	私下和解	沒有受到處分、不知道受到哪種處分、受到其他處分 其他處分包括：摘掉優良人員獎勵、寫悔過書及被主任叫去「唸」、給予病患藥物或肢體約束
19	61	903

圖4-3　護理人員遭遇性騷擾的情形及後續發展 [a, b]

[a] 分析對象為女性護理人員（不含職務具行政、技術、專科治療性質者，以及部門別勾選「其他」但未具體說明所屬單位者）。

[b] 有些答案是受訪者自行填寫。

示被害人曾向院方提出申訴或是對加害人提告，大多數回答沒有正式提出申訴（412位）或用其他方式解決（505位）。回收的問卷中，有受訪者自行填寫答案，顯示雖然沒有正式提告，但被害人並非完全沒有

動作或院方沒有反應，而是當場斥責加害人、向院方或主管報告、由主管或其他醫師出面勸說，或對加害人予以警告或調換單位等。其他答案還包括加害人道歉、「被吃案」，或被害人「反被主管責怪儀容不整」等。其中有61位護理人員勾選性騷擾事件後來是私下和解。楊櫻華及游美惠（2006）探討高中或大學女性教官遭受性騷擾的經驗，發現有些加害人最後受到懲處，但被害人仍覺得壓力大，有些人最終還是辭職。本文的調查結果顯示，在回收問卷的護理人員中，有79位受訪者指認被害人已離職。

綜合圖4-3的結果，指認有過性騷擾的人數超過900人，加害人主要為病患，其次為同事和主管。指認性騷擾事件並提出正式申訴或提告的只有100多人，加害人受到懲處的不及20人，私下和解的約為60人。回答沒有處理或沒有受到處分的，分別為500多人及900多人。這些結果代表至少不能排除在權力運作下，促使加害人被迫隱忍、院方對於加害行為姑息及淡化或私下處理性騷擾事件（第一和第二個權力面向）（亦請參考圖4-3中的文字說明）。

（三）影響性騷擾指認的分析結果

表4-1列出本文使用的自變項平均數或次數分配。多數的護理人員來自公立大型醫院，其餘兩間醫院約占分析人數的四分之一。受訪者大多集中在內科、外科與急重症單位。多數的受僱身分為長期正式編制人員、屬於輪流班別制，平均工作經驗是12年。約十分之一的回收問卷來自護理人員中的主管階級。至於個人的社會網絡狀況，多數受訪者（61%）在醫院中有一些好朋友，有23%只有一兩位或幾乎沒有好朋友，超過一半的受訪者具有一般大學或研究所以上的學位，一半以上的護理人員為單身，已婚有偶或同居者約38%。

表4-1　問卷回收護理人員基本資料 [a]

分析變項	%（人）	分析變項	%（人）
醫院形態	(3,326)	管理階級	(3,186)
私立中型醫院	14.3	主管	10.4
公立中型醫院	12.6	非主管	89.6
公立大型醫院	73.1	工作經驗（年）	(3,161)
部門別	(3,271)	平均值	11.7
內科病房	27.1	標準差	8.9
外科病房	20.1	醫院內的友誼網絡 [b]	(3,288)
婦產科病房	4.1	幾乎沒有好朋友（＝1）	2.8
小兒科病房	3.9	有一兩位好朋友（＝2）	20.6
精神科病房	1.9	有一些好朋友（＝3）	61.2
麻醉科、手術室	10.9	大部分都是好朋友（＝4）	15.4
急重症科、加護病房、創傷	20.2	婚姻狀態	(3,312)
門診	11.8	單身	59.6
受僱身分	(3,281)	已婚有偶或同居	38.2
長期正式編制人員	68.7	離婚、分居或喪偶	2.2
定期契約人員	31.0	最高教育程度	(3,321)
臨時人員	.3	技術學院／科技大學或以下	41.5
工作班別	(3,296)	一般大學	51.8
固定班別制	23.4	研究所	6.7
白天班	22.0		
下午班或小夜班	.4		
大夜班	.3		
其他	.1		
未回答固定班別種類	.6		
輪流班別制	73.5		
換班制	2.3		
隨機制	.8		

[a] 同圖4-3。
[b] 分析時當作連續變項處理。

　　關於哪些部門別及工作特性的護理人員較可能指認性騷擾、加害
人的身分，以及院方對於醫病與院內同仁之間的性騷擾是否有不同的
處理方式和結果，本文使用邏輯迴歸（logistic regression）模型進行檢

視。依變項為是否知道有過性騷擾事件，選項為「沒有」、「好像有，但不確定有」、「有」三類。分析結果列於表4-2。公立及大型醫院的護理人員比私立或中型醫院較可能指認院內有性騷擾，只是結果並不顯著。在部門差異方面，除了精神科之外，其他部門別的護理人員指認有性騷擾的機率都小於內科，這項結果符合之前的研究發現（如：莊世杰等 2009）。其中具有統計顯著性的包括：婦產科、小兒科、麻醉科和手術室、急重症單位、門診（接近 $p<.05$）。這幾個科室或單位可能因為病患性質（如：婦女、小孩、患重大傷病），或是與病患的直接接觸不似內科頻繁的關係，護理人員較少指認性騷擾事件的發生。

屬於長期正式編制的護理人員比定期契約或臨時人員較可能指認性騷擾的發生。關於工作班別，問卷的答項共有四類：輪流班別制、換班制（如：數天換一次班別）、隨機制（工作幾小時、休息後再工作）、固定班別制。筆者將前面三類非固定班表的受訪者合併為同一類，作為參考組。結果顯示，固定班別的護理人員指認有性騷擾的機率顯著小於沒有固定排班者，原因可能是後者有較多機會接觸不同部門別或班別的醫師與護理人員，可能較有機會接觸不同的訊息。表4-2的結果也顯示，受訪者的工作經歷越長，知道工作過的醫院發生過性騷擾的機率也越高。

具有主管身分的護理人員比基層護理人員有較高機率指認有性騷擾事件，且達到統計顯著水準。可能的解釋是事件發生後，她們基於管理者的身分會被告知，獲得第一手訊息；另外，被害人會告知主管，但未必會告訴同事。這和 Wilson 及 Thompson（2001）在論述權力運作的第二個面向時，提到當事人有可能認為會官官相護或基於從前案例的經驗，擔心組織不會積極處理申訴案件，而不願意告知主管的假設不同。如果主管是女性，則舉發的意願可能較高、事件也較容易被公開。本文的發現顯示主管性別差異的可能影響，筆者將於結論中針對這項分析結果提出一些看法。

表4-2　知道服務過的醫院內有性騷擾事件的多元邏輯迴歸分析 [a]

對照組：回答「沒有」性騷擾

分析變項	迴歸係數（標準誤）	
	有	好像有，但不確定有
醫院形態（私立中型醫院＝0）		
公立中型醫院	.04 (.25)	-.06 (.25)
公立大型醫院	.08 (.17)	-.17 (.18)
部門別（內科病房＝0）		
外科病房	-.12 (.15)	.03 (.16)
婦產科病房	-1.20 (.36) **	-.70 (.34) *
小兒科病房	-.94 (.32) **	-.72 (.35) *
精神科病房	.35 (.32)	-.11 (.41)
麻醉科、手術室	-.89 (.21) ***	-.47 (.21) *
急重症科、加護病房、創傷	-.29 (.15) *	-.15 (.16)
門診	-.37 (.20)	-.24 (.22)
長期正式編制人員（其他＝0）	.24 (.17)	.46 (.18) **
固定班別制（其他＝0）	-.36 (.15) *	-.40 (.17) *
主管（非主管＝0）	.69 (.17) ***	-.01 (.23)
工作經驗（年）	.10 (.02) ***	.07 (.03) **
工作經驗平方（除以100）	-.24 (.07) ***	-.24 (.08) **
醫院內的友誼網絡 [b]	-.05 (.08)	-.15 (.08)
婚姻狀態（單身＝0）		
已婚有偶或同居	-.09 (.12)	.01 (.14)
離婚、分居或喪偶	.29 (.33)	.15 (.39)
最高教育程度（技術學院／科技大學或以下＝0）		
一般大學	.01 (.12)	-.03 (.13)
研究所	.12 (.21)	.42 (.24)
常數項	-1.92 (.30) ***	-1.53 (.31) ***
樣本數	2,926	
Pseudo R^2 (%)	3.63	
Log likelihood	-2,324.81	

* $p<.05$, ** $p<.01$, *** $p<.001$

[a] 同圖4-3。

[b] 同表4-1。

　　至於回答「不確定」是否有性騷擾的受訪者，邏輯迴歸分析的結果與回答「有」的受訪者大致相同，但急重症單位、具有主管身分的係數變得不顯著，但方向符合預期。其他不同的發現是：相對於回答沒有性騷擾，屬於長期編制或具有碩士或博士學位的受訪者較會回答「不確定」，只是後者的效果不顯著。由於多數自變項的分析結果相似，以下的分析將合併回答「有」及「不確定」的受訪者。

（四）對加害人身分的分析結果

　　根據前述圖4-3，被指認的性騷擾加害人身分主要是病患，其次是醫師或主管，再來是病患的家屬或親友。雖然也有護理人員選擇「其他」，但人數較少。筆者進一步分析這三類加害人的身分與工作特徵和部門間的關係。關於加害人的身分是複選題，因此每一個個別的答案都是用虛擬變項方式處理。分析結果列於表4-3。

　　首先是加害人為「同事」（=1）相對於其他身分（=0）的結果。外科、小兒科、麻醉科和手術室、急重症單位、門診的護理人員，比內科有較高機率指認性騷擾的加害人為醫師或主管。其餘自變項並未具統計顯著性。但大致來說，公立中型醫院較私立醫院的護理人員更有可能指認來自醫師或主管的性騷擾；屬於長期正式編制者也較可能指認來自同事的性騷擾。至於加害人為「病患」（=1）的結果，與其他部門相比，內科的護理人員比較會指認性騷擾的來源是病患或親友。主要原因之一是在外科或急診室內，病人被麻醉或動手術時，不可能產生性騷擾的言語或行為，而家屬或親友也無法進入手術室。而在其他部門，護理人員較可能指認性騷擾是來自醫師或主管。這些結果雖然不能顯示個別部門發生性騷擾的機率及來源，不過，既有的研究也發現，相對於門診，病房的護理人員有較高比例受到性騷擾，其次是加

表4-3　加害人身分的二元邏輯迴歸分析 [a]

分析變項	迴歸係數（標準誤）加害人身分		
	同事 [c]	病患	病患的親友
醫院形態（私立中型醫院＝0）			
公立中型醫院	.38 (.36)	-.67 (.37)	-.26 (.39)
公立大型醫院	-.10 (.24)	.40 (.25)	.04 (.26)
部門別（內科病房＝0）			
外科病房	.45 (.21) *	-.48 (.22) *	-.21 (.21)
婦產科病房	.78 (.48)	-1.58 (.49) **	-.64 (.58)
小兒科病房	1.87 (.51) ***	-1.69 (.47) ***	-.30 (.51)
精神科病房	-.17 (.46)	-.29 (.47)	-.71 (.57)
麻醉科、手術室	3.01 (.43) ***	-3.03 (.38) ***	-2.02 (.54) ***
急重症科、加護病房、創傷	1.10 (.20) ***	-.64 (.22) **	-.29 (.22)
門診	1.17 (.28) ***	-.47 (.30)	-.36 (.30)
長期正式編制人員（其他＝0）	.15 (.26)	-.35 (.27)	-.27 (.26)
固定班別制（其他＝0）	.02 (.22)	-.05 (.23)	.04 (.23)
主管（非主管＝0）	.04 (.25)	.29 (.27)	.29 (.26)
工作經驗（年）	.06 (.03)	-.01 (.04)	-.01 (.04)
工作經驗平方（除以100）	-.08 (.10)	-.07 (.11)	.1e-2 (.11)
醫院內的友誼網絡 [b]	-.11 (.11)	.14 (.12)	.15 (.12)
婚姻狀態（單身＝0）			
已婚有偶或同居	-.02 (.18)	.29 (.19)	.23 (.19)
離婚、分居或喪偶	-.19 (.47)	.22 (.48)	-.61 (.65)
最高教育程度（技術學院／科技大學或以下＝0）			
一般大學	-.03 (.18)	-.03 (.19)	-.02 (.19)
研究所	.40 (.30)	-.13 (.31)	-.61 (.35)
常數項	-1.16 (.44) **	1.03 (.46) *	-.94 (.46) *
樣本數	875	875	875
Pseudo R^2 (%)	11.43	11.20	3.72
Log likelihood	-536.43	-505.62	-484.27

* $p<.05$, ** $p<.01$, *** $p<.001$
[a] 同圖4-3。
[b] 同表4-1。
[c] 含長官及醫師。

護病房和急診室（如：王素美等 2012；莊世杰等 2009）。本文的分析結果顯示，加害人身分具有部門別的差異。

前述表4-2的結果顯示，主管比非主管更可能指認性騷擾的出現，而且在統計上達顯著水準。但關於加害人身分的差異，表4-3的結果顯示，擔任主管與否的效果變得不顯著。然而，從迴歸係數值的差異或許仍可看出這個變項的效果：不論是哪一類加害人，主管指認出現性騷擾的機率都高於一般護理人員。然而，加害人為同事（醫師）的係數值（.04）遠小於病患或親友（均為 .29）。這是因為受到醫師騷擾的護理人員沒有告知主管，或是護理人員傾向淡化醫護間的性騷擾，本文尚難以回答。但這個結果似乎支持關於權力運作第二個面向的說法，也就是相對於醫師與護理人員間的衝突，主管較可能指認病患或親友對護理人員的性騷擾。

（五）影響性騷擾處理方式的分析結果

關於性騷擾被揭露後，接續處理方式的分析，可以檢驗三個權力運作的假設，迴歸分析的結果列於表4-4。依變項包括四類：被害人提出正式申訴或（司法）訴訟、加害人受到處分、私下和解、被害人離職。原題目都是複選題，因此每一類都用虛擬變項方式處理。每一個依變項都有兩組分析：模型 A 與 B，差別在於模型 B 加入加害人的身分作為解釋因素之一。加害人的身分是複選題，在此處用一組虛擬變項代表，分成同事、病患、病患親友、其他（包括同時勾選兩種或更多種身分）。

首先就「提出正式申訴或訴訟」與否的結果來看（模型1-A），相對於私立醫院，公立大型醫院的護理人員回答被害人提出正式的陳情或控告的機率較低，公立中型醫院則較可能採取這些行動，只是醫院

間的差異不具有統計顯著性。至於性騷擾事件的解決方式是否會因加害人身分不同而有所差異，模型1-B顯示，如果加害人為病患或親友，循正式管道解決性騷擾事件的可能性（迴歸係數值）低於加害人為同事時，只是該項結果未達顯著水準。

　　至於加害人是否受到任何形式的處分，由於回答「有」的人數少（請參考圖4-3），有些自變項的答項因為受訪者人數為零而被自動去掉。模型2-A的結果顯示，相較於私立醫院，不論是公立大型或中型醫院的護理人員都比較不會指認加害人有受到提告或機構處分，但只有前者呈現統計顯著性。或許公立大型醫院基於形象考慮，反而不願意公開支持提告或處分加害人，而是採取私下和解或安撫（詳見以下對於最後兩個模型的分析結果說明）。在部門別的差異方面，與內科相比，精神科護理人員較可能指認加害人被提告或被處分。筆者在圖4-3中列出一些受訪者自填的答案，其中即包括「給予病患藥物或肢體約束」。此外，根據羅燦煐（2011: 275）引述的一項國外實證研究結果，精神科的護理人員似乎有一套應付病房內病患性騷擾的方式，主要採取漠視和鎮壓並重的方式，加害人也可能會受到懲處。至於加害人的身分（包括醫師、病患或親友）對於後來是否受到懲處，並沒有顯著影響（模型2-B）。[8]但從係數值來看，如果加害人為醫師或主管，則被提告或處分的機率遠小於另外兩類加害人。這似乎也間接支持關於第二個權力運作面向的假設。

　　有些性騷擾事件可能以私下和解收場。私下和解有可能在提出正式告訴前就發生，或是向管理階層報告或提出申訴之後雙方被要求和解。表4-4的模型3-A呈現對私下和解的分析結果。相較於私立醫院，發生在公立醫院的性騷擾都顯著地較可能採取私下和解的方式處理。

8　另一個可能性則是精神科的病人已被標籤化，較容易被認為有侵犯的行為而被提告。筆者感謝盧孳艷教授的提醒。

表4-4 性騷擾事件後續發展及處分結果的二元邏輯迴歸分析 [a]

分析變項	迴歸係數（標準誤）							
	1 被害人提出正式申訴或訴訟		2 加害人被提告或受到機構處分 [d]		3 雙方私下和解 [d]		4 被害人已離職	
	A	B	A	B	A	B	A	B
醫院形態（私立中型醫院＝0）								
公立中型醫院	.63 (.48)	.64 (.48)	-66 (1.3)	-.64 (1.3)	2.37 (1.0)*	2.43 (1.0)*	-.56 (.66)	-.64 (.68)
公立大型醫院	-.64 (.33)	-.63 (.33)	-2.52 (.94)**	-2.62 (.96)**	2.17 (.81)**	2.19 (.81)**	-1.27 (.37)**	-1.26 (.37)**
部門別（內科病房＝0）								
外科病房	-.63 (.35)	-.62 (.35)	-.36 (.93)	-.32 (.95)	.26 (.49)	.30 (.50)	-.10 (.44)	-.15 (.44)
婦產科病房	-.50 (.78)	-.42 (.80)	(omitted)	(omitted)	-.63 (1.2)	-.72 (1.3)	.67 (.81)	.49 (.83)
小兒科病房	-1.05 (1.0)	-1.09 (1.1)	1.22 (1.4)	1.29 (1.4)	.58 (1.0)	.47 (1.0)	-.28 (1.1)	-.61 (1.1)
精神科病房	.35 (.61)	.50 (.63)	2.75 (1.2)*	2.74 (1.2)*	1.73 (.82)*	1.84 (.84)*	.07 (.81)	.07 (.84)
麻醉科、手術室	-.38 (.48)	-.38 (.51)	-.04 (.99)	.19 (1.1)	-.15 (.70)	-.05 (.75)	-.93 (.78)	-1.24 (.81)
急重症科、加護病房、創傷	-.08 (.29)	-.13 (.30)	-1.77 (1.2)	-1.52 (1.2)	.49 (.51)	.63 (.53)	.39 (.35)	.33 (.36)
門診	-.21 (.41)	-.24 (.42)	(omitted)	(omitted)	-.51 (.91)	-.48 (.92)	.58 (.46)	.51 (.47)
長期正式編制人員（其他＝0）	.50 (.39)	.52 (.39)	-1.07 (1.1)	-1.32 (1.1)	.53 (.59)	.53 (.59)	.23 (.56)	.20 (.57)
固定班別削（其他＝0）	.26 (.32)	.21 (.33)	-.55 (1.0)	-.30 (1.0)	-.05 (.56)	-.09 (.57)	-.09 (.38)	-.17 (.39)
主管（非主管＝0）	.19 (.36)	.13 (.36)	.49 (1.0)	.47 (1.0)	1.12 (.60)	1.05 (.61)	.25 (.42)	.24 (.42)
工作經驗（年）	-.05 (.05)	-.05 (.05)	.07 (.15)	.09 (.15)	-.14 (.09)	-.15 (.09)	.09 (.06)	.09 (.06)
工作經驗平方（除以100）[b]	.21 (.13)	.21 (.13)	-.11 (.50)	-.16 (.52)	.38 (.26)	.42 (.26)	-.01 (.16)	.9e-2 (.17)
醫院內的友誼網絡 [b]	.27 (.17)	.27 (.17)	.77 (.54)	.81 (.55)	.09 (.27)	.06 (.27)	-.02 (.20)	-.03 (.20)

	(1)	(2)	(3)	(4)	(5)	(6)	(7)	(8)
婚姻狀態（單身＝0）								
已婚有偶或同居	-.40 (.27)	-.41 (.27)	-.34 (.71)	-.38 (.72)	.39 (.42)	.42 (.43)	-.62 (.32)	-.59 (.33)
離婚、分居或喪偶	-1.40 (1.1)	-1.32 (1.1)	(omitted)	(omitted)	.81 (.90)	.86 (.90)	-.13 (.70)	-.04 (.70)
最高教育程度（技術學院／科技大學或以下＝0）								
一般大學	.06 (.27)	.07 (.27)	.54 (.71)	.49 (.73)	-.57 (.41)	-.63 (.41)	.15 (.32)	.19 (.32)
研究所	-.10 (.45)	-.02 (.45)	.83 (1.1)	.96 (1.2)	-.01 (.61)	.17 (.63)	-.52 (.55)	-.42 (.56)
加害人（只有同事c＝0）								
只有病患	-	-.29 (.32)	-	.82 (.81)	-	.12 (.48)	-	-.88 (.39) *
只有病患的親友	-	-.01 (.28)	-	1.63 (1.4)	-	.99 (.93)	-	.32 (.69)
其他	-	.38 (.68)	-	.06 (.79)	-	.28 (.42)	-	-.15 (.32)
常數項	-2.51 (.68) ***	-2.57 (.73) ***	-3.43 (2.1)	-3.82 (2.1)	-3.56 (1.2) **	-3.64 (1.2) **	-2.79 (.84) **	-2.45 (.88) **
樣本數	857	855	239	236	277	274	857	855
Pseudo R² (%)	5.34	6.31	23.36	24.95	12.13	12.75	8.52	10.09
Log likelihood	-286.48	-283.29	-45.00	-43.91	-117.54	-116.16	-210.51	-206.76

* $p<.05$, ** $p<.01$, *** $p<.001$

a 同圖 4-3。

b 同表 4-1。

c 同表 4-3。

d 若加害人受到處分，才會續問處分結果，所以此題的回答人次較少。

圖4-4　醫院內張貼的反暴力宣言，強調
「暴力行為涉及刑法、醫療法、社會秩序維
護法」。

資料來源：筆者拍攝。

相較於內科，精神科的護理人員較可能回答性騷擾的後續是採取私下和解的方式處理。被害人的身分對於是否採取和解方式則沒有顯著影響（模型3-B），但從係數值來看，相對於同事（醫師），如果加害人為病患或親友，性騷擾事件有較高機率採取私下和解。

在關於性騷擾對被害人影響的文獻中，經常被提到的屬於責備被害人效應的結果之一是在敵意工作環境下，即使上司或組織沒有明確或實際地運用權力掩蓋性騷擾事件，被害人考慮到醫院可能的反應、工作環境的敵意，或其他原因而自行或被迫離開醫院。表4-4模型4-A的結果顯示，被害人離職與否並沒有部門別的差異，但有組織別的差異。與私立醫院相比，公立醫院較不會出現被害人離職現象，尤其是在公立大型醫院。值得注意的是，當加害人的身分為醫師或主管時，被害人被指認已離職的機率顯著高於當加害人為病患（模型4-B）。這些結果顯示，若是來自組織內權力位階較高者的性騷擾，被害人的工作權較可能受到影響。

在表4-3和表4-4列出的分析模型中，沒有任何工作特徵或個人社會因素出現顯著效果。雖然並不代表這些變項都不重要，但亦顯示受訪者對於院方後續處理的了解並非基於個人的工作特徵或背景上的差異。

五、結論

　　根據本文對於現有文獻的回顧，關於性騷擾在一般職場和醫療院所的普遍性、言語和行為性騷擾的形式、受害女性的反應及應付策略、對被害人身心的影響，以及少數進入司法審理案件的過程等，已累積一些研究成果。性騷擾確實不是一個新問題，而是一直存在的現象。在法律明文禁止、各級政府也不斷宣導下，為何性騷擾還是不能從職場中消除？本文試圖從權力運作的觀點，針對性騷擾事件的後續處理模式、處理結果、加害人身分差異的影響，對這個疑問提出一些解答。

　　本文對三家不同規模和屬性醫院進行問卷普查，從護理人員的問卷資料中，分析性騷擾加害人的態樣、後續處理的情形及被害人的處境。由於本文使用的是超過3,000位護理人員的大樣本資料，得以在知悉性騷擾事件發生到最後結果的層層篩漏中，仍有足夠的觀察值可用以分析，並得出有意義的結果。此一資料優勢為過去質性或小樣本調查較難做到的。本文根據 Wilson 及 Thompson（2001）的論述及其他實證研究發現，提出對三個權力面向及其他相關變項的假設。就第一個權力面向而言，雖然根據次數分配，指認來自病患或親友的性騷擾較多，但由於仍有不少護理人員指認醫院內的性騷擾事件為同事或長官所為，顯示基於階級不平等所產生的性騷擾仍可能被揭發。似乎在有法令明訂禁止性騷擾的情況下，護理人員未必會因為加害人在組織內的優勢地位而不願指認。

　　根據前述的分析結果（圖4-3），本文所分析的醫院內護理人員不但指出確實發生過性騷擾的事件，而且還可具體指出加害人的身分、後續的處理過程和結果。過去研究也顯示護理人員受到性騷擾的比例在42%到57%之間，算是相當普遍（如：王素美等 2012：48）。因

此，為何仍有高比例（超過70%）的護理人員表示沒有發生過性騷擾或其他暴力行為，值得深入探討。筆者認為有幾個原因或許可以說明這個迷團：第一，本文後續的邏輯迴歸分析的結果顯示，年資較淺的護理人員可能因為是醫院的新人，對於過去發生的性騷擾事件較不清楚。第二，與同事之間的關係網絡較鬆散，或者所處的部門別和診療場所與其他同事較少有接觸機會，獲得的資訊受限。第三，通常類似事件發生後，即使處理完畢，醫院也未必願意公布調查結果。因此，除非受訪者確實有機會或管道得知事件的發生及後續情形，或受訪者即是當事人本人，否則醫院內各科室分類較細、空間分布甚廣，的確有可能不知曉其他科室或診間發生的事件。第四，受訪者擔心照實回答會影響醫院的名聲，或者覺得沒必要再提起過往的經驗，以免引起負面效應。第五，牽涉到性意味相關的議題時，受訪者比較可能會認為涉及隱私或甚至曖昧不明的狀態，事件既然已經過去便不願表態；或者為了保護當事人而不願意舊事重提。這也可視為本文的研究限制之一。多數的研究都是針對性騷擾事件的被害人進行調查分析，少有對於同一職場其他同事的訪問或觀察。類似的研究，未來對於了解性騷擾的階級不平等的影響及其他權力面向，例如敵意工作環境等，應有相當的幫助。

　　至於第二個權力運作面向，亦即醫院管理階層即使知曉也不願處理性騷擾事件或故意淡化。根據分析結果，有些來自同事的性騷擾後續被申訴或正式提告，有些沒有進入正式處理程序，其中有些加害人受到主管斥責、有些個案則是被害人受到責備。這些處理方式都可能影響事件的曝光率及受害人願意公開事件的意願。分析結果部分支持Wilson 及 Thompson（2001）在提到權力不對等的狀況時所說的，管理階層在做決定時偏向支持有權力的一方。不過，這兩位作者所設想的握有權力者是男性，因此對受害的女性造成揭發或提告的壓力。本文

的分析結果顯示，當主管為女性時，或許護理人員較願意告知性騷擾事件，因此比其他護理人員更可能指認性騷擾的發生。然而，整體分析結果也顯示，在性騷擾後續發展結果中，將近一半被指認為不了了之，提到有被正式處理的人次僅 100 多人，遠低於指認有性騷擾的人數。雖然性騷擾被指認，但不論加害人是同事或病患，醫院的高層是否願意積極處理性騷擾事件，仍然存疑。

第三個權力面向是指被害人在職場文化下屈從不平等關係，或者採取自我化解、自我犧牲的手段。本文在分析中，發現有相當多的護理人員指認被害人後來離職，如果加害人為同事或長官，離職行為尤為顯著。依據已有的研究（楊櫻華、游美惠 2006；羅燦煐 2011），不論後續發展是否符合受害護理人員的預期，在醫院內似乎總是背負一些罵名或污名，也可能持續遭受不友善的言語或對待。即使沒有人被直接責備，但受害人可能因為這些不愉快的經驗而離開事件發生的場所。在父權制陰影下的工作場所對於被害人而言，似乎是敵意多於支持。

迴歸模型中並加入組織、工作特徵和個人變項，結果顯示醫院與部門別在性騷擾的發生和處理方式確實有些差異。與私立醫院相比，公立醫院的性騷擾較不會進入正式處理程序，而較可能私下和解，受害護理人員也較不會離職。這種處理模式對於被害人而言是否較缺乏正義，或者在實質上較有利，還需要更多的研究才能解答。然而的確顯示，權力運作的過程和結果具有複雜性，未必如 Wilson 及 Thompson（2001）所述，階級和性別的權力關係完全主導性騷擾的處理過程；工作環境的處理過程和結果也未必是全然的零和遊戲。公立醫院似乎較不會公開處理性騷擾，較可能採取私下和解。

屬於正式聘用或輪流班別、換班或隨機制的護理人員，較可能指認曾發生性騷擾事件。僱用形態的差異顯示，在控制工作資歷和其他

工作特徵後，工作如果較有保障，則受訪者可能較願意指認發生在組織內的衝突事件。輪班的護理人員有機會接觸不同的部門，知曉事件的機率也高於固定班別制的同仁。組織內權力運作仍會受到勞雇關係與職務特性的影響。

分析結果也顯示指認性騷擾的部門別差異。內科的護理人員指認性騷擾的機率較高，符合之前一些研究的發現（莊世杰等 2009；林文香、夏萍絗 1998a、1998b）。不論是採取正式申訴、提告或和解，都可算是積極的處理。分析顯示，精神科的護理人員比內科更可能指認事件發生後會採取積極的處理方式，這是否與醫院內的人員設置和處理經驗有關，值得後續更多的研究探討。

本文使用的調查資料蒐集時間為2014年，也就是性平法正式施行的12年之後，總結本文的研究發現，仍然有許多護理人員指認院內有性騷擾事件，醫院內存在多件來自醫師及病患的性騷擾，多數的事件不會被公開提告，大醫院較可能採取私下和解的方式來解決爭端，而受到醫師或主管性騷擾的受害護理人員較可能離職。保守來說，這些結果顯示，不能排除在性騷擾發生後，主管的態度、組織文化及內部權力運作等因素的影響。從另一個角度來說，這些因素如果不能消除，工作場所對於女性的物化及性騷擾就不會消弭。有台灣的法律學者認為（焦興鎧 2009），性平法以免除或減輕刑責的方式鼓勵雇主主動建立友善工作環境，減少了法律介入性別平等推動的必要性。但這對減少性騷擾事件的發生是否有效，本文持保留態度。多數西方國家都有法律禁止工作場所的性騷擾，然而事件仍經常發生。事件發生後，主管大都息事寧人，以促成雙方和解或尋求心理諮商方式解決問題（Salin 2009）。雖然包括本文所調查的三家醫院在內，迫於法令的規定，多數的醫院都張貼禁止性騷擾的公告並設立申訴管道，但如果對於事件的處理方式消極，這些規範及申訴程序仍可能淪於形式，缺乏

實質遏止作用。如果醫院在事件處理完成後，採取一般化、隱匿當事人姓名的方式，讓院內同仁知道性騷擾事件的處理結果及加害人受到的處分，既可以傳達院方反性騷擾和任何形式暴力的態度，也有警惕的效果。

　　雖然本文的分析對象為醫院內的性騷擾事件，研究結果應該可以推論到其他工作場所。性騷擾不是和他人之間單純地互講黃色笑話或無意識的肢體行為，而是自覺地對他人造成具有性意味的困擾或甚至騷擾。這些「他人」最有可能是女性、體型纖細的男性、同志，或者社會中的弱勢族群，如：外籍移工或家庭自行僱用的看護或幫傭（楊培珊 2000）。有些人基於性別或族群的刻板印象或歧視，也可能不自覺地對具有這些特定社會人口特徵的群體進行性騷擾。即使有法律約束，侵犯者仍可能覺得不會受到處罰，也沒有道德上的愧疚。雇主和高階主管姑息下屬的性騷擾行為，是加害人屢犯的幫凶。法律雖然並非減少或去除暴力行為的唯一方式，但確實有警惕和維護正義的效果。法院的判決如果處以連帶責任，勞工行政單位將判決結果公開，也形同宣示台灣職場禁止性騷擾的決心。除了公開宣告禁止性騷擾、積極處理申訴案件等，雇主和管理階層在硬體設施上多用心，也能減少事件的發生率。例如，有警察人員及學者發現，有些地區的警察機關洗手間為男女共用，或男女休息室僅以屏風隔開，這些缺乏性別敏感的設計，造成女警的不便，同時容易衍生性騷擾爭議（陳淑雲、黃富源、周文勇 2008）。這些學者因而建議將警局內硬體設備的安排作為考評性別平權的指標之一，擴大對於友善工作場所的解釋。此外，明訂組織內及組織外（政府機關）的申訴管道、法律扶助和罰款，也有助於反性騷擾意識的宣傳及被害人提出告訴。藉由公開判決結果及媒體報導，也可以發揮公共教育的效果。

問題與討論

1. 除了護理人員之外，還有哪些職業的女性工作者也容易成為同事或客戶性騷擾的被害人？工作場所的環境、工作性質、雇主或管理階層的要求等，與這類行為的發生之間是否有關聯？請試著舉出兩種職業加以說明。

2. 性騷擾的形式有很多種。例如，在辦公室或座位附近擺放裸女或穿著泳裝女性的圖片或月曆，講黃色笑話或評論身材，觸摸身體，做出希望發生性關係的暗示等。不同的形式帶來的傷害或影響可能會因為頻率、程度、被害人的感受，以及管理階層的處理方式和態度等而有差異。請就這些因素，比較不同形式性騷擾的影響。例如，身體碰觸是否一定比較嚴重呢？

3. 雖然多數的性騷擾事件是男性對女性，但是女性對男性、女性對女性、男性對男性也可能有性騷擾舉動。這些非典型的騷擾同樣可能展現出不同的權力關係。請討論：如果不是男性對女性的性騷擾，則性騷擾的發生及權力關係的形成可能是基於哪些因素？

參考文獻

中央社，2012，〈言語性騷擾 媒體主管罰10萬〉。5月11日。

中國時報，2012，〈女店長摸臀 開除他 佐丹奴挨罰〉。4月21日。

_____，2012，〈裙短丟差女另控性騷擾 人力公司挨罰有理〉。9月12日。

王素美、吳佩玲、張之蘋、許秀蜂、郭雅惠，2012，〈護理人員的職場性騷擾處理之認知、態度及相關滿意度探討〉。《澄清醫護管理雜誌》8(3): 47-53。

自由時報，2016，〈男摸護理師大腿 還嗆妳鑲金的喔〉。10月10日。

李選、白香菊、顏文娟，2010，〈台灣護理人員職場暴力經驗及其相關因素研究〉。《護理雜誌》57(2): 61-69。

林文香、夏萍絗，1998a，〈護理人員面對病患性騷擾及因應之初探〉。《榮總護理》15(4): 386-395。

_____，1998b，〈女性護理人員面對男病患性騷擾及其看法〉。《公共衛生》25(3): 167-180。

_____，1999，〈護病互動中的性騷擾〉。《中華心理衛生學刊》12(1): 31-55。

林秀美、陳陷陸、莊世杰，2006，〈護理人員在職場遭遇性騷擾之研究〉。《中華職業醫學雜誌》13(1): 21-28。

夏萍絗、林文香，2001，〈護生對病患性騷擾之態度與因應策略研究〉。《公共衛生》28(1): 61-73。

莊世杰、林秀美、潘豐泉，2009，〈醫院護理人員受性騷擾問題研究〉。《寶健醫護與管理雜誌》7(2): 10-17。

陳柑伴、楊秀芬、陳慧蘭、楊美賞，2010，〈醫院護理人員遭受職場暴力後情緒反應及調適處理〉。《護理暨健康照護研究》6(3): 163-171。

陳祖輝，2005，〈女性護理人員職場性騷擾經驗與因應態度之初探研究〉。《警專學報》3(6): 153-180。

陳淑雲、黃富源、周文勇，2008，〈警察機關工作職場性騷擾行為成因及防制對策〉。《中央警察大學警學叢刊》39(1): 107-127。

勞動部，2016a，《104年勞動統計年報》。http://www.mol.gov.tw/
statistics/2452/2455/，取用日期：2017年3月23日。

_____，2016b，〈104年僱用管理及工作場所就業平等概況〉。勞
動部統計處新聞稿，2016年3月8日。http://www.mol.gov.tw/
announcement/2099/25057/，取用日期：2017年3月23日。

_____，2017，〈105年工作場所就業平等概況調查：受僱者最近一
年在職場遭受性騷擾之情形（附表28）〉。http://statdb.mol.gov.tw/
html/sex/rptmenusex5.htm，取用日期：2018年3月2日。

麥金儂著，賴慈芸、雷文玫、李金梅譯，1993，《性騷擾與性別歧視：
職業女性困境剖析》。台北：時報文化。（MacKinnon, Catharine A.,
1979, *Sexual Harassment of Working Women: A Case of Sex Discrimination.*
New Haven, CT: Yale University Press.）

曾嬿瑾、古允文，2010，〈到底應主觀還是該客觀：從性騷擾防治法的
實務執行解讀性騷擾的樣貌〉。《台灣社會福利學刊》9(1): 165-212。

焦興鎧，2001，〈醫療院所性騷擾問題在我國所引起之法律爭議：對我
國法院長庚醫院一則相關案例判決之評析〉。《月旦法學雜誌》78:
89-110。

_____，2009，〈工作場所性騷擾爭議之預防及處理：台灣之經驗〉。
《台灣勞動評論》1(2): 145-155。

楊培珊，2000，〈女性居家照顧服務員工作中遭受性騷擾之經驗探
討〉。《台大社會工作學刊》2: 98-149。

楊櫻華、游美惠，2006，〈女性軍訓教官的職場困境：以已婚育有子女
者為例的性別分析〉。《台灣教育社會學研究》6(2): 125-161。

網市／罔氏電子報，2002，〈第123期女性電子報新聞前線：45萬元的
意義〉。http://forum.yam.org.tw/bongchhi/old/tv/tv122.htm，取用日
期：2017年3月16日。

盧孳艷、邱慧洳、蘇柏熙、亮亮、蔡秀男、劉育志、方瑞雯、白映
俞、吳靜芬，2013，《護理崩壞！醫療難民潮來襲》。台北：貓頭鷹。

蕭昭君，2005，〈三個職場對於性騷擾議題的反應〉。《性別平等教育學
刊》31: 78-88。

聯合報，2011，〈性騷擾不准易科罰金 關他120天〉。A14版，5月28日。

_____，2012，〈申訴半年才查 員工遭性騷擾 派遣、要派雙罰〉。B1版，1月19日。

謝易達、莊漢宗、李怡真，2014，〈醫院主管的責任：台北地方法院89年度訴字第424號判決個案後之反思與再檢視〉。《人文社經論叢》2: 127-143。

羅燦煐，2002，〈他的性騷擾？她的性騷擾？性騷擾的性別化建構〉。《台灣社會研究季刊》46: 193-249。

_____，2011，〈沈默中的表達，順服中的抗拒：女性性騷擾因應論述的自我培力〉。《台灣社會研究季刊》85: 267-315。

邊立中、鄭雅文、陳怡欣、陳秋蓉，2014，〈職場暴力盛行率與受僱者健康狀況之相關〉。《台灣公共衛生雜誌》33(1): 36-50。

Çelik, Yusuf and Sevilay Şenol Çelik, 2007, "Sexual Harassment against Nurses in Turkey." *Journal of Nursing Scholarship* 39(2): 200-206.

Chamberlain, Lindsey Joyce, Martha Crowley, Daniel Tope and Randy Hodson, 2008, "Sexual Harassment in Organizational Context." *Work and Occupations* 35(3): 262-295.

Chang, Chin-fen and Mei-hua Chen, 2013, "Dependency, Globalization and Overseas Sex-related Consumption by East Asians." *International Journal of Tourism Research* 15(6): 521-534.

Cogin, Julie and Alan Fish, 2009, "Sexual Harassment: A Touchy Subject for Nurses." *Journal of Health, Organization and Management* 23(4): 442-462.

Connell, Raewyn, 1987, *Gender and Power: Society, the Person, and Sexual Politics.* Stanford, CA: Stanford University Press.

De Coster, Stacy, Sarah Beth Estes and Charles W. Mueller, 1999, "Routine Activities and Sexual Harassment in the Workplace." *Work and Occupations* 26(1): 21-49.

Fitzgerald, Louise F., Suzanne Swan and Karla Fischer, 1995, "Why Didn't She Just Report Him? The Psychological and Legal Implications of Women's Responses to Sexual Harassment." *Journal of Social Issues* 51(1): 117-138.

Good, Laura and Rae Cooper, 2016, "'But It's Your Job to Be Friendly': Employees Coping with and Contesting Sexual Harassment from Customers in the Service Sector." *Gender, Work and Organization* 23(5): 447-469.

Gutek, Barbara A. and Bruce Morasch, 1982, "Sex-ratios, Sex-role Spillover, and Sexual Harassment of Women at Work." *Journal of Social Issues* 38(4): 55-74.

Huebner, Lisa C., 2008, "It Is Part of the Job: Waitresses and Nurses Define Sexual Harassment." *Sociological Viewpoints* 24: 75-90.

LaMontagne, Anthony D., Peter M. Smith, Amber M. Louie, Michael Quinlan, Jean Shoveller and Aleck S. Ostry, 2009, "Unwanted Sexual Advances at Work: Variations by Employment Arrangement in a Sample of Working Australians." *Australian and New Zealand Journal of Public Health* 33(2): 173-179.

Mueller, Charles W., Stacy De Coster and Sarah Beth Estes, 2001, "Sexual Harassment in the Workplace: Unanticipated Consequences of Modern Social Control in Organizations." *Work and Occupations* 28(4): 411-446.

Nicolson, Paula, 1997, "Gender Inequality, Sexual Harassment and the Toxic Organization: The Case of Medical Women." Pp. 32-48 in *Sexual Harassment: Contemporary Feminist Perspectives*, edited by Alison Thomas and Celia Kitzinger. Buckingham, UK: Open University Press.

Rindfuss, Ronald R., Larry L. Bumpass, Minja Kim Choe and Noriko O. Tsuya, 2004, "Social Networks and Family Change in Japan." *American Sociological Review* 69(6): 838-861.

Salin, Denise, 2009, "Organisational Responses to Workplace Harassment: An Exploratory Study." *Personnel Review* 38(1): 26-44.

Schultz, Vicki, 2001, "Talking about Harassment." *Journal of Law and Policy* 9: 417-433.

Selberg, Rebecca, 2012, *Femininity at Work: Gender, Labour, and Changing Relations of Power in a Swedish Hospital.* Lund, Sweden: Arkiv Academic Press.

Stanko, Elizabeth A., 1988, "Keeping Women In and Out of Line: Sexual Harassment and Occupational Segregation." Pp. 91-99 in *Gender Segregation at Work*, edited by Sylvia Walby. Philadelphia, PA: Open University Press.

The New York Times, 2017, "Harvey Weinstein Paid Off Sexual Harassment Accusers for Decades." October 5.

Tseng, Lu-Ming, 2013, "Customer First and Customer Sexual Harassment: Some Evidence from the Taiwan Life Insurance Industry." *Gender, Work and Organization* 20(6): 692-708.

Uggen, Christopher and Amy Blackstone, 2004, "Sexual Harassment as a Gendered Expression of Power." *American Sociological Review* 69(1): 64-92.

Valente, Sharon M. and Vern Bullough, 2004, "Sexual Harassment of Nurses in the Workplace." *Journal of Nursing Care Quality* 19(3): 234-241.

Warhurst, Chris and Dennis Nickson, 2009, "'Who's Got the Look?' Emotional, Aesthetic and Sexualized Labour in Interactive Services." *Gender, Work and Organization* 16(3): 385-404.

Welsh, Sandy, 1999, "Gender and Sexual Harassment." *Annual Review of Sociology* 25: 169-190.

Wilson, Fiona and Paul Thompson, 2001, "Sexual Harassment as an Exercise of Power." *Gender, Work and Organization* 8(1): 61-83.

附錄　組織內性騷擾事件的發展

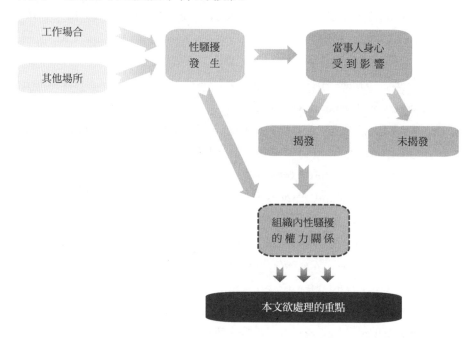

「每個人的身體都不一樣」：居家照顧服務中的身體工作

葉怡廷

* 葉怡廷 陽明大學醫學生。

** 筆者感謝所有在田野中相識的個案、族人、參與研究的居家照顧服務單位，以及最辛苦的第一線照顧工作者。同時感謝指導教授梁莉芳在寫作過程中，給予的豐富建議與鼓勵。

*** 本文引用資訊：張晉芬、陳美華編，2019，《工作的身體性：服務與文化產業的性別與勞動展演》，頁203-240。高雄：巨流。

中文摘要

身體工作（body work）指的是以接觸、處理他者身體為工作內容的勞務，例如，照顧、醫療、美容等。本文從居家照顧服務員（以下簡稱居服員）的經驗出發，以身體工作為核心概念，探究在台灣居家照顧服務制度下，照顧工作者如何成為身體工作者，如何與照顧服務接受者共同協作、協商身體界線，並進一步探討居家服務工作內容如何受組織制度、專業建制形塑與劃界。本文藉由深度訪談和參與觀察照顧工作的日常實作，凸顯身體工作是照顧工作的核心，居服員以個人的照顧經驗為基礎，經過自我調適、累積經驗知識，才能成為稱職的身體工作者。其次，透過身體這個工作平台，可以看到照顧關係建立過程與變動模糊的身體界線，亦能看到政策中「活躍老化」此概念的具體展現。此外，身體具連續性、整體性等特質，卻被政策零碎地切割，居服員必須以「連結工作」回應個案的需求。本文並以侵入性行為（肛門甘油球使用）為例，指出屬於社會照顧（social care）的居家服務與醫療照顧（health care）的界線相互推移，呈現眾多因素影響工作劃界，並可能出現照顧需求無人回應的空缺。研究者希藉此研究使學術界重視勞動過程的身體議題，呈現照顧現場的細節並凸顯照顧工作的價值。同時，政策制定者與社會大眾應肯認第一線工作者的實務經驗。

關鍵詞：居家照顧服務、身體工作、照顧工作、居家照顧服務員

"Every Individual Is Unique": The Body Work in Home Care Service

Yi-Ting Yeh

Medical Student

National Yang Ming University

Abstract

Bodywork is defined as direct work on others' bodies. This study adopts the concept of bodywork as the analytical approach to investigate homecare practices in Taiwan. Relying upon ethnographic fieldwork and interviews, the study finds that homecare workers have to get over the feeling of disgust to become "body workers". In addition, care workers need to rearrange the practices and define the body boundary based on the varieties of care recipients' gender, aging, and disabilities. Furthermore, although the body is a corporeal existence with continuity, its care needs have been divided in a fragmented manner by our categorized services. As a result, the "articulation work" performed by care workers is created by such inflexible regulations. Also, the study shows the care gap in our public care service through the issue of the usage of glycerine ball. Based on the findings, the study argues that the government and society should value the bodywork in homecare services.

Keywords: home care service, body work, carework, home care worker

所以我們做這個事情，照顧老人可能薪水3萬多元，好像不值得，工作困難條件、環境已超過忍耐程度，愛心施展有一點困難，我在這裡要勉勵第一線照服員，把它當作功德台灣的社會理念、做善事的行為。真有碰到困難，希望衛福部也有機制解決，不要讓照服員在第一線獨自面對、獨自承擔，他只有兩種選擇：繼續忍耐或離開工作，這樣不好，這要隨時檢討、隨時調整，讓整個制度更加周延。

——自由時報（2017年11月24日）

一、前言

在2017年衛生福利部長照專線1966記者會上，行政院長賴清德關於「功德說」的發言引發多方議論，也讓大眾更關注長期照顧人力的議題，然而，居家照顧服務員（以下簡稱居服員）[1]真的能訴諸功德這般「愛的勞務」（labor of love）[2]理念以超越工作困境嗎？要回答這個問題，我們得先檢視台灣第一線照顧工作（carework）的樣貌為何？照顧工作的核心為何？本文以「身體工作」（body work）為主要概念，勾勒工作者、被照顧者、政策制度等面向所形塑的居家服務工作。

居家照顧服務（home care service 或 in-home service）是由「專業」訓練人員提供生活活動、家務處理、醫療護理與心理社會支持的服務，目的是協助服務需求者在熟悉的環境中自主生活、維持原有的社

1　由於照顧工作者以女性為多，本文以「她們」指稱。
2　指為了喜悅（pleasure），不求回報、經濟報酬所做的工作和勞動。以女性主義視角觀看照顧工作和家務勞動，就生理、情緒、道德層面而言，這種以愛為名的勞務經常造成沉重的負擔和自我剝削（Lynch 2007）。

會角色，並減緩家庭成員的照顧負荷（謝美娥、沈慶盈 2015：47）。本文所指稱的居家服務是民眾向各縣市長期照顧管理中心申請服務，由簽約的居家式服務類長期照顧服務機構分派合格的照顧服務員（多為本國籍）到案主家中；服務依個案身體與經濟狀況核予政府補助。台灣自1980年代開始發展居家服務，國家的公共照顧走入私人家戶內，照顧與家務勞動成為有酬的服務方案，目前是由政府主導、擔負預算與評估需求，交由民間機構經營與管理（服務輸送流程見圖5-1），居服員的工作也逐漸建制成現今的樣貌。

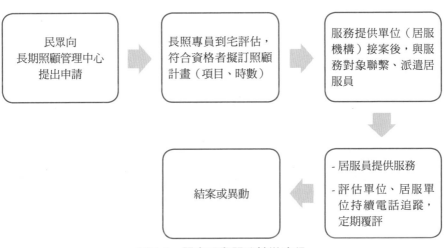

圖5-1　居家照顧服務輸送流程
資料來源：衛生福利部（2016: 33）。

　　政府自2002年開始推行的「照顧服務產業發展方案」，以巴氏量表 ADL、IADL[3] 與失智症量表 CDR[4] 建立評估機制，並延用至行政院長期

3　這兩項量表都是現行醫療、照顧實務中普遍使用的自我照顧功能評估工具。ADL（Activities of Daily Living；日常生活活動功能）評估進食、移位、如廁、洗澡、平地走動、穿脫衣褲鞋襪等六項活動；IADL（Instrumental Activities of Daily Living；工具性日常生活活動功能）評估上街購物、外出活動、食物烹調、家務維持、洗衣服等五項活動。

4　CDR（Clinical Dementia Rating；臨床失智評估）是失智症篩檢工具，包含六種不同面向的測量標準，用以評估疾病的整體嚴重度。根據被評估者的記憶力、定向

照顧十年計畫（衛生福利部 2016）。明訂服務項目如下：

1. 家務及日常生活照顧服務：包含洗濯換洗衣物、清潔居家環境、家務及文書處理、餐飲服務、陪同或代購生活必需用品、陪同就醫或聯絡醫療機關（構），以及其他相關之居家服務。

2. 身體照顧服務：包括協助沐浴、穿換衣物、口腔清潔、進食、服藥、翻身、拍背、肢體關節活動、上下床、陪同散步、運動、協助使用日常生活輔助器具，以及其他服務。

從上述內容可以發現居家服務的工作特質包含個案[5]的生活細節，其中身體照顧工作是重要且不可或缺的一部分，工作內容看似被制度切分成一個個的項目，實務上則是以服務時數給付。此外，由於「**每個人的身體都不一樣**」，居服員必須在有限的時間內，順應不同個案的身體照顧需求，並且回應隨時變化的身體狀況以提供服務。另外，居服員的工作場域是個案的日常生活空間，具有隱密、私領域的特質，再加上身體照顧工作的個人性與近距離接觸特質，工作界線易趨向模糊，居服員與個案的互動關係具有多元、流動的特性。

然而，過去台灣居家服務的相關研究大多著重於政策分析、職業傷害、情感關係與情緒工作（emotion work），往往忽略或貶抑實務中以身體為焦點的工作內容，本文聚焦於身體這個肉體性（corporeality）、實體性（physicality）的物質存在，細緻地描繪過往所忽視的身體照顧現場，試圖理解居服員經歷了什麼樣的學習歷程並成為「身體工作

　　力、判斷與解決問題的能力、社區事物處理、家居與嗜好、個人照料等六大面向評估功能狀況。

5　下文以「個案」稱呼居家服務制度中的被照顧者。

者」，以及在照顧現場，當身體作為工作介面，照顧工作具有什麼特質。

二、文獻探討

（一）台灣居家照顧服務工作研究

歷年來台灣居家服務研究累積漸豐，就居服員與工作特質的面向而言，有多篇量性研究聚焦於居服員的工作動機、工作滿意度、工作壓力、離職傾向、自覺工作現況與組織制度、生活品質影響因素等（江貞紅 1996；余玉如 2006；邱如妍 2009；徐悌殷 2004；羅詠娜 1993）。進一步探討居服員的工作樣貌、工作困境與工作內涵者，多以質性研究取徑為主，研究方法包括生命敘事書寫、建制民族誌、深度訪談、參與觀察等；研究主軸多強調情緒勞動（emotional labor）、職業風險（楊培珊 2000；邱政勛 2012；郭俊巖、李綉梅、胡慧嫈、蔡盈修、賴秦瑩 2015）、留任與離職原因（楊筱慧 2014）、倫理議題（陳立孟 2010），以及工作價值、勞動特質與工作互動關係（李宜修 2011；鄭美娟 2014；謝育亞 2008；詹秀玲 2005）。蔡昇倍（2016）關於蘭嶼居家服務單位的研究，對居服員的一線工作經驗、日常工作世界與勞動圖像多有著墨，並扣合當地文化脈絡，使用建制民族誌連結居服員的個體經驗與鉅視的規範、機構和政策等結構因素。

藉由爬梳文獻中關於居家服務（身體）工作特質的描述，能夠發掘居服現場具有多變化、隱密的特性，以及身體親密接觸所衍生的性與性別議題。鄭美娟（2014）分析居服員的工作特性包含個案與時間狀況的變化性，必須臨機應變做抉擇的自我決定性，貼近個案生活執

行工作的成效性，協助案主／案家的重要性，從照顧工作中獲得的滿
足感與學習成長。楊培珊（2000）則指出「居家服務工作」相對於其
他專業服務具有五項特性，包括：隱密性高的工作環境、工作場所即
生活領域、頻繁的身體接觸、案主功能的不穩定性、居家服務工作範
圍模糊；這些工作特性使居服工作互動中的「性騷擾」議題（此研究
為案主對居服員）並不少見，且更為複雜、曖昧或難界定。李宜修
（2011：47）的研究呈現女性居服員在服務過程中，一開始對老幼／性
別向度感到窘迫，無法適應除去衣物下的老化身體，以及接觸男性長
輩身體的障礙，有居服員將「把屎把尿」的照顧工作與清潔工相比，
但逐漸在工作歷程中發展工作策略以克服。男性居服員常面臨無法為
女性個案沐浴的困境（詹秀玲 2005；陳彥蓁 2008：58），相較之下，
女性可以服務男女性別的個案，「由女性提供照顧服務」似乎是大眾認
為理所當然的事。

　　關於居家服務中的身體特質與工作現場，另有一類研究著眼於職
場風險。居服員在照顧他人的過程中付出心力和勞力，不僅損耗自己
的身心健康，也面臨各種職業風險，包含：肢體暴力（失智長者）、言
語暴力（被視為傭人）、騷擾等（邱政勛 2012；郭俊巖等 2015）。研究
中已指出居服員的照顧困境與身體特質相關，包含：案主體重、癱軟
無力、處理排遺物與使用輔具、疾病傳染風險等。

　　由上述各研究所呈現的居服工作面貌與工作情境，可以發現工作
環境、案主的心理與身體狀況、性別與身體界線等交織的複雜樣態。
這些其實都是因為居家服務包含「身體照顧工作」所衍生的議題，然
而，少有研究聚焦於身體與工作的連結（nexus），即使有這方面的論述
也僅零散分布於內文中，「身體」並非核心。此外，情緒勞動和身體工
作共同促成照顧（produce care）（Dyer, McDowell and Batnitzky 2008），
但是兩者的互動大多分開討論，或是對情緒勞動的關注大於身體工作。

（二）身體工作與照顧工作

Maurice Merleau-Ponty（1962）在《知覺現象學》（*Phenomenology of Perception*）一書中曾寫道「身體是我們擁有世界的總括性介質」，指出身體是人們感知、經驗社會世界的重要媒介，人們行使身體以參與社會，在世上存在與生活（being-in-the-world）。為了讓個人與他人的身體能攝取營養、保持潔淨、運動與美化等，人們必須付出心力做「身體工作」。近20年來，組織研究、工作社會學、照顧研究等不同領域的女性主義學者開始關注「身體工作」的概念化。Julia Twigg（2000）與 Carol Wolkowitz（2006）將身體工作一詞定義為處理身體與身體延伸物（孔洞、體液、排遺物）的工作，並將分析主體聚焦於在他者身體上工作（work on bodies）的有酬勞動。對應社會中可見的職業類別，身體工作包含醫療、照顧、娛樂、美容、性工作與殯葬業等。

許多學者指出，無論是醫療照顧（health care）或社會照顧（social care），核心實作都是身體工作（Twigg, Wolkowitz, Cohen and Nettleton 2011）。在身體工作的視野下，他者身體是被處理／被處置的客體，照顧工作本身具有給予安適的重要社會價值，包含生命存續、維繫生活品質等功能。然而，在社會中照顧工作大多被貶低，被視為低技術、低專業、低薪資，抑或是人類（女性）與生俱來的能力。就性別化、族群化（racialized）、處理骯髒的工作（dirty work）、直接身體接觸等勞動特質來看，在政策討論、學術研究、大眾媒體上少見身體工作的相關討論。工作者本身為了保護服務對象，或是維持自己的專業形象（例如，因為清潔身體、體液等工作內容負載著社會污名），而傾向選擇隱匿，不在公共領域討論（Twigg et al. 2011: 179）。此外，由於時間、空間與被照顧者特質，居家照顧服務的勞動場域是私領域的家戶，而具老化、障礙等特質的被照顧者也並非大眾眼光中可欲的形

象，照顧工作者一併背負污名，工作者與被照顧者的聲音都被隱沒。上述的多種原因使照顧工作成為隱而未見（invisible）的工作，在社會中顯得「不重要」。

　　藉由身體工作的取徑，我們可以打破既有照顧研究對身體勞動與情感關係的二分論述，同時考量日常勞動中的時空面向、工作者與被照顧者之間的關係，讓照顧工作現場在研究中現身。Rachel Cohen（2011）以照護產業為勞動過程分析主體，指出身體工作相關職業的特質：工作者與其工作介面（即他者身體）往往必須在時空中共存（co-exist），縱使未來照護走向機械化與電腦化，身體工作具備的實體性、親密接觸特質仍難以取代。加上每個被照顧的身體都是獨特的、會回應與變化，因此勞動過程往往難以標準化。Cohen 亦舉出實作困境：管理者大多想改變照顧比例以降低人事成本、增加經濟效率，但對工作者造成負擔且影響照顧品質。此外，工作者的工作對象（他者身體）不僅是一個被施加勞務的客體，在工作過程中必須認知到這個身體是具有人格（personhood）的主體，工作中的權力關係因此是模糊、動態且混亂的，身體工作可能連結愉悅、和諧，亦可能往規訓、虐待那一端靠攏（Twigg et al. 2011: 174）。根據 Kim England 及 Isabel Dyck（2011）的研究，在居家空間中，照顧工作的任務導向、生理需求面的照顧（caring for），和關係、情緒勞動導向的關懷（caring about），兩者間的界線模糊，身體工作同時是社會關係和身體的物質性（materiality）的實作，居家護理師、居服員、家庭照顧者與被照顧者的關係，在身體、家庭等介面和空間彼此交織，正式照顧（如：本文討論的居家服務）與非正式照顧（如：非制度化的家庭照顧）的網絡可能相互穿插。

　　討論居家服務工作，若忽視身體所扮演的角色，將失去許多內涵與工作本質的意義。基於居家服務以身體照顧為核心的特性，本文欲填補台灣居家服務中「沒有身體」的論述斷裂，分析照顧工作中居服

員與身體照顧特質的協商[6]策略、照顧中的身體互動關係、工作現場與工作建制的過程，並將微觀視野連結到政策與組織、地域文化與人際網絡。

三、資料來源與研究方法

本文以一對一、半結構式的深度訪談為主要的資料分析素材，加上參與式觀察蒐集的田野資料，以貼近身體照顧的工作現場。研究時間自2016年8月至2017年5月，共訪談14位由機構招募的照顧工作者，包含12位居服員與2位社工，分別來自都會區居家服務機構 A 單位，以及原鄉居家服務機構 B 單位。由於 A 單位的社工／居服督導也參與身體照顧工作，平時在辦公室場域與居服員有密切的互動，因此這2位社工成為受訪者。在居服員人數較多的 A 單位，我運用理論意義（theoretical significance）的抽樣原則，立意取樣不同年齡、性別、年資及教育程度的居家服務員，A 單位受訪者共8位（見表5-1），都是漢人，年齡介於23至67歲，有3位生理男性、5位生理女性。工作年資約介於1個月至11年，學歷包含高商、專科、大學和碩士。在居服員人數較少的 B 單位（共9位），則盡可能招募願意接受訪談的居服員，最後與6位（見表5-2）進行訪談，共有4位泰雅族人、1位太魯閣族人、1位越南籍新移民，年齡介於35至58歲，生理性別都是女性，工作年資3至19年，學歷為高中或高商。

訪談時我先請受訪者闡述工作流程，過去的照顧經驗，服務關係建立過程與自己的不適感協商經驗。訪談內容都在受訪者同意下，進

6　這裡的「協商」一詞所指稱的是居服員如何克服、適應身體工作特質，並與案主達成照顧共識等過程。

表5-1　A 單位受訪者

名稱	性別	年齡	學歷	年資與工作經歷
文青	男	29	大學	5年，過去曾任廚師。
大壯	男	26	專科、二技（老人服務與護理背景）	1年，家中開養護機構。
小日頭	女	23	大學（老人服務相關學系）	1個月，曾任機構行政與居家喘息服務。
圓仔	女	50	二專（工商管理學系）	半年，曾任機構照服員5個月，做過保險行政。
淑櫻	女	67	高商	11年，曾任加工出口區作業員。
春香	女	57	高商	10年，曾任醫院看護、機構照服員。
Pipa（社工）	女	32	五專肄業、二技（護理與老人服務背景）	6年社工，曾任早療課輔老師、華山基金會站長、機構照服員。
小 M（社工）	男	31	碩士	5年社工

表5-2　B 單位受訪者

名稱	性別	年齡	學歷	年資與工作經歷
Yagu	女	58	高商	19年
莎韻	女	50	高商	19年
尤將	女	42	高中肄業	3年，曾任教養院、安養中心教保員、照服員。
青媛	女	35	高中	7年，曾任機構照服員。
雅外	女	42	高中護校	19年，曾任護士。
于人	女	54	高商	6年，曾任代課老師、幼稚園老師、早餐店店員。

行錄音並整理成逐字稿。在 A 單位的訪談，我配合居服員與社工的空班和工作空檔進行，由於 A 單位的居服員大多從機構出發去工作場

所，訪談地點因此都在 A 單位的會議室或辦公空間。而在 B 單位的訪談，居服員大多分散在各部落工作，訪談地點配合受訪者意願，都在受訪者家中進行。此外，我盡可能與受訪者討論代號名稱，依照參與者的意願命名。

圖5-2　居服員到府服務的基本配備。居服員的隨身用品，包括騎機車時穿的遮陽外套，個案資料與工作表，文具與印鑑（每次服務都須簽名），血壓計、手套與口罩。

資料來源：筆者拍攝。

　　我在訪談前跟隨每一位居服員的服務達2次以上，以參與式觀察增加資料的豐富性並確保研究效度。我本身亦曾分別在兩個機構實習達200個小時以上，了解和參與居服員與機構人員的實務工作流程，例如，行政核銷、開案派案、團體督導與案家服務等。以參與觀察作為探究「身體工作」概念的研究方法有其必要性，因「身體」與居家場域的空間特質有時難以用文字捕捉，尤其照顧工作總是包含氣味、直接接觸、跨越語言的互動情境。另加上照顧工作是受訪者日常生活的一部分，在她們極為熟稔、近乎潛意識的操作下，可能無法明確地以口語表達。我試圖以參與觀察的方式親近居服員的日常經驗、生活世界與文化脈絡，以便能做更有意義、更貼近她們觀點的詮釋。

　　本文採用主題式分析（thematic analysis），將田野筆記、過錄後的訪談稿進行編碼，先根據初步印象與直覺做開放式編碼（open coding），在資料中的段落旁註記關鍵字句與相關主題作為前置資料，接著區分層次與核心概念做聚焦編碼（focus coding）。我在編碼過程中反覆閱讀，從資料中抽取概念作為「主題」，在不同資料間交叉對照，尤其是重覆出現的重要現象與特殊的事件經驗（Charmaz 2001; Emerson,

Fretz and Shaw 2011），並將這些主題間做更細緻、更多層次的精煉，逐漸將資料中呈現的現象範疇化，進而釐清不同範疇之間的關聯，最後發展成本文的分析架構。

四、研究發現

　　以下的研究成果呈現，先從「成為身體工作者」談起，描述身體照顧工作的特質，說明這些特質可能不受主流社會認可，或者需要身體技術的養成，居服員究竟經歷什麼樣的協商歷程使其成為工作的日常。接著聚焦在「身體作為工作介面」，針對身體成為工作理念、社會價值的具體實踐介面，發掘「活躍老化」（active aging）、「性別」等概念如何在照顧現場交織。最後探究身體工作有一連續性和整體性，卻可能因為政策、風險管理、「專業」等因素切割，使得居服員各自「連結工作」來回應；而當無法因應、有逾越法規之虞時，居服員與個案的照顧關係中極可能出現張力，並由家庭自行承擔照顧需求。

（一）成為身體工作者

　　要了解身體工作者，必須先了解其工作特質。以觸摸這項常見的身體工作特質為例，既是實體性動作（physical act）也是一種感受（feeling）（Cohen 2018）。觸摸的社會意義會因性別、種族、階級、文化而異（Simpson, Slutskaya and Hughes 2012），例如，女性的觸摸動作普遍被認為具關懷、照顧特質，而男性的觸摸則被認為具侵略性或控制性質，且較不適合出現在個案家戶的照顧互動中。此外，作為工作流程的（procedural）觸摸，或是表示性（expressive）觸摸，有時也難以區

分（Purcell 2012）。因此，在照顧工作者的招募過程中，經常被過度簡化成女性才適合照顧工作，導致工作者以女性占大多數，產生性別職業隔離的現象（Cohen 2018）。在台灣的居家照顧現場也是如此，社會大眾多認為男性居服員不適合為女性個案做沐浴服務，因為這樣的觸摸被認為不適當。

本文的照顧工作者反映台灣的照顧勞動現況：以女性為主，且多名身兼長者、障礙者的家庭照顧者角色。這樣的身體照顧經驗成為許多居服員從事身體工作的基礎，例如，延伸當母親、祖母的育嬰經驗，以此作為協商憑藉。

> 我就覺得我所照顧的老人家，我就把他當作是嬰兒這樣，照顧嬰兒這樣的感覺，甚至是有摸到、碰到的話，我就覺得是小孩子的糞便這樣。妳一定是有嫌棄的話，妳工作當然會不愉快啊。妳好幾次大便都會沾到手、沾到衣服這樣子。我就把它當作小孩子的便便這樣，沒有去想那麼多。（尤將，2017年4月3日）

尤將的話透露出社會常模中面對老人與嬰孩的迴異之處，同為糞便、「把屎把尿」的工作，人們嫌惡成人的排遺物，卻相對能接受嬰孩糞便。此亦揭露社會大眾對照顧工作的評價深受照顧對象的影響，當老人、障礙者背負社會污名，為他們身體服務的工作即承受污名，而身體工作者

圖5-3　居服員陪伴年長個案外出
資料來源：弘道老人福利基金會。

亦是。尤將強調倘若自己想不開一直放在心上，邊工作時邊嫌惡，極可能讓自己的工作情緒不好，無法順利進行下去。

「**排斥就不會來了，噁心就做不下去了**」，一名居服員如此描述對「把屎把尿」的看法，而這的確是居服員日常照顧工作的一部分。然而，人們可能出自本能地對異味、排遺物感到不適，並且極難壓抑，我不禁好奇居服員究竟如何協商這些身體工作特質，以跨越上述的留任門檻，在工作現場能處之淡然，最終成為身體工作者。

居服員圓仔在進入身體工作前是「**白紙一片**」，她曾從事會計工作20餘年，後來因為關注長照產業並喜歡老人家，才轉而投入居家服務。縱使在過程中有口罩、手套隔離，圓仔坦言在她剛學會換尿布、聞到大便味道時，都是：「**我一定要先憋氣，因為我不能表達什麼，我就是盡量憋氣，放鬆去完成它。**」圓仔照顧工作的初始點只能依賴壓抑，試圖以呼吸動作、臉部肌肉協調與放鬆心情以克服當下的感官衝擊，並帶著希望「能夠做好、我們都要把它清乾淨」的信念，顧慮個案的感受，理解自己所進行的身體工作對個案具有價值、意味，不適感只是暫時性，能夠以任務導向的思考方式完成。此外，圓仔以自己身為女性、使用生理用品的身體經驗出發，體恤並同理老人，再實踐於身體工作中。

> 我們是女性，我們自己也有週期，所以我們都會希望有很乾淨、很乾爽的感覺，所以我也是用這個想法去照顧老人家。
> （圓仔，2016年8月22日）

居服員在成為身體工作者的歷程中，感受到自己在訓練與實作過程中使用身體方式的轉變，對於覺察（make sense）他人感受的能力也較為敏銳。照顧現場的身體工作通常包含：為個案移位、翻身、擺

位、[7]拍背、更換尿布、被動關節運動等，以及如廁、沐浴等日常生活行為。以上許多身體相關動作和能力，是人們在成長過程、生活文化中不自覺地培養出來，即牟斯（2004: 306-310）提出的身體技術（body technique）。[8]此外，在余舜德等人（2015）的討論中，感知、覺察亦是身體技術。

居服員總是經歷種種身體技術的養成與琢磨，例如，文青描述他在機構實習、初學拍背時的情況：「**拍起來的聲音就跟前輩拍起來不一樣，動作也不是很到位。**」當時甫接受照顧服務員訓練的他，以聲音、空間等具象的物理性質，辨別自己與前輩身體技術的異同，在累積實戰經驗後得以掌握拍背的姿勢和技巧。小日頭在描述初學照顧技巧的身體經驗時說：

> 我只知道我之後的工作是要照顧她，但是我不知道要怎麼照顧她……因為很多那時候（大學）講的東西都是課本上，那老師用口頭講，那很抽象、完全無法理解，例如說：讓她坐出來一點，然後腳插進她的雙腿中間，然後這樣子把她抱起來。我現在已經很熟悉，但當初什麼把腳放在雙腿中間是多中間？把她抱起來是要抱這邊（胸腔），還是抱這邊（腰際），還是要戳她的胳肢窩？（小日頭，2016年8月18日）

訪談時，小日頭剛從老人服務學系畢業，是機構裡新進1個月的居服員。她表示大學課堂上的理論與訓練和實作有落差，看到的和聽到

7　擺位是將個案四肢軀幹擺放到適合的位置，尤其是臥床個案需每隔4到6小時變換姿勢，以預防壓瘡產生、神經壓迫，幫助排除分泌物和調適呼吸、血液循環等。

8　意指生理學─心理學─社會學等互動關係中所塑造出來使用身體的方法，包括身體所展演的日常生活技術，例如，走路的方式、餐桌上的禮儀舉止、游泳等。

的描述都是抽象的，必須藉由身體實作才得以一點一滴地補齊落差，而在實際接觸到不同個案身體時，又能再衍生能力去調整。

　　小日頭和文青等較為年輕的居服員，從政府體系所認可的訓練課程習得照顧技巧。然而，在 B 單位有一群居服員，早在2004年政府推行照顧服務員丙級技術士檢定之前，就已投入照顧工作，並且各自建構了一套牽涉身體、在地環境、針對個案等方面的經驗知識（experiential knowledge），[9]這些知識成為專業認同的憑藉。例如，Yagu 認為去幫老人做照護服務，不只是去那邊掃地，還要去「**看老人家的動作、走路是怎麼走的**」，有機會碰觸時還要觀察老人的皮膚（受傷、乾燥或濕潤與否）等，她所描述的這些即是知識。「**我們是專業人員，我們不是傭人，我們的知識要拿出來**」（Yagu，2017年4月1日）。

　　Yagu 認為具備照顧知識是居服員與其他職業的不同之處，而且居服員與個案之間並非從屬、侍從關係。這些照顧知識來自她對個案生活的親密觀察，例如，阿火爺是為鄉里服務的道士，當她注意到他桌上畫符的墨水、慣用的茶葉都掉在地上，她便警覺到阿火爺當天不太對勁，可能頭暈、虛弱或血壓變化等不適。Yagu 提到她在進行照顧工作時，會同時思考案家空間和個案的狀態。

> 我會有個畫面，晚上會夢到他們。所以我進去上班，我就按我的畫面走。另外，我還會去注意他在想什麼。我做我自己的，也會（對個案）講：妳最近怎麼不講話了？妳在想什麼？講出來。所以，要去聽她在想什麼，有一個畫面。

9　經驗知識是由個人身體的感知所積累、由做中學，相較於可以分析、形成理論的外顯知識，是更難表達的思想或技能。此外，經驗知識來自直覺的推理過程，高度仰賴記憶與感知，藉由事物的一致性與連貫性、反覆試誤而得，因此，經驗性知識具全面性、重視脈絡與情境，多以敘事、說故事的方式表達（Storkerson 2009）。

（Yagu，2017 年 4 月 1 日）

Yagu 以「畫面」形容她如何想像去案家的照顧服務該如何開始走，甚至熟稔到在睡夢中出現情景。她以具體的例子描述畫面的內容，例如，進去案家的第一個動作是打開窗戶，第二個是觀察個案的身體狀況，接著外出準備早餐等等。

從以上的描述中，可以理解「成為身體工作者」並不容易。她們以個人的身體經驗、對親密者的照顧經驗作為基礎，推展到居服工作中陌生的被照顧者。居服員在各種動態的生活與工作經驗中，鬆動髒污、不適感、噁心、碰觸等特質之於個人的意義，整合成身體工作的一部分。除了「去敏感化地」認為「沒什麼」，她們也在過程中習得身體技術，包括照顧技巧，以及對個案狀況的同理與感知能力。於此，我們亦能看見照顧工作的特殊性，技術習得不能單憑文字和口語描述，而是仰賴互動，並運用自己的身體感知，才得以轉譯成照顧實作。個案的身體狀態，如高、矮、胖、瘦、癱軟、僵硬等都不同，經常遠超出課本和老師所傳授的範疇，居服員必須運用自己的身體經驗，轉化成能實際運行的動作模式。

（二）個案身體作為工作介面：身體界線的協商

居家照顧服務屬於身體工作，個案身體即是居服員的工作介面，同時也是照顧概念的具體實踐場域，例如，沐浴服務中的「能洗到就盡量（讓個案）自己洗」是眾多工作者的原則。在居家服務體系中，照顧管理專員會根據巴氏量表的評估成果界定服務項目，沐浴是評估個案身體功能的項目之一，當評估者、家人和個案本人認為無法憑藉自身力量完成時，那些個案原本擁有的身體技術和自我照顧工作，就

可能被切割出去，由照顧者、居服員協助。居服員常把「**能洗到就盡量自己洗**」放在嘴邊，我在田野現場也觀察到，當居服員備妥沐浴用水後，會在沐浴中途將沐浴用品（例如，肥皂、沐浴球或沐浴手套）交給個案，由個案清洗自己的特定部位，居服員則負責按壓沐浴劑或舀水沖洗。即使照顧服務項目由政府核定、居服員執行，過程中並未將個案的一切都讓渡給他者，而此現象正是由眾多因素構築而成。

因素其一是直觀地防止功能退化，實踐居家服務自立生活的目的。如同居服員大壯所說的：「因為你不動，就是那個用進廢退說的理論，你不用就是一直放在那邊，你用的話就是不會退化。」大壯認為個案本身若有維持日常生活運作的能力，應該盡可能地鼓勵個案參與，他不會全然接手所有的身體照顧工作，因為他不希望個案自我照顧的界線，在服務介入後就被限縮。[10] 訪談中 A、B 單位的居服員，都普遍從機構、訓練課程獲得相似的想法：「**個案有動的權利**」，不該都攬在照顧工作者身上，讓個案喪失生活的功能，或是變「**懶了**」，甚至可能「**養成習慣、困擾到家人**」。這種概念實作回應了近年來學界、政策所提倡的「活躍老化」思維（楊志良 2010），而活躍老化的概念即移植自世界衛生組織（World Health Organization, WHO）2002 年提出的政策架構（World Health Organization 2002），定義是：「提升民眾老年期生活品質，並達到最適宜的健康、社會參與及安全的過程。」台灣的衛生福利部（當時為衛生署）更依此將「積極老化、預防失能」列為《2020 健康國民白皮書》的目標。

活躍老化與成功老化（successful aging）的概念，最早是由 John Rowe 及 Robert Kahn（1987）提出，包含三個要素：避免疾病、維持高度認知與身體功能、積極參與生活。亦即長者要盡量維持正向、健

10　相較之下，如果個案是入住機構或者聘請移工照顧，就可能由照顧者處理沐浴、整理起居和個人清潔工作。

康、活動的生活態度與行為，避免時序年齡（chronological age）的「老化」帶來生理面、社會面的「退化」。居服員常試圖以這個概念和個案協商，以增進個案參與的動機。個案能積極地實踐自我照顧，居服員即放慢腳步、陪伴完成；若當個案較為消極，嚷著做不到、沒有用時，倘若服務時間充足，居服員會鼓勵個案試著做做看。當然也常有時間不夠、個案較為依賴，或是居服員按捺不住「覺得自己來做比較快」，就由居服員包辦的情況。我在田野中曾經歷這樣的協商過程：沐浴後的阿英奶奶坐在床上，此時居服員于人正忙著清理浴室，她對我說：「通常這時候我會讓她自己穿上褲子。」我本想按照她們一貫的模式進行，於是在一旁看著奶奶緩慢地想將雙腳伸進褲子裡，然而，奶奶的嘗試遇到瓶頸，無法自行彎腰將褲子拉起，她試了一會兒便放棄、想休息了。我內心掙扎了一番，後來還是決定幫奶奶一把，她便和我說了聲日語的謝謝。事後，我思忖著下次奶奶是否就不會試著自己穿了？我的援助是否將自我照顧與居服員照顧的界線又推移了一些？

　　「**能洗到就盡量自己洗**」也隱含著性、性別與工作者／個案身體界線的考量。居服員進入個人家戶，工作地點往往是最具親密性的浴室與臥室，加上居服員要碰觸的個案身體也需考量隱私在照顧過程中必須協商「適當」的個人界線（Dyck, Kontos, Angus and McKeever 2005）。此外，私密部位往往是居服員忌諱碰觸的「點」，工作者大多想避免勞動對象成為性化（sexualized）的身體。例如，縱使居服員圓仔和個案同為生理女性，圓仔對沐浴中碰觸身體仍有諸多考量：「**胸部我會幫她洗，但是我不會去碰那個點，妳只要碰她周圍的皮膚就好了，那下面私密處，我會不曉得怎麼做，我會盡量讓阿嬤自己洗。**」圓仔所說的「**不曉得怎麼做**」，說明了照顧服務中的曖昧、尷尬等隱微之處。居服員通常會在實作中盡可能減少不必要的碰觸，使工作盡可能去「性」

化，例如，在個案能力可及之處，維持身體距離，僅協助沖水，或背後、肩膀處的沐浴，亦或在個案起身時，提供攙扶或背後支撐以避免滑倒。此外，對居服員而言，這樣的說法能作為協商策略或工作技巧，尤其是在面對異性個案「不適當」的要求時。

> 我以前也碰過（個案要求幫他洗生殖器），他就說我不會啊……我就說大哥，那個是你每天自己用的東西，要自己洗啊！（大哥問）這樣要怎麼洗？用手洗啊，要不然怎麼洗，我幫你沖水，那你自己洗。（春香，2016 年 8 月 29 日）

根據春香的描述，個案實際上有能力自己碰觸與清潔私密處，卻執意要求居服員幫他清洗。當進行沐浴、移位與陪同散步等近距離接觸時，居服員必須具有敏感度，以原則作為轉圜空間，避免個案模糊接觸的界線。居服督導員在處理性騷擾事件時，也會以這樣的說詞向個案和案家解釋，給予彼此台階。

> 阿公，你那個手啊，都可以自己洗喔，（能力）不錯喔！那這樣以後你自己洗……那這件事情同步也要讓家屬都知道，不是我們不做。而是我們站在一個，還要想一下一個冠冕堂皇的理由，站在一個個案有能力的時候，讓個案自己做，否則容易退化的這個角度下去講。（小 M，2016 年 8 月 25 日）

站在「活躍老化」的立足點，居服員大多希望在服務過程中個案能共同參與，避免個案生理與社會面的退化。此外，服務中為了維護個案尊嚴與隱私、避免「騷擾」發生、盡可能去「性」化，「能洗到就盡量自己洗」即是實務工作者普遍的協商憑藉。由上所述，可以發現

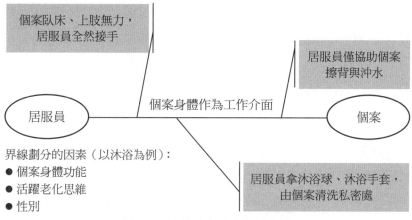

圖5-4　沐浴的身體工作示意圖

當以個案身體作為居服員的工作介面，雙方除了以個案實際的身體功能劃定照顧工作的界線之外，活躍老化的思維與性別差異也在協商過程中扮演重要的角色（如圖5-4），例如，個案的自我照顧能力越好，居服員越傾向站在協助的角色，由個案參與大部分的照顧工作（圖5-4的右端）；其中還須考慮活躍老化思維、性別等因素。

（三）居家照顧服務中的連結工作

身體本身具有連續性和整體性，照顧需求卻可能被照顧政策切割成一個個項目，以符合評估、工作表單的勾選。面對被制度切得零散的照顧工作，居服員與案家等得憑藉本身的資源網絡以「連結工作」。若是無人能回應此照顧需求、落入「沒有人」能照顧的尷尬處境，移工、非正式（家庭）照顧者就成為個案的唯一選項。

對於個案而言，居服員是可近性最高的社福、健康資源，在時間、空間等因素下，居服員常在第一時間發掘個案的照顧需求。當個案需求超出核定服務項目，居服員除了和家屬聯繫、向單位回報，也可能利用自己的額外時間和人際資源向外連結。我以 Anselm

Strauss 所提出的「連結工作」（articulation work）指稱居服員所做的照顧資源之間的銜接和修補（tinkering）。醫療社會學中的連結工作泛指行動者與他人、時間、空間、任務、知識和技術物在「疾病軌跡」（illness trajectory）中的連結過程（Strauss, Fagerhaugh, Suczek and Wiener 1997[1985]: 242；曾凡慈 2010；洪晨碩 2013）。本文不特別聚焦於某一特定疾病隨時序發展的疾病軌跡（例如，失智症、心臟衰竭等），而是泛稱個案有慢性疾病診斷、符合「失能」評估後的照顧歷程。以居家照顧工作為例，居服員看見個案的身體照顧需求，幫個案詢問相關照護知識、尋求他人協助，即是連結工作。這樣的工作往往難以明確地放在居服員的日常工作任務之列，並有缺乏語彙（lack of language）描述的性質。因此，這類工作縱使不在表單之列，卻常悄然進入居服員的日常工作之中。儘管這類連結工作不容易被指稱出來，對個案本身可能極為重要，亦可能影響照顧成果，成為居服員的工作成就之一。

> 我現在這個阿伯，他有脂漏性皮膚炎。他現在這個頭被我照顧得漂亮的，很有成就感……一塊白白的，好像長癬一樣，然後他會抓啊，他們家的沙發啊、他的衣服啊，永遠都是頭皮……我就想說，這個怎麼辦呢？有一次是陪同他去醫院，醫生有開藥……之後就是要自己過來（不能代領），我說可是這樣很不方便啊，因為就光拿個藥，我帶他到這裡，坐車也要150元。我在工作的時候家人又不在，後來我就想說好，你也只是開那個洗的藥而已啊，洗髮精小小一瓶，我就想說我去找藥劑師，藥局就說：阿姨我建議你洗什麼。洗了之後我就覺得好像慢慢有改善，之後就沒有再去看醫生了，就是換洗髮精這樣洗。（春香，2016年8月29日）

　　居服員春香對身體工作的成果（健康的頭皮）感到自豪。我們可以看到過程中服務項目內、外的連結，讓往後的照顧工作能順利運行。首先，春香在為個案沐浴（服務項目）時觀察頭皮，接著在陪同就醫（服務項目）時獲得更多的照顧資訊；最後，為了排除個案必須親自就醫的障礙，春香主動地自行找尋藥師（服務項目外），以串聯往後的頭皮照顧工作（服務項目）。

　　連結工作不僅與個案的健康困擾相關，有時甚至攸關生命的存續。以雅外的照顧經驗為例，郭阿公因為雙腳截肢而行動不便，但兒女住在遙遠的外縣市，無法時常看顧。

> 我就慢慢去注意他的便當。我每次來他的便當就原封不動在那裡……我就跟他講，阿公你怎麼都不吃便當？（阿公回應）就硬啊、好硬喔，我牙齒咬不動……就有一次，他生病……有個阿姨跟我講，妹妹你是不是要去那一家，可是，昨天我去沒有人應。她這樣講。怎麼會都沒有人應，便當就放在桌上，第二天去還是一樣。我進去看，他剛好生病（感冒、高血糖），他病得滿嚴重的、起不來、吃不下……我就真的拿著那個便當，拿去給阿姨煮稀飯。（雅外，2017 年 4 月 9 日）

　　雅外藉由日常觀察、對個案鄰里網絡的熟稔，試圖連結社區的送餐網絡，並針對個案的牙口狀況做調整。當個案病況緊急，居服員更扮演重要的照顧角色，一把撐起照顧網絡。雅外不僅注意到個案的營養攝取，接連通報居服督導，進一步連絡家屬送醫。據雅外轉述，郭阿公事後回想時直說：「當時真的是差點要死掉！」居家服務中的連結工作看似鬆散、隨機，卻填補了各服務項目之間的空隙，確實回應個案的照顧需求。照顧工作不僅複雜且隨時可能有突發狀況，Deborah

圖5-5　居服員常需協助個案最親密、最基本的日常需求，得依個案身體、案家設施做彈性調整。圖中個案的身體因病癱軟、蜷曲，家中又無氣墊床或可固定身體的高背輪椅等輔具，居服員只能盡量墊高個案頭部，以此方式進食。

資料來源：筆者拍攝。

Stone（2000）曾指出居家照顧服務的關鍵難題為：「公共世界的照顧常無法與私人世界的照顧規範、規則和期待相符合。」[11]意指居服員常面臨照顧的官僚式規則與個人照顧倫理之間的矛盾。連結工作即反映了照顧工作的特性，由於工作者面對的是具變化性的個案身體，攸關個案的安適與生命存續。居服員為了完成自己的照顧理念，常在核定的時間與項目框架外付出額外的時間和心力，我們不可忽視這類無酬的勞動。此外，當其他資源無法引入，工作者更可能落入被剝削的處境。

（四）身體工作專業界線劃分：以甘油球使用為例

　　照顧工作的內容可能因為契約／項目、風險認知、「專業」認知等因素，而被相關政府組織、機構與工作者設下界線。以「協助大小便」為例，這是居家服務中的常見項目，包含攙扶如廁、更換尿布、傾倒導尿袋的尿液等。然而，當個案排便不順，需要肛門刺激、使用甘油

11　原文為 "Care in the public world is often incompatible with the norms, rules and expectations of care in the private world"。

球浣腸液時，由於涉及「侵入性[12]與非侵入性行為」[13]的區分，居服單位與居服員在多重考量下可能會拒絕回應此類照顧需求，由此能看到社會照顧的邊界。縱使衛生福利部在2012年4月30日行文（見附錄）說明：「如不涉及醫療專業判斷及醫療輔助行為，僅係個案身體照顧服務，尚無不可。」明示居家照顧服務可協助個案使用「成藥類別之甘油球浣腸劑」。然而，至今仍有許多地方政府、居服單位的契約裡認為這屬侵入性的護理行為，禁止居服員為個案執行。這種政府無法回應照顧需求的狀況並非罕見，在脊髓損傷基金會2016年的「脊髓損傷者維持正常生活（排便、排尿）支出調查」中，在大台北地區的96位回應傷友中就有49%仰賴甘油球排便，顯示這項需求並非偶一為之、迫不得已的處置，而是下身癱瘓的傷友維護日常生活的必須手段。然而，長者與障礙者經常得不到這樣的照顧協助，得仰賴「運氣」碰到願意執行或偷偷做的居服員。由於人們不可能一個月只排便2次，如果只仰賴一個月只來2次、須擔負交通費用的居家護理，抑或是前往診間請醫療人員進行，不僅緩不濟急，更是連基本生存需求都無法滿足。

以 B 單位來說，由於之前的居家服務契約不包含甘油球服務，因此居服員多半並未在居家場域執行過，尤將表示在過去「既然是督導說不能，我們就不能碰這個」，說明必須謹守居服單位指示的立場。在2017年3月，督導確認居服員有上過縣政府的相關課程，後來才放

---

12 居家服務中的類醫療、類護理的侵入性行為包含：血糖量測、簡易傷口清潔、使用甘油球、肛門掏挖、使用胰島素、抽痰、傷口護理等。使用簡便的攜帶式血糖機驗血糖，屬於日常生活、身體照顧服務，可由照顧服務員執行。另外，依照藥袋指示協助置入藥盒或協助服藥，對於「有行為能力且醫囑可自行施打胰島素者」（衛生福利部2012年6月28日函釋），照顧服務員可依「個案需求」而「協助施行」胰島素注射（此項服務於居服現場較少見）。

13 楊筱慧（2014: 200）的研究曾指出，類醫療行為、侵入性行為等照顧服務內容，對於提升居服員的工作意願毫無幫助，顯現此類型工作進入居服內容對居服員並無誘因，縱使這可能是「專業」的擴張。

寬執行，但多數居服員對於這個變革仍有疑慮，認為原本的「規定是好的」、「這個對我們是一個保護」。在居服現場最常聽到不做「甘油球使用」的理由為：「危險」、「戳破腸子怎麼辦」、[14]「我們不是護理專業人員」。此外，居服員縱使擁有照護能力，一旦涉及風險承擔，侵入性的身體照顧仍難以跨越公／私照顧的藩籬。例如，莎韻曾學過執行抽痰、導尿、使用甘油球等動作，也曾在家中擔任主要照顧者，但她只敢在自家人身上執行，因為「擔當不起那個責任」，害怕在「別人」身上操作。居服員的風險認知亦反映機構技術層面的支持，即使她們曾上過7小時的訓練課程（多為模具操作），但由於在居家現場操作往往沒有照顧技巧的指導者、監督者（例如，居家護理師），無法確信個案是否適合此服務，以及自己是否有足夠能力執行。家是個獨立的私領域，亦是沒有醫療支援（在偏鄉更是）、沒有足夠安全網絡的地方，縱使居服員曾為家人做過、在機構／醫院操作過，她們大多不願意貿然執行。

　　從「甘油球使用」這類的「侵入性行為」，可以看見居服員游移在醫療與社會照顧分工的邊界。在養護機構場域，由於護理人力不足，此工作大多交由照服員執行；在醫院場域，一對一的個人看護可能在護理人員指導後進行；而擔任正式照顧角色、輸送公共照顧的居服單位與居服員，卻可能因為地方資源與機構契約的限制，或者自認為沒有能力承擔風險，而抗拒將其劃入專業工作範圍。左右照顧需求回應方式的因素，包含契約上的服務項目、風險認知、專業劃分、情理與情境，這些面向共同決定工作滲透、篩濾的流向。站在維護照顧工作

14　如果不涉及肛挖，使用甘油球等塞劑的主要副作用是直腸刺激，發生物理性傷害、腸穿孔的風險較低（黃建勳、蘇奕彰、洪壽宏、邱泰源、曾慶孝 2009）。但在2006年時，有新聞報導因甘油球邊緣粗糙，長期使用造成肛門潰爛、直腸潰爛（甯瑋瑜 2006）。

者勞動權益的立場，這樣的抗拒並非沒有道理；但在家戶場域，這類有需求卻無人回應的照顧空缺，可能成為居服員運用私人網絡所做的額外工作，或是由個人助理（personal assistant）、[15]家庭照顧者執行，即使她／他們不一定經過訓練。當個案沒有其他照顧資源，為求在社區繼續生活，亦可能由外籍家庭看護工全然承接，此亦反映移工常落入沒有明確工作界線的處境。

五、結論

我們隨著生命歷程、家庭角色的轉變，都有可能經歷「照顧」議題，然而，在公眾討論中，以身體為核心的照顧需求和工作現場卻鮮少受到注意。本文試圖讓原本隱身家戶的居服員現身，並使身體照顧工作從「私密」走向「公共」。此外，本文將身體視為核心的工作介面，不將其工作內容「項目化」地同質而論，打破過往居家服務研究的盲點。

近年來，社會大眾關心照顧人力不足、留任率低／流動率高等現象，卻往往忽略實作門檻。「『入行前』我覺得這是一個很簡單的工作」，曾有居服員如此分享她剛開始的看法，然而，她在「身體力行」後卻大為改觀。本文在研究結果的首段指出「成為身體工作者」並不容易，必須去敏感化地克服不適、噁心感，運用個人的照顧經驗以跨

---

15 個人助理的目的是支援身心障礙者以付費方式，建立自立生活模式。個人助理代替障礙者的眼、耳、手及腳等失能部分，協助障礙者處理生活事務。接受障礙者的指示安排工作內容，以達到自主選擇、決定生活的目的。個人助理為有給職，一方面使個人助理對工作保持責任感；另一方面，付費機制可讓障礙者在沒有心理負擔之下要求協助。雙方的關係建立在「平等、互惠」的原則下，達成合作關係（社團法人台北市新活力自立生活協會 2017）。

越公/私身體界線。此外，居家照顧服務並非單憑評估表單、照顧計畫即能執行，而是仰賴工作者走入形形色色的案家，將理論轉譯成身體技術，並從實際接觸個案中累積經驗知識，照顧服務才得以成形。

其次，照顧工作中的沐浴並不只是單純地清潔身體，藉由個案身體的工作介面，居家服務中的政策意識、性別界線方能具象化和身體化（embodiment）。台灣順應世界衛生組織「活躍老化」的價值取向，即可透過沐浴服務體現。在沐浴過程中，居服員常以「**能洗到就盡量自己洗**」的理念鼓勵個案參與照顧工作，而非如同機構服務為了效率全權交由照服員清洗身體，也異於聘請移工、具有「侍奉」意涵的照顧觀念。同為沐浴服務，居服員在不同個案身體的工作範圍不盡相同，考量雙方為同/異性組合、個案要求的必要性等因素，個案與居服員之間得以協商「適當」的照顧界線。

最後，本文討論身體的本質與照顧制度的相容性。照顧需求是流動的、整體的且連續的，然而，台灣居家服務內容卻是依照項目、表單給付，居服員為個案所做的身體工作不見得能在紙本上忠實呈現、「被看見」，例如，居服員所做的「連結工作」。「連結工作」填補服務項目間的空隙、跨越服務項目內/外的資源，不僅是居服員花費心力的勞動，對個案而言更是維繫生活品質的關鍵。只是，並不是所有個案的照顧需求，都能順利地得到照顧政策或居服員的回應，以「甘油球使用」此類的「侵入性行為」為例，縱使主管醫療照顧的衛生福利部曾行公文或出面說明放寬執行權限，但服務能否給付是依地方政府、機構契約而異，無法越過藩籬成為社會照顧的內容。此外，在沒有護理人員現場監督、醫療網絡無法深入的家中，曾經受過訓練的居服員仍對執行此類的護理行為，有風險承擔的顧慮。在無人回應此照顧需求的情況下，需要常常使用甘油球通便的個案（例如，脊髓損傷者）只能仰賴「非正式照顧者」，如：家庭照顧者或移工。

　　本文以身體工作作為分析第一線照顧現場的主要概念，呈現身體不只是工作中物質性的管道，更是感知與同理、累積經驗知識，並讓政策現形的憑借，進而充實台灣居家服務研究所缺乏的身體理論化面向。此外，本文試圖回應長期照顧政策的困境，尤其是照顧人力的留任與居家服務的低利用率。從本文研究結果可以得知，工作者進入居家服務職場實屬不易，必須熟稔身體工作的技巧、與個案協商身體界線，並非一般大眾所想像的低門檻工作，倘若勞動條件沒有改善，更難要求工作者繼續「做功德」。由於居家服務的項目過於制式化且缺乏彈性，當居服員背後沒有資源網絡支持，極可能產生照顧需求無人回應的空缺，導致民眾覺得照顧服務「不好用」，改選擇機構或聘請移工。當政府為照顧人力不足議題所苦時，根本上來說，筆者認為應該增加大眾對照顧工作的認識，看見照顧作為再生產活動、具有維繫家庭生活與社會運作的重要價值，也是無論性別、年齡都應正視與思考的議題。當社會能發掘照顧工作的多樣性與變化性，肯認照顧工作者的付出與實作知識，翻轉照顧在社會的邊緣位置，才能正向地吸引更多新血投入。

問題與討論

1. 良好的照顧是隱形的公共財，能減少社會成本、增進社會和諧。請以反向去思考及討論照顧工作的價值，例如，試想若沒有這些居家照顧服務員與外籍家庭看護工，對於被照顧者與家庭將會產生什麼衝擊？台灣社會將會面臨什麼樣的處境？

2. 照顧不只是人類天生的本能，而是必須在情境中學習、積累的經驗知識。在面對不同年齡、障礙、性別的身體時，照顧工作者得發揮創意、靈活運用知識與實作技巧。社會大眾、政府和機構組織應如何重視照顧知識與留任照顧人才，提供支持，並吸引更多人投入？

3. 政府提供的居家照顧服務常被詬病不夠具有彈性。近年來已有照顧事業單位以使用者經驗為中心，拓展照顧內容，使照顧服務多樣化，例如，計畫與陪伴長者旅行，照顧工作者與長者共同烹飪與共食等等，試想配合地域文化與被照顧者的喜好，照顧服務還有哪些可能？

參考文獻

江貞紅，1996，《居家照顧服務員之工作壓力及其因應方式研究》。台北：陽明大學公共衛生研究所碩士論文。

牟斯著，佘碧平譯，2004，〈各種身體的技術〉。頁299-319，收錄於牟斯著，《社會學與人類學》。上海：上海譯文。（Mauss, Marcel, 1936, *Sociologie et Anthropologie*. Paris: Presses Universitaires de France.）

自由時報，2017，〈賴揆「功德說」惹議 綠委貼談話全文〉。11月24日。http://news.ltn.com.tw/news/politics/breakingnews/2263607。

余玉如，2006，《影響照顧服務員工作滿意之因素探討》。台中：台中健康暨管理學院長期照護研究所碩士論文。

余舜德編，2015，《身體感的轉向》。台北：台灣大學出版中心。

李宜修，2011，《「我不是來打掃的」：台北市居家服務員生命經驗的解釋性互動論》。台北：陽明大學衛生福利研究所碩士論文。

社團法人台北市新活力自立生活協會，2017，〈個人助理服務〉。http://www.ciltp.artcom.tw/ap/cust_view.aspx?bid=45，取用日期：2017年7月15日。

邱如妍，2009，《居家照顧服務員工作滿意度與生活品質相關研究》。台北：陽明大學衛生福利研究所碩士論文。

邱政勛，2012，《照顧服務員的工作狀況與職業安全健康問題》。台北：台灣大學健康政策與管理研究所碩士論文。

洪晨碩，2013，《協商失智經驗：診斷裝配、生活秩序與身份認同》。台北：台灣大學社會學系碩士論文。

徐悌殷，2004，《彰化縣「居家照顧服務員」工作表現相關因素之研究》。台中：東海大學社會工作學系碩士論文。

郭俊巖、李綉梅、胡慧嫈、蔡盈修、賴秦瑩，2015，〈台灣老人長期照顧體系下居家照顧服務員職場風險之研究〉。《台灣社區工作與社區研究學刊》5(1): 129-169。

陳立孟，2010，《居家照顧服務員倫理議題之探討：以台北市居家服務提供單位為例》。台北：國防大學政治作戰學院社會工作研究所碩

士論文。

陳彥蓁，2008，《為何「你」會從事「她」的工作：推拉男性進出居服大門之助力與阻力》。嘉義：中正大學社會福利研究所碩士論文。

曾凡慈，2010，〈醫用者的運籌行動：形塑早期療育的照護軌跡〉。《台灣社會學刊》45: 63-116。

甯瑋瑜，2006，〈甘油球浣腸 婦腸穿孔〉。蘋果日報，7月14日。http://www.appledaily.com.tw/appledaily/article/headline/20060714/2747081/。

黃建勳、蘇奕彰、洪壽宏、邱泰源、曾慶孝，2009，〈老年人便秘的評估與處置〉。《台灣老年醫學暨老年學雜誌》4(1): 15-26。

楊志良，2010，〈由活躍老化觀點建構國民健康新遠景〉。《社區發展季刊》132: 26-40。

楊培珊，2000，〈女性居家照顧服務員工作中遭受性騷擾之經驗探討〉。《台大社會工作學刊》2: 97-149。

楊筱慧，2014，〈居家服務工作的任職、留任與離職因素〉。《台灣社會福利學刊》12: 165-214。

詹秀玲，2005，《居家服務中照顧服務員之勞動特質及互動關係：以桃園縣為例》。桃園：元智大學資訊社會學研究所碩士論文。

蔡昇倍，2016，《在國家與惡靈之間找一條照顧的路：蘭嶼居家服務之建制民族誌分析》。台北：政治大學社會工作研究所碩士論文。

衛生福利部，2016，《長期照顧十年計畫2.0（106-115年）（核定本)》。台北：衛生福利部。

鄭美娟，2014，〈居家服務員工作面貌之探討〉。《台灣社區工作與社區研究學刊》4(2): 1-43。

謝育亞，2008，《「我真的錯了嗎？」：居家服務衝突事件的建制民族誌研究》。台北：陽明大學衛生福利研究所碩士論文。

謝美娥、沈慶盈，2015，《老人居家照顧的服務與治理》。台北：五南。

羅詠娜，1993，《居家照顧服務員工作動機與工作滿意度之研究：以台北市為例 》。台北：東吳大學社會工作學系碩士論文。

Charmaz, Kathy, 2001, "The Logic of Grounded Theory." Pp. 335-352 in *Contemporary Field Research: Perspectives and Formulations*, edited by

Robert M. Emerson. Long Grove, IL: Waveland Press.

Cohen, Rachel Lara, 2011, "The Feminization of Body Work." *Gender, Work and Organization* 25: 42-62.

_____ , 2018, "Time, Space and Touch at Work: Body Work and Labour Process (Re)organisation." *Sociology of Health and Illness* 33(2): 189-205.

Dyck, Isabel, Pia Kontos, Jan Angus and Patricia McKeever, 2005, "The Home as a Site for Long-term Care: Meanings and Management of Bodies and Spaces." *Health and Place* 11(2): 173-185.

Dyer, Sarah, Linda McDowell and Adina Batnitzky, 2008, "Emotional Labour/ Body Work: The Caring Labours of Migrants in the UK's National Health Service." *Geoforum* 39(6): 2030-2038.

Emerson, Robert M., Rachel I. Fretz and Linda L. Shaw, 2011, *Writing Ethnographic Fieldnotes.* Chicago: University of Chicago Press.

England, Kim and Isabel Dyck, 2011, "Managing the Body Work of Home Care." *Sociology of Health and Illness* 33(2): 206-219.

Lynch, Kathleen, 2007, "Love Labour as a Distinct and Non-commodifiable Form of Care Labour." *The Sociological Review* 55(3): 550-570.

Merleau-Ponty, Maurice, 1962, *Phenomenology of Perception,* translated by Colin Smith. London: Routledge.（梅洛－龐蒂著，姜志輝譯，2001，《知覺現象學》。北京：商務印書館）

Purcell, Carrie Ann, 2012, *Touching Work: A Narratively-informed Sociological Phenomenology of Holistic Massage.* Unpublished doctoral dissertation, University of Edinburgh, Edinburgh, UK.

Rowe, John W. and Robert L. Kahn, 1987, "Human Aging: Usual and Successful." *Science* 237(4811): 143-149.

Simpson, Ruth, Natasha Slutskaya and Jason Hughes, 2012, "Gendering and Embodying Dirty Work: Men Managing Taint in the Context of Nursing Care." Pp. 165-181 in *Dirty Work: Concepts and Identities,* edited by Ruth Simpson, Natasha Slutskaya, Patricia Lewis and Heather Höpfl. London: Palgrave Macmillan.

Stone, Deborah, 2000, "Why We Need a Care Movement." *The Nation*, February 23.

Storkerson, Peter, 2009, "Experiential Knowledge, Knowing and Thinking." Paper presented at the International Conference 2009 of the DRS Special Interest Group on Experiential Knowledge (EKSIG): Experiential Knowledge, Method and Methodology, London Metropolitan University, London, UK, June 19.

Strauss, Anselm L., Shizuko Fagerhaugh, Barbara Suczek and Carolyn Wiener, 1997[1985], *Social Organization of Medical Work*. New Brunswick, NJ: Transaction Publishers.

Twigg, Julia, 2000, "Carework as a Form of Bodywork." *Ageing and Society* 20(4): 389-411.

Twigg, Julia, Carol Wolkowitz, Rachel Lara Cohen and Sarah Nettleton, 2011, "Conceptualising Body Work in Health and Social Care." *Sociology of Health and Illness* 33(2): 171-188.

Wolkowitz, Carol, 2006, *Bodies at Work*. London: Sage.

World Health Organization, ed., 2002, *Active Ageing: A Policy Framework*. Geneva, Switzerland: World Health Organization.

附錄　行政院衛生福利部針對甘油球使用之函釋

抄本

行政院衛生署　函

機關地址：54071南投市中興新村光明路15號
傳　真：(049)2325892
聯絡人及電話：████(049)2332161轉3221
電子郵件信箱：████@cto.doh.gov.tw

受文者：如正、副本行文單位

發文日期：中華民國101年4月30日
發文字號：衛署照字第1012862341號
速別：普通件
密等及解密條件或保密期限：
附件：

主旨：所詢身心障礙者居家照顧服務，照顧服務員得否執行身心障礙
　　　者排便前置作業乙事，復如說明段，請查照。

說明：

一、復內政部101年3月29日內授中社字第1015931628號函暨高雄市
　　政府衛生局101年4月20日高市衛長字第10133902400號函。

二、按醫療工作之診斷、處方、手術、施行麻醉之醫療行為，應由
　　醫師親自執行，其餘醫療輔助行為在醫師就特定病人診察後，
　　得指示其他醫事人員依其各該專門職業法規之業務，依醫囑行
　　之，合先敘明。

三、查使用「需由醫師處方使用」之浣腸劑，為病人執行清潔灌
　　腸，係屬侵入性治療、處置；另查「輔助施行侵入性治療、處
　　置」係屬護理人員法第24條第1項第4款所稱醫療輔助行為之
　　範圍，應由護理人員依醫師指示下執行該項業務；至於照顧服
　　務員提供身心障礙者居家照顧服務，從事個案身體之照顧，使
　　用成藥類別之甘油球浣腸劑，對個案肛門口周遭糞便所為之簡
　　易、少量甘油灌腸，以維持個案身體清潔與衛生及增加舒適
　　感，如不涉及醫療專業判斷及醫療輔助行為，僅係個案身體照

附錄　行政院衛生福利部針對甘油球使用之函釋（續）

　　　　　顧服務，尚無不可。

四、是以，本案所述情事，請依前揭原則，視個案事實，逕依權責
　　認定。

正本：內政部、高雄市政府衛生局
副本：本署醫事處

「沒有她們、我們關門」：外籍看護工在小型長期照顧機構的勞動實踐

王潔媛

*　王潔媛 輔仁大學社會工作學系助理教授。

**　本文作者感謝台灣大學社會工作學系楊培珊教授的指導，以及受訪的機構人員及外籍看護工的參與。受訪機構提供機構照顧照片，增加了讀者對機構操作面的認識，在此一併致謝。本文曾獲頒「財團法人新和平文教基金會 2017 年台灣最佳學位論文獎」，特此感謝。

***　本文引用資訊：張晉芬、陳美華編，2019，《工作的身體性：服務與文化產業的性別與勞動展演》，頁 241-279。高雄：巨流。

中文摘要

　　本文探討台灣長期照顧機構（以下簡稱長照機構）外籍看護工的照顧勞動如何鑲嵌在長照機構的組織層級之中，並且解析外籍看護工在勞動角色上的專業分工與互動性。本文採質性研究法，運用觀察法及深度訪談法進行資料蒐集及詮釋；研究對象採立意取樣，主體為北部2家小型長照機構，共訪談外籍看護工小組長3人、外籍看護工16人，以及機構負責人、本籍照顧服務員、社工人員及護理人員等。研究發現：第一，外籍看護工的勞動鑲嵌在本籍與外籍之層級分工，劃界出「間接／直接」照顧工作；第二，身體照顧工作為整合手腦「心智」與「體力」的勞動，強調自發性；外籍看護工以「族群」承載勞動過程的挑戰，交織出集體支持網絡；並從與雇主、本籍員工形成的三角關係中，開展多元協作與融合互動。本文建議應正視外籍看護工已成為照顧產業重要（substantial）人力資源的事實，並以提升工作尊嚴為首要，俾利建構長期照顧永續的勞動力。

關鍵詞：長期照顧機構、外籍看護工、跨國照顧勞動

"Without Them, Our Business Will Be Closed": A Study of Foreign Care Workers' Labor Experiences in Small Taiwanese Long-Term Care Facilities

Chieh-Yuan Wang

Assistant Professor
Department of Social Work
Fu Jen Catholic University

Abstract

This article aims to explore the labor experiences of foreign care workers (FCWs) in contemporary Taiwan. Purposes of the study include to explore the roles of FCWs in long-term care facilities. This research applied qualitative methods, using field observations and in-depth interviews to collect data, and then thematic analysis to analyze the data. Purposeful sampling was applied. Field observation was done mainly in two small private facilities. A total of 27 participants were interviewed, including 2 managers, 2 social workers, 3 nurses, 19 foreign care workers, and 1 local care worker. The research results indicated that (1) work was divided into two categories, direct and indirect care for FCWs, and (2) providing assistance with ADLs (Activities of Daily Living) for the elderly taxes FCWs' mind and body. It is self-motivated work. FCWs have developed relations with managers, peer workers and the elderly being cared for. Finally, this research suggests that the government ought to formulate progressive strategies and labor policies in order to enhance the competitiveness of Taiwan in the international care labor market.

Keywords: long-term care facilities, foreign care workers, transnational care labor

〈外勞人數破70萬大關 勞部：正向發展〉、〈外勞人數將破70萬 監察院糾正勞動部〉的新聞標題呈現出我國外籍勞工在8年中增加逾30萬人之現況。勞動部指出社福外勞因台灣邁入高齡社會，需要受看護的人數增加，外籍勞工也是提供服務的一部分，在2018年11月增加1,600多位。監察院則表示，勞動部對於國內引進外籍勞工的數量欠缺整體性規畫，導致在台外籍勞工人數從2010年的37萬9,653人成長至2018年7月底的69萬2,868人，猶如失速列車般欠缺煞車機制。

—— 整理自中央社新聞

（2018年10月3日、2018年11月20日）

一、前言

　　台灣已於2018年3月正式進入聯合國所定義的「高齡社會」，老年人口占全體人口的比例超過14%，再加上出生率持續低迷，造成我國面臨勞動人口減少的嚴峻挑戰。長期照顧產業受到結構性因素影響，缺工壓力無法紓解，政府長期以來借助外籍勞動者作為分擔照顧責任的策略，卻因此形塑外籍看護工成為台灣長期照顧主力（藍佩嘉2009）。台灣自1989年首次開放引進外籍勞工（以下或稱外勞）至國內重大公共工程建設，1992年開放家庭幫傭及機構看護工，至今已經超過四分之一個世紀，然而，長期照顧議題中有關外籍看護工的學術研究十分缺乏，更鮮少針對本地深具特色的49床以下、小型長期照顧機構（以下簡稱長照機構）的外籍看護工進行研究，此時此刻實有補充的必要。

　　既有文獻中有移工、國際移工、客工（guest worker）、外籍看護

工、外籍監護工等不同名稱,社會學學術名詞辭典則以「外籍勞工」及「客工」作為主要定義(國家教育研究院 2015)。本文依照長期照顧產業的習慣用語,統一以「外籍看護工」稱之。藉由引進低成本的外勞來平衡照顧缺口的窘境,此策略為世界各國普遍採用(Hochschild 2000)。劉士豪的論文(2014)指出,我國的外勞政策採取「客工制度」,限制外勞的工作地點、工作時間及最低工資水準,相對而言,歐洲國家採取的「移工制度」一旦外國勞工被允許入境工作,便可以自由選擇職業、行業、工作地點和薪資水準等,只要雇主願意僱用即可。就長照機構而言,理論上一旦聘用外籍看護工就可能是相當長期的一段僱用關係,但實際上過程中仍不時出現逃跑、勞雇糾紛,甚至近年外籍看護工亦可選擇轉換雇主等情況。因此,機構聘用的外籍看護工究竟是怎樣的「客」工?在政府目前長照政策與勞動政策規範之下,機構與外籍看護工主客之間的互動關係如何?若我國政策繼續視外籍看護工為一種「不自由」且「即期」的商品(劉梅君 2000),那麼,小型機構應如何因應,以穩定照顧服務的生產關係呢?

回顧我國開放外籍勞工至今共經歷禁止、開放、擴大階段等過程,根據勞動部統計,2018 年 10 月底我國產業及社福類外籍勞工共 703,162 人,其中社福類外籍勞工達 256,383 人(勞動部 2018)。檢視下表 6-1 可知,在社福類外籍勞工中,以家庭看護工比例最高,單位聘用則以養護機構看護工最高。外展看護工則為勞動部為評估建立外籍看護工多元聘僱模式,解決家庭照顧之相關問題,藉由非營利組織之訓練、督導及管理提升照顧服務品質,特於 2013 年試辦,並於 2016 年停辦。由於機構看護工適用《勞動基準法》,家庭看護工的工時及勞動條件與機構看護工相較,普遍面臨長工時、低薪的困境,無論是勞動條件及管理訓練,都與本國籍居家服務員有明顯差距。

表6-1　社福類外籍勞工人數：依開放項目分

單位：人

年度	合計	看護工			家庭幫傭
		養護機構看護工	外展看護工	家庭看護工	
2012 年底	202,694	11,157	-	189,373	2,164
2013 年底	210,215	11,822	13	196,246	2,134
2014 年底	220,011	13,093	32	204,733	2,153
2015 年底	224,356	13,696	32	208,600	2,028
2016 年底	237,291	14,192	39	221,139	1,921
2017 年底	250,157	14,827	14	233,368	1,948
2018 年 10 月	256,383	15,096	8	239,353	1,926

資料來源：勞動部（2018）。

　　蔡明璋及陳嘉慧（1997）檢視我國外勞的僱用與外籍勞力市場形成的過程和變化，指出政府缺乏清晰的「政策視野」，此論點在長照政策上更是如此。人口高齡化趨勢下，入住機構的住民多為失能與失智的高齡患者，具高度依賴性，住民的健康照顧及生活需求多元而複雜。機構長期面臨本籍照顧服務員（以下簡稱照服員）缺工及高流動率困境，使得機構更仰賴相對穩定的外籍看護工。外籍看護工從事第一線的直接照顧工作，工作場域包含「護理之家、慢性醫院或設有慢性病床、呼吸照護病床之綜合醫院、醫院、專科醫院」及「收容養護中度以上身心障礙者、精神病患及失智症患者之長照機構、養護機構、安養機構或財團法人社會福利機構」。

　　機構照顧對象多屬日常生活功能低下的住民，有管路及認知功能異常。照顧者不僅要執行基本日常生活照顧，更涵蓋一般性、甚至技術性護理的照顧工作。呂寶靜及陳正芬（2009）即指出照服員的工作主要在協助進食、大小便處理、身體照顧及清潔，被大眾認知為低專業技能的職業，亦即上述被認定在技職機構中的「一般或職業技能」

長期未獲得社會重視。然而，與老人有最多的接觸，在身體照顧過程須回應疾病照顧與失能退化的雙重壓力，凸顯貼身照顧工作為整合手腦的「心智」與「體力」勞動，包括如何回應住民個別化的差異，強調照顧人員的自發性，無論是在身體勞動及情緒上都有諸多要求。綜合言之，照服員重要的任務，即為透過每日的陪伴，陪同住民走完最後「老、病、死」的人生階段。

　　機構在聘用外籍看護工時，應選擇哪一個「國籍」往往是雇主重要的考慮變項。訪談中負責人表示單一國籍易於統一管理，但風險是成員間易互相連帶及影響。本研究中亦有雇主刻意採用「聯合國制」，如分別聘用菲律賓籍、印尼籍、越南籍等國籍之看護工，以達到互相牽制的目的，讓其因語言及文化之差異不易串連。外籍看護工國籍的選擇也會受到雇主長期的選擇與經驗影響而有慣性，如機構長期聘用泰國籍之外籍看護工，即使現在已面臨泰國籍之外籍看護缺工的限制，但雇主仍會請仲介公司克服困難，持續引進泰國籍之看護工。

　　國家在外勞政策上扮演主導的角色，政府角色亦受到世界經濟體系的位置影響，進一步決定了東南亞作為國內移工市場之來源國。雇主僅能選擇由國家範定的外籍勞動力範圍。同時，亦因機構長期依賴／信賴外勞仲介的種族化推銷，雇主在累積多年聘僱及管理經驗和互動後的既定印象，主觀認定特定種族與性別的東南亞勞工適合特定類型的職務工作（范裕康 2005）。機構提供 24 小時、全年無休、無法中斷的照顧，因此照顧工作人力需求大且密集。在此背景脈絡之中，外籍看護工的勞動角色如何展演？此外，機構照顧的執行有賴於團隊間的合作與分工，在現有制度下與本國籍員工及外籍看護工雙方互動又是如何進行？外籍看護工被納入形成團隊的互動過程中，對於直接照顧工作的品質所造成的影響，皆為高齡社會中重要的研究提問。爰此，本文以外籍看護工為主體，輔以機構主管及本籍與外籍同儕等三

方的視角，檢視外籍看護工的照顧勞動如何鑲嵌在小型長照機構的組織層級，並解析外籍看護工在長照機構中開展照顧勞動的實作及分工互動過程。

二、文獻探討

（一）台灣引進外籍看護工的政策

　　台灣在1980年代中期從新興工業化經濟體，轉變成高所得的經濟體。在此情況下，高所得及高教育程度的人民不願意從事艱苦、危險及工作環境差的骯髒（*kitanai*）、辛苦（*kitsui*）、危險（*kiken*）的「3K產業」工作。加上從1980年代開始，台灣開始有基層勞力供給不足的現象，即使政府尚未開放引進，已有國內廠商僱用外籍勞工。營造業與製造業為了能節省人力成本，競相引進外籍看護工，勞動部（當時為勞工委員會）於1989年10月為因應國內勞動力短缺，核定「十四項重要工程人力需求因應措施方案」，可以專案申請引進外勞。後來陸續開放泰國、菲律賓、印尼、馬來西亞、越南及蒙古等地引進外籍勞工，以協助產業及家庭解決勞力不足的問題。1991年10月再頒布「因應當前人力短缺暫行措施」，適用對象擴大至紡織業、金屬基本工業等民間「六行業十五職種」。

　　台灣逐漸邁入高齡化社會，為了緩解家庭的照顧壓力，政府頒布「因應家庭照顧殘障人力短缺暫行措施」，於1992年開放外籍看護工的申請，之後擴及至家庭及機構的看護工，其中機構的看護工於1998年納入《勞動基準法》適用範圍，享有工資、工時與休假保障。我國外

勞引進的法源為1992年制定的《就業服務法》，[1] 進一步放寬六行業十五種職業、監護工、幫傭等職業後，民間雇主才可以「合法」地僱用外勞。政府陸續頒布《外國人聘僱許可及管理辦法》、《私立就業服務機構許可及管理辦法》、《就業安定費繳納辦法》和《就業服務法施行細則》等，逐步建構更完整的外勞引進監管機制。在《就業服務法》第41條中更明白宣示「聘僱外國人工作，不得妨礙本國人的就業機會」政策目標，採取「限業限量」、「徵收就業安定費」和「先以合理勞動條件在國內辦理招募」等作為達成前述目標的措施，規範外籍勞工為補充性角色。然而，檢視近年發展可以發現，事實恐非如此。同時，為了爭取優質外勞續留，更於2016年公布《就業服務法》第52條修正案，將外籍勞工累計在台工作年限延長為12年。其中，家庭看護工作的外國人，符合主管機關所定資格者，工作期間累計不得逾14年（全國法規資料庫2016）。

我國自2002年起修訂的外勞政策有五大重點，分別為：（1）藍領、白領的引進由分流到單一窗口，（2）延長居留期限，（3）強化外勞人權維護措施，（4）修正外勞配額機制，（5）放寬家庭看護工的申請限制。政府雖訂有引進外籍勞工的行業別，雇主必須負擔的就業安定費標準，以及國內招募程序及要件等具體辦法，但外勞政策多年來僅為解決勞動市場人力短缺的燃眉之急，政府始終以外勞輸入是短暫性及選擇性的原則作為因應，未有全面性的長期規畫。

Stephen Castles 及 Mark Miller（1998）指出，全球化勞動移民的基本論點具有下列特質：（1）在全球化勞動力的轉移過程中，國家內部

1　1992年立法院通過《就業服務法》，其中設有外籍勞工（以下簡稱外勞）專章，允許民間產業引進外勞，並逐次放寬引進的行業種類。當時對外勞政策的爭議主要有三項，一是外勞是否會影響國民工作權，二是外勞在國內的基本人權如何保障，三是外勞仲介制度的高額仲介費造成剝削。訂立外籍僱傭專章後，民間企業得以在有限範圍內，申請僱用。

都缺乏長期且有效的規畫;而這股全球化移轉的基本驅動力主要來自資本家投資意願,考量整體資本相對流動的可能性。(2)在各個外勞引入國中,非法勞動力的引入仍占相當大的比例。各國在勞動力轉入國內勞動市場的銜接過程中,仲介業者的結盟都扮演吃重的角色。(3)全球性國家外勞政策管理模式光譜可區分為「極端的漠視」到「積極的管理」等模式,顯示外籍勞工政策的複雜性,不僅涉及國家產業政策、勞動關係,尚有移民政策及外交政策。在各因素交互作用下,顯示外籍勞動者管制作業及過程繁複,不僅考驗國內勞動市場的穩定機制,同時驗證國家機器在全球化衝擊下的控管能力。

朱柔若(2005: 3)將勞工問題區分為「實質議題」與「程序議題」兩類:實質議題是指「所有涉及所耗費的資源與得回來的報酬間交換關係的全部細節,其中工資、福利及業績層面的問題都包括在內」,程序問題則是「關於實質議題該如何解決的方法與程序」。以長照機構的外籍看護工為例,實質議題包括:基本工資,福利或獎金,及其他有助於工作適應的協助、生活安排等等;程序議題則包括:外籍看護工實質勞動條件由誰來確保,各種相關申請或異動的程序,各類爭議的協商機制如何建立及如何執行等。台灣的外籍勞工無論是工時、工資、休假、在職訓練及福利等勞動條件都有差異性(謝玉玲 2011;孫友聯 2013),欲對照顧品質的提升有所期待與要求,則須減少本籍與外籍看護雙方在勞動條件的落差。對照前述政策脈絡,顯然台灣在長照機構外籍看護工政策面處理較多的仍屬「程序議題」,未來應加強外籍移工在「實質議題」鉅視面及微視面的改善。

國際遷移組織(International Organization for Migration, IOM)在 2010 年的 *World Migration Report* 中指出,隨著社會高齡化發展,外籍移工成為彌補本國照顧工作者不足的重要人力。台灣將外勞區分為產業類外籍勞工(foreign workers in productive industries)及社福類外籍勞工

（foreign workers in social welfare）兩大類，前者包括農林漁牧業、營造業及製造業，後者則是看護工和家庭幫傭。其中，社福類外籍勞工以家庭看護工所占的比例最高，單位聘用則以長照機構最高。外籍勞工從少量的「專案」到大量「政策」引進，從官方主張的「補充性」勞動力發展出「替代性」的政策爭議，至今從未停歇。

孫友聯（2013）指出，穩定的「定期契約」勞工降低了勞工離職的成本；加上轉換雇主的限制，外勞的工作配合度相對較高，有利於雇主的人力調配。劉梅君（2000）從政治經濟學的角度說明，在資本主義的市場交換邏輯下，外籍勞工頗能符合雇主眼中「理想工人」的條件，例如，價格便宜、使用價值高、年輕體健、身家清白、沒有情緒、無性，與本國勞工相較更是「便宜好用、物美價廉」，至今早已是照顧產業的最佳後備軍。曾嬿芬（2006）則從國族政治角度指出，「外籍勞工」的命名政治使得外籍勞工一開始就被獨立地視為台灣社會最外圍的「他者」，成為移民政策管制的一環。

（二）長照機構照顧工作

在長照機構中，照服員為最主要的照顧人力（蔡淑鳳、陳文意、林育秀、梁亞文 2013），負責個案的日常生活直接照護工作，主要內容涵蓋身體清潔與舒適維護活動、睡眠活動、身體檢查與評估等三大項目。其中，身體清潔與舒適維護活動約占70%以上（江孟冠 2002）。根據齊于篔、劉芳及蕭仔玲（2017）指出，早期照服員幾乎都未曾接受失智照顧的訓練，即投入長期照顧工作。由於照服員主要是協助進食、大小便處理、身體照顧及清潔，社會大眾普遍認知為低專業技能的職業（呂寶靜、陳正芬 2009）。

台灣外籍勞工人數近年持續攀升，此勞動力究竟應如何被看待？

Claus Offe（1985）認為勞動力與其他商品的本質不同。首先，勞動力並不是為了市場銷售目的而生產出來。其次，勞動力本身的可變性與可塑性，從抽象的勞動力（labor power）到具體的勞動（labor），勞動過程都充滿了變數。以我國長期照顧及安養機構發展為例，截至2017年6月底共計1,093所（衛生福利部 2017），呈現逐年增加的趨勢。外籍看護工的工作場域包含「護理之家、慢性醫院或設有慢性病床、呼吸照護病床之綜合醫院、醫院、專科醫院」及「收容養護中度以上身心障礙者、精神病患及失智症患者之長照機構、養護機構、安養機構或財團法人社會福利機構」。由此可知，長照機構所服務的對象多為高齡衰弱者，在老化及神經退化性疾病影響下，常伴隨認知障礙、日常生活功能退化、精神混亂、步調不穩、跌倒及大小便失禁等臨床症狀。入住機構後，老人的認知狀態因較少的社會支持以及缺乏參與、環境互動而導致認知功能下降及異常（李怡蓉 2004；黃正平 2011）。

　　長照機構亦有住民插鼻胃管或導尿管留置，或因自傷或傷人需要被約束者，且24小時無法中斷。李素貞、戴玉慈及郭憲文（1998）針對台中、彰化地區52家長照機構照護人員執行照護的工作內容進行探討，結果顯示：機構內的照護項目中頻率最高的是生活照顧活動，而非技術性護理工作。因此，在長照機構此領域工作之外籍看護工，所面臨的工作壓力與社區或居家式服務場域相較，特性顯然有所差異。許靜如（2006）指出，長照機構外籍看護工的工作壓力依序是「照顧瀕死的住民、照顧身體狀況沒有起色的住民及害怕對住民做出不正確的判斷和處理」。此外，隨著失智症盛行率增加，近年來機構內的失智症患者明顯成長，第一線的照服員所面臨的挑戰又不同於照顧失能老人。吳雅琴（2012）指出，混合式照顧造成服務者的雙重負荷，加上照顧者的壓力未必能受到重視，不僅須回應失智行為造成的壓力，尚有照顧關係的互動形成依附與牽絆等問題。

與醫療照顧相較，長照機構的身體照顧工作多半具有重複性與例行性，但面對住民在疾病與需求上的個別差異，照顧工作更強調「互動性」。John Allen 及 Paul du Gay（1994: 266）即指出，服務工作變成「混種」的職業，尤其在強調具有互動性的服務業中，由於「其所消費的東西中有部分是社會互動的品質」（Urry 1990: 273）特性，更需要溝通與展示能力等社會技巧。許雅娟及王靜枝（2004）指出，外籍看護工來台就業的動機通常是比母國更佳的工作待遇，面對工作適應及危機處理的心態多為「忍耐」。尤其是這種照顧長期被視為是女人的天性和本能，不需要專業訓練和養成或持續職業教育，在這種「照顧工作女性化」的脈絡下，發展出低薪、工作條件差並缺乏權益保障等勞動困境，更影響照顧作為工作所應獲得的肯認和價值。

工作社會學（sociology of work）者 Carol Wolkowitz（2002: 497）將身體工作詮釋為「在他人身上工作」，強調聚焦於「將身體視為當下的勞動場域，涉及和身體親密的、混亂的接觸，透過碰觸或接近身體的孔洞或產物」而執行的有酬工作。長照機構中提供密集性的身體照顧，不僅給予住民可以依靠與安置的場域，照顧人員更藉由身體的接觸，滿足住民的生活基本需求，並且藉由陪伴與同理，回應住民面對無法掌握、持續邁向失能與困頓的身體所衍生的負面情緒。Joyce Zerwekh（1997）指出，照顧工作包含「專注、接受他人、能不斷體會他人分享的好意、能存在」，最終讓長者和工作者都能共同感受到舒適。

本書第七章中，陳美華以美髮作為身體工作為例，將其概念化為互動式的身體工作，從業者必須展演時尚的美學勞動，在執行技術的過程中也是身體化的。從業者必須學會雙重的多重涉入的身體技術，顯示美髮工作具有心智、情緒與身體共同協作的特性。若將長照機構中的身體照顧工作之實作過程與美髮工作相較，面對失能的長照患

圖6-1　外籍看護工協助高齡住民進食
資料來源：受訪機構提供。

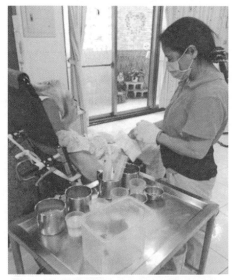

圖6-2　外籍看護工協助住民鼻胃管灌食
資料來源：受訪機構提供。

者，同樣涵蓋心智與情緒共同協作的特性，因為照顧的住民多為失能或失智患者，無論是體力勞動的密度與負荷度，都比美髮業沉重，尤其勞動過程中需要耗費大量體力，容易造成肌肉骨骼傷害，影響生活品質（趙懋武、謝嫣娉、葉怡嘉、蔡玉純、張世杰 2015）。身處第一線的外籍看護工，大多藉由與住民持續互動漸進熟悉，培養出互動的默契，達到共在的情境。

這與 Robert Karasek（1979）、Jeffrey Johnson 及 Ellen Hall（1988）所指的雙元照顧關係有相同的意涵，意指在照顧工作中包含照顧者與被照顧者之間生理的及情緒的互動，以及互動中的要求與報酬，凸顯照顧除了是一種性別化的工作，更強調提供者及使用者之間的人際性互動。在長照機構這個場域中，身體照顧工作除了執行每日例行的生活照顧外，更具備跨越體力、情緒、親密勞動等具有多重任務與技術的特性。由此可知，身體照顧工作除了日常生活基本照顧外，面對住民病程的動態變化，尚須回應認知與生命徵象等技術性的評估與執行；尤其當住民在各項支持形態偏低時，第一線的直接照顧者更成為

提供情緒支持及人際互動的重要來源，並在此勞動過程中持續地對自己及住民的情緒調節付出心力（陳正芬、王正 2007）。

三、資料來源與研究方法

筆者自 2015 年 4 月至 10 月，總計完成團體訪談 2 場次及個別訪談 12 人。[2] 為了增加研究的信度與效度，研究正式開始前先進行「先導研究」，邀請某直轄市及某縣的長照機構負責人、兼任長照機構協會之理監事，以及平日熱心參與長照之政策與活動者，舉辦 2 場次焦點團體訪談，共計 22 人參與。目的在於藉由機構管理者的陳述，增進研究者對外籍看護工照顧勞動經驗及機構環境脈絡的了解，並釐清受訪者與研究者雙方對特定情境和語詞的定義，以及獲得機構守門人的研究同意。研究過程遵守保密原則，訪談同意書在事前即已翻譯成越南籍、印尼籍、菲律賓籍之外籍看護工的母語，訪談現場同時安排資深外籍看護工協助口譯，以減少受訪者訪談時的語言限制與障礙。

本文旨在探討小型機構外籍看護工的勞動經驗，故設定以立意取樣，篩選的機構條件為：（1）機構設立 5 年以上，且聘有外籍看護工；（2）機構負責人為外籍看護工招募的管理者；（3）願意接受研究訪談。最後選擇兩家 49 床以下的小型長照機構，選擇 49 床以下的機構是因為目前的機構分配中，小型者約占近九成之多，故選擇作為研究對象。

本文在兩家機構都訪談多元角色，在外籍看護工部分，共訪談小組長 3 位，日班及夜班之外籍看護工、新進外籍看護工 16 位，共 19

2　本研究於 2015 年 3 月 16 日申請「國立台灣大學行為與科學研究倫理委員會」的倫理審查，修正後於 4 月 27 日通過審查。

位。此外，為能掌握在機構內外籍看護工的勞動經驗與互動分工狀況，亦對 2 位機構負責人、2 位社工人員、3 位護理人員、1 位本籍照服員進行訪談。研究對象基本資料詳如表6-2。

表6-2　受訪機構與外籍看護工資料 [a, b]

受 訪 機 構	機構一	機構二
立 案 時 間	2002 年 6 月	2007 年 11 月
立 案 床 數	49 床	49 床
立 案 屬 性	養護及有管路者	養護及有管路者
外 看 人 數	8 人	11 人
外 看 國 籍	印尼籍、菲律賓籍、越南籍	印尼籍、越南籍
外 看 福 利	定期中文訓練課程、年終獎金、聚餐、休閒活動	年終獎金、休閒活動、團體旅遊活動
本 籍 員 工 受訪者代碼	機構負責人 M-01 社工人員 S-01 護理長 N-01	機構負責人 M-02 社工人員 S-02 護理人員 N-02 護理人員 N-03 本籍照顧服務員 C-01
外　　　看 受訪者代碼	**菲律賓籍外看小組長 A-01（展延三次）** 菲律賓籍外看 A-02（展延三次） 印尼籍外看 A-03（第一次來台） 印尼籍外看 A-04（第一次來台） 印尼籍外看 A-05（第一次來台，在醫院工作） 印尼籍外看 A-06（第一次來台，在醫院工作） 越南籍外看 A-07（之前在台當家庭幫傭） 越南籍外看 A-08（第一次來台，在醫院工作）	**越南籍外看小組長 B-01（第一次來台，由其阿姨引介）** 越南籍外看 B-02（第一次來台，由其阿姨引介） 越南籍外看 B-03（第二次來台） 越南籍外看 B-04（第一次來台） 越南籍外看 B-05（展延三次） 越南籍外看 B-06（第一次來台） **越南籍外看小組長 B-07（展延三次）** 越南籍外看 B-08（第一次來台） 印尼籍外看 B-09（第一次來台） 越南籍外看 B-10（第一次來台） 越南籍外看 B-11（第一次來台）

[a] 為簡化資料的呈現，本表將外籍看護工簡寫為外看。

[b] 英文代碼的意義：M 為機構負責人，S 為社工人員，N 為護理人員，C 為本籍照顧服務員，A、B 為外籍看護工。

　　資料蒐集採用田野觀察法及深度訪談法。田野觀察的部分，筆者在機構守門人同意之下，把握機會觀察現場看護工執行照顧勞動的真實樣貌，了解外籍看護工與住民、同儕間的互動。在徵得所有參與者同意後，參與機構看護工的月例會及交班會議，並觀察日班與夜班看護工執行照顧的異同，藉由多元管道獲得第一手觀察資料，並於田野日誌中詳實描述現場照顧的事件與行為、人員與情境、時間等資訊，以呈現看護工主觀經驗，保持資料的完整性及準確性。

　　深度訪談的部分，筆者在進行訪談前，先向機構確認外籍看護工來台後的工作經歷，評估中文溝通程度、是否需要外籍小組長協助翻譯，以減少溝通限制。筆者發現年資滿 1 年的看護工，多能簡易的聽與說，新進半年內者語言表達較受限，顯得較為安靜，個別訪談時多需運用追問的技巧。同時，筆者會針對觀察及訪談不同、或有疑問之處提出討論並釐清，以確認資料的真實性，減少分析的偏誤。筆者是在機構內午休及晚間的休息時間進入機構中進行訪談，以便受訪者有較充裕的時間思考及回應，增加訪談的可信度。筆者在機構一總共進行 7 次訪談，機構二共進行 10 次訪談。除了訪談，筆者亦藉由增加與延長在研究場所參與的時間，進行持續性觀察，以增進對場域及研究對象的理解。

　　幾乎任何機構都是一個複雜的適應系統（Anderson, Corazzini and McDaniel 2004; Forbes-Thompson, Gajewski, Scott-Cawiezell and Dunton 2006），筆者長期與台灣小型長照機構建立互動關係，在研究與實務面著力甚久，故對研究田野相當熟悉。即使如此，研究初期訪談時，外籍看護工大多訝異地表示，來台至今從未有人想了解她們的工作情境，故對研究者的提問需要再思考，這雖然象徵雙方的信任關係尚未建立，但也預示研究結束時所蒐集到的外籍看護工第一手資料，是具有創新性與貢獻的研究。筆者以十分的耐心慢慢地等待，在訪談過程

中盡量不中斷受訪者的回答，並鼓勵表達她們獨特的經驗。

　　訪談包含團體和個別訪談，原因是考量筆者是一名「外人」，外籍看護工單獨面對筆者時，有人主動表達，有人則語帶保留，擔心筆者是老闆指派來的。至於團體訪談中，因為外籍小組長在場，可增加受訪者的安全感，發言較為坦白，亦可使用母語，再由其他人協助翻譯，表達內容可補充個別訪談不足之處。

　　外籍看護工的半結構式訪談大綱內容為：（1）您在機構的工作與當初仲介公司說明的有何差異？（2）您到機構後工作內容有哪些？多久才較為適應？（3）在機構做哪些事情會讓您工作更愉快，覺得更像家？（4）語言對您的工作影響有哪些？來台灣之前的受訓及學習經驗如何？訪談經同意後採全程錄音，事後並轉錄為逐字稿以進行資料分析。

四、研究發現

（一）長照機構外籍看護工的勞動角色

1. 從「慢慢學」到「快快做」

　　機構在缺工壓力下亟需藉由立即性的勞動力，滿足機構提供密集性的立即照顧。新進外籍看護工初至機構後以「邊做邊學」、「速戰速決」方式開展勞動角色，在有限的時間壓力下，遵循機構工作流程，學習工作所需的技巧。受訪外籍看護工回顧初來台的經驗，多表示學習要慢慢來，不論是語言或關係建立都需要時間作為緩衝而逐漸適應。資深外籍看護工小組長回想來台前的工作：「我種田啦，我們那邊大部分都在種田！」（B-07）機構面對背景與年齡各異的外籍看護工，

多藉由外籍同儕帶領培養照顧技能，經過重整重訓後，再邁向獨立作業的目標，最後能分流至不同樓層與班別執行身體照顧工作。

> 3個月還可以。很快，可是要慢慢習慣。因為沒辦法的事情，因為妳一定趕快、慢慢學。（A-01）

> 嗯……慢慢就半個月多啦，因為我那個國語我有一點點會，會講，對，習慣就還好啦，不習慣才有一點困難，對！（B-07）

受訪外籍看護工小組長表示，例行生活照顧工作相當忙碌緊湊，依時間序列逐一執行，上班就沒有休息空檔：

> 早上7點上班，每層樓都不一樣，起來啊，有人要上廁所，然後吃點心，有時洗澡，沒有每天。下午社工會帶活動，要推老人下床，就是滿滿的，我們的時間都是滿滿的。（A-01）

> 我們就先叫阿公、阿嬤起來洗臉哪，刷牙、洗臉，全部都要做，上廁所、10點多就喝牛奶、翻身，吃稀飯、餵牛奶，阿公、阿嬤需要什麼，叫就來。就每個不一樣，哪裡叫我們都會跑來的啊。（A-03）

> 要獨立的一對一照顧，一層樓要1個禮拜，四個樓層就4個禮拜，就一個月又要扣掉休假，1個月後就技術面去看照顧有沒有問題，再去矯正她，要沒有問題，聰明要3個月，不聰明的要半年。（M-01）

圖6-3　外籍看護工引導機構住民參與復健活動
資料來源：受訪機構提供。

時間在機構中是很重要的向度，機構的照顧工作依循住民日常生活而建構，按表操課的工作流程具高度可預測性。研究者訪談勞動情境時，外籍看護工屢次表示要「慢慢學啊！」，但隨即又表示「要快一點！」，呈現出外籍看護工的勞動角色是建立在組織期待要能快速培養獨立能力所呈現的「反差性」上。

2.「沒有她們、我們關門」

隨著國際間工資所得差距擴大，不僅加速跨國勞工的流動，並且成為後工業社會的必然現象。Joseph Stiglitz（2006: 24）提出「經濟全球化」概念，意指「世界各國在經濟上藉由商品、服務、資金，甚至是勞動力的流通，使世界各國整合為一個緊密的經濟體」。因此，高齡化社會下反映出台灣照顧產業缺工的困境，不僅關乎長照人力資源的規畫與運用，更涉及跨國勞工人力的移轉。一位機構負責人表示：

> 台籍服務員確實存在問題，年輕人不願意投入，會來的都是社經地位較低中高齡婦女。但我們有一定的要求，當要求加諸在她們身上時，她們就寧願選擇放棄，工作壓力一定會更大！如果你放給她，隨便做一做，時間到她就走人了，無法留任。（M-01）

受訪的本籍照服員即將滿60歲，已在機構工作10年，提到工作的歷程與困境：

我剛來時有1、2個月有去翻身、拍背。現在要我翻身、拍背、洗澡？我應該是沒辦法，那可能要30歲左右，時間也比較長，而且較沒體力。現在都是推看診、安排復健比較能負荷，畢竟體力有限。（C-01）

外籍看護工也深刻感受到國人不願意投入照顧工作的窘境，質疑持續地依賴外來人力，未來恐有風險要承擔：「你們台灣顧一下下就跑掉了？為什麼不努力一點？就是工作的努力，第一、第二次不習慣、很痛，慢慢學，可以嘗試學習啊！那以後怎麼辦？」（A-06）外籍看護工明白所從事的身體照顧工作台灣人不願意投入，除了質疑為何她們可以、台灣人不行，更明確指出我國長期面臨訓用無法合一的困境。機構在「年輕新血不投入，資深員工高齡化」的雙重困境下，只能竭盡所能地發展留人策略。近年來外籍看護工已成為機構直接照顧的穩定、主要人力，更因勞動人力的穩定性攸關機構生存，促使管理者運用各種方法穩定雇傭關係，維持營運。

3. 初級團體

本文受訪機構的外籍看護工多表示，機構主管運用「外籍小組長」作為新進者語言翻譯橋梁，教導技巧與示範工作策略，增進新進看護工在工作及生活上的適應與融合。此外，過程中亦同步傳達機構的工作要求以及所隱含的文化與價值。同鄉的看護工小組長扮演領頭羊角色，在短時間內引導新進外籍看護工發展勞動角色，成為外籍看護工面對困境時的資源及克服語言限制的優勢。

第一次啊因為還要學，越南的姐姐交代我，她教我怎麼照顧病人。我們大家合在一起照顧的，嗯……對啊！用她教的方

法，她很有經驗，對我們都很好啦，哪裡不懂都會交待我，呵呵，同國比較好！（B-01）

因為我阿姨有在這邊工作，她說來這裡做啊很好！這裡工作比較久，她們做幾年會教我們。來這邊還好啦，有我們越南朋友，所以很快就習慣。（B-02）

比較熟悉狀況的，直接就是請她當樓長，直接指定啊！因為其他較資淺，一定是資深為主囉！總不可能叫資淺的去帶，壓不住她們。她會從旁一個跟一個。組長會慢慢教，像是翻身時跟她們說正確的方式，要洗手。（C-01）

社工人員及負責人表示，外籍看護工勞動力受社會連帶牽引，發展出「母女檔、姊妹檔」親友網絡，呈現出「家人變同事」、「個體到集體」的社會網絡，這樣的互動不僅有助於外籍看護工學習身體照顧工作，以及語言、生活適應，假日生活也能有所安排及抒發。本籍照服員表示，光是溝通她就沒辦法：

外勞組長會解釋，因為都是用她們語言，所以我們根本聽不懂。還是她們的來教，比較快上手。（C-01）

我看越南同鄉團體連結力滿強的，她會先連絡社區或附近的越南人，有做家庭、工廠的。一個月會約出去。她們說是去吃飯，有的會爬山，之前有去內湖山上，平日就乖乖待在宿舍，但到假日會出去走走。（S-01）

　　機構雇主各有對外籍看護工的選工策略，包含都聘用單一國籍或聘用多國外籍看護工，後者之目的在於將外籍看護工分而治之、防止串連。聘用單一國籍的主管表示，國籍選擇多受到機構多年聘用經驗的影響，如：透過資深外籍看護工引介，安排同鄉人選至機構內工作，發展出「產業家鄉化」樣貌。此趨勢發展展現出雇主對看護工的信任，為能達到穩定的僱用關係，更加依賴表現優異的外籍看護工，藉由裙帶關係發出展新的人力資源網絡，顯示出機構雇主對外籍看護工選擇國籍的管理策略。雇主對此社會關係所發展出的同儕網絡亦樂見其成，認為建構在族群網絡下的社會連帶，除了能減少逃逸的風險，引進者還會擔任前哨兵的角色，主動發揮協助新進看護工適應的功能。

　　Mark Granovetter（1985）指出社會關係、而非制度安排或一般性的道德，才是經濟生活中產生信任的主要因素。此社會關係所指涉的是：「具體的個人關係及其構成的網絡結構。」筆者觀察到此互動性是雇傭雙方有意識、有方向性的互動結果下積累而成，近年隨著外籍勞工的展延，機構內的外籍看護工早已形成「族群化」之次級團體，主責身體直接照顧工作。

4. 遞補耗時、干擾照顧：成為「只進不出」的勞動力

　　機構長期面對本籍員工招募、留任不易及年齡偏高的困境，即使面對不適任的外籍看護工，大多藉由建立及發展照顧工作勞務標準化，減少試誤過程。雇主期待外籍看護工能在3至6個月內熟悉照顧分工與流程，甚至能儘早成為獨立的工作者。然而，新進外籍看護工要同時面對生活環境與工作要求，適應仍需時間，雇主面對工作態度不佳或與同儕人際互動有困難者，主管多會評估適任性，考量屆滿後是否續約。但在屆滿前，雇主多以個別化方式安排能從事的工作，以減

少團隊分工與合作困境。機構負責人表示會視外籍看護工的特質與能力，朝向適才適性的目標安排工作：

> 看每一個人，看她的語言能力跟工作技巧，語言能力如果比較好的話，那可能就是會排在比較需要溝通的照顧，如果說她語言能力比較差，可是技術到位，像是護理相關背景的，就安排照顧需求高的。（M-01）

護理人員負責外籍看護工的督導，一名護理人員提到對於無法與團隊一起合作的外籍看護工，要不斷地督導與盯梢，長期下來耗竭心力：「管不動她，我們就從中協調，然後一段時間後再 follow，如果她還是覺得新來的不行，我們就會直接跟老闆反映」（N-03）。本籍照服員也有相同經驗：「外勞她們適應，在工作技術比較困難吧！因為來是為了要賺錢，就一定要適應台灣這邊的環境。適應要看人呢。每個人不一樣，有的很快，有的不管妳怎麼教，都是有點慢半拍」（C-01）。

一名資深護理長表示，督導過程面臨外籍看護工「不適任、又不走」，「怎麼教、都不會」，「不願聽、不願改」，「有問題、不願講」的困境。機構在缺工、無法等待的壓力下，運用「開會、教育、督導方式」等策略掌握變化。若嘗試過各種策略後，問題仍無法改善，則以持續盯梢確認。然而，在有限的時間及人力下，影響督導的成效，長期下來為本籍員工帶來很深的挫折感。因此，同儕間面對被動無回應者，發生無人願意一起工作的慘況，不僅影響工作執行，更成為同儕排班時的壓力源。各機構都面臨過類似情境：

> 沒有人力去盯她，就變得照護比較鬆散，她照顧的病人容易出事，前陣子很想汰換掉她，應該叫不適任啦；不一定合適

照顧工作，未必有興趣。因為她來不到 3 個月，不適任建議她換到家庭，她又不要！因為家庭是 24 小時，雇主隨叫，誰要做啊！這下班去哪都可以。對，收入還比家庭高啊！（N-01）

我覺得是看每個人學習程度！遇過看護真的沒人緣的，大家都不想跟她做事，也不到說真的排擠她，因為人際關係，老闆只好把她從白班調到夜班，就是職務、時間變通，怎麼教都教不來，那只好換樓層。（S-02）

外籍看護工人數在機構團隊中占有相當高的比例，對照於本籍員工的流動，本文發現已形成異文化的主力團體，此團體動力亦考驗本籍員工互動的意願。為了保障外勞工作權益，避免遭強迫終止聘僱關係，自 2006 年起雇主應先填報「終止聘僱關係協議書」，方可安排外勞離境，顯示外勞聘僱關係的終止已非雇主的主觀認定，加上機構尚需考量遞補人力耗時的代價，筆者發現除非外籍看護工發生違反規範的倫理事件，雇主才會採取遣返的最終手段。然而，此一再讓步的界線與結果是否會進一步影響其他員工合作的態度與意願，是機構必須承擔與面對的潛在風險。

（二）「心智」與「體力」的勞動

1. 身體照顧情緒勞動

機構提供住民依靠與安置空間，並且滿足生活的食衣住行育樂需求。Nancy Folbre（2006）指出，在照顧品質上的利害關係是由照顧工作的提供者及使用者雙方所共享，人們在檢視照顧品質時多以服務提供者為單一焦點，容易忽略服務使用者的特質與互動能力以及機構提供的支持，對照顧工作成果的影響。機構住民多為慢性病患者，部分

有心智或精神上的問題。黃靜君（2000）針對北投養護機構住民的健康研究指出，住民疾病診斷以中風最常見，社交情形方面，僅三成住民會主動和人交談，三成五的住民表情淡漠且不喜歡與人交談。受訪越南籍看護工說明住民狀況：

> 他們都中風比較多，失智啊，嗯……也很多啊。對，一些還會講，還會動。失智平常還好對不對？有時就一直講啊。有時不正常，他會亂講，亂的啊，有時沒辦法溝通。我們都跟他講好好的啊，要乖乖。對……呵呵，有時候他們會聽，他們慢慢沒有感覺啦！有時會去看醫生。（B-01）

> 我們知道失智，每次都不一樣！不可能每次都跑來問別人，一直問問題，還是要自己想辦法！我每次給他吃飯，他還沒吃飯，什麼東西不見啦，還沒吃飯。好煩！一直講、一直講都不吃，還沒、還沒啦，怎樣、怎樣啦！（A-01）

機構式服務的住民多為重度失能或失智患者，情緒憂鬱者不在少數，無論溝通或照顧都高度依賴照顧者提供社會互動。機構多為混合式照顧，外籍看護工除了負責住民日常生活照顧，執行身體照顧的同時更提供社會照顧。筆者發現外籍看護工面對住民負面情緒及行為時，無法不予理會，仍會以有限的溝通來回應，為了顧及異質性，溝通方式也需個別化。當外籍看護工看到住民身心狀況獲得改善，甚至恢復變好時，更是真心高興。

> 阿公、阿嬤會講笑話給我們聽，每一天跟他們玩，有阿公會唱歌，快樂啊！老人會說女兒沒來，我們會安慰她，說晚上

會來看妳，白天要上班，到晚上又忘記。她沒想到就快樂了。有家屬久沒來看心情不好，我們就跟她說話，看狀況！老人有病不清楚啦，有時又忘記。（B-01）

如果照顧，他來到不會走路啊，不會講話，來這邊一段時間後，他會走路會講話，我們就很高興，對啊！（A-01）

印尼老人沒有活這麼久，台灣老人不能吃，可以插管子啊，他們可以活比較久，太厲害了！印尼沒有這麼久，生病2、3個禮拜就過世了。有的老人會害怕，很可憐，身體有破洞。有的會癢癢的，不舒服。（A-04）

有的說生活沒有意思，或沒有用。我會說別這樣說：「你沒有用，那我也沒有用！」我們會叫他們放輕鬆，就不會再繼續說。我們說別這樣想，讓他們不要緊張。我說大家一起快樂！有時候還好，他們也不是每次都這樣，有時會很亂一直講話，他們看習慣哪個人，看不慣會怕。（A-01）

外籍看護工是住民日常生活互動最頻繁者，長者大多毫不掩飾地表露「早點死、不想活、很痛苦」的心情，以抒發內心苦悶。眼見住民受疾病慢性化的折磨，除了心疼長輩受苦，常以溫柔的陪伴及撫慰回應，以緩和負面情緒。外籍看護工來台就業雖然以獲得經濟報酬為主要目的，但在日常互動情感的互惠交流下，在照顧勞動過程中發展出與住民連結的關鍵要素，雙方進而發展出具有意義的交換與感知之互動角色，情緒勞動也有正向經驗。

2.「聽與說」的學習能力和工作自主性

　　根據勞動部（2017）的「外籍勞工管理及運用調查」結果顯示，雇主最感困擾的是「語言溝通困難」，近5年的調查結果都居首位。外籍看護工初至機構，語言能力是影響與團隊互動的關鍵因素。護理長說明如何克服督導外籍看護工所面臨的困境，例如，調整溝通方式，「降低」自己口語的用字遣詞，運用簡化字彙表達，將專業名詞轉換為淺白易懂的用詞，並輔以肢體動作。除此之外，仍需持續引導溝通過程，說明外籍看護工的管理也需要「個別化」。越南籍看護工小組長表示新進外籍看護工因為語言無法溝通，怕迷路，哪兒都不敢去，還是需要時間熟悉：

　　她不敢啦……還聽不懂國語就不敢啦！她還聽不懂就不敢啦，還不敢啦，剛來還不敢哪！（B-01）

　　仲介公司是有安排，可是老師他們講話不太一樣，以前來過台灣，很久以前公司是請印尼的或是大陸的，講話不一樣。（A-07）

　　最大壓力是講話啊！因為講話不通。（A-02）

年資超過5年的護理人員說明互動經驗：

　　有些東西我們真的很難用中文去講，像泌尿道感染，什麼叫泌尿道，就說尿尿感染。對！慢性阻塞性肺部疾病，希望她們用共同語言，COPD（Chronic Obstructive Pulmonary Disease）肺塞住了。有時開會，她們會直接講醫學術語，可是她們會問是什麼，聽不懂的，久了後就知道，她們也會跟著

我們用術語去報告。（N-02）

當然語言是個障礙，就有些阿公、阿婆聽不懂啊！說妳是
誰？我講的她聽不懂派她來幹嘛？能換人嗎？就是，沒錯！
阿公、阿嬤也是會抱怨，可是總不能因為語言不通，我們就
叫她離開吧？（S-02）

就是來這邊，來這邊學比較快啦，我們每天跟老人家講話
啊，就是有時候聽得懂，有時聽不懂，可是還是要講的，所
以就……呵呵。（A-03）

機構住民涵蓋外省籍、閩南人和客家人，溝通需同時具備聽、說
及回應的技巧，頗具挑戰。外籍看護工與住民和家屬互動過程中，首
先面臨溝通的限制，在缺乏訓練機制下，外籍看護工的溝通策略是運
用非語言的肢體表達、請同儕翻譯、由住民教導等方式。本籍員工反
映受到外籍看護工口音限制及用字錯誤，形成同儕互動的障礙；加上
異化的專業術語影響照顧工作的執行，此隔閡連帶影響雙方合作的意
願，削弱團隊在分工與整合的力量。

3. 三角關係下的協作

Jonathan Zeitlin（1985: 238）指出：「在任何狀況下，技術性工人
和雇主之間力量平衡的主要決定因素，在於雙方各自的凝聚力和集體
行動的能力。」本文呈現機構集體式照顧與分工的特性，外籍看護工
在文化、語言的異質性，使其和雇主、本籍員工三方透過「牽手」與
「交手」的互動，協作出對彼此差異的感知，建構出得以運作的分工體
制。照顧工作看似例行又重複，住民非預期的身心疾病變化，讓照顧
者執行身體照顧時必須保有主動積極的態度，才能即時回應雇主與家

屬等眾多關係人的期待。機構負責人指出，本籍員工要能順利執行督
導看護工的任務，本身必須具備足夠的專業知能，才能回應住民的個
別差異，提升照顧品質：

> 我覺得護理人員也要懂，要懂學理跟技術，如果懂，你可以
> 告訴她們知其然、知其所以然，不會被考倒，可是當護理人
> 員能力不足時，她們要問的時候，她們覺得你講的跟她講的
> 不一樣。（M-01）

　　擔任小組長的菲律賓籍外籍看護工說明，照顧住民時個別化的重
要性，穩定的人力才能熟悉住民的需求：

> 每一個老人都不一樣，他是這樣，這個又不一樣。我們的工
> 作每個人都是不一樣的。因為每天這樣 run。明天開始要這樣
> 做，每天工作這要趕快起來，那要慢一點，要看是哪一個？
> 不是禮拜一、二、三、四，每天狀況又不一樣！（A-01）

> 我們找護士，她會幫忙想辦法，去跟老人講話。（A-03）

> 也是遇過照顧得不好的事，我們就往上層報，像跟護士講，
> 外籍看護工看不聽，我們開會就提出來，由老闆來處理。（C-
> 01）

　　隨著看護工工作年限展延，機構內已形成「本籍資淺、外籍資深」
的反差，機構照顧集體分工仰賴高度的協調，凸顯身體照顧具有「每
個人、每一天」都不同的特性。機構主管多會聘用資深外籍看護工擔
任小組長一職，被期待扮演新進者在語言翻譯、教導與示範照顧工作

的協調者，互動過程中亦同步傳達機構對工作的要求及所隱含的文化
與價值，以便協助新進者適應生活與工作。「外籍小組長」扮演領頭羊
角色，需在短時間內引導新進外籍看護工發展勞動角色，以能達成雇
主期待「獨立工作」之目標。尤其在機構的交班階段，更是提供資深
外籍看護工「驗收」本籍員工照顧品質的機會。本國員工大多體驗過
與外籍看護工既「牽手」合作、亦「交手」挑戰的衝突，如何克服此
張力有賴雇主仲裁與督導介入。

　　除此，外籍與本籍員工的互動亦呈現出複雜的動力，外籍員工面
對年資尚淺的護理人員、社工人員、照服員，雙方因照顧經驗與年資
落差，執行照顧工作的方式與技巧各有差異。然因機構長期由外籍看
護工小組長擔任照顧工作的示範者，對照於本籍員工的高流動率，在
年復一年的勞動中，已逐漸形成外籍看護工此團體間的共識及優勢。
因此，本籍員工面對年資長、經驗豐富的外籍看護工，曾表示外籍員
工人數眾多，也有被她們欺負的經驗。由此可知，若本籍員工僅憑
「發號施令」或是「動口不動手」的管理方式進行分工，對於要求外籍
看護工完成工作的成效仍相當有限。

　　此外，本籍與外籍員工的「勞動條件差異性」，可能成為機構照護
品質差異的因素之一。例如，在本籍與外籍員工交班時，外籍員工亦
會檢視機構在照顧人力安排與分工模式、督導策略在機構管理操作的
一致性及落實程度，在不同工、不同酬的差異下，雇主如何落實機構
照顧工作的良好分工與整合，所涉及的不僅是單純職務工作之委派而
已，更需考量本籍與外籍看護工雙方間團體動力互動的結果及影響。

　　筆者也發現，每一次的衝突都成為本籍與外籍員工雙方重新理
解、發展關係的機會，建構出執行身體照顧勞動與合作的意義。與雇
主的互動情況是資深外籍看護工展延的關鍵因素，當雙方形成互賴的
信任關係後，不僅會主動承擔照顧工作，甚至發展出分憂解勞的姊妹

情誼。由此可知，外籍看護工的承諾彰顯在來台工作的停留時間，尚須克服語言及文化差異，其背後所付出的心力，說明照顧勞動不僅只是工作，藉由重複性的實踐與交流，已融合在台灣的生活中。筆者認為外籍看護工／移工在機構的照顧勞動中進行生活融合的經驗，反映出移工不只是跨國移動的「客」工，而是逐漸在地生根產出生命意義的連結，因此，移入國的政府、雇主、同儕、被照顧者與一般民眾，都應學習以新的理解與視角給予「外籍看護工」正確的定位。

五、結論

本文透過對外籍看護工照顧勞動經驗及專業人員的訪談與文本分析，呈現出機構式照顧工作為了能順利執行龐雜的身體照顧，強調集體性分工，勞動角色依照任務分工，呈現出階段性發展，機構在此脈絡下發展出「概念」與「技術」分離的管理策略。Harry Braverman（1974: 125）指出，將工人所有的心智勞動轉移到管理階層中，同時將工人所要執行的體力任務加以簡化，即「讓勞動單位變成一隻聽命行事的手，再由遠方的大腦來監督、矯正和控制這隻手的動作」。這種將概念與執行分離所產生的主要作用，除了促助新進者的工作適應外，亦能「降低生產成本」。

隨著來台工作年限展延，外籍看護工在移入地生成新的社會網絡，同鄉間的互動更為頻繁。本文中外籍看護工的勞動角色始於同儕網絡的承載，開展工作與生活適應，資深外籍看護工從帶領語言學習到照顧技巧，掌握工作節奏，採買生活用品等。面對住民語言的差異性（涵蓋國、台、日語和客家語），溝通能力不僅影響與住民的關係建立，當能運用的語言詞彙有限，更衝擊與本籍員工的溝通意願及合作

互動。外籍看護工進入機構後，透過以「族群」為中心的方式，發展社會關係與支持網絡，能在短時間內更朝向「整合」，建構勞動角色與融入職場。

Miriam Glucksmann（2000）提出「勞動的全社會組成」概念，在總體層次，強調整體社會的存續是依靠不同領域和性質的勞動付出。不論是公領域或私領域、個人或社區、義務或功利性的勞動，也不論發生的場域或時間點，都構成社會整體運作的一環。台灣「外勞政策」實施即將屆滿30年，政策理念始終以「輔助家庭照顧人力短缺」為核心，至今仍有照顧工作「真的非外勞不可嗎？」的爭辯。然而，持續攀升的外勞人數呈現政府開啟外勞進入公共照顧體系的歸路，彰顯社會對外籍勞工的「過度依賴」。藍佩嘉（2009）指出，照顧工作不能僅以公或私、有酬或無酬、愛或金錢等二元思考框架看待，必須進一步檢視照顧工作如何受到特定社會制度及文化脈絡影響。

外籍看護工面對既依賴、又不信任的矛盾氛圍，不利於台灣在國際移工市場的競爭力，在未來的高齡社會中亦可能因此落入外籍勞工「缺工」窘境，唯有正視外籍看護工為現有照顧產業重要人力的事實，進而提升勞動價值。本文深入探究外籍看護工的勞動展演，呈現一個具體事實：外籍看護工已經成為小型長照機構的「主力」，而非「客」工；而且有許多看護工已在同一機構多年，是族群性地、長期地在台生活，而不只是漂流的「移」工。然而，政府歷年來雖然在法律規範層面提升對外籍看護工的勞動權益保障，卻始終昧於現實，以過時的《就業服務法》外籍勞工專章條文，框限外籍看護工為「補充性」勞動角色，因此貶抑了外籍看護工在擔任直接照顧主力過程中的勞動價值，以及情感性與人性的價值，亦未能考慮她們長期在台生活的社會融合與社會充權。筆者認為，若不積極面對與改善，恐將影響台灣的社會品質，以及在國際上作為負責任的移工引入國的地位。

　　Rosalie Kane、Robert Kane 及 Richard Ladd（1998）指出，多數老年慢性照顧為非典型的，有多元化的問題，對於特定的患者必須能確認在臨床上的目標，評估住民現有的狀態，並定義所遭遇的變化及狀況。本文也指出機構外籍看護工面對的是個別差異性極大的身體照顧，回應「每個人、每一天」都不同的照顧需求，不僅勞力更為勞心。隨著外勞政策的年限展延，累計在台工作上限為12年（全國法規資料庫 2016），外籍勞工角色亦得以深化。Randy Hodson（2000）認為，即使必須持續重複單調的工作或忍受管理階層的無理要求及壓榨，許多勞工仍對自己的工作有高度認同，並由此建立工作尊嚴（work dignity）。邁入二十一世紀的照顧服務產業，此發展階段中機構提供跨國移工穩定的就業選擇，在期待獲得順服勞動力的同時，政策面應發展有助於提升外籍看護工建立工作尊嚴的具體策略，不僅滿足外籍移工物質與精神生活需求，更有助於機構提升照顧品質。

問題與討論

1. 目前我國對外開放家庭看護工及家庭幫傭、機構看護工、製造、營造、海洋漁撈及屠宰工作，依照工作屬性區分為社福類外籍勞工及產業類外籍勞工二大類。其中，社福類外籍勞工還包含「家庭看護工」與「家庭幫傭」，前者是在家庭內從事身心障礙者或病患的日常生活照顧相關事務工作，後者是在私人家庭從事清理、食物烹調、家庭成員起居照料或其他與家事服務有關的工作。請問上述兩類外籍勞工與長照機構外籍看護工的勞動內容與工作場域有何差異？請試著針對社福類外籍勞工的角色內涵加以說明。

2. 身體照顧工作因為服務對象的失能程度而有不同照顧人力比例，如家庭看護工的照顧對象是由公告指定的「申請聘僱家庭外籍看護工評估醫院」進行專業評估，經指定醫院開具診斷證明書且醫療團隊認定須24小時照顧者，照顧為一對一的比例。收容養護中度以上身心障礙者、精神病患及失智症患者的長期照顧機構、養護機構、安養機構或財團法人社會福利機構，實際收容人數比例則是每3人聘僱1人。護理之家、慢性醫院或設有慢性病床、呼吸照護病床的綜合醫院、醫院、專科醫院，以其依法登記的床位數，每5床聘僱1人。請問：照顧對象在失能程度上及照顧人數比例的差異，對於外籍看護工在執行照顧工作的分工，以及與本籍員工和外籍同儕的互動關係上，會有哪些影響？請嘗試加以說明。

參考文獻

中央社，2018，〈外勞人數將破70萬 監察院糾正勞動部〉。10月3日。

_____，2018，〈外勞人數破70萬大關 勞部：正向發展〉。11月20日。

全國法規資料庫，2016，《就業服務法》。https://law.moj.gov.tw/LawClass/LawAll.aspx?pcode=N0090001。

朱柔若，2005，〈勞動學、勞工問題與行動研究法〉。《勞工研究》5(1): 1-15。

江孟冠，2002，《長期照護管理者之人力資源管理措施與照顧服務員留任關係之探討》。台北：台灣大學護理學研究所碩士論文。

吳雅琴，2012，《失智過招千百回：機構照顧服務員與失智老人照顧的糾葛與牽絆》。花蓮：東華大學族群關係與文化學系碩士論文。

呂寶靜、陳正芬，2009，〈我國居家照顧服務員職業證照與培訓制度之探究：從英國和日本的作法反思台灣〉。《社會政策與社會工作學刊》13(1): 185-233。

李怡蓉，2004，《台灣南部公立安養機構老人之自尊、社會支持與希望》。高雄：高雄醫學大學護理學研究所碩士論文。

李素貞、戴玉慈、郭憲文，1998，〈長期照護機構護理照護活動之調查〉。《中國醫藥學院雜誌》7(4): 135-144。

范裕康，2005，《誰可以成為外勞？移工的招募與篩選》。台北：台灣大學社會學系碩士論文。

孫友聯，2013，〈移動中的剝削：台灣外勞人權問題剖析〉。《台灣人權學刊》2(2): 113-128。

國家教育研究院編，2015，《社會學名詞》（第二版）。新北市：國家教育研究院。http://terms.naer.edu.tw/download/95/，取用日期：2016年5月1日。

許雅娟、王靜枝，2004，〈越勞職前護理教育課程之設計及實施成效〉。《長期照護》8(1): 79-88。

許靜如，2006，《長期照護機構外籍監護工工作壓力及相關因素之探討：以台北市為例》。台北：台北護理學院長期照護研究所碩士

論文。

陳正芬、王正，2007，〈台北市居家服務論件計酬適切性之研究〉。《台灣社會福利學刊》6(1): 93-129。

勞動部，2017，〈105 年外籍勞工管理及運用調查統計結果〉。http://www.mol.gov.tw/announcement/2099/30635/，取用日期：2017 年 3 月 1 日。

──────，2018，「產業及社福外籍勞工人數」。https://statdb.mol.gov.tw/evta/JspProxy.aspx?sys=100&kind=10&type=1&funid=wq14，取用日期：2018 年 10 月 30 日。

曾嬿芬，2006，〈誰可以打開國界的門？移民政策的階級主義〉。《台灣社會研究季刊》61: 73-107。

黃正平，2011，《臨床老年精神醫學》。台北：合記圖書。

黃靜君，2000，《北投社區型態養護機構住民健康狀況與長期照護服務需求之探討》。台北：陽明大學社區護理研究所碩士論文。

趙戀武、謝嫣娉、葉怡嘉、蔡玉純、張世杰，2015，〈長期照顧機構照服員生活滿意度與工作中輔具使用之關聯性探討〉。《若瑟醫護雜誌》9(1): 7-19。

齊于箴、劉芳、蕭仔伶，2017，〈照顧服務員的失智症照護知識與態度之探討〉。《長期照護雜誌》21(1): 37-52。

劉士豪，2014，《保護所有移工及其家庭成員權利國際公約國內法化研究》。勞動部委託研究計畫報告。

劉梅君，2000，〈廉價外勞論述的政治經濟學批判〉。《台灣社會研究季刊》38: 59-90。

蔡明璋、陳嘉慧，1997，〈國家、外勞政策與市場實踐：經濟社會學的分析〉。《台灣社會研究季刊》27: 69-95。

蔡淑鳳、陳文意、林育秀、梁亞文，2013，〈台灣地區長期照護機構女性照顧服務員工作壓力源與工作適應、離職意願之研究〉。《台灣公共衛生雜誌》32(5): 476-490。

衛生福利部，2017，「老人福利機構統計」。https://www.sfaa.gov.tw/SFAA/Pages/VDetail.aspx?nodeid=358&pid=460，取用日期：2018 年

9 月 21 日。

謝玉玲，2011，〈看得到的照護政策、看不見的勞動差異：照顧工作者
　　與勞動場域的檢視〉。《台灣社會福利學刊》10(1): 53-96。

藍佩嘉，2009，〈照護工作：文化觀點的考察〉。《社會科學論叢》3(2):
　　2-27。

Allen, John and Paul du Gay, 1994, "Industry and the Rest: The Economic
　　Identity of Services." *Work, Employment and Society* 8(2): 255-271.

Anderson, Ruth A., Kirsten N. Corazzini and Reuben R. McDaniel, Jr., 2004,
　　"Complexity Science and the Dynamics of Climate and Communication:
　　Reducing Nursing Home Turnover." *The Gerontologist* 44(3): 378-388.

Braverman, Harry, 1974, *Labor and Monopoly Capital: The Degradation of Work
　　in the Twentienth Century.* New York: Monthly Review Press.

Castles, Stephen and Mark J. Miller, 1998, *The Age of Migration: International
　　Population Movements in the Modern World.* Hampshire, UK: Palgrave
　　Macmillan.

Folbre, Nancy, 2006, "Demanding Quality: Worker/Consumer Coalitions and
　　'High Road' Strategies in the Care Sector." *Politics and Society* 34(1): 11-
　　32.

Forbes-Thompson, Sarah, Byron Gajewski, Jill Scott-Cawiezell and Nancy
　　Dunton, 2006, "An Exploration of Nursing Home Organizational
　　Processes." *Western Journal of Nursing Research* 28(8): 935-954.

Glucksmann, Miriam, 2000, *Cottons and Casuals: The Gendered Organisation of
　　Labour in Time and Space.* Durham, NC: Sociology Press.

Granovetter, Mark, 1985, "Economic Action and Social Structure: The
　　Problem of Embeddedness." *American Journal of Sociology* 91: 481-510.

Hochschild, Arlie Russell, 2000, "The Nanny Chain." *The American Prospect*
　　11(4): 32-36.

Hodson, Randy, 2000, *Dignity at Work.* Cambridge, UK: Cambridge
　　University Press.

International Organization for Migration, 2010, *World Migration Report 2010.*

Geneva, Switzerland: International Organization for Migration.

Johnson, Jeffrey V. and Ellen M. Hall, 1988, "Job Strain, Work Place Social Support, and Cardiovascular Disease: A Cross-sectional Study of a Random Sample of the Swedish Working Population." *American Journal of Public Health* 78(10): 1336-1342.

Kane, Rosalie A., Robert L. Kane and Richard C. Ladd, 1998, *The Heart of Long-term Care*. New York: Oxford University Press.

Karasek, Robert A., Jr., 1979, "Job Demands, Job Decision Latitude, and Mental Strain: Implications for Job Redesign." *Administrative Science Quarterly* 4(2): 285-308.

Offe, Claus, 1985, "The Future of Labor Market." Pp. 53-80 in *Disogranized Capitalism*, edited by Offe Claus. Cambridge, MA: The MIT Press.

Stiglitz, Joseph E., 2006, *Making Globalization Work*. New York: Norton.

Urry, John, 1990, "Work, Production and Social Relations." *Work, Employment and Society* 4(2): 271-280.

Wolkowitz, Carol, 2002, "The Social Relations of Body Work." *Work, Employment and Society* 16(3): 497-510.

Zeitlin, Jonathan, 1985, "Engineers and Compositors: A Comparison." Pp. 185-250 in *Divisions of Labour: Skilled Workers and Technological Change in Nineteenth Century England*, edited by Royden Harrison and Jonathan Zeitlin. Sussex, UK: Harvester Press.

Zerwekh, Joyce V., 1997, "The Practice of Presence." *Seminars in Oncology Nursing* 13(4): 260-262.

PART 3

親密勞動

美髮作為身體工作：從苦勞到美感協商的身體化勞動

陳美華

*　陳美華 中山大學社會學系教授。

**　本文改寫自筆者於《台灣社會學刊》第62期（2017）發表的論文。配合本書性質，除參照專
　　書審查人的意見修訂之外，也針對理論探討、研究設計部分的細節予以刪節，將重點放在資
　　料的呈現與討論。此外，也增加相關圖片，讓讀者可以深入掌握勞動現場。感謝專書審查人
　　的意見，惟筆者自負文責。

***　本文引用資訊：張晉芬、陳美華編，2019，《工作的身體性：服務與文化產業的性別與勞動展
　　演》，頁283-328。高雄：巨流。

中文摘要

　　美髮雖是女性集中的工作，卻是低度理論化的狀態。少數社會學研究側重描繪建教合作體制下，美髮助理的勞動處境。有鑑於美髮必須直接接觸他人身體的工作特性，本文將美髮概念化為互動式的身體工作，以凸顯身體在美髮勞動中的角色。本文以27位美髮從業者的經驗訪談資料為基礎，從美髮業的勞動力構成，美髮組織對從業者身體的動員，以及美髮技術本身來考察美髮勞動的身體化。首先，美髮的身體化具現在勞動力主要由年輕、女性、勞動階級構成，但作為時尚產業也吸引還在探索性／別認同的年輕群體。其次，美髮作為時尚產業，從業者必須執行展演時尚的美學勞動；其中美學勞動的展演緊密地鑲嵌在組織層級與從業者個人性／別認同之上。再者，美髮技術執行過程也是身體化的，從業者必須學會雙重的多重涉入（multiple involvements）的身體技術──意即有能力同時與多人互動，並且可以同時動員身體、心智與情緒，提供洗頭這樣的驕寵性身體工作，以及涉及協商身體化美學的剪髮設計。

關鍵詞：美髮、身體工作、身體化、美學勞動、親密勞動

Hairdressing as a Form of Body Work:
From Performing Manual Labor to Negotiating Embodied Aesthetic Labor

Mei-Hua Chen

Professor

Department of Sociology

National Sun Yat-sen University

Abstract

Basing on interview data of 27 workers in hair salons, the article aims to theorize the embodiment of hairdressing by conceptualizing hairstylists' work as body work to bring back the somatic dimension of hairstyling. I address the embodiments of hairdressing in three aspects. Firstly, the hairdressing industry employs mainly young, working class females. Secondly, as hairdressing is part of the fashion industry, workers have to create fashion in terms of aesthetic labor. Assistants are frequently mobilized to display trendy hair styles, while stylists are able to create fashion in style. Furthermore, hairdressing techniques per se are also embodied. Workers have to obtain the technique of multiple involvements to do their work professionally. They have to be able to interact with multiple actors simultaneously and always be ready to mobilize their bodies, emotions and hearts to co-operate to perform body work.

Keywords: hairdressing, body work, embodiment, aesthetic labor, intimate labor

剛到法朗門口，穿著橘色制服背心的實習生小君就前來開門，她臉上的妝是當前很紅的煙燻妝，但都是學生們自己相互畫的，顯得很突兀……小君來自彰化埤頭，來店之前，是長頭髮，也沒有化妝，但是設計師告訴她們，要化妝表示有禮貌，頭髮則是為了做造型。她也絲毫沒有隱瞞地跟我說，這頭髮實在是剪太短了，實在不習慣。又很想家，講著講著眼眶都紅了。

—— 田野筆記

（2009 年 10 月 30 日，新北市，法朗，小型連鎖店）

一、前言

2008年某個冬日午后，筆者在台中一家全國知名美髮連鎖店的親身「體」驗，讓我開始關注美髮這個女性集中的產業。推開擦得晶亮的玻璃門，一踏進店裡，盛行於台式服務業的招呼語「歡迎光臨～」此起彼落地響遍整個店。接著一位頭上頂著當時最流行、玉米燙髮型的年輕助理帶著甜美的笑容過來招呼我，帶我坐下。連鎖店的制服背心下，她穿著俐落的黑襯衫，腰間繫著紅格蘇格蘭迷你百褶裙，再搭配一雙黑色長靴，讓她顯得高䠷、熱情又活潑。女助理問清楚我要剪髮之後，接著就輕輕抓起我的右手開始幫我按摩。但是，我只覺得像是被爬滿魚鱗的手刷過。這家店規定至少按摩3-5分鐘，再洗5-8分鐘，我們因而可以閒聊。她是當年9月才入學的高一美髮班新生，家住彰化二水。家裡並不富裕，希望「學一技之長，至少可以養活自己」。這是她開始美髮生涯的第二個月，但每天洗頭又不能戴手套，雙手都受傷了。

　　講述這個故事不只為了控訴美髮業剝削底層勞動者，也試圖揭露美髮作為身體工作（body work），如何動員勞動者性／別化的身體，以提供服務。認真地看待勞動者的身體，意謂著本文不僅要揭示身體在社會生活中所扮演的角色，關注的也不只是 Michel Foucault（1979）所強調的被權力銘刻、馴化的身體，而是有感觀經驗、能知覺外在世界、主動學習技藝的身體。Theodore Schatzki（轉引自 Green and Hopwood 2005: 21-22）對身體性（body-ness）的討論提供一個理論身體化（embodiment）[1] 的架構。首先是作為身體（being a body），意指有能力執行各種身體的「實做」（doing）與「言談」（saying），並體驗各種身體的感官經驗和情感。其次是擁有身體（having a body），這常出現在身體失能、崩潰、不適的時刻，人們就只是擁有這個（病、殘的）身體，甚至出現自我與身體的斷裂。最後則是工具性的身體（instrumental body），意即藉由執行某些身體動作以有效執行其他活動。例如，拉中提琴意指某人（心智上）知道如何使左手和左手指合作、協調地在琴弦上移動，而右手和右手指則操弄弓的運行。類似地，社會學者 Nick Crossley（2007）延續 Marcel Mauss 關於身體技術的討論指出，諸如游泳、泰拳等各種身體技術所涉及的身體化知識往往是社會性（例如，法軍挖掘的方式不同於英軍）、文化鑲嵌的（例如，拳擊等運動被視為不適合女性），而且可以透過不斷練習的方式相互傳授。舉例來說，科學家固然可以在實驗室中以物理知識分解游泳動作，計算最佳游泳策略，游泳選手則是以默會（tactic）、難以言說的身體化知識，在教練的指導與反覆練習中不斷改進。

1　本文將 embodiment 一詞譯為身體化，以強調廣義的身體在美髮勞動的角色，一方面也區隔本文使用到的、強調客觀存在的肉身的（corporeal）一詞，以及指涉身體具有肉慾意涵的肉體的（somatic）概念。配合詞態的變化，embody 為動詞時，譯為常見的體現一詞。

從這樣的身體化概念出發，本文將美髮概念化為互動式的身體工作，以揭示身體在美髮勞動中所扮演的角色——這包括勞動者在客戶在場的情形下，身體如何被動員？勞動者必須學會哪些身體技術以適當地服務他人的身體？勞動者的身體在勞動過程中經驗、感受到什麼？以經驗訪談的資料為基礎，本文從美髮業的勞動力構成，美髮組織對勞動者身體的動員，以及美髮技術本身來考察美髮勞動的身體化，以描繪美髮作為身體工作的勞動特性。首先，美髮的身體化展現在勞動者是高度階級化、性／別化之上。其次，美髮作為時尚產業，勞動者必須執行展演時尚的美學勞動（aesthetic labor）；再者，美髮技術執行過程也是身體化的，勞動者必須學會雙重的多重涉入（multiple involvements）的身體技術——意即有能力同時與多人互動，並可以同時動員身體、心智與情緒來提供驕寵性洗頭服務，以及涉及協商身體化美學（embodied aesthetics）的剪髮設計。本文藉由將美髮概念化為互動式的身體工作，得以在勞心／勞力、情緒勞動／美學勞動這種二元化分的框架之外，指認心智、情緒與身體共同協作，以執行包括洗頭和設計這類同時跨越體力、情緒、親密勞動（intimate labor）以及操弄抽象符號的設計工作。

二、文獻探討

（一）理論化身體工作

女性主義社群對身體工作的關注最初源自於性別化的美貌體制，讓女人在日常生活中比男人承擔更多諸如除毛、護膚、化妝、節食、塑身等身體維持的無酬工作（吳爾夫 1992；Davis 1995）。另一方面，

女性勞動者的身體在服務業中被性別化、性化的現象也使得受僱者為符合職場要求而在自己身上工作的現象更為明顯，身體工作因此進一步鑲嵌到勞動過程中。

當代互動式服務業的研究顯示，工作者的身體經常就是產品或服務內容的一環。例如，遊樂園女性員工必須穿著展現異性戀性感風情的制服（Adkins 1995）；美式餐廳的服務生要和客戶進行「表演式接觸」（performative encounters），上班像做秀（Crang 1994）。女性空服員作為「公司門面」（the face of the company），她們的體型、體重、服儀打扮受到公司嚴密的監控（Tyler and Abbott 1998: 441-443）。另外，還得學會安靜無聲地走路、隨時和客戶進行眼神接觸、保持微笑等身體技術（Tyler and Handcock 2001），並善用「臀部、手、胳臂、還有你的聲音」為客戶提供有品質的服務（Taylor and Tyler 2000: 87）。在台灣，化妝品專櫃小姐在業績制的趨動下，是被資本「剝削的身體」，在肉體、感覺上全面「馴化的身體」，展示產品的「鏡像的身體」，以及塑造專業形象的「溝通的身體」（藍佩嘉 1998）。本書楊雅清（2019）一文也描繪了模特兒養成過程所涉及的身體工作。

英國女性主義學者（Warhurst, Nickson, Witz and Cullen 2000; Witz, Warhurst and Nickson 2003; Warhurst and Nickson 2007）進一步將互動式服務業動員受僱者肉體的（somatic）面向，與服務業越來越風格化的趨勢相扣連，並概念化為美學勞動。她們認為 Arlie Hochschild（1979: 551）對於情緒勞動的討論側重於「內在」的情感管理，「外在」的身體展演則相形失色。同時，當代互動式服務業和工業生產相比，較不看重個人的技術，而較重視受僱者「身體化的能力和特質」（embodied capacities and attributes）（Warhurst et al. 2000: 4）。美學勞動因而被界定如下：

美學勞動是一種工作者帶著可欲的肉身氣質（desired corporeal dispositions）的就業模式。藉由此一勞動，雇主有意地使用受僱者的身體化特質與能力，作為競爭優勢的來源。某個程度上，這些氣質是工作者進入就業時就具備的。無論如何，很重要的是，雇主隨後透過招募、選才、訓練、監控、規訓和獎賞，重新配置（reconfiguring）這些肉身氣質使之成為可以生產互動服務「風格」的「技巧」。（Warhurst and Nickson 2007: 107）

也是在這樣的脈絡中，當代服務業被視為是篩檢受僱者「在工作中的外表、形象與風格的新政治權威」（Adkins 2002: 61）。

然而，部分工作社會學（sociology of work）者將身體工作定義為「在他人身上工作」，強調聚焦於「將身體視為當下的勞動場域，涉及和（通常是仰躺或赤裸的）身體親密的、混亂的接觸，透過碰觸或接近身體的孔洞或產物」（Wolkowitz 2002: 497）而執行的有酬工作。這類以服務他人身體，使其舒適、美化、強壯、健康、獲得快感，甚至藉由不斷操練而習得某些技藝的工作，從照顧產業、健康與醫療專業、美麗產業、性產業，到處理身體（含屍體）及其廢棄物的產業。她們認為（Twigg 2000a, 2000b; Wolkowitz 2002, 2006; Twigg, Wolkowitz, Cohen and Nettleto 2011）在必須碰觸他人身體（體液或排洩物）的工作中，勞動者必須面對「很特定的挑戰與兩難」（Twigg et al. 2011: 174），因為工作的對象是被施加勞務的客體（object），但也是具有人格（personhood）的主體（subject）。此外，接觸他人（赤裸的）身體又和親密的（intimate）、性的（sexual）社會想像接壤，因而他們的勞動情境與其他零售、餐飲等互動式服務業從業者很不同。關心親密商品化的學者（Boris and Parreñas 2010）就指認了家事工作、照顧工作、

性工作的勞動者必須執行親密勞動的現象──不僅必須與他人的身體
（或私人生活空間）親密接觸，同時也常（或需要）表現出愛、關心
（care）、呵護等情感互動（affective interaction）。這些勞動特性使得工
作者常涉及密集的性與親密自我認同劃界的工程，例如，居家照顧者
戴手套幫老人洗澡，以免處於全然親密（full intimacy）的狀態（Twigg
2000a: 404）；美容師視自己為藥劑師、護理師等健康工作者，以便塑造
專業性或與性工作劃清界線（藍佩嘉 1998；Black 2004; Kang 2010）；性
工作者透過邊界管理維持自我認同（如：Chapkis 1997；陳美華 2006；
陳伯偉、王宏仁 2019），或提供「有限親密」（bounded intimacy）來滿
足客人期待「女友體驗」的需求（Bernstein 2007）。本書中，葉怡廷
（2019）和蘇毅佳（2019）也分別對照顧工作和禮儀師的勞動提出深刻
的分析。

　　有鑑於身體工作橫跨各種不同產業，不同產業又涉及不同勞動
性質，將身體工作限縮「在他人身上工作」的定義（Wolkowitz 2002;
Twigg et al. 2011）已無法涵蓋當前身體工作的複雜與多樣性。例如，
諸多身體工作者的勞動性質不乏涉及不同程度的骯髒工作、體力、美
學、情緒與親密勞動、操弄抽象符號的設計工作，甚或涉及醫療性
質。人們也不得不承認，有時「在別人的身體上工作」之前，得「先
在自己身上工作」的事實（Kang 2010; Sanders, Cohen and Kardy 2013）
包括美甲、美髮、健身、性工作都是如此。因此，本文從現實中身體
在美髮勞動中的角色，來理論化美髮作為身體工作的勞動特性。

（二）理論化美髮勞動

　　美髮是證照化、需要一定教育訓練的技術性工作，卻經常被看成
是勞工階級或不愛讀書的年輕女性所從事的低技術工作（Eayrs 1993;

Gimlin 1996; Soulliere 1997; Black 2004; Lindsay 2004；黃欣宜 2012；涂曉蝶 2014）。此外，美髮雖然是技術性工作，但多數研究僅以洗、剪、燙、捲、吹、染等一語帶過，鮮少論及美髮技術或專業本身。其中，Danielle Soulliere（1997）強調美髮專業是透過一系列說頭髮（hair talk）、說產品（product talk）、說個人故事（personal talk）的互動與溝通來完成。Michele Eayrs（1993）則在論述美髮作為專業工作時凸顯美髮的身體化，強調美髮從業者與客人都曝露在充滿化學藥劑、噴劑、利剪的危險環境中，從業者必須為全身被圍布覆蓋下的客人，扮演照顧者、朋友和風險承擔者的角色，準確地計算染劑、燙髮藥水停留在客戶頭上的時間以免損壞頭髮，避免藥劑流入客人眼睛或皮膚，以及用手指翻看髮捲、檢查染劑浸潤頭髮的情形。然而，長期接觸這些有毒染劑、藥水，從業者的身體常有過敏、皮膚病，並吸入過多有毒氣體。此外，久站造成靜脈曲張，無法定時進食造成胃疾等職業病。

美髮空間也是美麗的空間，關注外貌因而成為專業的一部分。早期研究強調，設計師穿著彰顯專業的制服、風格化的髮型與衣著，或者看起來有吸引力等（如：Soulliere 1997: 50; Lindsay 2004: 268），晚近美學勞動的概念則普遍地被引用（Lee, Jewson, Bishop, Felstead, Fuller, Kakavelakis and Unwin 2007; Sanders et al. 2013）。其中，Shalene Chugh及Philip Hancock（2009）指出，美髮從業者和空服員研究一樣，有諸多關於身體儀態的訓練，員工（與客戶）的身體和建築空間、非人物件都是「職場美學地景」（aesthetic landscape of the workplace）（同上引：473）的一環，只是對從業者外貌的篩選並不那麼嚴格。這和沙龍設計師、助理會依客戶的儀服模式來調整自己的穿著、打扮有關（同上引：472），有時因為初入行的助理只有16歲左右，要篩選「有風格」的身體會導致無人可用，但年輕女孩會逐漸拿掉過多的配件，配合沙龍的中產美學品味（Sanders et al. 2013: 113）。此外，Kristen Barber

（2016）針對美國加州高檔男性美容沙龍的研究則進一步凸顯，美容沙龍中女性勞動者的美學風格高度異性戀化，而這種高度性化的美學勞動，一方面吸引男性客戶上門，另一方面也提供男客形塑自身陽剛認同的資源；從而再製既定的性別秩序。

美容美髮沙龍並不只具有清潔、美麗的功能，也提供女人寵愛（pampering）、打扮（grooming）自己及讓女人可以放鬆、享受閒暇的社會空間（Sharma and Black 2001; Black 2004）。首先，勞動者必須以親密的肢體碰觸、隨時留意客人需求與情緒變化的貼心照顧，來滿足一般人想要「寵愛自己」、「對自己好」的消費心態（Gimlin 2002; Black 2004; Barber 2008）。從情緒勞動的角度來看，從業者必須和客人聊天、帶領話題，和客人做朋友，甚至扮演照顧者、諮商師的角色（Eayrs 1993; Gimlin 1996; Black 2004; Lindsay 2004; Lee et al. 2007; Cohen 2010a; Sanders et al. 2013），她／他們雖然因此常覺得被榨乾，但也有人因此而感到滿意——畢竟顧客感覺好，自己也覺得很好（Black 2004; Hill and Bradley 2010）。其次，不同的僱傭（employment）模式或工作被組織的方式，也會影響美髮從業者的情緒勞動。Rachel Cohen（2010a）的研究顯示，自僱的美髮從業者常以「交朋友」的方式來建立客群或提高回客率，但當對方無法提供相同的互惠性時，也更容易情緒崩潰；相反地，有些自僱者透過和客戶維持空間、時間上的距離，就不會有難以負荷的情緒勞動（Cohen 2010b）。

這些有限的美髮研究側重於描繪美髮的勞動體制如何剝削從業者，或者側重於指認情緒勞動、美學勞動在此間的樣貌，而忽略美髮組織的內部層級如何塑造從業者的身體與工作的交織關係。Eayrs 固然觸及了美髮專業的身體化，但側重描寫從業者是「承擔風險者」的結果，強調身體作為被動承受職災的客體，忽略了身體主動獲取身體技術的能動位置。由於沒有深入分析身體和美髮技藝的交織關係，前述

的研究者忽略了美髮是在另一個活生生——有感覺、有血肉、有想法——的人身上工作的事實。換言之，當前美髮的身體化僅及於美髮沙龍組織美學對員工的肉體動員，鮮少觸及美髮技藝或專業本身的身體化。同時，雖然諸多研究一再強調情緒勞動也是高度身體化的（如：藍佩嘉 1998；陳美華 2006；楊雅清 2011；Witz et al. 2003），但凸顯聊天、諮商師角色等情緒勞動仍比較側重心與情緒管理，而非身體化的情緒。本文藉由將美髮概念化為身體工作，目的在於將勞動者的身體納入分析，並賦予美髮技藝更深厚的身體化意涵——例如，幫有知覺的人洗頭，有視覺、有特定審美觀的人剪髮、燙髮、吹整造型、設計髮型時，勞動者的身體將如何被動員並知覺這些過程？又如何學會各種身體技藝來提供令人滿意的服務？

三、資料來源與研究方法

（一）台灣美髮業概況

　　根據2011年主計處發布的「其他服務業普查」結果分析，[2]美髮及美容美體業在調查前5年間，「因進入門檻低」加上「個人工作室風潮」使得美髮及美容就業人口與經濟產值都大幅成長。根據該項調查，當年全台其他服務業生產總額為1,968億元，其中美髮及美容美體就占了567億元。2011年全台美髮及美容美體業共計34,432家，總從業人員共計60,081人。其中，受僱男性只有5,867人（占整體受僱者15.3%），但監督與專技人員中男性卻高達33%。以開業後5年的存活率來看，

2　詳見行政院主計總處〈其他服務業普查結果分析〉。http://win.dgbas.gov.tw/dgbas04/bc2/ics100F/X62/%E5%85%B6%E4%BB%96%E6%9C%8D%E5%8B%99%E6%A5%AD%E5%88%86%E6%9E%90.pdf，取用日期：2016年7月20日。

美髮及美容美體的存活率為75.13%，比整體其他服務業的平均存活率（81.35%）低。尤有甚者，2014年全台服務業每月平均工時為173.4小時，每月平均薪資為48,815元；美髮及美容美體業卻高達205.9小時，月平均薪資只有26,480元，是全台最低薪的服務業。整體而言，美髮及美容美體產業是個女性集中、高工時、低工資的工作。涂曉蝶（2014）指出，美髮業者常以建構時尚、高薪美髮夢的方式來招生，但卻透過間歇性工時、計件制的方式模糊了雇主轉嫁待工成本，透過待工期間「凡事都可學習」的宣稱，剝削建教生待工期間的勞動力，形成美髮高工時、低工資的窘境。

　　這些官方統計呈現的是美髮業在統計意義上的「平均」圖像，但如同 Paula Black（2004）對英國美容美髮業的觀察所指出的，該產業內部不論是營業規模、客層定位、專業養成都呈現高度異質性、高度零碎化（fragmented）的現象，難以提供一般性結論。

　　從當前美髮業的營業模式來看，主要可以區分為自僱的家庭美髮，以自僱或合資方式僱用少許設計師、助理的設計師品牌店（又分單一家店、多家店），僱用大量設計師與助理並強調管理的連鎖店（依規模又分僅限於某一縣市的小連鎖、跨縣市的區域連鎖、遍布全台的全國性連鎖）。此外，1980年代末以來，髮藝與時尚不僅成為店家消費訴求的重要元素，也是美髮專業的一部分（黃欣宜 2012：14-15）。美髮業的組織模式和店家所提供的服務性質，以及不同的客層定位，進一步交織出更複雜、多樣的美髮店風，連帶地影響從業者的勞動過程與勞動條件。

　　從組織內部層級來看，一般店家大都可以區分為業主（有時兼任設計師或店長）、設計師、助理／學徒三個主要層級，規模較大的店家為凸顯組織層級或設計師地位，將設計師細分為初級、資深或總監設計師（同上引：7-8）。從薪資結構來看，一般除了助理有保障底薪外，

圖7-1 競爭激烈的美髮業，2棟樓就5家店。

資料來源：筆者拍攝。

設計師的收入都是計件抽成制，但每家店給設計師的抽成比例不盡相同。此外，設計師與助理在銷售各類美髮產品，及其客戶在洗、染、燙、剪、護等消費品項上的業績不同，也會導致收入上的差異。如何經營客人、提高留客率成為設計師提高收入的重要課題。除此之外，一些設計師也會兼任授課講師、新娘秘書，或是接些影藝界外景、雜誌封面等工作，從業者的收入因此難以估算。

從業者也充分意識到美髮業彼此在組織模式、客層定位、抽成方式、勞動細節上的巨大差異。然而，各美髮店家在勞動過程、勞動條件上的差異，主要源自於開店門檻低，當學徒學成創業後，傾向於在不違背獲取利潤的原則下，改掉自認不合理的部分（例如，可戴手套洗頭、坐著剪髮、改變抽成比例等），而改變的內容也不一致。但是這些差異比較是光譜上濃淡的差異，而非種類上的差別。

（二）方法與取樣

本文的資料主要來自深度訪談，再加上部分現場觀察。研究計畫執行時以立意取樣並輔以滾雪球方式進行，筆者和助理在2009到2010年間，對北、中、南三個地區美髮從業者進行訪談，並進行現場觀察。本文共進行 28 次半結構式深度訪談，訪談27位年齡介於17到51

歲的從業人員，每位受訪者訪談時間約在1個半小時到4小時之間。除了極少數訪談現場因為工作環境吵雜無法錄音之外，其餘都錄音存檔。

27位受訪者中，有3位為原住民，17位為生理女性，10位生理男性。以性傾向分，4位生理男性指認自己為男同志（匿名分別是 Allen、Chris、賽祖賢、阿達），1位女性（阿菲）自認性傾向未定，2位女性（小P和阿晴）自認為 T，其餘為異性戀者。以勞動場域來分，共有14位來自平價連鎖店，10位來自中高價位的設計師品牌店，以及3位台北東區頂級沙龍的設計師，以呈現美髮勞動在其間的差異。值得注意的是，除了 Momo、小P和阿晴完全沒有連鎖店的工作經驗外，其餘受訪者都曾在連鎖店工作。受訪者受訪時在美髮階梯的位置包括6位助理（實習生或學員），受僱的設計師9位，店長兼設計師8位，全國性連鎖經理級以上幹部4位等相當不同的職業位階。每位受訪者的收入也呈現高度差異，從月入1萬多元的助理到年薪千萬的部長級經理人都有。即便同樣是設計師，收入也呈現高度分化，有人剪一個髮型只要300元，有人高達2,200元，但因為每家店給設計師抽成的成數從三到七成不等，加上每個設計師的業績不同，因而設計師的收入無法從其工作的店家規模或消費層級來估計。

四、性／別、階級體現的美髮業

組織並不是性別中立的，而是高度身體化、性別化的社會產物，性別職業隔離反映的正是職場對勞動者身體的想像（Acker 1990）。女性、勞工階級、年輕的身體構成美髮產業的主要勞動力（Lindsay 2004；黃欣宜 2012；涂曉蝶 2014），習得一技之長，形成階級流動更是台灣美髮給人的主要印象。值得注意的是，美髮追求外貌、時尚的

特性，使得外貌在這個產業扮演相當微妙的角色。本文資料顯示，台灣美髮苦勞低薪、屈居服務業最底層的現象，使他喪失在勞動力市場篩選受僱者外貌的籌碼。但另一方面，美髮和時尚、藝術重疊的現象，也逐漸吸引高學歷，但還在探索、追求自我認同的年輕人投入。

　　本文的受訪對象彼此間有年齡、族群、性傾向上的差異，但社經背景較為一致。然而，階級作為支撐美髮業的主要結構，常遮蔽從業者內部不同的入行路徑或選擇過程。事實上 Eayrs（1993）的民族誌報導人都是中產階級，同時不少受訪者認為自己是在美髮的「招喚」（calling）（Gimlin 2002: 25）下從事這個行業，例如，自己「不愛唸書」、（學服裝、學美容後）「對美髮有興趣」、「從小就愛幫別人弄頭髮」、親友中「有人做美髮」、「想學技術」等等，於是她／他們或者透過建教制度進入美髮業，或者在親友引介下進入這個行業。大多數的受訪者都懷抱著學成後自行開店、實踐「黑手變頭家」的創業夢。Leslie 就是這種透過美髮技術向上流動的成功典型，她是出生於台東的原住民，從小在部落中打零工，也喜歡在阿姨開的美髮店幫忙，後來唸了美髮建教班，接著北上在某家小連鎖店當了 3 年的助理後升任設計師，再經人輾轉介紹才在台北東區頂級沙龍落腳，自此脫離經濟困窘的日子。

　　隨著美髮逐漸被視為時尚，甚至藝術，吸引了高學歷但不知道自己適合什麼工作，仍在探索、追尋自我認同的年輕人。本文中的 Paul、小 P、阿晴都是高學歷的非典型從業者。小 P 從小就很會唸書，一路從明星高中，升上知名頂尖大學，但認為自己只是「符合家人期待去唸書」。在自我摸索的過程中，一次剪頭髮的經驗讓她有了新想法：

　　　　我當時……有一點點會覺得我可以去做這個行業，是有一次我去，我很少給人家剪髮，有一次我去剪頭髮的時候，我就

遇到一個 T⋯⋯設計師，然後那時候我在唸碩班，我那時候看
著她，因為她就是很自在的那種⋯⋯因為我在學校裡面還是
會有一點點，就比較低調，然後看到她就覺得原來這個工作
場域好像是一個比較友善的環境。（小 P，28 歲，高雄市，擬
開個人工作室）

後來有次陪朋友去剪頭髮時，她當場詢問店家「有沒有缺人」後，隨
即被錄取當助理，但頂著知名大學的碩士學歷，不僅「鬧家庭革命」，
還得跟同行、客人「解釋幾百次」這樣的決定。阿晴也是 T，她開始接
觸美妝、美髮是因為扮同人誌（Cosplay）需要自行處理髮妝，加上大
學唸大眾傳播，專攻劇場需求的舞台妝，而不用去做「那些要美、要
女性化」的頭髮。此外，她一再強調比較偏 T 的女同志難以在主流美
髮市場中找到符合 T 美學的髮型，自己會做頭髮很重要，因為：

我跟你講，美髮是個超～女性化的地方。那些（異女）姐姐
們可能是年紀的關係，對女性的頭髮應該怎麼剪超～堅持
的。之前流行女生長髮，然後剃掉某一邊，我跟她們講，她
說有剪很短的，但是沒有剃，也不能用電推來推，很扯啦！
（阿晴，32 歲，高雄市，個人美妝工作室）

這 3 位非典型高學歷從業者的故事顯示，美髮對新一代的年輕族群而
言，不再只是「學技術翻身」的謀生技能，而具有探索自我的意涵。
尤其對女同志而言，美髮工作不僅意味著拓展自我性／別認同，也具
有挪用為「體」現女同志身體美學的潛在場域。
　　然而，美髮業者期待招募什麼樣的勞動者？這個美的行業是否
因為篩選美貌而造成社會排除（Adkins 2001; Warhurst and Nickson

2007）？本文除了一位受訪的原住民男同志設計師賽祖賢表示「店裡還是會挑外表」、「過濾一下是否符合店的風格」之外，其餘受訪者都表示外貌、身材不是重要條件。香君30多年前到某一全國知名大型連鎖店應徵助理，現在已經是該連鎖兩家店的店長。她說：「當時挑得很嚴格，太矮、太胖的都不會要。」然而，當前台灣的美髮業普遍呈現「很缺人」的狀態，多數受訪者表示「助理很難找」[3]、「吃不了苦就跑」，因而已不再特別偏好美麗的身體。珠兒也強調二、三十年前就業選擇有限時，美髮業者會挑選外貌，但現在「技術貶值」，加上各種服務業興起，就面臨無法挑選外貌的現象：

> 美髮產業都會想要挑外貌、挑身材啊，像我（剛入行時）的老闆那時候也會想要把身材、外貌好的同學、同事留在總店，但是現在沒得挑，就外貌、身材好很好，但是那些都好的人不用來做這種工作。那些很漂亮、身材好的人會覺得這裡（美髮）沒錢賺，不如自己去賣韓風的衣服比較快，可以快速地賺到錢……但是我們那時候是扎扎實實地學幾年功夫，然後幾年後可以開始賺錢。（珠兒，38歲，台南市，兩家設計師品牌店股東兼設計師，18歲入行）

即便是 Allen 口中「很多人要進來（當助理）」的東區高檔沙龍也是如此。阿菲說：

> 外型，能好是最好啦，可是沒得挑。長得好的人根本不會願意來受苦咧（笑），我覺得是這樣子。（研究者：長得好的人

3　尤其是設計師主導的品牌店，因為營業規模小，較無法和美髮建教班合作，有時甚至形成店內4、5名設計師共用2名助理的情形。

不願意來受苦？）就是你的外表天生就比較有優勢的人，其
實在某一些程度吃的苦……沒辦法，因為外表好的其實有優
勢嘛，除非他真的很喜歡頭髮，不然其實還好，吃不了苦
啦，被罵一下就不行了。（阿菲，35歲，台北東區頂級A沙
龍，21歲入行）

標哥作為大連鎖的主管，認為美髮不用挑外貌，因為他是「服務導向」
的工作，但仔細追問「服務精神」其實就是利潤導向——要求助理承
受各種不／合理的「磨練」，要求設計師有能力銷售各種美髮產品。換
言之，業者更看重苦勞的、順從的身體，而非美麗的身體。然而，阿
菲和珠兒關於長得好的人不用、不會做這行的談法則顯示，勞動者和
業者一樣洞察了美學勞動在服務業的潛在經濟價值，與其同樣讓自己
的美貌無酬地轉換為雇主的資產，不如用他換取更好的工作。

　　以「吃苦」為前提來甄選勞動力，清晰地體現在業者的招募策略
中。美髮中的洗、吹、染、剪、燙、護都是勞力密集的過程，招募足
夠的人力是創造利潤的關鍵。但是，除了大小不一的連鎖店因為需要
大量人力，比較有能力透過契約與美髮建教班合作招募實習生之外，
多數店家透過104人力銀行刊登廣告，自行在店門口、臉書粉絲頁上徵
人，或是透過店內設計師、助理的個人網絡來招募人力。個人網絡則
指向同鄉的同儕、親友，或畢業多年後回母校找「學妹」，因此很容易
找到社經背景相似的人。例如，筆者在新北市法朗觀察時，該店店長
是彰化二林人，因為北上學美髮而開店，此後每年固定回二林「找學
妹」來當助理。珠兒和Chris在店內缺人時也會請店內助理介紹同儕來
工作。

　　或許因為美髮提供向上流動的機會，以及同時需要大量便宜、好
用的勞動力，「下港」、「鄉下學校」順理成章成為美髮業者的主要招生

對象（涂曉蝶 2014）。受訪者標哥入行至今已32年，目前是某知名全國性連鎖店的二級主管，他在2010年受訪時已擁有8家店，並掌管該連鎖17家店的企畫業務。招生、培育設計師是他的主要工作，他認為會做美髮：

> 不是那種家庭困苦的，想要學一技之長的，要不然就是很愛玩的……（研究者：那你們喜歡哪一種？）比較困苦的來學會比較好啊，因為意識會比較清楚，而且他自己要什麼他自己都很清楚。他目標啦，包括他的未來啦，他都比較聽得進去，因為他要脫離以前不好的生活。

標哥認為美髮學員雖然個性不同，若有困苦的家庭背景比較容易訓練。我曾參與由標哥策畫，並且由他的主管金部長共同出席的一個招生活動。他們兩人專程開著金部長的進口名牌休旅車一路從台北南下，回到金部長15歲就離開的故鄉屏東招生。校方也為此在大禮堂辦招生說明會。金部長親上火線，唱作俱佳地講解集團的建教生制度，以及美髮業的未來。活動高潮是當場徵求同學讓5位設計師現場剪髮。作為旁觀者，我覺得活動其實很成功，但事後訪談時標哥卻抱怨：「這麼大的場子，可是卻散彈打鳥，（部長）沒有講到重點。」他認為訴求的重點很重要，必須講「產學合作的優勢，還有啦，你自己本身不會對你的家庭成為負擔！」，「唸大學要花很多錢啊……但你學一個技術，不用花父母親的錢，自己還可以存錢！」換言之，「下港」、「鄉下學生」特別受到喜愛，不只是他們的生活世界「單純」、「比較好教」、「比較可以吃苦」，而是經濟底層的結構性位置可以牢牢地將她／他們綁在底層勞動的位置。

五、展演時尚的美學勞動

美髮作為時尚產業，從業者必須掌握流行、展演時尚來建立專業形象。然而，時尚不僅高度流動、變化，也高度身體化，並非只是穿戴行頭這種肌膚之淺的展示（display），更多是關於肉體銘刻的身體技術的學習——就如同性別展演是「行為的風格化重覆」（stylized repetition of acts）（Butler 1999[1990]: 179）一樣，展演時尚涉及反覆地（reiteration）、參照性地引用（citation），以及風格化（stylization）的身體技術，美髮工作者的美學勞動也是在這種身體化的時尚脈絡中展開。本文發現從業者美學勞動的展演固然會隨著店家的客層性質有深淺不一的差別，但美學勞動的操演也緊密地鑲嵌在組織層級以及個人的性／別認同上。其中，低階、初入行助理的身體常被徵用來充當時尚人形立牌或人體實驗品，入行較久的設計師則有能力主動、積極地掌握時尚，成為時尚指標。同時，男同志和跨性別者也樂於將美髮沙龍當成自身性／別認同展演的空間。

（一）不／情願的人形立牌

面對如本文一開始所描述的搭配有型、風格化的年輕女助理，消費者得以進入一個滿載時尚、流行的符號空間，甚至暫時脫離平凡的日常生活。然而，並非所有從業者天生懂得展演時尚，或特別有美學天分，更多是透過一連串的訓練與學習而掌握展演時尚的身體技術。以下這則田野筆記就是一個初入行建教生展演時尚失敗的例子。

剛到法朗門口，穿著橘色制服背心的實習生小君就前來開門，她臉上的妝是當前很紅的煙燻妝，但都是學生們自己相

互畫的，顯得很突兀。嗯，我第一眼看見時其實有被嚇到。她們倒茶給我的怯懦姿態也充分顯現她們是很稚嫩的新人。小君來自彰化埤頭，來店之前，是長頭髮，也沒有化妝，但是設計師告訴她們，要化妝表示有禮貌，頭髮則是為了做造型。她也絲毫沒有隱瞞地跟我說，這頭髮實在是剪太短了，實在不習慣。又很想家，講著講著眼眶都紅了。店裡的女建教生幾乎都頂著時興的、燙得蓬鬆的亂短髮，但是兩位設計師都留長髮，懷孕那位則是很常見易整理的短髮。（田野筆記，2009年10月30日，新北市，法朗，小型連鎖店）

這則田野筆記顯示，位居底層的助理，她／他們的身體並不完全屬於自己，而是店家行銷新髮型的實體道具，有時連設計師也不例外。把助理的身體當實驗品的例子，還包括店家為了配合廠商新推出的藥水、染劑或洗劑，會讓「自己人先試看看」，但一般「就是去玩最資淺的助理」。阿文以建教生身分，從高雄北上到全國知名A連鎖總店實習時，為了配合設計師開發新髮型常「被抓去當白老鼠，一下（染）藍的一下綠的」，但因為很「新鮮、很炫，自己也很愛」。我在美嫻的店中觀察時，就看到一位原本在美嫻的店實習、後來被學校安排到別家連鎖店實習的年輕男孩，整個頭經過反覆地染、燙、漂後亂得像鳥巢，回美嫻的店「求救」。其次，這則田野筆記也顯示，剛從彰化到台北的小君，自述本來是個留長髮、個性內向的鄉下女孩，結果硬生生被迫頂個蓬鬆的亂髮，非但沒有展現原先預期的活潑、俏麗、略帶狂野的西方年輕女性形象，反而讓她看起來像剛起床，還未及梳理一頭亂髮的女人。換言之，小君還沒學會展演這個新髮型的身體技術——包括臉上的線條要耍酷還是要擺甜，如何抬頭挺胸並配合雙腳輕盈但有力的移動，以及橘色制服背心下要如何穿出可以搭配髮型的衣著。

這是一個硬被要求「穿戴」髮型的底層助理，而非掌握流行、樂於展演時尚的專業美髮師。

　　然而，美髮業者也注意到某些初入行的助理無法融入店家美學、時尚風格的問題，因而興起「改造」助理的念頭。美嫻是一家以中南部為主要展店區域的連鎖店長，不僅覺得學員展示新髮型很正常，並且覺得有些從業者也愛漂亮（Black 2004; Harvey 2005），所以也樂於這麼做。她說：

> 嗯，我們會想要改造她呀，當然如果說你進來的時候，土氣土氣的，我們設計師會自動幫她做一點改造這樣。那他們一般來講，學生也樂意，因為每個人都愛漂亮，她也希望變時髦一點呀。（美嫻，38歲，高雄市，區域型甲連鎖店長，入行18年）

另一位在全國知名大型連鎖店掌管兩家店的店長香君則認為，助理除了展示髮型，服裝儀容也要符合整個集團的期待：

> 因為你做美的行業，至少自己在儀容上就是可能要稍微化一下妝，然後要穿制服。穿制服讓人家感覺到有精神、整齊的樣子，設計師跟助理不一樣，客人一進來就看得很清楚。（研究者：就是區別？）最主要是整齊啦，不然你從鄉下進來，有時候也不曉得要穿什麼這樣子。（香君，50歲，台北市，全國知名B連鎖店長，入行35年）

美嫻和香君身為店長直接管理連鎖店中的助理與設計師，是最關心連鎖店形象[4]與助理表現的人。美嫻想要改造「土氣的」助理，香君則認為制服可以解決「鄉下」學生不知如何打扮的問題；另有些強調風格的店則直接著手打扮助理，以便讓第一線員工的身體不只是「軟體」，而是可以體現企業美學的「硬體」（Witz et al. 2003: 35）。風受訪時只是一名18歲的助理，2014年時升為設計師，他談到自己如何從「穿得像普通人」到美髮助理的過程。他和賽祖賢都在高雄一家近年快速崛起、從一家設計師單店擴展為4家店的小連鎖，店內從助理、設計師、老闆都是30歲以下的年輕人，訴求客層是中高價位的年輕學生與都會上班族。工作人員的衣著幾乎都以黑白兩色來搭配，營造年輕、酷炫、有想法的風格。強烈追求風格展演，使得風被問及這家店的特色時，不假思索地大笑著回答：「我們店裡的人都好像電視機裡面的人，每天都演不同的戲碼」、「很有趣」；這說法呼應了 Chugh 及 Hancock（2009: 473）對風格化沙龍的研究，工作人員感覺隨時有人在看著，日常工作就像在走伸展台。風和賽祖賢兩人都提到剛入行時，店內設計師會幫忙挑衣服，但慢慢地他們得找到自己的穿衣風格。風一開始「和大學生一樣穿 T 恤、牛仔褲」去上班，隨即被帶去買新衣服。他談到自己的轉變：

> 我覺得，每個人都會進步，每個人不是一剛開始、一出生就很會穿衣服，但就是翻雜誌、看電視、學人，或者是現在流行什麼就去剪個那樣的頭。可是你終究要找到適合你自己的那條路。（風，18歲，高雄市，設計師品牌小連鎖店助理）

4　香君受訪時談了很多該大型連鎖總部對旗下分店的各種考核與要求，客戶也可以隨時投訴集團總部，分店定期前往總部開會時就會被檢討服務輸送過程的疏失。

賽祖賢因為學過服裝設計，日後常被交付「改造」新人的任務，負責帶他們去買衣服。然而，「時尚」、「時髦」並非標新立異。例如，有些強調「質感」的店家，強調助理不能「看起來台台的」，[5]穿著必須「讓人家可以信任」。事實上，不少受訪者都提到初入行時打扮「很誇張」、「超 over」，然後才慢慢收斂的過程。Chris 受訪時從手機找了以前他在一家走東京潮男風的美髮店當學徒的照片給我看，其中一張是剃掉大半邊頭髮的龐克頭，即使在店裡也是「驚人」的造型，最後連自己都覺得「太 over 了」。換言之，從業者的身體化美學是在自己、同行和客人的美學凝視下逐步修正而成的。

　　如果初入行、「土氣」、「台台的」助理是改造的對象，那麼，這波打造身體化美學的盡頭就是舉手投足都顯得自信，並堪稱時尚指標的設計師。自己開店，也從事美髮教學的柏姐，受訪時頂著一頭染上當時最流行的深墨綠色的俐落短髮，自信地談到掌握當季流行趨勢正是這行的專業，在店內展示新髮型、新的染料或色彩也是必要的，因為：

> 我們就是流行指標，應該每個設計師心裡都要有這種感覺。
> 對啊，如果你自己都沒有辦法很流行，客人就不會找你……
> 年輕的時候我還理過平頭啊，但我一定要先喜歡我才會去
> 做，就算他（流行髮式）怪也要是我喜歡的。（柏姐，44歲，
> 台中市，設計師品牌店長，入行26年）

因而，美髮工作不只要會剪髮，同時要能跟上國際髮藝的流行趨勢。柏姐透過網路、雜誌了解最新美髮與時尚動態，每年固定去一趟英國

5　就像時尚沒有單一標準一樣，「台」作為反義詞也沒有固定內涵。有人指的是過時的髮式，也有人指退流行的髮色，也有人認為是「斜瀏海」或「像窗簾」的分髮模式。

圖7-2　打扮風格化的設計師
資料來源：Heidi提供。

或日本看美髮展。這種「追求流行新知」的焦慮與迫切性，表現在所有的受訪者除了每天的固定工作，下班或休假時都得參加由公司安排的各式各樣（免費）進修課程（Lee et al. 2007）。同時，因為流行髮式必須與人的外型打扮相配合，設計師連帶地必須掌握當下的時尚穿著與彩妝。進修課程也包山包海，從最基礎的色彩學、美髮技藝、新的染燙技術，到人際互動、心靈成長課程，有些高檔精品沙龍，甚至辦理插花、美術、品評紅酒等和文化品味高度相關的課程。此外，包括柏姐、香君、楚帥、Momo、Leslie 等比較有資源的設計師或店長，每年都自費出國到日本、英國、義大利等時尚指標區域去參加美髮展，或者出席沙宣、Toni & Guy 的短期美髮學院課程，目的都是為了掌握流行趨勢。

　　自僱者或經營管理者因為收入直接與店營收有關，願意投入時尚展演，一般設計師的報酬是以計件抽成的方式計算，因此為了建立客群及留客率，也會積極展演時尚。國中就開始在媽媽開的小連鎖店幫忙洗頭、在台北東區名店工作的男同志設計師 Allen 受訪時，雖然只是穿著樣式簡單的名牌 logo T 和牛仔褲，但他手腕上戴著一條 D&G 的手鍊、肩上揹著一個 Gucci 包，腳上踩著一雙短靴。這身裝扮固然顯示他對時尚的偏好，更重要的是：

　　這些東西就是給客人看的。嗯，我們的客人（名媛貴婦或藝人）都看得懂，就算是很低調的配件，他們都看得出來。那

還有一些客人他本身是很平凡的人，但是他希望他看到的設
計師出現的質感是他想像中的樣子，他總不可能說（他自己）
穿得很平凡，他再找一個平凡的設計師來幫他做（頭髮）。
（Allen，38歲，男同志，台北東區頂級 B 沙龍，入行17年）

Allen 有意識地透過每個月約2萬元的治裝費來「自我投資」，以便
讓客人遠離日常生活，增加留客率。雖然 Allen 在頂級沙龍工作的經驗
很可能是光譜的另一個極端，但包括風、賽祖賢、Chris 等人當助理時
也都有數千到萬元左右的治裝費，一般設計師個人店或連鎖店工作的
助理、設計師也常穿著不同名牌的 logo T，或戴著辨識度極高的 Georg
Jensen 項鍊。

（二）體現性／別認同的時尚展演

前述文獻都強調既有的社會範疇和身體工作的關係，但勞動者的
性（sexuality）如何形塑身體工作都未被觸及。陳俊霖（2008）曾以原
住民部落「姐妹」（非異性戀生理男性）因性／別與族群交織的劣勢
位置，遭主流就業市場邊緣化，轉而以入行門檻低的美容美髮為業，
並將髮廊轉化為非典型性／別實踐以及情慾流動的空間。本文則發現
美髮作為高度女性化的空間，以及美髮從業者必須穿戴時尚的美學勞
動，對異性戀者或許是勞務的一部分，卻為男同志或跨性別者提供一
個可以展現自我性／別認同的舞台。Allen 雖然是男同志，但他在職場
中傾向於低調處理自己的同志身分，Chris、風、賽祖賢則明顯地將美
髮沙龍視為展演異質性／別認同的場域。Chris 自認身為男同志「本來
就愛漂亮，而且很享受那種被人家看的感覺」，再加上他喜歡自己做
衣服，常把手邊的成衣改來改去，大走拼貼、混搭風。個性害羞、穿

著和髮式雌雄難辨的賽祖賢也談到，台灣很保守，所以他走在街上會
有很多人盯著他看，但美髮講究時尚，跨越性別界線的裝扮不會被排
斥，同時，在美髮做久了，反而習慣了街上人們不友善的凝視。他說：

> 像我們這種（很 C）的，平常走在路上就很容易被看，以前很
> 不習慣……做美髮的本來就穿得比較誇張，而且店裡比較多
> （同志），就覺得沒什麼。（研究者：那你在店裡可以穿得很
> C 嗎？）可以啊，有時候我就直接穿熱褲阿，大腿整個露出
> 來，露腰、露肚這樣子；有時候就突然穿得很男生，反差會
> 很大，他們（同事）就會說，欸你今天怎麼了？（賽祖賢，
> 24 歲，高雄市，設計師品牌小連鎖店）

然而，賽祖賢的經驗並無法複製到偏 T 的女同志身上，因為在這個
「非常女性化」、「美的行業」中，T 偏陽剛的身體美學顯得格格不入。
金部長就說：「明明就是女的，可是穿得那麼中性……哎，我們這個
年紀的人比較不能接受啦。」小 P 剛開始上班時，因為沒有化妝的關
係，也馬上被店長詢問，但因為老闆的妹妹也是女同志，而她工作的
第二家店老闆就是男同志，因此「都很友善」。男女同志甚至是男女性
在美髮界的不同遭遇反映 Lisa Adkins（2001）所說的，服務業女性化的
趨勢並不表示女性在職場具有優勢，其中能展現女性化特質的生理男
性得以跨越性別界線，而女性則被「天生」陰柔的刻板印象所固定，
無法形成性別越界，創造性別混雜（hybrid）的職場。前述阿晴的經驗
就顯示，當生理女性無法展現陰柔特質時則被視為是失格的存有。

六、體現技術的全方位工作

　　服務業女性的勞動常涉及必須同時間與多個不同行動者互動的多重涉入能力，逐漸受到重視。例如，Merran Toerien 及 Celia Kitzinger（2007）透過對話分析（conversation analysis），凸顯美容師如何一邊「挽面」、一邊和客戶對話，她們強調呈現女人日常勞動時「不可見」（invisible）的情緒勞動，以及那些多重涉入的能力正是女性主義分析的關鍵。美髮從業者也必須學會這種多重涉入的身體技術。

　　柏姐回顧自己在姑姑開的小型連鎖店當學徒時，毫不意外地提到辛苦的學徒歷程——每天早起準備開店，一連串的洗頭工作，隨時注意店內各種清潔工作，打理眾人餐食等雜務，準備關店，晚上參與進修，空閒時打電話開發客人以顧全業績，通常每天工時都超過12個小時——但話鋒一轉，她認為做過美髮的人轉到其他行業應該都游刃有餘。因為：

> 其實美髮設計她需要很全方位。第一，她除了要有美感外，她除了講，她手要動，對不對，然後，腳要站。然後，染髮需要色彩學，需要顏色。燙頭髮妳又需要整個頭型的那個體積，那個立體度的感覺。然後就是剪髮，妳又要了解方向、角度的裁剪。其實，我覺得一個很出色的設計師，她到哪邊都會很成功。因為，第一個她時間長她要忍耐力夠，對不對？而且她又要接受客人的情緒變化。

柏姐的說詞呈現美髮的專業性，並指認身體技術的重要性——長時間嘴要講、手要動、腳要站，還要用心思考顏色、立體的頭型，並隨時承受客人的情緒。珠兒則進一步談到這種瞬時間「多工緩衝」的能力

是不斷學習來的：

> 剛學的時候很不容易，你手腦沒有辦法並用，可是因為你這
> 個工作熟悉了，你就可以又想（怎麼剪）還可以一直講一直
> 講（和客人聊天），然後（手）這邊也可以一直做……或許我
> 今天在做，然後我還跟客人聊天，我也可以注意到旁邊的助
> 理他的方式是不是很正確，就是可以這樣，工作變成一種很
> 熟悉的情況。（珠兒，38歲，台南市，兩家設計師品牌店股東
> 兼設計師，18歲入行）

如同珠兒所說的，熟練讓這個必須每天站上10個小時的體力勞動、情
緒勞動、還要勞心設計的工作，得以日復一日地重複。反之，不熟練
的設計師就會「一不小心就多剪了一角」或「剪到客人耳朵」。

　　值得注意的是，從業者同時間必須「嘴要講、手要動、腳要站、
心要想，還要承受情緒」的說法，凸顯了「多重涉入」能力在此具有
雙重指涉的意涵，亦即一方面要和多個行動者進行互動，另一方面自
身內部也涉及同時動員身體、心智、情緒來共同協作；從而情緒勞動
的展演，不只是 Hochschild（1983: 7）筆下工作者必須「引入或壓制情
感以便去生產和維持一個他人可見、符合適當心態的外在面容」，而且
也是高度身體化的過程。以下以洗頭和剪髮這兩個美髮最核心，但又
涉及不同身體活動與勞動內涵的技術，分析從業者的多重涉入能力。

（一）洗頭作為驕寵性的身體工作

　　不論台灣或是歐美國家，洗頭的性質並不只是恢復頭皮清潔，或
者做造型，而是一種隨侍在側的驕寵性身體工作（attentive pampering

body work）。為了執行這種涵蓋大量關心、照顧與呵護的驕寵性身體工作，從業者必須臣屬於特定的身體與情緒規則（Kang 2010: 148）。此外，直接接觸他人身體這種象徵上骯髒的工作，在組織內部經常透過性別或專業分工的設計，交付女性或低階者執行（Twigg 2000a; Wolkowitz 2002, 2006; Twigg et al. 2011）。洗頭（含按摩）幾乎是美髮助理或學徒的專屬責任區，享有「地位盾牌」（status shield）的設計師鮮少觸及。

　　1980年代中以來，曼都髮型開始以按摩頭部、肩頸的方式，來達到讓客人「放鬆」、「享受」的效果後，洗頭就不只是清潔，而是業界競爭服務品質的指標。晚近，洗頭「服務」的競爭越來越激烈，有的為客人在膝上蓋小毯子，以免著涼；有的在額頭上貼吸油紙以免水濺到客人臉上；有的甚至提供「洗眼睛」的服務，先以溫水清洗雙眼，再用溫熱的毛巾熱敷雙眼，以消除眼睛疲勞；有的用精油進行頭皮按摩，有的甚至擴張上半身按摩的範圍與時間。藉由這些用心、體貼的服務，營造出客人是驕貴的、被寵愛的對象，來滿足消費端體驗小確幸的念頭。從助理開始按摩、洗頭、沖水，再交由吹風手吹整至乾爽的過程有時超過30分鐘。過程中，助理還要與客戶聊天，進行前述多重涉入的工作。

　　洗頭助理在訓練過程中或許學過基本要領，或從前輩那邊觀察到一些要訣，但這些技巧讓她／他們可以在長工時下以相對省力、有效率的方式工作，卻不表示客人可以享受舒服、被寵愛的洗頭經驗。洗頭助理的難題其實就是身體工作者或親密勞動者的難題──當勞動的對象是人身肉體時，感受、覺察客戶各種身體知覺的能力就成為勞動的核心。

　　洗頭所涉及的親密性其實遠超過人們日常社會互動所容許的範圍。一般成年男女的頭其實很少被人碰觸，因而一般人也很難想像或

感受另一個人的頭在層層白色泡沫覆蓋下被10個手指頭來回觸摸、抓洗及讓溫水沖過的感覺,然而,若是無法掌握客人的身體感受,就無法察覺客人究竟是否滿意。因此,我們常聽到助理如業者期待般地以柔和、略帶關懷、尾音輕揚的語氣殷切地詢問:「這水溫可以嗎?這力道行嗎?還有哪裡需要再加強嗎?」並隨時留意有沒有泡沫或水流入客人耳朵,或弄濕客人的衣領,惹來客人不愉快。當然聲音也是身體化、有表情的(陳美華 2006:27),當人們聽到儀式性詢問時,不免覺得助理「不用心」。這種必須隨時把客人驕貴化、把自己馴化、陰柔化的待客模式,讓風覺得在全國 A 連鎖店實習的經驗「包括要講什麼都規定很多」、「不自由」而感到不耐煩。

　　當學徒時一直為洗頭所苦的阿菲,即使早已晉升台北東區名店設計師,還是認為洗頭是這一行最「難」的差事,畢竟「美感」或「設計」都可以有自己的眼光或品味,洗頭不行。她花了很長的時間談她對洗頭的「體」悟:

阿　菲:所以,我當助理的時候很痛苦啊,因為……其實我
　　　　覺得最難的是洗頭耶,洗頭要用感情。
研究者:(爆笑)哈哈哈,洗頭要用感情?
阿　菲:對啊,因為那也是身體的互動啊,你要控制節奏,
　　　　他才會舒服。而且……她(助理)要感受……感
　　　　受……跟你站在同樣的狀態裡面,去感受你身體裡
　　　　面需要她的部分,比如說……她如果夠用心,她會
　　　　感覺到你很疲憊。
研究者:嗯,每個按摩師傅都會這樣說。
阿　菲:其實我覺得洗頭滿難的,然後你的力道啊那些,就
　　　　全部都要有一個連貫性,不然你其中一個節奏斷掉

了，那個感覺就不好，就好像一首歌嘛，老闆教我
的時候他就說，洗頭像……他最後受不了，因為我
老是洗不好，他說洗頭就像做愛一樣，就想像你在
跟對方做愛，用那樣的感受去洗頭就對了。

研究者：哇，他這樣講你就突然豁然開朗了！

阿　菲：不然我就沒耐心，可是我就覺得一天要做幾次愛
　　　　啊，這麼多……洗到20顆，我覺得很累耶不爽……
　　　　但是有時候看客人很舒服，我就覺得很高興。

阿菲強調洗頭要用感情，因為那是「身體的互動」，亦即幫真人洗頭不能無視對方的感覺或存在，必須意識到這是身體對身體、心對心的過程——表面上，洗頭是腳在站、嘴在講、手在洗的體力勞動，但「心」、「關懷」透過指尖被大量動員。我以「每個按摩師傅都會這麼說」試圖傳達阿菲的談法可能是話術，但阿菲進而解釋洗頭時施力、抓洗時的連貫性與節奏性，並以「做愛」來比喻，這其實指向另一種身體技術的習得——就像做愛時留意伴侶的身體反應一樣，美髮助理必須隨時觀察並留意客人「皺眉」、「動一下頭或身體」等細微的肢體表現所傳達的身體感受，並適時給予回應。

　　「洗頭像做愛」毋寧是個精巧的比喻，點明了這是一個身體對身體、心對心的勞動過程，然而，當「做愛」成為工作，一天洗二、三十顆頭時，也只有身心俱疲的份。正因為洗頭既勞力又勞心，助理都希望儘早升設計師，阿菲在洗了3年頭後，離開最初的店，「自己升自己為設計師」[6]開始另一個以協商身體化美感為主的職業生涯。

6　阿菲見店主無意升她，於是自行離職，「自己升自己」。她先在網路以一次300、500
　　元招募有意願剪髮的人在家自行營業，隨後再轉往台北東區應徵設計師，再經人輾
　　轉介紹成為東區名店的設計師。

（二）剪髮作為協商身體化美感的技藝

　　Debra Gimlin（2002）談到美髮沙龍是由兩個不同群體的女人（設計師與中產階級客戶）協商美麗與自我認同的場域。其中，設計師將自己塑造為美麗、時尚的專業工作者與知識擁有者，並認為自己比客人更了解如何選擇一個適當的髮型（同上引：29）。但中產階級客人對自身的職業忠誠，以及美髮業必須「引入情緒元素來呵護（nurturing）客人」（同上引：18）的關係，使得設計師的專業最終常被迫臣屬於客人的偏好與品味。Gimlin 悲觀地認為從業者因為要執行情緒勞動，因而只能被動地讓情緒勞動凌駕其專業。然而，筆者認為從業者積極地透過溝通、說髮型的方式與客人進行協商，並從中體現專業。情緒勞動在美髮業，因而不只是控制自己情緒，以使客人產生溫暖、愉快的情緒感受，還必須能夠透過說髮型的方式讓客人信賴設計師的美感與品味，我稱之為身體化美學的協商過程。

　　美髮作為服務業雖然透過聲音服務（如：歡迎光臨）、帶位、洗髮等工作項目達到服務業控制標準化的痕跡，但吹、剪、燙等美髮技藝因為涉及美感品味的差異，而呈現最難以標準化的狀態。絕大多數的受訪者都認為剪髮其實是個難以標準化的工作，因為每個客人的髮量、髮質、髮流、美感偏好、五官、體型、臉型、職業、個性等都不相同，即便學會了

圖7-3　美髮師的行動工具箱，小小空間擺放各種美髮用具，從利剪、吹風機、髮膏、慕斯、計時器，到各種長短不一、功能不同的梳子。

資料來源：筆者拍攝。

某一髮型，也不見得可以套用在每個客人身上。正因為髮型是身體化的，受訪的設計師都強調不能「照理論剪」，也不能「照書剪」。Allen談到美髮的特殊性時說：

> 我們這行很重要的一點吼，實習重於理論，我們以前有設計師從英國沙宣回來，進修1年回來，在沙宣那邊洗頭怎樣怎樣做得很好，回來台灣，死！因為環境不一樣啊，台灣的習性不一樣，髮質不一樣，他那邊剪外國人啊，髮質不一樣啊，剪法不一樣啊。然後，台灣可能沒有讓他像在英國一樣有那麼多充裕的時間，有些客人進來都在趕時間，他一下子就要好，你沒辦法應付。

「不能照理論剪」，因此，大多數的設計師都是不斷地買假人頭練習，再設法找真人試剪，盡可能熟悉各種髮質與頭型，因為假人頭只能提供理論，無法應付真實世界中的各種髮質與頭型。

　　「照書剪」也是設計師避之唯恐不及的事。不少設計師談到，最害怕那種走進來就說「我要剪阿妹那個頭」、「我要剪『娘家』某人的頭」的顧客，或者直接帶一本髮型書或沙龍照，要設計師剪一模一樣的髮型。依受訪者的說法，不喜歡這種客人實在是因為「妳就不是阿妹或小S啊！」而且，那些照片往往「修圖修很大」，髮型書也是在特定時空脈絡下生產的樣板照，不是生活常態。金部長深諳髮型書的美學政治，總是教設計師「用說的就好、用比的就好，不要拿髮型書給客人看」。這些討論凸顯美髮設計師兩種不同的專業——亦即髮型設計並非一味追求流行，必須整體評估客人的頭型、髮質、穿著、個性、談吐、體型、日常生活與工作情境等外在條件，據此設計一個相襯的髮型，繼之以「溝通」、「說服」的方式讓客戶接受這個作品。香君和百

萬設計師楚帥屬同一個連鎖店，兩人都談到「會先跟客戶聊天一下，了解她的背景、工作再慢慢決定」，一些設計師甚至詢問客人平常整理頭髮的習慣，再決定怎麼修剪。柏姐、賽祖賢也表示，通常「看過客人的穿著打扮後，型很快就出來了」。風在詢問客人偏好之後，會用雙手在客人額頭、肩頸間比畫瀏海或頭髮的長度，讓客人可以透過鏡子想像新髮型在自己臉上的模樣。此一身體化美感的協商過程經常是受訪者印象最深刻的（負面）工作經驗的來源。Leslie 回憶「印象最深刻的工作經驗」時，微微皺眉說：「有一次就一直無法做出那客人要的樣子，也不知道為什麼……也可能她那天心情不好的關係。」Momo 則談到做新娘秘書時，難以和新娘的婆婆溝通：

> 這個媽媽每次預約時間都大遲到，人來了，也不管我有客人就一直講希望怎麼做怎麼做。我幫她設計的她不要，她說她要穿夏姿的禮服，然後把頭髮挽起來。我已經跟她說她不適合挽髮，但她就要。我就幫她挽起來，從頭到尾做一次給她看，她看了說，「嗯，不適合。」結果弄了一整天，我都沒收她錢哦，她其實想做的是剪個鮑伯頭然後吹蓬、抓亂。她就是要抓亂，就是不認老就對了。

預約大遲到、不接受設計師的建議都意味著這位客人並不尊重設計師的專業，造成 Momo 情緒受挫。但在標哥的看法中，其實設計師所屬的店風格容或不同，但彼此的技術其實相差不遠，但再好的技術都需要專業、口才來包裝，而這個言說包裝的核心就在於引導客戶認識你設計的髮型的優勢：

你設計出一個髮型的時候，你就要跟顧客引導、解釋我為什麼要這麼做？我幫你做，他的好處是什麼？是哪裡適合你？是適合臉型呢？還是眼睛？（研究者：眼睛？）對啊，因為眼睛大小、你的身材、職業和髮型都息息相關啊！你必須解釋到或者包裝到客戶覺得你非常了解我，那就對了。啊，她感受不到這個好處或這髮型對她有什麼優勢，她又不覺得特別好看，那就慘了。

依據標哥的說法，好的設計師必須能夠「說」出髮型的優勢，而且這些關於美感的設計與闡述總是環繞著客戶的身體而建立。「說」髮型的重要性甚至不亞於技術，這種觀點在金部長口中，顯得更明顯。金部長一再強調，他自己是苦學出身、技術導向的設計師，但他太太走的是另一種路線：

我太太不是在「做」頭髮，伊攏是用那隻嘴伫講。但是，很厲害啊，人家她也講出一片天，但是像她那樣，吼～隨時嘴笑鼻笑，啥咪人攏好，啥咪代誌攏講嘎笑嗨嗨，啊，我沒法度。

金部長的太太顯然投入相當多情緒勞動的能量，但有趣的是，在金部長眼裡「用那隻嘴伫講」幾乎被化約為沒有技術涵量。

七、結論

本文企圖把身體帶進來，重新理解美髮勞動中身體與工作的複雜關係。這並不是在說當前的美髮研究複製了哲學上身心二元對立的傳統，從而無視身體的存在。事實上，正如 Crossley（2007）所說的，社會學因為關注人們的行為、互動與實踐，因而始終不像哲學因為崇尚心智活動而貶抑、輕忽身體，但是因為社會學更關注人們的行為、互動與實踐背後的模式或規制，使得身體本身成為分析的背景，而沒有受到足夠的重視。迄今的美髮研究也反映了這樣的現象，研究者或側重描寫從業者遭受的剝削（涂曉蝶 2014），或將從業者的身體視為被動承受職災的客體（Eayrs 1993），或者從組織身體美學的角度論述從業者的美學勞動（如：Lee et al. 2007; Chugh and Hancock 2009），即便是從身體工作視角出發（Cohen 2010a, 2010b; Sanders et al. 2013）也流於指認情緒勞動和美學勞動在此間的角色，而未能提供一個深刻的身體化分析。本文將美髮概念化為互動式的身體工作，以凸顯美髮是技術的、面對面、必須直接接觸他人身體的勞動特性，並以此為美髮勞動提供一個比較完整的身體化分析。本文為了適當地描繪美髮勞動的身體化，從美髮產業的構成，產業內階層分化的美學勞動，以及微觀的美髮技術這三個不同層次來探討美髮的身體化。

首先，本文指出年輕、女性、勞動者的身體構成美髮業的主要勞動力，但階級面的污名常掩蓋美髮也是自由選擇的事實，再者時尚具有跨越性／別界線的潛力也吸引正在探索性／別認同的同志與跨性別者投入。

其次，藉由將美髮概念化為互動式的身體工作，本文所呈現的美學勞動比前述強調組織風格的零售業（Witz et al. 2003）或美髮沙龍（Chugh and Hancock 2009）都來得複雜——這些身體化的美學勞動緊

密地鑲嵌在台灣美髮業內部的組織層級，以及從業者個人的性／別認同之上。在台灣美髮業屈居服務業最高工時、最低薪資的整體勞動情境下，勞動力招募並未篩選外貌，而是側重苦勞的德性。此外，台灣美髮業遠比其他西方文獻強調師徒制、層級關係的現象，使得美學勞動的展演在業主（自僱者）、設計師和助理／學徒間呈現鮮明的區隔。其中自僱者和計件抽成的設計師因為收入、業績的關係而樂於操演時尚，但屈居底層的學徒則可能是不／情願的人形立牌，她／他們必須揚棄舊有的認同與身體慣習，才能建立新的主體認同。此外，美髮作為「美麗」、「時尚」的產業，使得美髮成為具有打開性別流動的潛在激進性，同志或跨性別從業者也樂於將之挪用為操演異質性／別認同的空間，而非異化的無酬勞動。

　　再者，本文強調美髮作為互動式身體工作的特性，分別由助理與設計師執行的洗頭和髮型設計為例，將美髮身體化的討論擴展到微觀的美髮技術，這使得本文彌補了當前美髮文獻並未將美髮勞動者面對的是一個有血肉、能知覺外在世界的人納入分析的問題。在這種面對面、人對人、心對心的互動式身體工作中，從業者必須習得雙重意義的多重互動的能力；亦即必須和多個行動者同時互動，同時又能動員自己的心智、情緒與身體共同協作，以執行「腳要站、嘴要講、心要想、手要剪」這組複雜的身體技術。透過對洗頭和剪髮的身體化分析，本文指出美髮從業者日常的情緒勞動比 Cohen（2010a, 2010b）強調僱傭模式或勞動者的時空策略如何塑造情緒勞動的展演，來得更富身體化意涵，甚而承載親密勞動的成分。其中，美髮從業者的情緒勞動是高度身體化的，不只是讓對方感覺溫暖、舒適，還必須配合溫柔的肢體接觸以營造呵護、驕寵客人的意象，並透過專業地闡述身體化的美感來取信消費者。洗頭，就是一個必須動員體力與身體化情緒的驕寵性身體工作。最後，設計師的情緒勞動不只是情緒管理，也包括

適當地闡述髮型優勢，與客戶進行身體化美學的協商。

　　整體而言，本文賦予美髮勞動更深刻的身體化分析，超越了過往只從組織身體美學的角度理論化美髮身體化的問題，另方面本文一再強調在美髮這樣的互動式服務業中，情緒勞動是身體化的，從業者必須能讓客戶感受到被寵愛、呵護的感受，同時必須把自己呈現為是卑屈、低下的位置，以便凸顯客戶永遠是尊榮的一方。洗頭這個（賠錢）服務，尤其凸顯這種社會關係。環繞著洗頭所演繹出來的繁複身體工作，在當前美髮文獻中是極為突出的現象。這固然和美髮業高度競爭的現象有關，但也可能是連鎖店慣常強調「以客為尊」的服務，並以此馴化從業者，進而使得這種驕寵性身體工作得以不斷複製。

問題與討論

1. 妳／你都是在什麼樣的美髮場域消費？妳／你可以用本文所介紹的概念來解釋妳／你常去的美髮從業工作者的勞動過程嗎？或者，妳／你觀察到哪些特殊的勞動樣態是本文所沒有呈現的？

2. 身體工作經常是高度性／別化、族裔化的，這符合妳／你日常消費的觀察嗎？妳／你能不能指認在妳／你常去的美髮場所，性別、性傾向或族群在這中間所扮演的角色？

3. 作為美髮的消費者，一再促使妳／你前往某些店家消費的原因為何？妳／你能不能指認這些促成消費者上門的社會元素？

參考文獻

吳爾夫著，何修譯，1992，《美貌的神話》。台北：自立晚報。（Wolf, Naomi, 1991, *The Beauty Myth: How Images of Beauty Are Used against Women*. New York: Morrow.）

涂曉蝶，2014，《扭曲的學生，變調的勞工：檢視台灣美髮建教合作制度，1953-2013》。新竹：清華大學社會學研究所碩士論文。

陳伯偉、王宏仁，2019，〈男男情慾按摩中的身體工作：親密關係的劃界與跨界〉。頁375-416，收錄於張晉芬、陳美華編，《工作的身體性：服務與文化產業的性別與勞動展演》。高雄：巨流。

陳俊霖，2008，《多元流動的性／別位置與實踐：原住民「姊妹」社群初探》。高雄：高雄醫學大學性別研究所碩士論文。

陳美華，2006，〈公開的勞務，私人的性與身體：在性工作中協商性與工作的女人〉。《台灣社會學》11: 1-55。

黃欣宜，2012，《窮快樂也可以：試探台灣當前美髮業的勞動景況與金錢邏輯》。台中：東海大學社會學系碩士論文。

楊雅清，2011，《身著華服的勞工：模特兒經紀制度下的勞動控制與身體工作》。高雄：中山大學社會學系碩士論文。

_____，2019，〈名模養成：模特兒工作中的身體、情緒和自我〉。頁59-105，收錄於張晉芬、陳美華編，《工作的身體性：服務與文化產業的性別與勞動展演》。高雄：巨流。

葉怡廷，2019，〈「每個人的身體都不一樣」：居家照顧服務中的身體工作〉。頁203-240，收錄於張晉芬、陳美華編，《工作的身體性：服務與文化產業的性別與勞動展演》。高雄：巨流。

藍佩嘉，1998，〈銷售女體、女性勞動：百貨專櫃化妝品女銷售員的身體勞動〉。《台灣社會學研究》2: 47-81。

蘇毅佳，2019，〈從「禁忌」的身體到「合宜」的身體：禮儀師的勞動過程分析〉。頁329-374，收錄於張晉芬、陳美華編，《工作的身體性：服務與文化產業的性別與勞動展演》。高雄：巨流。

Acker, Joan, 1990, "Hierarchies, Jobs, Bodies: A Theory of Gendered

Organizations." *Gender and Society* 4(2): 139-158.

Adkins, Lisa, 1995, *Gendered Work: Sexuality, Family and the Labour Market*. Buckingham, UK: Open University Press.

_____, 2001, "Cultural Feminization: 'Money, Sex and Power' for Women." *Signs: Journal of Women in Culture and Society* 26(3): 669-695.

_____, 2002, *Revisions: Gender and Sexuality in Late Modernity*. Buckingham, UK: Open University Press.

Barber, Kristen, 2008, "The Well-coiffed Man: Class, Race, and Heterosexual Masculinity in the Hair Salon." *Gender and Society* 22(4): 455-476.

_____, 2016, "'Men Wanted' Heterosexual Aesthetic Labor in the Masculinization of the Hair Salon." *Gender and Society* 30(4): 618-642.

Bernstein, Elizabeth, 2007, *Temporarily Yours: Intimacy, Authenticity and the Commerce of Sex*. Chicago: University of Chicago Press.

Black, Paula, 2004, *The Beauty Industry: Gender, Culture, Pleasure*. London: Routledge.

Boris, Eillen and Rhacel Salazar Parreñas, 2010, "Introduction." Pp. 1-12 in *Intimate Labors: Cultures, Technologies, and the Politics of Care*, edited by Eillen Boris and Rhacel Salazar Parreñas. Stanford, CA: Stanford University Press.

Butler, Judith, 1999[1990], *Gender Trouble: Feminism and the Subversion of Identity*. New York: Routledge.

Chapkis, Wendy, 1997, *Live Sex Acts: Women Performing Erotic Labor*. London: Cassell Press.

Chugh, Shalene and Philip Hancock, 2009, "Networks of Aestheticization: The Architecture, Artefacts and Embodiment of Hairdressing Salons." *Work, Employment and Society* 23(3): 460-476.

Cohen, Rachel Lara, 2010a, "When It Pays to be Friendly: Employment Relationships and Emotional Labour in Hairstyling." *The Sociological Review* 58(2): 197-218.

_____, 2010b, "Rethinking 'Mobile Work': Boundaries of Space, Time and

Social Relation in the Working Lives of Mobile Hairstylists." *Work, Employment and Society* 24(1): 65-84.

Crang, Philip, 1994, "It's Showtime: On the Workplace Geographies of Display in a Restaurant in Southeast England." *Environment and Planning D: Society and Space* 12(6): 675-704.

Crossley, Nick, 2007, "Researching Embodiment by Way of 'Body Techniques'." *The Sociological Review* 55(s1): 80-94.

Davis, Kathy, 1995, *Reshaping the Female Body: The Dilemma of Cosmetic Surgery.* New York: Routledge.

Eayrs, Michele A., 1993, "Time, Trust and Hazard: Hairdressers' Symbolic Roles." *Symbolic Interaction* 16(1): 19-37.

Foucault, Michel, 1979, *Discipline and Punish: The Birth of the Prison.* New York: Vintage Books.

Gimlin, Debra L., 1996, "Pamela's Place: Power and Negotiation in the Hair Salon." *Gender and Society* 10(5): 505-526.

_____, 2002, *Body Work: Beauty and Self-image in American Culture.* Berkeley, CA: University of California Press.

Green, Bill and Nick Hopwood, 2005, "The Body in Professional Practice, Learning and Education: A Question of Corporeality" Pp. 15-33 in *The Body in Professional Practice, Learning and Education: Body/Practice*, edited by Bill Green and Nick Hopwood. London: Springer.

Harvey, Adia M., 2005, "Becoming Entrepreneurs: Intersections of Race, Class, and Gender at the Black Beauty Salon." *Gender and Society* 19(6): 789-808.

Hill, Terrence D. and Christopher Bradley, 2010, "The Emotional Consequences of Service Work: An Ethnographic Examination of Hair Salon Workers." *Sociological Focus* 43(1): 41-60.

Hochschild, Arlie Russell, 1979, "Emotion Work, Feeling Rules and Social Structure." *American Journal of Sociology* 85(3): 551-575.

_____, 1983, *The Managed Heart: Commercialization of Human Feeling.*

Berkeley, CA: University of California Press.

Kang, Miliann, 2010, *The Managed Hand: Race, Gender, and the Body in Beauty Service Work*. Berkeley, CA: University of California Press.

Lee, Tracy, Nick Jewson, Dan Bishop, Alan Felstead, Allison Fuller, Konstantinos Kakavelakis and Lorna Unwin, 2007, "'There's a Lot More to It than Just Cutting Hair, You Know': Managerial Controls, Work Practices and Identity Narratives among Hair Stylists." *Learning as Work Research Paper No. 8*. Cardiff, UK: Cardiff University.

Lindsay, Jo, 2004, "Gender and Class in the Lives of Young Hairdressers: From Serious to Spectacular." *Journal of Youth Studies* 7(3): 259-277.

Sanders, Teela, Rachel Lara Cohen and Kate Kardy, 2013, "Hairdressing/ Undressing: Comparing Labour Relations in Self-employed Body Work." Pp. 110-125 in *Body/Sex/Work: Intimate, Embodied and Sexualized Labour*, edited by Carol Wolkowitz, Rachel Lara Cohen, Teela Sanders and Kate Hardy. Hampshire, UK: Palgrave Macmillan.

Sharma, Ursula and Paula Black, 2001, "Look Good, Feel Better: Beauty Therapy as Emotional Labour." *Sociology* 35(4): 913-931.

Soulliere, Danielle, 1997, "How Hairstyling Gets Done in the Hair Salon." *Michigan Sociological Review* 11: 41-63.

Taylor, Steve and Melissa Tyler, 2000, "Emotional Labour and Sexual Difference in the Airline Industry." *Work, Employment and Sociology* 14(1): 77-95.

Toerien, Merran and Celia Kitzinger, 2007, "Emotional Labour in Action: Navigating Multiple Involvements in the Beauty Salon." *Sociology* 41(4): 645-662.

Twigg, Julia, 2000a, "Carework as a Form of Bodywork." *Ageing and Society* 20(4): 389-411.

_____, 2000b, *Bathing: The Body and Community Care*. London: Routledge Press.

Twigg, Julia, Carol Wolkowitz, Rachel Lara Cohen and Sarah Nettleton, 2011,

"Conceptualising Body Work in Health and Social Care." *Sociology of Health and Illness* 33(2): 171-188.

Tyler, Melissa and Pamela Abbott, 1998, "Chocs Away: Weight Watching in the Contemporary Airline Industry." *Sociology* 32(3): 433-450.

Tyler, Melissa and Philip Handcock, 2001, "Flight Attendants and the Management of Gendered 'Organizational Bodies'." Pp. 25-38 in *Constructing Gendered Bodies*, edited by Kathryn Backett-Milburn and Linda McKie. London: Routledge.

Warhurst, Chris and Dennis Nickson, 2007, "Employee Experience of Aesthetic Labour in Retail and Hospitality." *Work, Employment and Society* 21(1): 103-120.

Warhurst, Chris, Dennis Nickson, Anne Witz and Anne Marie Cullen, 2000, "Aesthetic Labour in Interactive Service Work: Some Case Study Evidence from the 'New' Glasgow." *The Service Industries Journal* 20(3): 1-18.

Witz, Anne, Chris Warhurst and Dennis Nickson, 2003, "The Labour of Aesthetics and the Aesthetics of Organization." *Organization* 10(1): 33-54.

Wolkowitz, Carol, 2002, "The Social Relations of Body Work." *Work, Employment and Society* 16(3): 497-510.

――――, 2006, *Bodies at Work*. London: Sage.

Chapter

8

從「禁忌」的身體到「合宜」的身體：禮儀師的勞動過程分析

蘇毅佳

* 蘇毅佳 中山大學社會學系碩士。

** 筆者感謝所有田野受訪者，你我素昧平生，卻能有幸分享你們的人生經驗，深感榮幸。更要感謝論文指導教授——中山大學社會學系陳美華教授——孜孜不倦的指導，以及趙恩潔、黃克先、王秀雲、陳宇翔教授於論文審查期間給予的寶貴意見。最後感謝張晉芬教授與逸萍提供諸多編修建議。本文曾獲頒「2017年台灣社會學會碩士論文獎」，特此致謝。

*** 本文引用資訊：張晉芬、陳美華編，2019，《工作的身體性：服務與文化產業的性別與勞動展演》，頁329-374。高雄：巨流。

中文摘要

　　在國家證照化的治理之下,「禮儀師」成為明確的職業指稱。本文透過身體工作的觀點,指出禮儀師工作在大體的靈魂與肉體特性的雙重影響下,如何作為一個美學的、苦力的、骯髒的與情緒的勞動,將一般人不敢觸碰、禁忌的大體,轉變成「可接受」、「合宜」的身體。最後掌握靈魂與肉體的特性、主導喪葬儀式的進行,成為儀式的支配者,並且透過身體工作使得大體成為沉睡的人。本文期望能透過禮儀師的身體工作,讓社會大眾認識殯葬產業,不再因為不了解而產生對於死亡的恐懼。

關鍵詞:身體工作、邊界管理、情緒勞動、禮儀師、殯葬禮儀服務業

From a "Taboo" Body to an "Appropriate" Body: An Analysis of Funeral Directors' Labor Process

Yi-Jia Su

Master of Arts

Department of Sociology

National Sun Yat-sen University

Abstract

After the government enact the legislation of funeral director certificate, it became a clear professional term. This study will conceptualize the work of the funeral director as aesthetic labor, physical labor, dirty labor and emotional labor through the view of body work. Also, it shows how to turn a taboo body, which people have no intentions to touch, into an "acceptable" body or even an "appropriate" body. Funeral directors eventually came to dominate funeral rituals, with their relevant knowledge, and became the rulers of the ritual. The body work transforms a dead body into a sleeping man. Finally, it is hoped that the public can have a better understanding of the funeral industry through comprehending the body work of the funeral directors and stop fearing anymore due to ignorance about death.

Keywords: body work, boundary management, emotional labor, funeral director, funeral service industry

小如（F2）看我已經滿頭大汗，於是她叫了一個阿弟進來幫我們穿衣服，小如說阿婆生前生病，長期臥床導致身體多處有褥瘡，一定也吃了很多藥，所以放了一個小小的手帕在阿婆臉上，兩個人數一、二、三把她從腰部抬起來，讓她呈現坐姿，我好把背後的衣服整平，但是一切並沒有如此順利，因為阿婆有點重量，所以小如用雙手去支撐她，最後手帕滑了下來，瞬間體液從眼睛和鼻子流了出來，一共4條長長的黃紅色的體液，一直流到了阿婆的下巴，那時我以為阿婆活了起來。

—— 田野筆記

一、前言

隨著殯葬產業證照化與禮儀服務業的興起，殯葬業不再只是過去單純處理死亡的產業。禮儀師職業的專業性開始受社會大眾關注，因此更重視如何提升服務品質，無論是與顧客的互動關係，或是外表形象的管理等，都得下功夫打理。換句話說，從事禮儀服務的勞動者在別人身上工作前，得先在自己身上工作，進行各種美學與情緒勞動。Julia Twigg（2000）將身體工作（body work）限縮在以身體去服務另一個身體，並以此換取報酬，因此禮儀服務也屬於一種身體工作，本文從身體工作的視角來分析禮儀師的勞動過程。

過去有關勞動研究的議題多著重於服務業中勞動者的情緒（Hochschild 1983; Witz, Warhurst and Nickson 2003），以及美麗產業中的身體工作（藍佩嘉 1998；Gimlin 1996; Kang 2003; Cohen 2010），探討勞動者如何透過各種情緒管理、統一配置的肉體化風格等，達到吸引

顧客青睞的效果。不同於一般服務業，禮儀師主要的工作內容除了喪禮前後的程序安排，還包括家屬的關懷輔導與大體的處理，必須面對活生生的肉體，也需要處理一般人不敢觸碰的大體。大體不同於活人的身體，是一個失去生命、僵硬、有異味，甚至具有禁忌的身體，大體所呈現的特定肉體狀態與文化意義（具有靈魂）一再框架了禮儀師的勞動過程。禮儀師面對如此不一樣的身體，必須執行不同於一般服務業的身體工作來完成服務。本文將禮儀師工作定義為美學、情緒、苦力與骯髒的勞動，並嘗試概念化勞動過程中所涉及的邊界協商。

二、文獻探討

服務業的興起促使許多勞動研究開始關注勞動者的勞動處境，包含空服員（Hochschild 1983）、美髮師（Gimlin 1996）、專櫃小姐（藍佩嘉 1998）及美甲師（Kang 2003）等，但大多是探討美麗產業中的勞動。

Twigg（2000）指出，除了美麗產業外，還有一群人從事具有污名化的職業，工作中必須碰觸服務對象的身體，並且處理其所製造的「髒亂」，勞動者處於被污染的邊緣。因此，身體工作所涉及的勞動是一種分化的勞動，高社經地位的人傾向處理有界線的身體，低社經地位的人處理被拒絕、丟棄的身體（Wolkowitz 2002: 501）。例如，性產業的工作者其職業本身即受到污名化，透過把自己打扮得像「妓女」的美學勞動，提供買春者機械化與異化的性勞動，表演肉體化的情緒勞動來完成勞動（陳美華 2006：13）。另外，護理人員的工作牽涉到直接在他人身上進行親密勞動（Twigg, Wolkowitz, Cohen and Nettleton 2011: 174），必須處理他人身上的病菌與髒污，是人們不願意去觸碰

的身體。類似職業的勞動者被認為是污染的中介者，必須去處理並照顧他人的污染（Dunlop 1986），並且被期望以溫柔、細心的方式照顧病人與老人，同時必須尊重失去生命的身體（Meerabeau and Page 1997: 298）。

禮儀師工作與照護產業、美麗產業中的身體工作有很多相似之處。護理人員與性工作者的勞動過程都涉及與他人身體上體液、髒污的親密接觸，禮儀師則必須進行大體的洗、穿、化工作，並利用特定的「大體論述」來完成對禁忌身體的轉化。同時，禮儀師工作也包括美學勞動，透過塑造體面的身體來建立專業形象。

不同的是，處理死亡的產業，服務對象同時涉及活人與死人兩個極端，加上服務大體本身，服務對象究竟是人還是物仍有待商榷，因為即便大體失去了生物最根本的生命力，但在儀式過程中大體仍是家屬親愛的親人，使得禮儀師在面對大體時，不能像處理物一般，以不帶情感的方式來運作。因此，人們如何看待大體會影響禮儀師如何進行工作。

隨著生前契約行銷模式的引入，殯葬業進入禮儀服務業的時代（蔡少華 2008）。國內對於禮儀師工作的相關研究較少描述禮儀師勞動過程，大多著重於探討大環境下的殯葬改革對於殯葬文化、儀式商品化（李佳穎 2011；洪婉茹 2009）等的影響，從業者如何認知自己的角色，到描繪殯葬傳統儀式如何進行（鄒輝堂 2004）。陳繼成（2003）對殯葬產業類型與禮儀師執業流程有詳細的描述，有助於了解殯葬產業生態，但缺乏對禮儀師勞動過程的分析。因此，本文以禮儀師作為研究對象，從身體工作的角度分析其勞動現場。

三、資料來源與研究方法

本文以深度訪談（in-depth interviews）和參與式觀察為主要研究方法，輔以文獻蒐集作為二手資料。筆者將自己定位為學習者，以受訪者為老師，試圖用這種關係引導受訪者描述更多工作細節，以及當下所處的勞動情境。受訪者的選取是利用紮根理論抽樣的形式，保持開放性與彈性，理論則隨著資料的蒐集與分析持續進展而逐漸成形（佛利克 2010：37）。訪談以半結構式的訪談（semi-structured interviews）為主，進行訪談前先給予受訪者訪談大綱，在訪談過程中適度地追問相關問題，以釐清禮儀師工作的細節。

考量台灣目前持有禮儀師證照者數量較少，本文對於禮儀師的資格採廣義認定，以實際從事禮儀師工作者為主要研究對象。殯葬業處理流程以多元分工模式進行，通常同時有數名禮儀師共同協作，整體

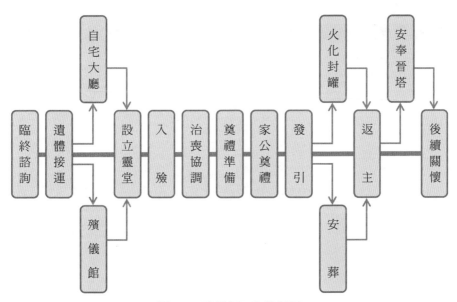

圖8-1　禮儀師工作流程圖

資料來源：受訪者張總（D1）提供。

才得以進行，因此，本文將工作流程（如圖8-1）中涉及的所有勞動者
都稱為禮儀師，以經驗為主，不限於領有證照者。

　　本文共對16位禮儀師進行深度訪談，探索禮儀工作的養成過程、
勞動內容與條件。此外，訪談2位高雄市殯葬公會幹部、4位殯葬業主
管（其中分別有1位及3位同時具有禮儀師身分）。筆者首先藉由公會
了解殯葬產業的整體樣貌，小至勞動者的勞動內涵、產業合作模式，
大至整體殯葬產業面臨的困境等；接著透過友人介紹，接觸兩家殯葬
企業主管，以了解企業經營模式與策略、勞工權益、未來產業走向
等；並由這兩家企業進行滾雪球抽樣（snowball sampling），聯繫數名正
在執業的禮儀師進行深度訪談，訪談內容逐步聚焦在禮儀師日常工作
內容、遭遇困境、工作中如何調適心境等。18位受訪者的基本資料，
參見表8-1。

表8-1　受訪者基本資料

編號	受訪者	年齡	性別	從業職稱	年資	禮儀師證照
A1	明哥	-	男	公會幹部、曾任禮儀師	約30年	丙級
A2	蔡姐	-	女	公會幹部	-	-
B1	小簡	48	男	企業主管、曾任禮儀師	約30年	丙級
C1	敬哥	62	男	企業主管、曾任禮儀師	約30年	丙級
D1	張總	37	男	企業主管、曾任禮儀師	7年	丙級
D2	詹總	55	男	企業主管	-	-
D3	孟孟	21	男	禮儀師	2年	丙級
D4	冠冠	20	男	禮儀師	2年	丙級
D5	小林	20	男	禮儀師	2年	丙級
D6	小劉	21	男	禮儀師	3年	丙級
D7	小黃	24	男	禮儀師	4個月	尚未考照
D8	阿偉	24	男	禮儀師	4個月	尚未考照
E1	阿泰	27	男	禮儀師	1年半	無照
F1	小柏	20	男	禮儀師	2年	丙級
F2	小如	33	女	禮儀師	10年	乙級
G1	華姐	50	女	禮儀師	約30年	丙級
G2	阿明	53	男	禮儀師	約30年	丙級
H1	阿成	55	男	禮儀師	約30年	乙級

　　本文以編號 A 至 H 區分不同公司的受訪者，並依照入行管道屬性分為三類：（1）家族傳承，（2）學院體制下的新勞動力，（3）具有經濟資本的空降部隊。其中，明哥（A1）、小簡（B1）、小柏（F1）、小如（F2）、華姐（G1）、阿明（G2）、阿成（H1）等，入行的因素是家族繼承。因為過去殯葬產業相當保守，許多產業內的專業知識無法透過書本獲取，僅能仰賴產業中的熟人傳授。華姐、阿成與小簡的家族事業都經歷了產業轉型的過程，從過去從事造墓與風水師等殯葬產業相關行業，轉型成今日的禮儀服務業。孟孟（D3）、冠冠（D4）、小林（D5）、小劉（D6）、小黃（D7）、阿偉（D8）與阿泰（E1）畢業自殯葬相關科系，從學院體制內學習殯葬服務業知識。張總（D1）與詹總（D2）透過資本的投入，創造現代化的葬儀公司，強調證照合法性與專業形象，他們原本是無法進入殯葬產業的資本家，因為政府提供管道培育相關人才，使得人力的取得變得容易，殯葬產業不再受限於地緣經濟，在國家政策治理下形塑活力、專業的形象，也為資本家開啟了一扇大門，同時也使得過去從事酒店經營行業的敬哥（C1），可以在產業轉型的過程中改變污名的形象。但按件計酬[1]的勞動特性，讓年輕一輩難以維持生計，轉而尋找兼職收入，以小如（F2）為例，不穩定的工時使身為職業婦女的她，經常必須在家庭與事業中尋找平衡點，她笑著說：「也許過幾年準備轉換跑道，回學校唸個語言相關的學位。」當小如必須兼顧照顧家庭與提供經濟來源的兩面抉擇時，或許家族事業可以提供她經濟上的支持，但卻無法時時刻刻滿足社會對母親這個女性角色的期望，使得她終究必須在殯葬產業與其他產業的選擇中搖擺不定。

　　筆者從訪談中發現，長期從事殯葬工作的勞動者，可能因為缺

1　大部分禮儀師仍然是論件計酬，領月薪的禮儀師較少，大多為大型殯葬集團禮儀師且領有乙級證照者才有可能領月薪，本文並沒有接觸到這一類的禮儀師。

乏文化資本，或是長時間接觸勞動現場，面對勞動過程中「感覺如何」的詢問，經常缺乏描述性的語彙，甚至因為長年的工作經驗導致固定的處理模式，並且漸漸對於勞動中可能出現的情感（如：恐懼、驚訝、悲傷，甚至愉悅等情緒），以及對勞動現場的描述（如：大體的氣味、外觀與觸感等狀態）產生麻木的感覺。然而，從業經歷太短的勞動者，所擁有的勞動經驗相對缺乏，更難在訪談的短時間內概念化勞動過程中所涉及的各種技巧。因此，筆者認為只依靠受訪者的語言描述，將無法得知更具體的情感轉變狀態。Russell Bernard（2006: 354-356）指出使用參與觀察可以幫助研究者在建立調查主題後，將資料結構化，也可以透過經驗，驗證資料的正確性，減少資料遺漏的可能性，同時避免偏見。筆者透過兩次參與式觀察的實作經驗，將勞動者的訪談資料概念化，並藉由實地訪察勞動現場，避免勞動者因為禁忌因素而避談某些部分，進而確認重要資料是否有所遺失。

　　資料分析方面，本文採用主題式分析（thematic analysis）（Chen 2003: 90），「主題」代表受訪者在訪談中經常出現的元素，將受訪者的訪談錄音撰打成逐字稿，進行逐步檢視，以熟悉受訪者的慣用詞語，以及是否有重複出現的主題，接著產生初步的編碼：勞動過程、養成過程、大環境對職業的影響。下一步參閱過去有關禮儀師的研究主題發現研究缺口，逐步將研究主題著重在勞動過程的部分，發展出第二層次的編碼：勞動者與服務對象的關係、情緒與勞動，接著再依序往下發展編碼。

四、大體特性的禁忌如何框架勞動過程

　　大體不同於活人的身體狀態，展現在身體上的特性具有差異，或大或小、或腫脹或乾癟、或僵硬或有彈性，導致勞動者必須配合大體的身體特性去進行勞動。禮儀師的工作像是服務業，生產出一套特定服務來使顧客滿意，卻又不同於一般服務業，因為生產材料並非完全無生命的物體，大體不僅是有形的肉身，肉體之上並承載了無形的靈魂，使得禮儀師在勞動過程中必須處理物與非物的兩難，成為活人與死亡世界的中介者。

　　曾經至親的親人成了一具失去生命的肉體時，人們因為害怕亡靈會侵擾生人、帶來災禍，總是盡量迴避死亡，以至於化為具體的行動，例如，避談死亡，或遠離死亡發生的地點，導致殯葬禮俗中衍生出許多趨吉避凶的策略，避免活人觸碰到死亡禁忌。然而，台灣習俗中也有「死者為大」的觀念，在尊重往生者之下，稱呼往生者的身體為「大體」，認為即使是一具失去生命的身體，仍要給予尊重，甚至敬畏。由此可知，影響殯葬儀式進行的因素，不僅只禮俗、文化與信仰，「禁忌大體」的文化框架也會影響禮儀師的勞動過程。因此，禮儀師透過掌握特定的「大體論述」來劃定應如何工作，並透過對大體正常化的描繪，指導家屬如何「正確地」執行符合社會期望的殯葬儀式，以此來支配整個喪葬過程，進而在工作中實踐屬於台灣特有的葬儀經驗。

（一）肉體的特性

> 　　幫阿婆剪開生前穿的衣服，對我而言，真是充滿複雜的情
> 緒。我一直提醒自己不可以亂想，但是除了看色情片之外，
> 在我生命中還從沒機會看過陌生人的身體。這一點都不是那

種羅曼史的情節，但卻一樣令人感到呼吸急促。正當我心裡糾結碰觸她時眼睛該放哪裡，同時我用乾布擦拭她的皮膚，她身上凝結了一粒粒像是汗珠的水滴，但卻是寒冷的。霎時有種澀澀的肌膚觸感，透過紙巾與手套的摩擦傳到我的指尖，有種想擦但卻擦不動的阻力。我知道這不是我所熟悉的人類的皮膚，比較像是小時候玩的橡皮娃娃，也像是廚房裡五花肉上的那層皮。（田野筆記）

　　大體的肉體特性所展現的狀態，將會決定勞動者的勞動過程。筆者在田野中實習時，小如（F2）曾說：「好幾天沒摸（大體）會覺得不習慣。」由此可見，她也認為大體與活人的身體有很大的不同。工作中必須長時間碰觸大體，竟讓小如在回歸日常生活時，因為未碰觸大體而感到不習慣。Tom Jokinen（2010: 14）指出，大體雖然對親密的肌膚接觸不會感到害羞，但受地心引力與拉力的影響，使其成為僵硬且不合作的身體，女性勞動者經常因為力氣不夠，無法負荷大體重量。華姐（G1）在訪談中提到禮儀師需要擁有「強壯身體」的重要性，即回應了大體的重量與不合作特性對於勞動過程所帶來的種種不便。

　　大約20年前，我們去安養院接大體……那個電梯又不給我們坐，那我們就從後面安全梯下來……一般他們（接體人員）用背的，用擔架不好抬，他（接體人員）是先用屍袋把他（大體）裝進去，再把他（大體）背下來，所以一般去做這個的都是滿強壯的。（華姐，G1）

　　龐大且肥胖的大體容易因為氣體堆積而產生沼氣，燃燒時會因為化學作用導致膨脹爆裂（Jokinen 2010: 47）。除此之外，肥胖的大體

因為氣體累積，會在皮膚表面產生很多氣泡，看起來像濕了的保鮮膜（Jokinen 2010: 16），肌膚較軟、皮膚狀態脆弱，容易因為勞動過程中的拉扯而導致皮膚破損。體內腐敗程度較高的大體，外觀與肥胖的大體相同，也會出現外表腫脹、肌膚軟爛的狀況。影響腐敗程度差異的其他因素包含：往生者生前是否罹患疾病、服用過量藥物或有不正常的飲食習慣等。

> 只是說要注意他的大體的狀況，是不是會溢出東西，我們會用毛巾蓋住他的嘴巴，不然一搬動……如果長期打針的，或是生前吃很多藥的，或者是生前喝酒的，這種的過世之後都會比一般的變化得還要快，體內的腐壞會比一般的還要快。（小如，F2）

腐敗程度也會隨著大體長時間暴露於空氣中而提高，此時大體會因為細菌作用而產生屍臭，孟孟（D3）形容屍臭聞起來像是「死老鼠味道100倍的臭」。此外，大量體液滲出，使得勞動者除了要克服令人作嘔的氣味之外，也必須避免沾染到可能具有污染性的體液。

> 上吊的，我有接過上吊5天的，地上都是水，屍水，那屍體會膨脹之後再縮小，那我是上去把他抱下來，那我也知道可能是臭……那個死老鼠。（張總，D1）

腐敗程度較低的大體，肢體會呈現較乾癟、僵硬狀。造成大體僵硬的因素很多，除了細菌的影響之外，小簡（B1）提到人要斷氣前會因為臉部用力過度而導致僵硬，使得面貌變得扭曲，甚至雙眼直瞪前方。小柏（F1）則說有時候時間耽擱下得倉促從冰櫃中取出大體，四

肢退冰不完全也會導致肢體僵硬的現象。

當大體放置一段時間後，除了增加腐敗程度，也會造成傳染性。華姐（G1）提到過去的從業人員經常因為忽視傳染的風險，造成永久性的職業傷害，她說：

> 因為大體只要經過8小時以後，體內就會開始變化，就會有細菌出來……因為人過世都是有病因的啊，你不知道他的原因是什麼。有的人常常去接觸都會有皮膚病，殯儀館那些人，現在大部分老的、舊的，大部分都退掉了，他們都很不在意啦，有的人就染上了，一輩子都會有皮膚病。（華姐，G1）

有兩種方法可以判斷大體是否具有傳染性：從遺體資訊進行判斷，以及從醫院檢附的死亡證明書得知。然而，禮儀師工作既像是服務業，在勞動過程中必須處理很多的情緒，又像是工業中勞動者的身體，需要處理生產線上具有標準生產流程的生產原料，將原料進行加工後產出成品。只是每個大體的狀況不盡相同，過程中很多時候禮儀師必須依照大體的狀態，來決定應該如何處理大體，因此必須具備遺體資訊的辨認能力。所謂的遺體資訊是指解讀大體表面所呈現的狀態，包含大體的物理變化：屍冷、血液墜積、屍斑、脫水、血液黏稠度增加、微生物內生性侵襲等變化；以及大體體內的化學變化：死後生熱、死後色斑、身體酸鹼值變化、死後僵硬（屍僵）、腐敗等變化。[2]

禮儀師藉由判讀遺體資訊來決定如何處理大體，例如，藉由確認死亡時間來判斷大體是否因為腐敗程度嚴重而需要進行冷凍；了解死亡原因（如：疾病因素或意外死亡）來判斷是否應該注意肢體的脆弱

2　參閱台灣殯葬資訊網，「公共衛生＆遺體處理」（http://funeralinformation.com.tw/Detail.php?LevelNo=3579，取用日期：2016年11月17日）。

程度，是否需要進行大體修復；了解死亡發生的過程（如：是否有外力造成外表的損壞），以便移動大體時控制力道；大體是否有傳染性（如：是否有感染風險），處理時是否應配備防護衣與口罩，以避免細菌感染等，這些都牽涉到處理大體的後續動作。阿泰（E1）提供了清楚的描述：

> 8小時血液會開始凝固，那過8小時血液會開始沉澱……大部分人都是躺著往生嘛，那就會到背部，背部就是所謂的屍斑。（阿泰，E1）

屍斑的產生與死亡時間有關，禮儀師若能知道屍斑是如何產生的，便可從屍斑的多寡推測死亡時間。此外，從屍斑位置的分布可以得知死者是以什麼樣的姿勢死亡，判斷大體死亡後是否有受到移動的跡象。阿泰（E1）在訪談中提到，禮儀師必須承擔「宣判一個人死亡」的道德責任。阿泰表示判斷死因，不只是為了決定後續的處理方式，更重要的是進行死亡過程的推敲，「那個（大體）往生明明就有兩天以上了，他們（家屬）跟我們說剛往生」。阿泰指出，當死亡時間與大體表面所呈現的皮膚和腐敗狀態不一致時，表示家屬可能有隱瞞死因之嫌，此時禮儀師必須主動通報檢警，進行法醫相驗，以釐清死亡原因是否是意外或人為因素。

根據台灣殯葬資訊網[3]的「臨終處理說明」，死亡的處理流程首先必須先通知親人到場，並通知禮儀社人員進行祝禱或念佛號。申請死亡證明書後（共10份），申請火化或埋葬許可，繼之辦理除戶、保險、撫卹、繼承等手續後，才能由醫院或禮儀社將大體移動至殯儀館或家

3　參閱台灣殯葬資訊網，「臨終處理」（http://www.funeralinformation.com.tw/Detail.php?LevelNo=1，取用日期：2017年2月7日）。

中。因此，禮儀師必須在完成死亡證明的申請後，才可以進行大體的處理。至於死亡證明的開立流程，依照新北市民政局[4]的規定，如在家中或送醫途中往生者，通知當地衛生所辦理行政相驗（病死者），或通知派出所報請檢察官相驗（意外死亡者）後，即可取得死亡證明。

由此可知，當死亡原因發生爭議時，並非由禮儀師負責通報檢警與法醫，而是由醫院方面負責判斷死因，因此，現在的禮儀師在處理大體時，通常已拿到死亡證明，上面會註明詳細死因，以及往生者生前是否有傳染病等資訊。在阿泰的經歷中曾有家屬隱瞞死因，尤其是過去申請死亡證明的體系尚未完備之前，更有可能導致禮儀師得在缺乏死亡證明的狀況下先進行大體處理，蒙受遭到病菌感染的巨大風險。

台中市衛生局醫事管理科長謝佳玲表示，基層衛生局以往在假日不提供開立死亡證明的服務，且若衛生所主任進行行政相驗時有疑慮，須立即通報警方改為司法相驗（蘋果日報 2013 年 12 月 24 日）。阿成（H1）也提到，過去無法在週末開立死亡證明，甚至在深夜往生也很難申請到死亡證明，必須等到週一醫院的上班時間才可以申請。這些狀況都使禮儀工作承受巨大風險，僅能仰賴大體表面的徵象來判定是否進行防止污染的手段。

在缺乏死亡證明的狀況下，僅能仰賴家屬或現場人員的陳述，此時禮儀師是否具有遺體資訊的判讀能力便相當重要。華姐（G1）表示，過去曾因缺乏死亡證明的佐證，加上無法從大體表面辨識生前是否患有猛爆性肝炎，家屬又故意隱瞞病史，使得在處理大體時沒有按照法定程序將大體進行火化，反而誤將患有猛爆性肝炎的大體冰入冰櫃中存放，造成疾病傳染的風險。

4　參閱新北市政府民政局網站，「死亡證明」（https://www.ca.ntpc.gov.tw/PageContent/List?wnd_id=245，取用日期：2017 年 2 月 7 日）。

　　我們大概問一下（死因），他是幾歲的人，如果年紀大會不會
　　有什麼疾病，但是他們家屬會騙人啊！其實現在大部分是什
　　麼病因，都會寫得很清楚……以前都會騙人啊，你先進來以
　　後再候補……後來死亡證明看到，因為猛爆性肝炎你要直接
　　去火化，就是你要幫他辦火化場的程序，讓他去火化；他不
　　知道，他就到冰箱裡去，到冰箱裡去後……那個時候真的是
　　用丟錢的，沒有人要去。（華姐，G1）

　　禮儀師可以透過掌握肉體特性的方式，來了解在勞動前應該如何
先在自己身上進行哪些身體工作，避免在勞動中遭受傳染風險。除此
之外，也透過對肉體特性辨識外觀、氣味與觸感等，選擇最適合大體
的處置方式，由此來決定應如何在大體上工作。然而，上述資料顯
示，在過往死亡證明開立程序未臻完善的時候，禮儀師也被迫承受不
明的風險。

（二）靈魂的特性

　　禮儀師作為活人與死亡世界的中介者，透過儀式賦予活人大體具
有靈魂的想像，將「屍體」轉化為「大體」，擔任儀式的指導者，指揮
家屬如何在儀式中進行角色部署。阿成（H1）說：「透過儀式來把他
（死者）轉換成祖先，就像結婚一樣，原本是男女朋友，變成夫妻關
係。」用儀式將大體從「屍體」轉變成「具有靈魂的肉體」，最終成為
令人尊崇的「祖先」，儀式過程中將對待活人的生活方式使用在往生者
身上，「譬如說早晚拜飯，現在很多人叫我們去幫他拜飯，我們就是像
招呼活人一樣，某某先生啊吃飯啦，現在是早上幾點」（阿成，H1）。
賦予大體如同生人一樣，是一個具有靈魂的身體。因此，禮儀師必須

「視死如視生」，為大體穿著衣物、配戴各種首飾、提供飲食等，成為儀式中轉化「屍體」形象的必要環節。

> 就是把他（大體）當活著的時候照顧他，當成物就不需要我們（禮儀師）了，我們主要是做儀式，把他當成人才需要儀式，如果當成物那還有什麼儀式，就直接丟掉燒掉就好了。（阿成，H1）

不同於大體的肉體特性，靈魂的特性是不可見的，卻像是一隻看不見的手影響勞動者的勞動方式。例如，禮儀師透過一些靈異敘事，宣稱大體仍具有自由意志，能做出如同活人的決定，為了滿足大體的需求，禮儀師必須做出相應的處理。換句話說，當「屍體」不再只是失去生命的身體，而是具有靈魂的身體——「大體」，勞動者處理這個身體的方式也必須跟著改變。

> 兒子在台灣、女兒在美國，然後他們父親死掉之後，兒子就想說簡單弄就好，然後衣服、鞋子都叫我們準備。臨時找不到鞋子，半夜嘛，就找一個最大雙的，結果那個人腳很小，那他女兒趕不回來在美國……隔兩天他女兒從美國打電話回來問他弟弟說：「你知道爸爸怎麼會來給我託夢，託夢說他早上起來參加晨跑，鞋子邊跑邊掉，是不是鞋子穿得太大雙？」……我在穿的時候都沒有人看到，只有我自己知道而已，後來我就再拿一雙燒給他（大體）。（阿明，G2）

宣稱大體具有靈魂，除了要滿足需求之外，更必須給予尊重，甚至是敬畏。阿泰（E1）表明從事禮儀工作時千萬不能拿大體開玩笑，

這是禮儀師這個具有「神聖性」的工作必須遵守的工作倫理。阿明（G2）也提到，曾經有勞動者對往生者開玩笑，招致不好的後果。禮儀師透過訴說這些靈異敘事來建立儀式中的規範，並作為邊界的守護者，來告訴家屬什麼事可以做、什麼事必須遵守，違反會觸犯禁忌。

> 告別式在出殯布置的時候，他在現場看到相片，是一個女孩子，很年輕就死掉了，那個男孩子是我們以前的同事，那他邊走過來就看到說：「唉喲，這麼年輕、這麼漂亮，怎麼沒給我做老婆，就死掉」，就亂講話……結果那天回去以後，3天都躺在床上起不來。（阿明，G2）

在喪禮過程中，勞動者會正當化儀式存在的必要性，強調往生者的肉體仍然具有靈魂，並且透過對大體外表形象的塑造，以及靈異敘事的親身經驗來印證靈魂的存有。除此之外，禮儀工作不只是關乎到一個人的死亡，更重要的是要幫助活著的人度過這個艱難的時刻（Torpey 2006: 33）。然而，大體對家屬可能是陌生的，甚至是恐懼的，禮儀師通常會利用「大體論述」，賦予大體是一個「在睡覺的人」的象徵意義，以提高家屬的參與意願。同時，透過與大體說話的過程，拉近家屬與大體間的距離，使得禮儀工作不再只是一個儀式指導者，更是維繫往生者與家屬關係的重要他人，創造更多的工作價值。

> 死人跟我們是有距離感的……那我們今天把他恢復到好像在睡覺一樣，把他變成是我們的親人一樣，不是死人，所以說這個時候家屬就很願意靠過去他旁邊，我們和往生者最後再度過這麼一段相聚的時間，這不一樣的。（小簡，B1）

禮儀師在勞動過程中會透過演出與大體進行對話，彷彿大體如同活人一般，能理解禮儀師所說的話。小如（F2）提到，當換穿壽衣時會與大體進行單向的溝通：「歹勢喔，要幫您翻身喔，歹勢喔，要幫您頭扶一下。」即使大體無法產生相應的回應，但基於尊重仍會在移動身體各部位前先行告知，並透過這種對話，來形成物與人的轉換，使得大體不再是一具令人害怕、具有死亡威脅的屍體，而是需要給予人性尊重的大體。

五、禮儀師的身體工作

身體工作經常與愉悅和情感上的親密有關（Twigg 2000: 391），勞動者需要用自己的身體去服務另一個身體，勞動的生產通常是透過赤裸的觸摸來完成（Twigg 2000: 389）。Twigg 將身體工作分為五種不同的種類：醫療所建構的身體、美麗的身體、替代醫學的身體、服務慾望的身體，以及處理廢棄物與屍體的身體（Twigg 2000: 390-391）。禮儀師工作不同於大部分的身體工作，專注於對大體的處理，涵蓋範圍從表層的肌膚到身體內部的體液與血液，甚至是排泄物與傳染物，因此成為一個骯髒的工作。

（一）體現孝道的美學勞動

隨著服務業的興起，企業主越來越重視員工身體的管理，利用對員工進行面試與服儀規定，剔除不符合公司服儀要求的員工，並且透過舉辦員工培訓的方式來達到公司期許的肉體化氣質配置（Warhurst and Nickson 2007）。在服務業中的勞動者甚至需要學習如何進行表演，

以符合顧客的願望並滿足需求，因此勞動者是否具備肉體化的身體展演能力，成為重要的謀生工具（陳美華 2006）。此外，在證照化的浪潮之下，禮儀師成為需要國家認證的職業，殯葬業作為服務業，其勞動者也需要體面的身體來服務顧客，不論是擁有證照的個人，或是沒有合格認證的勞動者，他們在殯葬產業中的角色都和過去尚未證照化以前的形象大不相同。可以說，社會開始期望禮儀師是喪葬的專家，家屬能在禮儀師帶領之下，送往生者前往人生的終點，而禮儀師也扮演提供維繫情感的重要角色，陪伴家屬度過傷心時刻。

藍佩嘉（1998: 60-61）在化妝品銷售員的研究中，提出其工作腳本的概念來強調服務過程中的標準化規範，包含在顧客進門前彎腰齊聲說「您好歡迎光臨」，服務中對顧客的等候應說聲「對不起讓您久等了」，以及在顧客離開時說聲「謝謝光臨」，這些都是為了展現「顧客至上」、「顧客永遠都是對的」原則。不同於這類服務業中的「顧客至上」，禮儀師工作中所展現的體面身體是為了塑造哀悼專家的形象，因為喪葬儀式的背後是處理死亡的傳統習俗，喪葬流程相當繁瑣，加上喪家可能缺乏喪葬知識，且處於情緒低落的狀態，導致沒有能力去執行符合傳統禮節的喪禮。同時，死亡並非人們日常生活中的常態，而是一種特殊狀態，這使得人們不見得理解如何處理死亡的相關細節。

為了呈現專業形象，新創的禮儀公司重視員工肉體化氣質的配置，建立統一的外觀（如：穿著、打扮），希望藉此吸引客源、獲取利潤，同時訓練員工的儀態（如：說話、走路、坐與站的方式），加強員工體察喪家家屬情緒的能力，使他們成為值得信賴的專家。禮儀師的形象不再像詹總（D2）所形容的「會穿吊嘎啦、穿拖鞋，你也不知道他在做什麼，錢收一收就要走了」的那種形象。一般服務業所展示的比較是生活風格，誘導消費者進行特定的消費體驗，禮儀師所展現的體面身體則是為了體現「孝」，表示對往生者的尊敬與敬畏，讓美學勞

圖8-2　受訪禮儀師與筆者於公司辦公室合影（後排左一為公司副總，左二至七為公司聘任的禮儀師）。

資料來源：筆者提供。

關卡：從1300名應徵者中初選127人，筆試篩選出58人，通過儀態走秀及口試後，選出30名儲備禮儀師，錄取率2.3%
資格：
・28~35歲
・大學畢且有3年以上服務業工作經驗
・男性身高172公分、女性160公分以上
訓練：
・接受1年以上人文禮俗、口才儀態、體能訓練等教育訓練
・須扶靈、會場布置、搬運大體等24小時服務，體力要求高
・口才要能安撫人心，外型要給家屬安全感
福利：
・前3個月教育訓練月薪2.5萬元
・任禮儀師助理底薪2.8萬元，加接案獎金月薪4~5萬元
・1年後升格正式禮儀師月薪6~7萬元，年薪保障80~100萬元

圖8-3　龍巖人本招募禮儀師資格

資料來源：龍巖人本網頁（http://www.lungyengroup.com.tw，取用日期：2014年9月17日）。

動成為展演孝道的場域。

　　禮儀公司透過招募的過程來挑選適合從業的個人，即符合禮儀師須具備的「氣質」。本文受訪者中有6位禮儀師屬同一公司，性別都是男性，身高都在180公分上下。雖然公司經理人否認在徵選過程中刻意挑選外貌，但6位禮儀師不論是說話、站姿、年齡、風格、氣質或社會經歷等，在筆者看來都很類似。由於該公司是現代化的新創公司，顧客來源不穩定，建立一個專業、體面的形象，可能成為吸引顧客青睞的重要條件之一。另外，企業除了在招募過程中偏好固定的外型條件，[5]也會透過服儀的規定，[6]來塑造「禮儀師」應有的形象，使得禮儀師的形象更為視覺化和形象化。

　　為了確保禮儀師進行勞動時，身體能展現出符合情境的表現，禮儀公司會進行穿著、儀態和聲調的訓練，以塑造「稱職」的禮儀師。

5　年齡、身高、外型有安全感，口才可安撫人心等。參考龍巖人本招募廣告（http://www.lungyengroup.com.tw，取用日期：2014年9月17日）。
6　通常是白衣黑褲。

因為「不稱職」的禮儀師可能會將不適當的情緒、表情與儀態帶進儀式當中，不能設身處地去理解家屬可能會有的感受，進而無法將家屬拉進喪葬過程，使得喪葬過程缺乏「美好」[7]的體驗，導致家屬無法獲得心理上的滿足與慰藉。

> 比如說鞠躬，你不能講說鞠躬（短音），要說鞠～（延長並上揚）躬～（長音並上揚）這種音調，譬如說你的字尾一定要拉一個音調這樣，那也都是訓練起來的，例如說奏哀樂好了，「樂」那個字他不能拉長音嘛，他就會在「哀」這個字拉長音……他都是要把家屬拉進去這個喪葬的過程。（阿泰，E1）

阿泰提到，禮儀師會刻意在「哀」這個字拉長音，目的是為了要凸顯儀式中的哀戚氣氛，同時透過特定上揚的音調，營造莊嚴與哀傷的喪禮，並讓家屬融入儀式所要呈現的氣氛中，藉由引發悲傷的情緒來一同緬懷逝者。

Liz Meerabeau 及 Susie Page（1997: 302）認為，護理人員在照護工作中利用迴避感覺表露的方式，維持專業能力與形象管理。同樣地，禮儀師也會透過各種製造距離的方式來塑造專業形象，例如，在喪禮過程中提供家屬有限的參與，隱藏禮儀師部分的身體工作，以強化工作過程中的專業程度；或是對家屬進行部分視覺與嗅覺的感官隔離，隱藏不好聞的氣味與令人恐懼的「屍體形象」。受訪者表示大體所散發的腐敗氣味可能會導致家屬生理與心理的不舒服，因此，在大體「尚未準備好」之前，應避免讓家屬看到。

---

7 「美好」指的是一個完整的喪葬參與過程，有助於家屬的悲傷輔導。

　　對啊，所以主要是最後一面，我們處理過後再給家屬看……
　　因為有一些人可能沒有辦法接受，重點是如果大體狀況不好
　　的時候，怕他可能會嚇到。（孟孟，D3）

　　小柏（F1）表示：「因為你要翻身，不好看啊，動作會比較大……
比較僵硬之類的，那我們就會用比較粗暴的方式來……硬幫他（大體）
穿上去。」當禮儀師進行大體擦拭時，盡量不讓家屬全程參與，是為
了不希望家屬看到「一些不好看的地方」，或是掩藏擦拭過程中一些過
於粗暴的肢體動作。透過刻意的感官隔離，將骯髒工作的處理放置到
檯面之下，只呈現給家屬「乾淨的」、甚至是「合宜的」大體，隱藏從
「骯髒」到「乾淨」的過程，以此呈現出禮儀師勞動的專業性。
　　近年來市場中出現了遺體 SPA，主打大體僅透過擦拭無法消除難
聞的氣味和污垢，家屬也無法全程參與。遺體 SPA 利用精油、沐浴與
肌肉按摩，來改善氣味、軟化僵硬的屍體，並透過上妝讓大體具有血
色，更像是一個在睡覺的人，成為「可以親近」的家人。SPA 禮儀師的
勞動過程也講究美感，動作必須輕柔、一致，講求整齊、節奏，以營
造畫面的和諧，同時減輕家屬對於死亡與大體的恐懼，並透過讓家屬
參與沐浴過程，達到悲傷輔導的效果。為了達到服務儀態的完美，部
分從事遺體 SPA 的禮儀師還需通過美容、美髮的專業訓練，並擁有美
容、美髮的專業執照，才能為大體進行按摩，過程中也須搭配音樂輔
助，讓整體呈現出視覺、味覺、聽覺的和諧。

　　兩個人動作要一致、動作要輕柔，家屬在旁邊看才會舒服
　　啊……按摩也是兩個人幾分幾秒都算好的……整個動作都是
　　一致的，這樣家屬在旁邊看了才有美感。（小簡，B1）

殯葬產業整體的運作，大體上是依循華人的傳統禮俗，有標準的作業流程引導儀式進行，殯葬產業中勞動者與往生者家屬都被包裝在一套由「孝道」所控制的語言當中。藉由「孝道」論述告知勞動者與消費者應有的儀式流程、身體儀態，甚至規範什麼是可以販賣的商品，唯有符合「孝道」的商品才被認為是具有道德並符合「傳統」的商品。遺體 SPA 便將「孝道」包裝成商品，使得家屬的情緒成為可以販賣的商品。

> 或許你說生前他（往生者家屬）對他（往生者）可能很不孝順，對老人家有種虧欠的感覺，那藉由讓遺體接受這項服務……讓他（往生者家屬）對老人家的虧欠降低了。（小簡，B1）

在殯葬產業轉型的過程中，業者意識到死亡的商機有限，殯葬服務不能再像過去一樣，只是處理屍體的產業，必須辨識消費者的需求和喜好，進而生產出消費者需要的商品，「孝道」在此脈絡下成為有利可圖的商機。

現今隨著儀式的簡化與生活日趨繁忙，越來越多人選擇簡單的儀式，捨棄過去繁雜的儀節。阿成（H1）表示曾遇到往生者家屬不願意參與儀式的狀況，全權委託禮儀師處理，形同將孝道外包出去，使得禮儀師儼然成為孝道外包的接收者。

> 像我前幾天接一個，他唯一的兒子已經 50 幾歲了，他老婆 80 幾歲，在○○醫院過世……然後他交代兒子在那邊助念，結果兒子看到他爸爸一走，他也跑掉了……然後跟我們講，你們幫我處理就好了……那時候晚上 8 點多，就是要念到第二天

的1點，把孝道外包給我們……還有叫我們早晚去幫忙上香的
也有。（阿成，H1）

甚至因為儀式大都被認為需要在良辰吉時舉行，因此勞動過程經
常需要與時間賽跑。有受訪者表示和殯儀館人員合作私下去代領大體
（將大體從冰櫃中領出、移往入殮室進行入殮儀式的過程）的狀況很常
見。家屬可能突然有事情耽擱，考量到擦拭、穿衣與化妝所需時間，
需要先預留工作時間。特別是現今都市地區缺乏殯葬用地，大多選擇
在市立殯儀館進行儀式，使用上需要排隊的關係，時間就更為緊迫。
因此，禮儀師的角色不僅只是勞動者，某些時刻也必須化身為往生者
親人來提供完善的服務。

> 我們坐在入殮室外面的椅子上等了一陣子，小如（F2）說要
> 我假扮家屬去領阿婆出來，因為家屬已經遲到很久了。這是
> 我第一次進到冷凍室裡面，裡面有攝影機和殯儀館的人員負
> 責看守。映入眼簾的是一格一格銀色的金屬抽屜，裡頭存放
> 著大體，房間一角還有3個簡易的病床，上面也各別放著一
> 具大體，並用醫療用的白布蓋著全身，可能是正在等化凍，
> 或是排隊等著要冰進冷凍櫃中。負責的大哥拉開其中一個抽
> 屜，毫無疑問是一具冰冷的大體，大哥問我是不是，我只好
> 微微轉頭看小如一眼，緊張地回答一聲：「嗯」。（田野筆記）

禮儀師除了必須展現喪葬知識的專家形象外，也不時成為孝道外
包的接收者，代替家屬進行祭拜儀式，甚至領回大體。禮儀師同時也
是可以掌握死亡商品特性的銷售專家，殯葬服務業開始把「孝道」商
品化，並透過體面的身體，將死亡包裝成符合「孝道」的產品銷售出

去。當然，也有公司不強調體面的身體，例如，筆者在進入田野前，曾向小如（F2）請教有關公司服儀的相關規定，她告訴我要準備白色長袖襯衫、黑色西裝褲和黑色低跟鞋，公司會提供黑色背心。當筆者問到是否需要化妝時，小如只回答：「要記得擦防曬，因為會很熱。」當時我的第一個想法是懷疑公司對女性妝容的要求會如此「樸素」嗎？回憶以往參加過的喪禮，女性勞動者大多裹上一層厚厚的底妝，加上長長的假睫毛。直到田野現場的儀式開始時，我看見中年的公司老闆，挺著圓圓的啤酒肚，嘴角有嚼過檳榔的痕跡，穿著普通白色 T-shirt 搭配藍色牛仔褲，在會場來回穿梭，時而發送飲料給員工，時而關懷喪家家屬。目睹如此「親民」的老闆，我才明白「樸素」是這間公司主打的特色，顯而易見的，不像其他公司那般重視員工的外表。透過小如對工作過程中的描述，也可以發現，比起重視員工身體的風格塑造，有些禮儀公司更在意勞動者是否「肯做」。

（二）情緒勞動

禮儀師的工作除了是美學的勞動之外，同時也是重視情緒的勞動。在很多情況下，禮儀師必須透過自我管理，以便展演出符合情境的情緒，Arlie Hochschild 將此稱之為情緒工作（emotional work）（霍奇斯柴德 1992）。禮儀師為了讓工作順利地進行，必須在勞動過程中進行情緒工作，給予家屬儀式上的指導與情感上的支持。此外，身為熟悉儀節的專家，禮儀師的任務之一是在喪家悲傷痛苦的時刻，提供必要的協助。

禮儀師的情緒勞動有時也透過扮演往生者親人的角色，形成一種親密的關係，彷彿是家庭中的一份子（Torpey 2006: 35）。藉由這種形式上的親人關係來與家屬拉近距離，一方面能輕易引導家屬進行儀

式，另一方面能累積潛在顧客。具體方法是透過家族稱謂營造親屬氛圍，以此建立良好的工作關係，創造「像家人一樣」的工作情境，藉此淡化在消費市場中的供應者與消費者角色，讓死亡的消費不只是一般金錢與貨品的交易，而是買到情感上的慰藉。

> 我們一般會跟著家屬叫，例如說是你的外公好了，你的外公怎樣，外公怎樣⋯⋯變成自己的家屬這樣稱呼。例如我現在進去了，可能遇到的是你的媽媽，那我就會說，媽媽現在要怎麼處理這樣，變成像你們同一輩的小孩那樣子。那可能跟我年紀差不多，那我就會說，大哥那個爸爸的事情要怎麼處理，就跟自己家裡面的人叫。（阿泰，E1）

對於禮儀師而言，與往生者家屬之間維持「既是家人也是客人」的關係，但彷彿家人間的情感隨著案件結束旋即消失，形成一種隨時可卸除的情感關係。在這樣的情感關係裝卸過程中，禮儀師培養了潛在客戶，同時也避免自己受到情感牽絆的可能。

> 所以很多家屬跟我們感情很好，都還會打電話慰問說最近怎麼樣這樣子，還有好幾個都已經認不得了，再慢慢開始想，然後邊想邊揣摩這到底是誰⋯⋯因為他對我本身感激是很重的，那我對他這就是一個工作而已，我可能過幾年就忘了他⋯⋯甚至可能下一個老人家往生的時候，又會再說我要那個誰再回來弄。（阿泰，E1）

Hochschild 認為情緒可以透過表面的表演，以及深層的表演來管理。表面的表演姿勢、表情等，像是「放上去的」（put on），不會成

為表演者的一部分，深層的表演才會透過自我意識來影響情緒，人們藉由使用「情緒記憶」來誘發某種情感的產生（霍奇斯柴德 1992：47-52）。然而，禮儀師工作中所涉及的情緒管理是相當複雜的，無法簡單地以表面的表演或深層的表演來做區隔，經常是兩者不斷相互交織、相互影響。因為勞動者不但要設身處地、感同身受地替往生者家屬著想，站在家屬的立場上去安撫，但又必須維持一定的距離，以免自己的情緒受到影響，無法順利進行工作。這種既親密又疏離的關係，經常使得禮儀師在工作中需要反覆調整情緒，才能維持專業的形象。小劉（D6）形容禮儀師像是「戴一個不能哭的面具」，內心充滿感性，但在工作中必須壓抑真實的情緒，表面上戴著一副不會流眼淚的面具，來隱藏不能被看見的惻隱之心。

> 跪在那邊的如果是跟我一樣的年紀，19、20歲這種，面對的父母親是40、50幾歲的，就跟我爸媽年紀一樣，其實你在這當中會更有感觸……你當然轉過來是要給人家看你是一個堅強的角色，你不是一個軟弱的角色，所以禮儀師要戴一個不能哭的面具。（小劉，D6）

小柏（F1）則是以新兵訓練的語彙「內心輕鬆、外表嚴肅」來形容禮儀工作，不同於小劉所提到的情感壓抑，小柏的心理狀態是愉悅的，但喪禮的工作現場應該是哀傷與莊嚴的。小柏「輕鬆」的情緒不應該存在於工作過程中，必須透過對表情的控管，來達到符合情境的表演。

> 就像我們之前當兵的時候教的，內心輕鬆、外表嚴肅，就是你不能讓別人知道你在爽，你就不要有任何表情就好……譬

> 如說你們這個排在爽……那我們回連上的時候就不能被別人
> 看到我們爽，要裝得很累這樣。（小柏，F1）

　　由以上兩個例子可以看出，禮儀師在勞動過程中需要面對多種的
情緒管理，當自己的情緒與工作現場產生衝突時，必須透過情緒管理
的技藝來化解尷尬，以便工作順利進行。以下以情緒的控制、引入新
的情緒、身體的出走三方面，說明禮儀師如何透過情緒管理的技藝來
改變心境。

1. 情緒的控制

　　家屬往往處於悲傷的情緒，加上喪禮現場總是哀戚肅穆，禮儀師
不論自己原本的情緒如何，在工作現場很容易受影響而轉變為悲傷的
情緒。此時禮儀師會透過「轉移焦點」的方式，讓自己「分心」去思
考後續工作流程中需要注意的事項，將情緒的焦點專注在工作細節
上，避免情緒受到工作環境的影響。

> 就是轉移焦點……要讓自己分心，想一些其他的事情，不能
> 說人家在難過我們也在難過……想說等一下要做什麼事情，
> 想工作的事情……想說我桌上有一些祭品沒擺好，還是說我
> 什麼事情今天還沒做，想一些其他工作的事情。（孟孟，D3）

　　張總（D1）則透過「放空」來壓抑自身情緒，避免受到現場悲傷
的情境所感染，努力提高所有的知覺敏感度，專注於勞動時的觸覺、
視覺與聽覺，而不將感官與情緒做連結。透過這種假裝不去聽、不去
看，甚至是刻意不去想的方式，來控制情緒、抑制悲傷，使勞動與情
緒產生斷裂，如此便能免於情緒受到干擾。

有人就問我說你做完，還會不會記得前一個亡者長得是什麼
樣子，我說我都忘記了，因為我都專心在當下把這個工作、
整個儀式完成……放空不是真的是空的啦，就是很專注在現
階段的工作裡面，圓滿之後就會忘掉你服務的這件案子。（張
總，D1）

　　禮儀師工作同時也是一個骯髒的工作，勞動中難聞的氣味、恐怖
的「屍體形象」，勢必影響勞動者。面對一具有異味、面貌不全的大體
是需要情緒工作的，必須先克服自己對於大體的恐懼與不適，才能將
處理好的大體呈現在家屬眼前。禮儀師會對大體產生恐懼，原因可歸
因於大體具有靈魂的想像，為了避免勞動中可能觸犯靈魂的禁忌，可
以站在勞動者的角度來看待自己的工作，並且利用上述的「轉移焦點」
或「放空」方式。如阿泰（E1）指出：「你今天去工作，是去工作的心
情……因為我是覺得我幫他（往生者）服務而已……他又不會害我。」
專注於自己的勞動者角色，不僅可以控制不適當的情緒，也有助於抑
制不合宜的想法，免於遭受靈魂威脅的危險。冠冠（D4）在描述靈魂
所帶來的恐懼時提到，由於勞動過程中涉及肌膚接觸，造成男性勞動
者在處理女性往生者的身體時，可能產生性別上的不便。此時男性勞
動者應極力避免因為凝視女體而產生慾望的想像，專注於「你是來幫
忙的」，以此進行「轉移焦點」，將不適宜的情緒「放空」，集中心神在
工作上，便可保護自己免於受到干擾。

有些人會說，假如發生意外的是一個很漂亮的女生之類的，
但是，你就是不能想一些其他的，要說你是來幫忙的。就是
老一輩的人跟我講的，你不能想一些其他的，不然他會跟著
你或是什麼之類的。（冠冠，D4）

2. 引入新的情緒

> 老闆走過來告訴我們，原訂的禮生[8]今天不會來了，要我們其
> 中一個人上去代替，小如（F2）猜拳猜輸了，不甘願地跟我
> 說她不喜歡當禮生，因為她覺得很做作。儀式開始了，小如
> 一邊依照司儀口令一句一句比畫，一邊對著站在家屬身後的
> 我跟阿弟擠眉弄眼，阿弟在我旁邊一副幸災樂禍的表情告訴
> 我，還好不是他上去。（田野筆記）

死亡是令人哀戚的事，禮儀師在工作現場必須保持莊嚴、肅穆的情緒，尤其要在家屬面前維護專業形象，禁止有嬉鬧的行為舉止。然而，有些時刻禮儀師必須面對工作情境與自身情緒不同而帶來的衝突，例如，當家屬處於悲傷的情緒，但禮儀師本身是快樂的情緒時，經常會透過暫時脫離當下情境，以一種「開玩笑」的方式來化解情緒與情境的衝突。

禮儀師透過建立工作的前台與後台，來使自己與工作現場保持清楚的界線，並以此邊界來協商工作距離。殯儀館中有許多限制的場域，例如，寄棺室後台、入殮室、冷凍室等，家屬的行動在這些地方受到限制，透過隔離家屬的觀看，形成了一個工作後台區域。上述情境中小如的擠眉弄眼，與阿弟幸災樂禍的表情，非但不符合喪禮的情境，對於大體來說也是不尊敬的行為。然而，後台區域是被隔離的場域，禮儀師在此以「維持一種低調幽默」的方式來排解工作壓力，例如，以一般人無法理解的行話「你剛剛去哪？我去拖『一條』回來了」（小如，F2），或是「你有接到『臭的』嗎？」（阿泰，E1）來代稱腐敗

8　在禮儀事務中擔任司禮、司儀的角色。參考台灣大百科（http://nrch.culture.tw/twpedia.aspx?id=1903，取用日期：2018年7月1日）。

性大體，或是自我調侃「『臭的』也不錯啦……接完『臭的』就會連續帶很多工作進來」來自我安慰。阿泰（E1）提到，禮儀師在台前必須保持莊嚴、神聖的形象，在台後則偶爾透過玩弄儀式法器來排解累積的負面情緒：

> 封釘禮，[9]有一個斧頭，金色的斧頭……我們就會拿那個在那邊跳斧頭幫的舞，就是自己找時間快樂，不然你真的會恐懼，就會有那種負面情緒，自己想辦法把他化解。那家屬在那邊燒香，我就在那邊一直看，看有沒有什麼號碼這樣。（阿泰，E1）

筆者將禮儀師在喪禮現場開完笑的行為比擬為一種「低調幽默」，低調之處不僅僅是藉由設定前後台的區隔來限制家屬的觀看，也因為開玩笑的對象不會涉及大體。如同阿泰（E1）提到，「嚴禁拿大體開玩笑」是禮儀師職業中應該固守的本分，必須將大體當成人一般地對待，相信大體即使失去生命仍具有靈魂，必須給予尊重。

基於在家屬面前不能有不符合情境的行為舉止，禮儀師大多只會在無人看見的角落，透過抽菸或是開玩笑，消磨無聊的等待時光。小如（F2）笑著說：「我們就是要自己找樂子啦，不然就無聊死了。」藉由這類黑色幽默，勞動者不會因為長期接觸喪禮，而被悲傷的情緒所淹沒。「低調幽默」成為排解工作壓力的管道，並透過「苦中作樂」的日常實踐讓重複生產成為可能。

9　參閱台灣殯葬資訊網，「殯葬知識」（http://www.funeralinformation.com.tw/Detail.php?LevelNo=393，取用日期：2019年1月4日）。

3. 身體的出走

禮儀師是具有能動性的個體，在勞動過程中也會透過「身體的出
走」，來調整個人情緒。例如，透過挑選「兼職」工作，來調和禮儀
師工作中的負面情緒。阿泰（E1）提到兼職從事旅遊業工作，讓他釋
放禮儀師工作中的悲傷情感與負面情緒，他以「航空公司帶死人旅行」
一詞來概括禮儀師的勞動內容，以此正常化一般人對於殯葬產業的禁
忌。

> 我有時候真的會有一個負面情緒會想說，就是一個很恐怖的
> 想法，想說人要怎麼自殺，你會有一個情緒會去想說他是怎
> 麼死的，我會不會想要去試試看……所以我才會假日去帶營
> 隊，一個是帶活人旅行，一個是帶死人旅行，只是一個是單
> 程票而已。我都跟我朋友說我是航空公司啊，把人家送上
> 去，但是只有單程票而已。（阿泰，E1）

透過兼職來暫時脫離禮儀師工作，除了可以調解負面情緒，阿泰
也透露：「因為不一定每個月都有 case，就是要有才會叫啊，這個時候
我就必須要有另外一份工作。」死亡無法預知，對於按件計酬的接案
式禮儀師而言，不能預期自己的收入多寡，此時如擁有兼職工作便可
確保生計。

（三）苦力的勞動

儘管在勞動過程中需要盡可能地維持體面的儀態，但在家屬看不
見的後台，則是一份需要體力的工作，筆者在田野中也親身經驗「肯
做」的重要性。以協助大體更換壽衣的過程為例，禮儀師要先將大體

放置在一平台上方，待大體退冰後，褪去原先衣物，並以乾淨的布擦拭退冰後的融水。大體往生一段時間後會變僵硬，為了避免不必要的凹摺導致肢體損壞，會先將壽衣按照順序層層疊好後，兩人各站立於大體左、右方，以一手各抓大體左、右手套入袖子，並將大體頭部微抬、衣領繞過脖子後方，接著由右方開始（以面對大體為準，左方亦可，兩者輪流進行），勞動者先以一手扶住大體右邊腰部，將大體往自己的一邊稍稍抬起後，由另一人將大體左方衣物整平，換邊反之亦然。下半身著裝則需要將大體的雙腳抬高到腰部，約略呈現直角狀，並將褲頭拉至腰部、整平。整個勞動過程中大體沒有能力支撐自己的身體，也無法配合勞動者的口令進行動作，加上大體本身的重量，使得勞動者必須耗費相當大的力氣才能完成工作。以下是我自己經歷的體力活兒：

> 阿婆不會說話，也沒有人在看我，所以我開始覺得可以快一點做完。當我在幫她戴戒指和手環的時候，我承認我的動作有點大力，因為她的手臂有點重量，我得用毛巾包著她的手腕並抬起來，才可以套上金色的塑膠手環，但我不小心挪動了手臂原本擺放的位置，在我低頭準備下一個飾品時，她的手掉了下來，重重地打在我的頭頂上，我嚇了一跳，原來大體的四肢可以這麼有韌性，好像有力氣一樣？（田野筆記）

禮儀師有時需要處理肥胖的身體，必須將大體微微抬起後靠在自己的大腿上，以便將衣物整平。如果勞動者力氣不足，或者沒有利用正確的支點將大體抬起，過程中可能會有大體掉落的風險。

此外，禮儀師有時為了趕上良辰吉時，沒有時間等待大體軟化，只好以強硬的方式將衣物套上，此時除了必須耗費力氣來完成穿衣之

外,也承擔了可能導致大體四肢因拉扯而斷裂的風險。

　　禮儀師是相當耗費體力的工作,因此也是一種性別化的工作。女性受限於生理上的限制,相較於男性顯得難以勝任。此外,小如(F2)提到,女性在殯葬產業中除了受限於家庭因素之外,社會中對女性個人特質的塑造,如女性「一白遮三醜」的形象,也挑戰了禮儀工作的勞動特性,「不怕曬黑」成為勞動過程中必要的工作態度。小如也提到工作內容「不是很文靜、秀氣的」,因為搬動大體需要很大的力氣,女性勞動者如果無法體認到勞動過程中需要「刻苦」、「耐勞」的重要性,便可能無法適應禮儀工作,而選擇另謀出路。

　　　女生很多,但是(職業)壽命都不長,很多很快就離開了……要刻苦耐勞、不怕曬黑,有時候一場告別式下來3、4個小時,或者是有時候案件在比較鄉下偏遠的地方,他們的地方習俗有些是要行出庄(台語),走出他們的村莊,有時候一走,走超遠……我們的工作內容有時候不是很文靜的、不是很秀氣的,有時候可能要爬高爬低、搬東搬西……像有時候我們處理到上吊的,你要上去把那條繩子解下來。(小如,F2)

　　小如(F2)也提到:「女生不能太秀氣,說白一點,現在說禮儀師只是好聽,其實就是打雜的,如果妳太秀氣,就做不了事。」因此,女性除了在前台面對家屬時被要求展現陰柔的情緒勞動(善體人意、感同身受),在後台則被要求展現陽剛氣質(有力氣、刻苦耐勞)。小如一再強調禮儀工作是重視體力的工作,儘管殯葬產業中對勞動者的身體進行許多風格化的塑造,以「打雜的」的勞動者來總結工作性質,凸顯勞動者擁有強健身體在行業中的必要性。

（四）骯髒的勞動

> 當天早上6點多，早上天氣還有點涼，小如（F2）說：「開工馬上就要碰屍體」，要我有心理準備。一切發生得太快，我不知道我心裡準備好了沒有，但是身體好像已經準備好了。在毫無頭緒的情況下，我看著小如的動作，模仿她戴起了一層薄薄的白色塑膠手套。第一步是用剪刀剪開阿婆身上生前所穿的衣物，「天啊，她身上穿了一個紙尿布」，我心裡這麼驚呼著，我有點害怕拆開紙尿布後會面對什麼東西。我似乎開始理解從禮儀師的角度來看，對鬼魅的害怕真的往往不及對體液、血液甚至排泄物的厭惡與恐懼。（田野筆記）

保護自己身體的邊界，是照護工作中很重要的工作。照顧者藉由區隔自己與他者，避免污染發生的可能（Meerabeau and Page 1997）。禮儀師工作中也存在許多可見與不可見的邊界，透過工作中的實踐來形成，用來區分自我與他者的關係。Jocalyn Lawler（1991）曾提出污染管理的概念，解釋在照護工作中必須面對的污染風險，以及如何透過有效的管理阻絕病患的嘔吐、糞便或血液的污染。同樣地，禮儀師工作也涉及骯髒的工作，清洗大體時經常必須處理血液、排泄物、褥瘡等大體表面的污垢，必須與勞動對象有親近的肌膚接觸，但大體可能具有污染風險，必須隨時建立身體界線以避免污染，並且協商可以工作的距離，才能順利地完成工作。

禮儀師在勞動過程中為了減少污染風險，裝扮必須盡可能地簡單，例如，避免配戴多餘的首飾，包含項鍊、手錶、戒指等，以防在處理大體的過程中，沾染大體的體液，成為細菌殘留的溫床。此時，

勞動者的主要考量不是處理禁忌，[10]而是衛生管理，因為衛生管理是避免在勞動過程中受到污染的重要措施。

孟孟（D3）表示幫大體化妝時必須將身體貼近往生者，甚至必須四目相交對看半小時到1小時，僅能透過雨衣、手套、棉被等，來阻隔與大體的直接接觸，並隨時記得保持手部清潔，或經常性地更換手套，以防止病菌感染。因此，禮儀師對於衛生管理必須很敏感，手套經常成為隔絕污染的指標，戴上手套的雙手代表可能曾經觸碰污染，僅有套上手套的雙手才被允許觸碰大體。反之，戴上手套不可以碰觸大體之外的物體，儘管手套尚未「被污染」。在此，手套成為勞動者與顧客之間的屏障，提供勞動者在進行親密接觸時的保護，同時替勞動者建立專業性（Twigg 2000: 404）。卸下手套後，雙手又重新回歸「無污染」的狀態。

禮儀師在處理具有傳染性的大體時，必須採取部分隔離的方式，與大體保持適當距離，避免自身遭受污染。具體避免污染的手段是：穿戴口罩、雨衣與手套，將大體套上屍袋、包裹棉被等。孟孟（D3）表示曾因為未被事前通知即將處理具有傳染性的大體，導致僅能透過現場僅有的工具進行表面隔離，以求自保。

> 我們去的時候是先拿棉被把他蓋住，就是不要直接有身體上的碰觸，直接先用棉被蓋住，第一就是隔絕大體跟我們的接觸，然後再看要怎麼移動這樣，利用現場的東西來幫忙。（孟孟，D3）

---

10 「處理禁忌」指的是為了避免觸犯大體的靈魂，所進行的預防措施，例如，配戴佛珠、掛符等飾品。

　　華姐（G1）提到曾經處理因為嚴重急性呼吸道症候群（SARS）往生的大體，除了接觸大體的勞動者必須用消毒水進行全身消毒之外，接觸過大體的靈車與棺木也必須一併消毒。由此可知，處理傳染性大體的勞動者經常處於高污染的風險之中，甚至必須進行自我隔離的衛生管理，防止自己成為病毒的載體，為社會帶來威脅。

　　他們拿那個消毒水給他們全身都灑，那個車子也灑。他們說你有接觸到他們家屬跟棺木，就要隔離一段時間。我們帶家屬去服務台，結果他口罩拿下來講話，我們就都要被隔離。（華姐，G1）

　　除了傳染性大體需要特別注意之外，腐敗程度較高的大體皮膚比較脆弱、容易破損，禮儀師若在工作過程中必須搬動大體，必須在大體雙手施力處上包裹一層乾淨的毛巾，以防止因施力造成大體的損傷，在口、鼻處也需要蓋上一層毛巾，防止因抬高頭部導致體液與血液從口腔或鼻孔處溢出，如果沒有處理好就有可能會噴到自己。

　　所以一翻都會有體內的一些汁液跑出來，就要注意這些，不然你沒有弄，衣服都換好了，你一動就溢出來，衣服就弄髒了，或者是有時候會噴到我們自己。（小如，F2）

　　觸覺可透過手套來阻隔，嗅覺卻很難有效隔絕，因為氣味無孔不入，不好聞的氣味經常成為干擾禮儀師工作的隱形殺手。孟孟（D3）表示過多的防護裝備反而會導致氣味殘留，因此禮儀師有時候甚至不戴口罩，等待工作結束後才進行全身性的清潔來去除氣味。

有些人說戴口罩感覺會有隔離，可是對我來說那完全沒有
差，戴口罩反而悶在裡面更噁心，所以我們出去都不戴口
罩，趕快做完。（孟孟，D3）

當大體腐敗的氣味殘留在鼻腔中時，無法透過洗澡來清除，只能
仰賴其他更強烈的氣味，比方說菸味，或是長時間的嗅聞導致嗅覺麻
痺，以克服揮之不去的味道。這使得禮儀師因為無法隔絕氣味，使得
工作場域與日常生活無法徹底地區隔開來。

（戴口罩隔絕氣味）一般都是沒有（幫助），只是一種心理因
素，把不好的東西都隔開掉，（研究者：那既然無法隔絕氣
味，如何讓你感覺更好呢？）抽菸吧，像我們殯葬的幾乎都
會抽菸，百分之九十以上都會抽菸，我有朋友是吃那個喉
糖。可是，如果你遇到的是那種在家裡面自殺，然後4、5天
才發現的那種，可能就真的沒辦法壓了，就要等它（味道）
自己消了。因為你要是聞久了，他的味道會卡在你鼻子裡
面，所以說不管怎樣你都還是會聞到，過幾天就消了，他的
味道會散發掉。（小柏，F1）

在儀式進行的過程中，禮儀師利用身體工作將大體轉化成可親近
的身體，透過邊界的建立，提高對工作內容的掌控程度。有了可見的
邊界，更容易去管理與限制污染的發生，並利用對邊界的協商尋找可
以工作的距離。另一方面，建立自我的衛生管理，以口罩、手套、雨
衣、棉被、屍袋與毛巾等裝備，來達到隔離污染的表面防護，以及透
過不戴飾品、消毒與自我居家隔離的手段，避免受到傳染性大體的威
脅。

六、結論

　　從人往生到接體、入殮的過程都是由禮儀師來完成，透過清潔、化妝、穿衣的過程，改善大體的外觀，使大體即使失去生命看起來仍像是有血色的活人，更像是「在睡覺的親人」，讓家屬不再因為恐懼死亡而不願意親近往生者。禮儀師在此展現的工作價值，不僅僅是為了完成工作項目，更重要的是作為**維繫亡者與家屬間情感關係的重要他人**。禮儀師藉由洞察家屬情緒的能力，依照不同情境採取不同的情緒管理策略，與家屬拉近關係，使家屬願意放下戒心而託付葬儀，透過苦力與骯髒的勞動來轉化禁忌身體，藉此減少生與死之間的距離，此即為悲傷輔導中重要的環節。在整個儀式與悲傷輔導的過程中，往生者家屬得到心靈的寬慰與釋放，願意放下對往生者不捨的執著，重新回歸日常生活，是禮儀師工作中相當關鍵的任務。因而，殯葬產業現代化後的禮儀師成為社會大眾心靈健康的守護者。

　　除此之外，禮儀師必須處理被大體污染的恐懼，以協商的距離來從事親密接觸的勞動，例如，透過雨衣、手套、口罩與棉被隔離，阻絕大體表面不可控制的血液與體液，接著利用勞動者本身身體的力量，來挪移不合作的大體。禮儀師除了必須進行自我衛生管理，防止因為接觸大體而受到感染之外，更重要的是位於第一線接觸大體的位置，必須背負諸多的責任。為了讓大體有完善的處理流程，必須藉由大體專業知識的判讀能力，有效地掌握大體的肉體特性，以便順利地完成工作。除此之外，禮儀師也是防止疾病傳染的第一道防線，利用大體表面特徵對大體與勞動者自身進行必要的防護措施，以杜絕傳染擴散。禮儀師作為葬儀的專家，透過體面的身體來引導家屬何謂孝與不孝，執行符合社會期望的喪禮。禮儀師工作體現了在保護勞動者自己的同時，也需要考量對社會是否造成威脅，作為**守護生與死界線的**

守門員來告訴社會大眾，如何才是處理與面對死亡的正確方式。

　　本文深入描繪**禮儀職業不為人知的專業知識**，禮儀師工作可說是結合美學、情緒、苦力與骯髒的勞動，是一個真正勞心又勞力的職業。另一方面值得去深究的是，禮儀師所面對的是**什麼樣的勞動處境**？殯葬產業在國家治理下證照化的結果，是否對這個產業產生影響？受訪者在訪談過程中不斷提及證照與薪資間不存在絕對的關係，隱隱暗示了殯葬產業本身所存在的結構性問題，不外乎是案件的來源不可知（死亡時間發生的不可預知）與不可控（死亡狀態的不可控制）因素，導致案件來源往往依靠地方的口耳相傳；加上如何正確處理大體靠的是經驗，因此造就了殯葬產業不確定與不穩定性高的結果。勞動者無法事先妥善地安排生活，在經濟現實面也需要擁有第二選擇的兼職工作，造成產業流動率居高不下。現代禮儀師所面對的挑戰是，勞動工作內容本身其實是不變的，變的只是外在形象。如何於儀式日益簡化的現代社會裡，在符合孝的傳統框架中尋找另一種可能，成為現代禮儀師需要面對的新難題。

問題與討論

1. 禮儀師的勞動相較於其他產業具有何種特殊性？

2. 禮儀師證照化的歷程是否對於勞動條件、內容與勞動過程產生影響？

3. 禮儀師作為一種身體工作，不論是勞動者的身體，或是被服務者的身體，兩者在身體工作中是如何被言說的？

參考文獻

佛利克著，張可婷譯，2010，《質性研究的設計》。台北：韋伯。（Flick, Uwe, 2008, *Designing Qualitative Research*. London: Sage.）

李佳穎，2011，《套裝的死亡旅程通往何方？當代台灣死亡儀式商品化研究》。新竹：清華大學社會學研究所碩士論文。

洪婉茹，2009，《台灣現代殯葬市場的浮現：企業與傳統葬儀社的制度鬥爭》。台北：台灣大學社會學系碩士論文。

陳美華，2006，〈公開的勞務、私人的性與身體：在性工作中協商性與工作的女人〉。《台灣社會學》11: 1-55。

陳繼成，2003，《台灣現代殯葬禮儀師角色之研究》。嘉義：南華大學生死學系碩士論文。

鄒輝堂，2004，《從儀式與生計看殯葬改革對傳統殯葬從業人員的影響：以南投地區為例》。嘉義：南華大學生死學系碩士論文。

蔡少華，2008，《殯葬禮儀師之專業成長歷程：以懷恩祥鶴公司為例》。台北：輔仁大學宗教學系碩士論文。

霍奇斯柴德著，徐瑞珠譯，1992，《情緒管理的探索》。台北：桂冠。（Hochschild, Arlie Russell, 1983, *The Managed Heart: Commercialization of Human Feeling*. Berkeley, CA: University of California Press.）

藍佩嘉，1998，〈銷售女體，女體勞動：百貨專櫃化妝品女銷售員的身體勞動〉。《台灣社會學研究》2: 47-81。

蘋果日報，2013，〈死亡證明隨身帶 醫反彈〉。12月24日。http://www.appledaily.com.tw/appledaily/article/headline/20131224/35528816/。

Bernard, H. Russell, 2006, *Research Methods in Anthropology: Qualitative and Quantitative Approaches*. Lanham, MD: Altamira Press.

Chen, Mei-Hua, 2003, *Selling Body / Selling Pleasure: Women Negotiating Poverty, Work, and Sexuality*. Unpublished doctoral dissertation, The Centre for Women's Studies, University of York, York, UK.

Cohen, Rachel Lara, 2010, "When It Pays to be Friendly: Employment Relationship and Emotional Labour in Hairstyling." *The Sociological*

Review 58(2): 197-218.

Dunlop, Margaret J., 1986, "Is a Science of Caring Possible?" *Journal of Advanced Nursing* 11(6): 661-670.

Gimlin, Debra, 1996, "Pamela's Place: Power and Negotiation in the Hair Salon." *Gender and Society* 10(5): 505-526.

Hochschild, Arlie Russell, 1983, *The Managed Heart: Commercialization of Human Feeling.* Berkeley, CA: University of California Press.

Jokinen, Tom, 2010, *Curtains: Adventures of an Undertaker-in-training.* Boston, MA: Da Capo Press.

Kang, Miliann, 2003, "The Managed Hand: The Commercialization of Bodies and Emotion in Korean Immigrant-owned Nail Salons." *Gender and Society* 17(6): 820-839.

Lawler, Jocalyn, 1991, *Behind the Screens: Nursing, Somology and the Problem of the Body.* Melbourne, Australia: Churchill Livingstone.

Meerabeau, Liz and Susie Page, 1997, "Getting the Job Done: Emotion Management and Cardiopulmonary Resuscitation in Nursing." Pp. 295-312 in *Emotions in Social Life: Critical Themes and Contemporary Issues,* edited by Gillian Bendelow and Simon J Williams. London: Routledge.

Torpey, Elka Maria, 2006, "Jobs in Weddings and Funerals: Working with the Betrothed and the Bereaved." *Occupational Outlook Quarterly* 50(4): 30-45.

Twigg, Julia, 2000, "Carework as a Form of Bodywork." *Ageing and Society* 20(4): 389-411.

Twigg, Julia, Carol Wolkowitz, Rachel Lara Cohen and Sarah Nettleton, 2011, "Conceptualising Body Work in Health and Social Care." *Sociology of Health and Illness* 33(2): 171-188.

Warhurst, Chris and Dennis Nickson, 2007, "Employee Experience of Aesthetic Labour in Retail and Hospitality." *Work, Employment and Society* 21(1): 103-120.

Witz, Anne, Chris Warhurst and Dennis Nickson, 2003, "The Labour of

Aesthetics and the Aesthetics of Organization." *Organization* 10(1): 33-54.

Wolkowitz, Carol, 2002, "The Social Relations of Body Work." *Work, Employment and Society* 16(3): 497-510.

Chapter

9

男男情慾按摩中的身體工作：
親密關係的劃界與跨界

陳伯偉、王宏仁

*　　陳伯偉（通訊作者）東吳大學社會學系副教授。王宏仁 中山大學社會學系教授。

**　本文部分研究成果已發表於《人文及社會科學集刊》第30卷第4期，頁537-569（2018）。本
　　專書文章除了根據審查人的建議，做了大幅度的修改之外，也於文中多處新增研究場域的相
　　關資訊介紹。筆者除了感謝審查人提供寶貴的修正意見，也非常感謝謝麗玲、張逸萍所提供
　　的專業編輯協助，以及日正 PRIME SPA 提供文中所使用的照片。

*** 本文引用資訊：張晉芬、陳美華編，2019，《工作的身體性：服務與文化產業的性別與勞動展
　　演》，頁375-416。高雄：巨流。

中文摘要

　　本文試圖探討男男情慾按摩中的兩個面向：男男情慾按摩如何透過專業身體工作，提供並滿足客人身體與情感上的需求，以及在此過程中，親密關係如何被「體現」與感受。透過深度訪談34位男同志按摩師的勞動經驗，發現在身體工作的面向，男性按摩師會以專業的身體技藝說明按摩工作與邊緣身體的性親密關係，劃出自己與消費者之間的界線，並且挪用通俗宗教詞彙（如：「做功德」）來管理因為從事男同志性工作所伴隨的污名化社會印象；在跨越／進入親密關係的面向，則探討在勞動過程中，與客人身體親密「感觸」所產生的情感連結，讓男男按摩不只是情慾銷售，也是具體的關愛實作（caring）。本文透過身體工作與親密關係的勞動過程分析，呈現男男按摩中所涉及的身體／情感互動，體現男同志性消費文化中的親密關係的「劃界」與「跨界」。

關鍵詞：男男情慾按摩、身體工作、感知的身體、親密劃界／跨界、
　　　　　邊緣的身體

The Bodywork of Erotic Gay Massage: "Crafted Intimacy" and "Unscripted Care" in Male-for-Male Sexual Commerce

Bo-wei Chen

Associate Professor

Department of Sociology

Soochow University

Hong-zen Wang

Professor/Head of Department

Department of Sociology

National Sun Yat-sen University

Abstract

Drawing upon in-depth interviews with 34 male-for-male masseurs, this article explores two prominent service features of erotic gay massage: crafted intimacy and unscripted care. Whereas the former refers to the "boyfriend experience" built up through tactile encounters, the latter regards erotic services as caring practices for the socially vulnerable, adding a moral dimension to the cultural significance of gay massage. This article suggests that the bodywork of gay massage provides a clear window into the neglected interactions of body and affections in male-for-male sexual labor, where corporeal and emotional boundaries can be both maintained and crossed. It reveals the bodily inflexibility of normative gay desire, indicating how its contours are redefined by commodified same-sex intimacies. This article concludes that corporeal and affective dimensions are inseparable in understanding gay massage. Further research can benefit from more attention to somatic affection in the interplay between bodywork and intimacy in gay sexual commerce.

Keywords: erotic gay massage, bodywork, affective embodiment, intimacy, socially vulnerable bodies

「男男按摩」（Gayspa）是台灣近年來相當熱門的男同志性消費文化，然而，因男同志與性工作的污名，男男按摩成為媒體眼中匪夷所思的另類性產業，媒體以獵奇的眼光來報導這個行業，例如，描述男男按摩提供「口交」、「打手槍」與「捅屁眼」等一般猥褻色情交易，服務內容更是不堪入目、怪招盡出。此外，更令人憂心的是男性按摩師「染愛滋照接客」，讓男男按摩成為「社會的隱憂」與「愛滋病溫床」。甚至有一則新聞報導說，為了安定人心，身為人民保母的警察，瞞著妻小、「犧牲色相扮同志蒐證」，除了強忍按摩過程的不悅，還要承受「第一次被男人碰觸私處」的羞辱，只能「淚水往肚裡吞」，最後無法忍受，蒐證後立即找藉口離開，事後「嚇得直呼我真的無法招架」

——整理自中時電子報、蘋果新聞網（2015年6月6日）

一、前言

　　性工作研究並非新議題，至今已累積豐碩的成果；然而，我們對於女性工作者的理解遠多過於男性工作者，此外，男同志性工作研究也比較少見（Laing, Pilcher and Smith 2015）。早期的（街頭）男性性工作研究，常將從業者視為「偏差行為」的體現、疾病的傳染源，因此經常是（公衛）學者關注的對象（Morrison and Whitehead 2007）。在女性主義思潮影響下，近期學者反對以病理化角度理解男性性工作，研究對象更擴及脫衣舞者、情色片男星、伴遊與男公關，以及跨國性觀光（Collins 2012; DeMarco 2007; Escoffier 2003; Minichiello and Scott 2014）。為了挑戰過去病理化的詮釋，現今研究有兩個新取徑：其一，

透過從業者的身體工作，分析服務流程所涉及的「身體／情緒劃界管理」（body/emotion management）（Gimlin 2007: 360），視「性服務」為「工作」的勞動過程，揭示因污名而被忽略的專業面向；其二，將親密關係帶入身體勞動的研究中，挑戰性交易中情感與金錢的二元對立，反對性工作只是服膺經濟理性的交換邏輯（Zelizer 2000）。值得注意的是，至今仍少有學者同時探討身體工作與親密關係如何形塑從業者的勞動面向，以及性交易中所伴隨的金錢與情感交錯互動（Walby 2012）。

奠基於上述觀點，本文將跳脫用病理化觀點詮釋男性性工作，聚焦於男男情慾按摩的勞動過程，說明身體工作如何創造出暫時性的「親密／照顧關係」，以及這種「情境式的親密關係」所反映出的同志常規親密關係是什麼。

本文採用女性主義對身體工作的探討觀點（Gimlin 2007; Wolkowitz, Cohen, Sanders and Hardy 2013），試圖回答兩個面向：男男情慾按摩如何透過專業身體工作，提供並滿足客人身體與情感上的需求，以及在此過程中，親密關係如何被創造、體現和感受？在身體工作的面向，本文勾勒男性按摩師（以下簡稱男師）專業的身體技藝，闡述男同志情慾按摩作為親密關係商品化的過程；在親密關係的面向，探討在勞動過程中與客人身體「感觸」（touching）所「溢出」的親密連結，讓男男按摩（Gayspa）不只是情慾銷售，也是具體的關愛實作（caring）。連結身體工作與親密關係的勞動過程，讓我們看到男男按摩中所涉及的身體／情感互動，體現男同志性消費文化中的親密「劃界」與「跨界」。

此外，過往的（情慾）按摩研究大多聚焦於異性戀場域，強調工作者在服務流程中的「情緒管理」（Hochschild 1983）、身體邊界協商，除了勾勒按摩所需的專業身體技藝，也說明服務流程中因身體接觸所衍生的污名，污名背後所承載的社會意涵與性別化期待，以及工作者

如何應對污名的機制（何春蕤 2001；呂思嫻、邱大昕 2011；Hancock, Sullivan and Tyler 2015; Oerton and Phoenix 2001）。有別於先前（異性戀）研究強調從業者身體／情緒的劃界管理，本文認為在身體勞動過程中，除了「劃界」之外，「跨界」是很重要的一個面向，讓勞務提供者跟消費者之間，跨過商品化的界線，進入到「感同身受」的親密關係，甚至除了愉悅之外，還有「關愛」的成分，使得被常規同志愛情排除在外的邊緣人士，可以透過男男按摩消費獲得一直被忽視、甚至被剝奪的性公民權（sexual citizenship）（Weeks 2001）。

　　本文書寫結構如下，首先，回顧相關文獻並說明研究對象與研究方法後，簡要述明台灣男同志按摩的市場發展歷程，呈現這個勞動市場的運作。接著說明男師如何透過專業的按摩手法，「寵愛」客人的身體，營造出與客人「互有好感」的親密氛圍，讓客人擁有「談戀愛的感覺」，進而凸顯男男按摩專業的身體技藝，以及在此劃界的過程中，男師如何以通俗的宗教詞彙（例如「做功德」），述說自己的工作，並且跟社會對此行業的污名化做協商。最後，討論男師如何面對非同志常規親密關係下的邊緣身體，以及在按摩勞動過程中，對邊緣身體產生的照顧實作，說明在現今同志常規的親密關係典範下，邊緣身體所承載的權力關係，讓特定的人士被排除在親密關係之外。

二、文獻探討：身體工作、親密關係與男性性工作

　　女性主義身體工作的觀點認為，性工作的勞動過程中雖然涉及性，但不應該因此將性工作簡化為對女性的剝削或壓迫，強調在分析上看見因污名而被忽略的專業，肯認性工作提供從業女性可能的培力途徑（Hoang 2015; Wolkowitz et al. 2013）。在此脈絡下，加上近

期「親密勞動」（intimate labor）研究（Boris and Parreñas 2010）對性工作中多元情感意涵的理解，本文主要分析下列兩個面向：一、說明性工作者如何挪用「身體／情緒劃界管理」迎合客人的期待，保有身體與情慾的自主空間，同時也找回被忽略的專業，並與性工作的污名協商（何春蕤 2001；陳美華 2006；Sanders 2005）。二、探討性工作者與客人的「身體／情感親密連結」（body/affect interconnection），讓性工作不只局限於情慾展演，也提供從業者（再）詮釋親密關係與工作的意義（Bernstein 2007; Brents, Jackson and Hausbeck 2010; Parreñas 2016; Wolkowitz et al. 2013）。

　　探討性工作者的身體工作，讓我們能理解工作者的勞動內涵，以及跟客人的互動關係，如何因不同的社會脈絡與管理模式而改變，深化對性交易中親密關係商品化的理解（張晉芬 2015；Weitzer 2009）。Elizabeth Bernstein（2007）曾指出，中產階級自僱型女性性工作者不但強調「私領域化」性工作，將個人情慾經驗挪為工作時的素材，也常透過與客人「身體／情感親密連結」，讓消費者有一種「交女朋友」的感覺，她稱呼這樣的經驗為「有限度的真實」（bounded authenticity）。不過另外一類的從業者，例如身處街頭的性工作者，則是透過「身體／情緒劃界管理」，讓身體與工作中的性保持距離，將他變成不帶情感的工作，以便管理性工作所帶來的污名（Oerton and Phoenix 2001: 403）。值得注意的是，不同的組織管理與受僱模式，也會進一步作用在從業者的身上。譬如，雖然都是服務金字塔頂端的消費者，相較於高級脫衣舞孃俱樂部嚴格要求女性舞者外貌須服膺主流社會對女體的期待（Bradley-Engen 2009），中產階級自僱型女性性工作者除了享有更多身體的自主權，也有更多機會讓非主流的從業身體，透過工作找回自信（Bernstein 2007: 100）。話雖如此，脫衣舞孃與客人的情感關係，遠比她們在職場中體現的單一、標準化身體美學複雜；兩者間的互動

可以是女性從業者為了滿足客人「被漂亮女人追求」的遐想所做出的親密展演，也可能是雙方互有好感的真誠交往，抑或是提供彼此友情支持與生活中的陪伴（Frank 2002: 278-279）。何春蕤（2001）比較人體模特兒、油壓小姐與公娼的從業經驗也指出，性工作者除了能藉由不同的身體／情緒劃界機制，找回受歧視、被漠視的專業，工作中的性也能提供從業者重塑自身的「性」與情慾，賦予性工作必然為壓迫或剝削之外的意涵。綜上所述，我們必須挑戰性工作只是性與金錢交換的說法，因此，在分析時必須看見性交易中所涉及的身體／情感互動，以及在此過程中性工作者的專業操演（劃界）與溢出的情感（跨界）。

就劃界的相關文獻來看，現有男性性工作研究多聚焦於「身體／情緒劃界管理」，說明男性從業者如何：（1）處理性工作所帶來的污名，以及服務流程中可能遭遇的健康議題；（2）找回被忽略的專業，肯認性工作的價值；（3）保有身體與親密關係的專屬性，並與工作場域中的權力關係做出協商；（4）將性交易視為純粹商業行為，只是性與金錢的交換，並不涉及任何情感，以免自身（異性戀）的男子氣概受到男男性行為的污染（方剛 2009；吳翠松 2003；Alcano 2016; Bimbi and Koken 2014; DeMarco 2007; Minichiello and Scott 2014; Kong 2009; Padilla 2007）。此外，異性戀男演員演出 gay 片時肉體化的情緒勞動不只是「表面」的情慾展演，更涉及「性腳本」（sexual script）的操演挪用，以讓自己更能投入拍攝情境，「逼真」演出享受情慾的場景（Escoffier 2003）。男性性工作者的身體美學打造，傾向迎合大眾對理想陽剛男體的想像，呼應社會對「正港男子漢」的期待（Minichiello and Scott 2014）。上述發現雖然清楚說明男性性工作者工作中所需的專業操演，但是這些研究甚少論及性服務中所衍生出的「身體／情感親密連結」，也就是跨界溢出的親密關係。

　　近期以男同志性工作為主題的研究，則逐漸轉向探討勞動過程中出現的「親密關係」，挑戰性交易中情感與金錢的互斥對立。Dana Collins（2012: 539）指出，跨國性觀光的興起提供位屬全球經濟體系邊陲的菲律賓工人階層男同志伴遊機會；然而，即便伴遊過程常涉及性與金錢，從業同志卻不將自己視為性工作者，而是「在地文化中介者」，協助西方同志旅客熟悉菲律賓都會的男同志文化，並且期待透過伴遊與外國遊客發展可能的親密情誼。更重要的是，這群原本因都會空間「仕紳化」（gentrification）而被排除在外的社會底層男同志，透過伴遊擁有機會駐留在都會同志友善空間。因此，伴遊對菲律賓工人階級男同志而言，不只是工作，更是打造新興都會同志認同的重要過程。

　　Noelle Stout（2014）對當代的古巴酷兒情慾經濟分析，進一步挑戰金錢與情感之間涇渭分明的劃界關係。有趣的是，研究受訪者一方面瞧不起當地低社經地位的性工作者為了謀生，與外國旅客發展出清楚對價、目的導向的「工具型親密關係」（instrumental intimacy），另一方面卻期待自己能與西方旅客建立「友誼」，進而獲得「意外」的友情資助與金錢贈與，讓自己享有更好的物質生活，以至於最後做出原本鄙視的行徑，在「真心」與「友情」的包裝下，淡化金錢與性的交易。Stout 指出，這種衝突矛盾的內在情感，不斷在「需要金錢」與「推崇真情」之間，又劃界又協商，成為理解當代古巴都會酷兒重要的切入途徑。

　　上述研究細緻地勾勒出宏觀的政治經濟結構如何緊扣日常生活中的親密實作（Povinelli 2006），在地的社會排除／融入則與全球情慾經濟體系下的親密關係商品化過程息息相關。台灣自 2001 年以後，長期的低薪結構，伴隨著高失業率（李宗榮、林宗弘 2017），讓缺乏經濟或社會資本的男性勞動者，進入男男按摩的性產業，並在勞動過程中接觸到不同社經背景的人士，進而在親密身體接觸過程中，發展出金錢

交易之外的情感關係。這是 Collins 與 Stout 的研究中所缺乏的，她們對身體議題的探討常消失在其政治經濟的分析脈絡中，本文試圖對於這類脈絡文獻提供補充貢獻。

「身體工作」與「親密關係」雖然提供男性性工作研究重要的分析視野，至今仍少有學者同時探討兩者如何形塑從業者的工作流程與專業操演，Kevin Walby（2012）對於美、英與加拿大男男伴遊研究則是少數的例外。不同於以往的研究分析強調從業者的「身體／情緒劃界管理」，Walby（2012: 2）試圖理解伴遊服務所涉及的「身體與情感上的悸動」，其中包含性工作者與客人的情慾互動，以及互動後所衍生出的多重親密意涵，例如，關懷、信賴與相互理解。Walby 的研究（2012: 144）指出，性工作從業者在提供服務前，必須透過身體的美學勞動打造「看起來順眼、聞起來舒服」的身體，這些前置作業早已融入他們的生活作息中，成為日常規訓自我的一部分，確保自己隨時都能完美出場。至於所謂「順眼的身體」，會因為不同的客人需求而有不同的定義，但這個「順眼的身體」仍必須服膺市場的邏輯，以便獲得消費者的青睞，例如，面對中年微胖體態的市場，性工作者就必須維持這樣的體態，仍是一種打造自我身體的過程。更重要的是，在服務的勞動過程中，除了有依循固定情慾腳本演出的交易模式，也有透過彼此親密互動而衍生出的不預期情感連結，讓性工作不只是專業展演，或只是性與金錢的交換，也可以產生友誼與支持陪伴。Walby 的研究提醒我們，不該只聚焦於分析社會既定的性腳本，而忽略交易過程中的複雜情愫，在看待男男之間的親密情誼時，不能只從情慾的面向來理解。

此外，我們感知／體會世界的方式並非如想像中隨興、隨機，因為有些路徑被鼓勵、有些則被壓抑，而這些都是社會文化的產物（Hemmings 2005），讓特定的身體被看見、可以被慾望、能夠出

現在我們熟悉的情感視野，另外一些身體被忽略、被拒絕，也不會出現在「正常」的情慾途徑中。透過分析男同志性消費場域中的不同身體所乘載的情感價值，我們進而可以理解同志情慾的「常規性」（homonormativity）如何作用在親密實作的過程，進而揭露隱身在同志情慾的常規性背後的預設與排除（Ahmed 2010; Berlant 2011; McRuer and Mollow 2012）。

綜合上述，相較於男性性工作研究大多聚焦於「身體／情緒劃界管理」，本文試圖將分析視角延伸到尚未充分討論的「身體／情感親密連結」面向，闡述男男按摩身體工作的特殊性，以及服務流程中身體／情感的鑲嵌互動。透過男男按摩的身體工作，本文進一步「體現」同志常規情慾的偏見，並且揭露邊緣同志如何因此而被判失格，以及男同志性工作服務過程中跨界溢出的照顧倫理，如何協助邊緣同志的身體，跨過男同志常規情慾所設下的路障，短暫擁有親密實作的資格。

三、資料來源與研究方法

本文第一作者於2012年底到2016年之間，以一對一的方式，與35位男師和8位業者進行深度訪談，同時訪談27位消費者，以蒐集不同面向的觀點。每次訪談時間約2到3小時。受訪者除了1位異性戀男師外，其他的自我認同都是男同志。筆者主要透過人際網絡，認識本文的研究守門員Samuel與Luke，透過他們介紹而找到其他的受訪者。訪談中男師的工作內容強調情慾按摩技術，並不提供「1069數字服務」，[1]因此本文的分析將不涉及「數字服務」男師的從業經驗。

1　1069指的是男同志性愛中的姿勢與角色。1號指的是在肛交的過程中扮演（陰莖）插入角色的一方，0號則是接受的一方。69則代表彼此口交的意象。

　　受訪男師大多來自於低社經地位家庭，主要教育程度為大學，其中6位受訪者訪談時為碩士生或已獲得碩士學位，有5位是國、高中學歷。工作資歷方面，有19位為全職人員，平均年資為3年（3位已工作7年以上，其中1位已滿10年）。兼職男師的入行資歷不一（從工作幾個星期到2年以上），他們的正職工作包括：公務員、業務員、百貨業銷售員、教師和學生等等。

　　研究者在訪談前會說明研究目的，以及未來書寫論文時將以匿名方式處理。此外並提出訪談錄音的要求，但告知受訪者若在訪談過程中感到不妥，可以隨時中斷或終止訪談。所有的受訪者都同意錄音，錄音檔後續都轉成文字稿。本研究提供每次1,000元的訪談費，大約是受訪者服務2小時的勞動收入。受訪者也被告知，即便同意參與訪談仍保有隨時退出研究的權利，且無須歸還訪談費。

　　本文的訪談重點放在受訪男師如何詮釋自己的勞動過程，以及此過程中對「身體」、「親密關係」、「情慾」、「照顧」的理解。深入理解他們進入產業、專業服務流程細節，工作上遭遇到衝突、矛盾時的價值拉扯與情感律動（例如，在何種情境下會感到擔憂、羞愧、噁心、難過或後悔；抑或覺得「性奮」、好玩有趣、開心愉悅、能夠同理或有成就感），試圖從微觀經驗解釋現存的社會文化如何被感受，並透過分析這些經驗環節，找出「個人經驗」與「社會結構」間的連結，凸顯社會權力如何運作在個人的身體與情感。再者，親密關係的訪談重點包括：受訪男師的情感經驗，與家人、朋友、顧客和熟客的互動關係，以及個人生活中的情慾實作與工作中的情感連結，如何重塑對自身親密關係的理解，進而影響對同志認同與工作倫理的詮釋。本文試圖藉由這些面向，勾勒男師專業的身體技藝，及服務過程中所涉及的身體、情感交織互動與親密實作。

四、男男按摩服務市場與勞資關係

本節首先簡要描述台灣男男按摩市場的產業組織結構、勞動條件與勞動過程，透過這些結構面向，勾勒按摩工作裡的親密劃界，以及跨界的服務內容，以便進入之後第五節的論述。

Trevon Logan（2010）的量化研究指出，美國男性性工作者的人數多寡與該都市總人口（而非男同志總人口數）息息相關。台灣的性產業分布在某種程度上呼應了這樣的解釋，例如，台北地區聚集最多的Spa業者，其次是台中與高雄。本文初步書寫時（2015），透過最大的男男按摩介紹網站Gayspa.tw，共找到211位業者（包括店家、個人工作室）經由網站從事行銷，這些業者主要分布於台北、台中與高雄等都會區；本文的受訪者大都在這三個大城市從業。

一名60多歲、出身於南部的消費者，回想起自己在1976年看到報紙報導台北新公園有男同性戀者而決定北上工作，當時發現台北已有「男士（服務男士）按摩」，業者通常透過晚報副刊刊登小廣告，男師則是外出到賓館服務。到了1995年前後，才出現店家經營模式，通常附屬於同志三溫暖的一部分（由業者出租場地供男師使用），大多在台北、高雄、台中等地。在2000年之後，網路成為重要的色情媒介，男男按摩也逐漸成為台灣近十年相當盛行的同志性消費文化。

男男按摩服務內容基本上可以分兩種：有或沒有「數字服務」。從事數字服務的男師強調專業的「性服務」，按摩技術則非必要的要求。曾在提供數字服務按摩店工作的Tiger提到，「應徵時，老闆本來說隔天要教（按摩），但現在1個月都過去了，我都接了8、9個客人，老闆還是沒有教我」；業者Bear則指出，「內在指數」很重要：「先前我有朋友介紹幾個在左營當兵的，我一看心想face、身材都很好，我真是『茂死阿』（賺到了）⋯⋯結果褲子一脫⋯⋯『真是有一好，沒兩好』（台

語）……但我也有些師傅長得還好，身材也一般，但內在指數很不錯，一樣很好銷。」男師 John 則提到：「你應徵時，可以很容易分辨到底店家有沒有做1069，像是如果工作室沒擺按摩床，只有1張雙人床，你大概就知道工作性質。」

　　另一種店家類型（也就是本文探討的對象）不主打數字服務，而是透過情慾按摩的手法，讓客人在服務過程中備感呵護，擁有「談戀愛的感覺」。換言之，相較於赤裸裸的性，「體現」親密氛圍是這類店家主要銷售的商品。值得注意的是，從事情慾按摩的男師雖然可能與喜歡的客人擦槍走火發生性關係，一般而言，有經驗的男師傾向工作時不涉及性交，除了擔心服務流程因此變得複雜（「你這次給他，下次可以不給嗎？」），也擔心客人一旦得手後，就會失去新鮮感，或是在同業中傳開而有損身價。至於店家為了規避法規，通常不鼓勵店內發生性行為。

　　話雖如此，從事情慾按摩的男師仍須依循 Gayspa 的「潛規則」，幫客人「會陰保養」打手槍，作為整個服務的 "happy ending"。在 happy ending 的過程，客人常喜歡男師陪射來證明自己的魅力，然而，有經驗的男師為了在服務下一個客人時，能夠順利維持勃起，所以會盡量閃躲拒絕。但是，射不射不只是專業的情慾操演，也可能涉及金錢，有些客人會透過小費來買男師的 "money shot"（通常為500元／次）；男師偶爾也會無償陪射，尤其是服務當天最後一位客人時。因此，有受訪消費者表示會在晚上10點之後或冷門時段（如：週二或週四）消費，增加免費陪射的機會。也有少數的年輕男師表示：「每個客人我都會射，反正我一天自己也打4、5次。」然而，有經驗的男師認為這並不明智，因為「money shot 幹嘛免費送給人家」。話雖如此，沒有經驗的男師，或者是條件較不好的男師，會透過陪射來提高客人的回客率。如果客人的型剛好是男師的「菜」，或者是服務過程中覺得受尊重，也

會增加男師陪射的意願。

　　相較於台灣警政體系對女性性工作者的嚴格監視，男男按摩較少受到公權力的騷擾，這差異背後似乎反映國家對性工作者性別化的想像，以及對女性身體的道德控管（許雅斐 2010）。即便如此，警察仍會臨檢按摩店家（尤其因同業競爭互報或師傅不滿店家而通報），業者則會透過特定機制提升營業的「正當性」，降低法律上的風險，包括：申請（美容業）營業登記證，主動告知客人店內嚴禁違法行為（如：性交易），提醒師傅臨檢時不能裸體、至少須著內褲，現場不能有從事性行為的證據（如：保險套）。也有店家會提供收納盒，一方面保管客人的隨身貴重物品，另一方則避免臥底警察利用眼鏡、手錶或手機等（可安裝針孔式攝影機）物件在服務過程中進行蒐證。

　　那麼，為何有男師要進入情慾按摩市場？兼業的男師入行，主要原因是工時彈性與賺取額外收入，透過兼差來支付學費或生活費。至於專業男師，則是在當前的低薪勞動市場中，希望可以賺到比死薪水更多的錢。男師 Kelvin 提到，大學時候在麥當勞打工當組長，薪資每小時105元，每天工作8小時還不到1,000元，現在全職當男師，一次服務2小時，每次收入為1,200元，生意好時一個月收入可達9萬元，「平均（每個月）大概可以自己控制在3到5萬元 …… 要比每天工作8小時、一個月22K好很多……現在只要一天接一個客人，一個月就有3萬以上，不像以前（在麥當勞打工當組長），一個月休8天，要賺14,000元就要賺（得）很辛苦。」受訪全職男師月薪不一樣，最高月收入可達15萬元，但「3到5萬」是最常聽到的回答。

　　按摩師的收入多寡也與店家的抽成制度有關。業者通常與男師五五分，有制度的店家業者抽成會提高到六成，而男師則獲得更多的法律保障、相對穩定的客源，以及減少不必要的（公權力）騷擾。例如，某位男師認為老闆抽成多一點很合理（店家抽六），原因在於他工

作的地方：「師傅只需要服務客人就好，馬桶壞掉打電話給老闆處理，衛生紙沒了就跟老闆說，不想接的客人也是老闆出面，廁所、毛巾也是老闆要洗……請個人助理一個月大概也不止這些錢。」有些業者會將抽成比例降為四成，用來鼓勵能為店家帶來客流量的男師，維持他們對店家的忠誠（不跳槽）。如果客人有指定男師，業者不會推薦其他男師，但若指定的男師沒空，就會主動推薦男師；推薦的原則以全職優先，以便鼓勵男師投入更多時間。至於資淺的男師，店家通常會在網頁以「新進員工」介紹的方式推薦。此外，消費者通常喜歡嘗鮮，所以相較於新進員工，資深（且沒有人點）的男師更需要店家主動推薦，以增加工作機會。

　　店家角色還包括幫男師解決與客人之間的紛爭，過濾客源、降低工作中的風險，以及教授按摩。按摩技術傳授會因店家的經營理念而異：有些店家只教男師基本的技術並要求提早上線，透過快速、大量增聘新人，取代因按摩技術不好而被淘汰的男師，同時滿足客人喜愛嘗鮮的心態。有些店家會要求男師付押金，直到服務到特定客量後歸還，以避免男師學到技術後跳槽，並且克服男師高流動率的問題。也有店家會認真傳授按摩技術以提高回客率，藉此讓男師對店家更有向心力。

　　男師有時候會覺得被店家剝削，主要來自兩方面：主觀與客觀的剝削感受。就主觀的剝削感受而言，常有男師認為遭到店家剝削，有時候並非是對薪水有所爭議，而是老闆為了賺錢，安排過多的客人要男師服務，忽略男師想休息的意願，讓男師覺得「老闆沒照顧到自己的情緒」、「只是老闆的提款機」。如果覺得老闆只把自己當成「賺錢的工具」，即便賺到更多錢依然會感到被剝削。一位受訪男師就表示，之前工作的店家為了提高營業額，自己曾經一天被排7個客人，工作太忙所以沒有時間吃飯，搞到後來身體都壞掉。

　　至於客觀的剝削感受，常發生在男師做了額外工作，卻沒有得到應有的報酬。一名曾在4家店當男師，後來自己開業的業者提到，讓他最不開心的店家，不只「把員工當工具，沒賺錢就要你走」，「福利還給的很摳，把客人寵壞」。舉例來說，除了客人遲到時間不算入工時外，男師經常需要無償多付出1小時（包括比預約時間提早30分鐘到店裡等客人，以及按完後等客人洗澡到完成送客的另外30分鐘），最久還曾經在一名客人身上花了4小時。此外，該店家為了提升競爭力而壓低價格，導致男師實拿的薪水比一般行情少300元，讓他覺得自己工作4小時只拿900元，實在很不值。

　　這位新老闆自己的經營原則是「校長兼撞鐘」，「你（男師）只要把自己分內的事情做完，其他所有瑣碎的小事都是我自己做……把客人服務好，結束以後把房間回歸原（狀），你就錢拆一拆（店家抽四成）可以走。」由於自己有老闆為了削價競爭影響男師收入的經驗，他自己出來當老闆後，不會為了賺更多錢而要求師傅超收客人（「這樣人家才願意跟你跟比較久」），也不會要求對方全職，避免男師抱怨收入與投入工時不成正比。此外，他在做市場行銷時，會自行吸收折扣部分，讓男師維持同樣收入（例如，1,300元／次）。筆者觀察到近期中部、男師出身的新一代年輕店家（年齡介於25到30歲），或許因為自己的從業經驗，更清楚哪些經營模式會獲得男師支持，哪些不合理的要求會引起反感，進而修正自己的管理方式。相較於之前的業者，這些年輕業者都自認為採取「人性化」的管理，例如，男師不必負責打掃、清潔，不違背男師意願超收客人，並樂意提高男師抽成（例如，店家只抽四成），一方面留住男師，也避免心生不滿而通報警察。

　　除了上述看得見的勞動成本外，為了呼應台灣男同志情慾市場對年輕外表與健身文化的嚮往，男師必須努力打造身體以符合市場的美學，這些成本花費都得由男師自行吸收（蔡炳夆 2016）。雇主面試時，

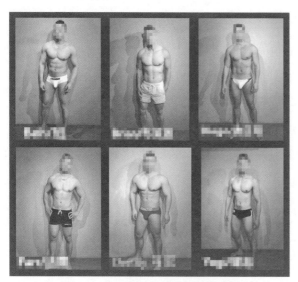

圖9-1　男師精心雕塑的身體美學
資料來源：取自日正PRIME SPA網站「工作團隊」介紹
（http://www.primemanspa.com/）。

喜歡挑選「能一眼看出有在運動」的身形，或詢問應徵者是否有健身的習慣。換言之，男師的身體是業者直接銷售的商品，雇主選才考量背後所透露的是同志情慾常規性對可欲身體的定義。然而，在男同志健身文化與情慾市場的鼓吹下，男師的美學勞動容易被視為個人為了情慾位階向上移動的努力，而非工作勞動的一部分。男師打造身材的花費，以及理應由雇主支付的商業成本都由男師自己吸收，業者不僅無須負擔男師進入職場前的「前置作業」（shadow work）（Wolkowitz 2006: 89）、之後維持外貌的成本，還可將業績低落歸咎於男師個人不努力（「不會按摩公司可以教你，身材沒人能幫你練」），進而合理化對男師的控管（「沒有健身要罰錢，這也是為你生意著想」）。此外，在當前同志情慾常規市場中，擁有「大胸肌」、「牛奶（盒狀腹）肌」，以及「健壯手臂」的男師，常是主流，年輕精實的運動員身形深受市場歡迎。[2]

不同於自僱型男伴遊享有較多身體的自主權與多樣性（Walby 2012），受訪男師的身體美學塑造受限於業者「組織美學」的過濾篩選（Witz, Warhurst and Nickson 2003），其中鑲嵌著同志常規對情慾的期待，再製社會對理想陽剛身型的要求。值得注意的是，相較於男性性

---

[2]　雖然還有另類的小眾市場，如「熊爸店」（中年、微胖、沒有健身的身材），但本文聚焦於服務主流的男男情慾按摩，這類的小眾市場等待以後再進行比較研究。

工作者收費的標準高低經常反映個人身體資本的有無（Logan 2010），男男情慾按摩的價格差異則取決於店家所提供的專業技術與貼心服務。筆者訪問台中一家網路上價位最高的店家時，業者強調他們的不同之處在於貼心的專業服務與注重細節，例如，客人入門時男師會奉上紙拖鞋；擁有全球最新的 Spa 品牌、多樣精油的選擇，並有詳細的療效說明；新鮮玫瑰花瓣的臉盆及浴缸旁，或是按摩床上，還有折成玫瑰花或天鵝形狀的毛巾；按摩完之後，會送上精緻茶點與手工香皂作為紀念品。換言之，店家試圖透過各種透露出優雅品味的款待手法，讓客人感到與眾不同、賓至如歸的體驗。如同台北一家 Spa 網頁所標榜的，「以低調紳仕的生活態度迎接您返家的優雅步履」，進而合理化較高的收費標準。

除此之外，店家也會透過專業化做出市場區隔，其中包括專業商業網站設計，介紹店家的「品牌故事」、環境設備、服務團隊，以及男師的按摩證照等相關資訊。服務內容則主打專業按摩技術、優質環境與高端 Spa 產品。雖然男師身材好壞會影響客人嘗鮮意願，但不是決定收費標準的唯一條件，也未必能確保回客率。例如，本文中月收入最高的受訪者，並非身體資本最高的男師，而是從業10年近38歲的男師。

接下來的研究發現與資料分析，聚焦於男男按摩服務主要的兩個勞動面向：男師的身體工作、親密關係的劃界／跨界，以

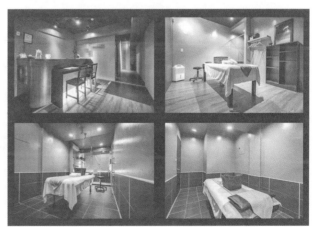

圖9-2　店家體現專業按摩的氛圍
資料來源：取自日正PRIME SPA網站「環境介紹」
（http://www.primemanspa.com/）。

及因此而帶出的照顧倫理；前者說明男男情慾按摩獨特的寵愛勞動與情慾勞動，後者分析男男按摩如何成為感同身受的照顧工作，提供邊緣同志暫時擁有親密連結的機會，讓男師對性工作的污名擁有再詮釋的空間。

五、身體工作、親密關係的劃界／跨界

（一）男男按摩的身體工作與情慾展演

> 不要把客人當安妮（CPR），要把客人當 honey。（Steven，業者）

> 不好的師傅會讓你覺得他很敷衍、在偷時間……我有一次被一個長得很帥、身材很棒的師傅按到，但他就是一臉不耐煩，讓我覺得他就是很冰冷，覺得他按摩我像是在按摩大體一樣。按摩師的身材、長相雖然重要，但更重要的是按摩過程中，他有沒有讓你覺得很用心、很呵護，如果少了這份親密感，就像肚子餓的時候吃麥當勞，可以吃很飽，但不會有多特別，也不讓你意猶未盡……好的師傅，除了按得很專業，過程也會讓你有一種談戀愛的感覺……按摩過程中就像男朋友般細緻地呵護你，讓你可以感覺到彼此都有好感……這很重要，他（按摩師）要能夠讓你覺得你真的被喜歡、值得被慾望。（Tim，客人）

　　什麼才是「好的」按摩服務呢？進入田野場域前，筆者以為只要擁有好身材就能當男師，能夠滿足客人情慾上的需求，就算是好的服務。從店家網頁介紹中充斥著健身雕塑後性感裸露上半身的「服務團隊」介紹，可以知道這樣的臆測不算太錯。然而，在訪談過程中，受訪者不斷提到，好的服務是「要能把客人當情人」，「讓客人備感呵護與照顧」，「擁有談戀愛的 fu（感覺）」。換言之，服務過程雖然涉及情慾流動，但絕非直接、赤裸裸地呈現；男師必須先透過專業的手法，寵愛客人的身體，讓客人感受到按摩的專業，同時也要營造與客人互有好感的曖昧氛圍，並進一步讓客人「眼見為憑」──勃起。

　　男男情慾按摩一次服務約2小時，包含一開始的指壓約60分鐘，以及之後60分鐘的油壓與 happy ending。指壓部分主要涉及的身體工作，是男師如何在一開始透過專業、去性化的手法，呵護客人的身體，讓客人感受到男師的用心與照顧。這個過程雖然是「去情慾化」的按摩手法，但是必須「體現」曖昧情愫。油壓部分，工作內涵是從「相互喜歡」的曖昧感受，到讓客人「見證」男師對自己的「真實」好感。happy ending 通常在最後的15-20分鐘時進行。上述「假作真時真亦假」的情慾按摩手法，說明了男男按摩特有的專業身體工作。下文中田野資料呈現的順序，呼應這種一般性的服務流程編排。

1. 專業的劃界，「溢出」的親密

　　情慾，對男師是一把雙刃劍：透過情慾流動可以傳達給客人「我也喜歡你」的訊息。然而，如果按摩過程只有情慾，無法彰顯男師的專業勞動，也無法營造情人般的互動。為了堆疊雙方之間互有好感的親密氛圍，男師在按摩一開始會以專業「去性化」的手法，帶領客人進入親密的情境。受歡迎的男師通常知道「如何在對的時間，把事情做對」。

我們最討厭客人一進來就猴急亂摸你，反正等一下流程到
了，自然就會做，同樣地，客人也會覺得很奇怪，如果一進
來你就挑逗他的身體，他會覺得你很不專業，想偷時間、快
快解決……讓人覺得你很輕佻，認為這個男師是不是有這麼
飢渴、這麼花癡。（Ricky，男師）

好的按摩師必須強調細節與步驟，譬如，你要讓自己不緊
張，因為緊張的話會冒手汗……會有水氣，客人是會不舒
服，因為風一吹就會有涼涼的感覺……做油壓的時候不能直
接把油倒在客人身上，要先倒在手上……因為油抹在身體上
是熱的，客人的感受會是溫暖，那如果說是冰冷的話，他就
會稍微抖一下……如果你要有回頭客，除了情慾這一塊，技
巧更重要，因為我們不希望客人只把男師當做性工作者，你
要人家看重你，你就必須要有專業。（Allen，業者）

擁有好身材，並不保證男師就能把顧客變熟客，其中關鍵之處
在於服務過程必須在客人身體上進行「寵愛勞動」（pampering labor）
（Kang 2003; Sharma and Black 2001），也就是透過按摩的手法，讓客人
覺得身體感受呵護與照顧。有經驗的男師能夠掌握按摩細節，一方面
展現自身的專業，另一方面傳遞「我會好好呵護你（的身體）」的訊
息，進而贏得客人的信任。服務流程一開始不會涉及情慾，因為赤裸
裸的性會帶來反效果，讓客人覺得男師「花癡」、「不專業」，以至於無
法感受到自己的身體被呵護。不過，專業去性化的手法乃是為了鋪陳
後續「逼真」的親密氛圍，營造與客人「互有好感」的曖昧互動，一
名男師提到：

在油壓時，才慢慢帶入情慾，有時候是不小心，有時候是刻意不小心，譬如說，在按摩前面身體時，我們會大面積的處理，因為這樣的手法比較讓人不會有遐想，但按摩時就可能……「不小心」碰到他敏感帶，但你依舊是用按摩的手法，讓他有空間想像你對他做的動作，讓他覺得：「咦？不是在按摩嗎？怎麼好像有碰到奶頭？這個師傅是不是也喜歡我？」（Simon，男師）

對於客人來說，不必花錢就可以得到的「外溢情慾」，分外甜美，而男師透過這類「不經意」的挑逗流露出「真實」的情愫，讓客人擁有更多遐想的空間。然而，光靠挑逗並不足夠。男師 Luke 提到他的挑逗方式是：「不會直接挑逗，而是包覆在專業的按摩手法中。」譬如，在做肩頸按摩時，讓客人坐在按摩床上、背部靠著他的身體，他用手直接扶住客人的前胸，以固定客人的身體在按摩時不會前後搖動。他會放一條小毛巾在客人肩上，「示意說我現在是在按摩……做一個簡單的區隔（彼此間的專業距離）」，「按摩中，我雖然帶入更多的撫摸做收尾，但是偏有力道的下手，讓他一 touch 下去，他就能知道這是馬殺雞」，直到「他（客人）漸漸放鬆，頭靠在我的手臂上，我才會把毛巾拿開」。Luke 認為，「好的服務是讓對方有談戀愛的感覺」，赤裸裸的情慾「會讓客人感到緊張、太侵略性、無法放鬆……你需要用身體的接觸、溫度，讓對方覺得你很呵護他，他跟你非常親近……我可以只用手就辦得到，而且不用碰生殖器官」。男師 Peter 也提到，透過按摩師的手與客人身體之間的協調律動，來讓客人備感呵護：

按摩時我必須關注對方……微弱的心跳、脈搏與身體的律動，讓他身體……帶領我的手……身體律動的協調性很重

要，客人才能感受到你的手知道他身體的需求，你在乎他的
身體……

然而，如同一位喜歡音樂的消費者所描述的，好的按摩經驗就像聽到
自己喜歡的歌手唱高音，心裡會忽然一驚：「咦！原來這個音還可以這
樣唱？」。Peter 也有類似的說法，他說按摩的力道與頻率不能過於單調
無聊，就像「唱歌沒有靈魂，觀眾不容易被吸引」；好的按摩手法「要
像跳 tango」，透過專業的手法，帶入「意外」的驚喜。Peter 說：「我
會即興帶入適合當下（按摩）手法的花招，順便『不經意』的挑逗客
人，這會讓他（客人）覺得興奮，因為這超乎他的想像……讓他更好
奇與期待接下來的流程……你的按摩也告訴客人你很享受你正在做的
事情，而他的身體不會讓你覺得無聊。」

　　上述田野故事說明了，男師專業的情慾按摩並非照表操課，而是
靈巧、策略性地游移在專業的「去性化」手法與「不經意」的情慾挑
逗之間，用以營造與客人「互有好感」的曖昧氛圍。這對客人相當
重要，「因為心不甘、情不願的服務會讓你很空虛，好像自己真的很
差，只有付錢才有人願意碰你」（Paul，客人）；「好的男師會讓你覺
得自己真的很特別，好像他真的也很喜歡你，而不是看在錢的分上」
（Williams，客人）。換言之，不同於街頭男性性工作者提供客人短暫
的性慾發洩，男男按摩銷售的主商品是親密關係；男師透過按摩的手
法，讓客人感到被呵護與寵愛，體現「男朋友的經驗」，享受「談戀愛
的感覺」。 藉由去／情慾化的手法來「劃界」，同時必須「溢界」，營造
與客人互相喜歡的印象，讓客人覺得自己享有特別待遇，也為男師接
下來的身體情慾展演增添說服力。

2. 眼見為憑的情慾展演：勃起

營造互有好感的曖昧氛圍是一回事，更重要的是如何讓這樣的感受成為客人眼中的「事實」，男師勃起與否便成為重要的指標。換言之，對客人來說，如果服務過程中男師沒有勃起，會認為男師對他不感興趣；對男師而言，勃起才能說服客人「你就是我喜歡的類型」。

> 勃起很重要，因為會讓客人覺得說你有放感情下去，好像你有 care 到他，沒勃起就很不禮貌、太沒有誠意，好像在告訴他（客人）長得抱歉……沒有勃起下次客人也就不會找你。（Roger，男師）

雖然「情緒整飾」能幫助掩飾口是心非、表裡不一的窘境（Hochschild 1983）；但陰莖並非臉部表情般容易控制，尤其大部分的客人並非男師會慾望的對象：「如果今天客人長得很『安全』，那就算是很 lucky，但如果很『抱歉』，那也只是剛剛好」（Michel，男師）。為了不讓客人感到被拒絕，男師須動員自身的情慾經驗，協助自己勃起，讓客人覺得自己是男師眼中可欲的對象。

> 只能靠想像、想像、再想像，想像你喜歡的 gay 片情節，想像你的約砲經驗。（Brian，男師）

> 找他身上吸引你的特質，自己去催眠自己，只專注在（客人）會讓你興奮的地方……譬如，如果客人聲音好聽，那只聽他的聲音；不要看整張臉，只看鼻子跟下巴之間，這樣比較容易把他換成自己喜歡人的臉；如果你喜歡有很多腿毛的腿，那只看他的腿，如果他的腿不好看，那就只看他的（腿）毛。（Ryan，男師）

　　社會對性高潮的定義通常鑲嵌著性別化的期待。女性的高潮常被視為是神祕、待開發，且缺乏外顯證據，因此，女性性工作者會透過性別化的情慾腳本，操弄消費者的性遐想（陳美華 2006；Sanders 2005）。相反地，男性常被認為隨時可以「攜槍上膛」，而「勃起」作為高潮的前哨站，則是明顯易見的測量指標，用來檢視男人情慾的有效性（傅大為、成令方 2004；Potts 1998）。在以身體感官為主的男男按摩，營造互有好感的曖昧氛圍是前奏，而「眼見為憑」的高潮展演，則帶給客人「真實」好感。男師一樣需要展演情慾，「體現」逼真好感，迎合客人眼中的期待，以求在有限的服務時間裡讓相互喜歡的親密印象更顯真實。

　　然而，男師的情慾展演，既勞心又勞力，有時候也會暴露在「不舉」的失敗風險之中。剛入行的男師，除了控制勃起之外，也常需要學會控制「不要讓自己太快射（精）」，尤其沒有經驗的男師常容易被客人「繳械（弄射出來）」，導致在服務下一名客人時不易勃起。業者通常建議男師：「平常只穿四角褲、寬鬆的褲子，或者乾脆不穿內褲，讓龜頭習慣磨擦……或割包皮，讓自己（的龜頭）不要太敏感……尿尿不要一次尿完，要分幾小段，一段、一段慢慢尿，訓練自己可以 hold 得住。」這些方式能加強對陰莖自我控制的身體技能。那麼，男師會不會吃威爾鋼來協助勃起呢？一名受訪者說：「頭痛不會打嗎啡，吃威（爾鋼）太貴，一顆要 450（元），我一次才賺 1,000 多。」因此，為了確保自己在服務下一名客人能順利勃起，有經驗的男師會建議「幫客人 happy ending 時，自己千萬不要（被打）出來」。當然，男師也會遇到即便再如何努力，也無法順利勃起的對象，此時可以找機會刺激自己的性感帶，或者透過按摩流程（如：按摩手臂時）將客人的手放在自己的敏感部位，讓客人的手掌貼在自己的胸口或下腹部，一方面挑逗客人，另一方面透過身體感官刺激協助自己勃起。如果真的無法

勃起時，男師最常用「抱歉，今天比較累」或「身體不太舒服」來解釋「不專業」的表現。

（二）同志性工作中的照顧倫理與身體情感的親密連結

> 按摩是個很 magical 的東西……他（按摩師）那雙陌生的手卻讓你感到真的很呵護，那種感覺就像你是 baby，從來沒有人這樣子這麼地呵護你，除了你父母小時候……（我）在外面都是一個人這樣子，跟家裡的關係也（語氣停頓）。有些事情你可能要自己承受……必須要壓抑自己，按摩師那個手下去的時候，那種溫暖的手，然後還有那種很細緻的呵護，在你身上做一個安撫，然後你頓時間會覺得整個心房是鬆懈的，但之間就只有你跟那個按摩師可以體會，那種感覺真的是很奇怪，一個突然覺得～哇！他怎麼會那麼地了解我……他好像知道我身體的疼痛在哪裡，他好像知道我（辛苦）的點在哪裡，那種感覺不完全只是所謂的肌肉痠痛，而是感覺很有安全感的那種按摩……你可以很放鬆地做自己，不用再隱藏（自己喜歡男人的情感）。（Eric，客人）

男男情慾按摩除了銷售情慾之外，另外一個重要的面向是提供沒有資源的邊緣同志族群情感上的慰藉。下文分析將聚焦於男男按摩另一個勞動面向：男師與客人如何因親密邂逅而衍生出身體／情感親密連結，讓男男按摩成為感同身受的照顧工作，提供老、殘、病、醜的身體被理解的空間。透過感知的身體與男男按摩的照顧倫理，我們將能更清楚同志常規情慾的親密預設與劃界。

1. 邊緣身體的照顧實作

　　客人不可欲、甚至令人感到嫌棄的身體，給男師帶來很大的挑戰；弔詭的是，服務邊緣身體卻提供男師以前所不知的同理感受。男師 John 談到最難忘的工作經驗是服務一位已婚的身障男同志，他認為進入婚姻的男同志已經很悲情，加上是身障者會更辛苦：「在男同志的市場裡面沒有立基點，就會覺得⋯⋯你也真的可能只能透過這樣的方式，來得到性上的滿足。」相較於一般客人會卡男師油水，John 在整個服務過程都覺得「他（客人）很卑微⋯⋯有很多包袱，花了這麼多錢卻連碰都不敢碰我」。那名客人腿上有一道很大的傷疤，「嚴重的程度就好像你親眼目睹他在你面前被卡車壓過」，當 John 按到那個疤時，一股憐憫之情油然而生：「按到（疤）的時候都會有感覺⋯⋯就真的覺得，你真的很辛苦，我當下只是希望能夠，就是多撫平他的傷口而已⋯⋯真的希望你的苦難到此為止。」男師 Samuel 也提到曾服務一名得了不知名怪病，拱肩縮背、全身萎縮到只剩下皮包骨的客人，帶給他類似的感觸。在按摩的過程中，客人不時露出痛苦的表情，讓他服務得比以往更用心，由衷期待透過按摩能夠減輕客人的苦痛。

> 當我滑過（他身體）的時候，好像我可以感覺到他的痛，不只是從他臉部的表情，就是當我碰觸他身體的時候⋯⋯就是⋯⋯怎麼會有人的生活竟然是如此地辛苦，他到底過得是什麼樣的生活，我那個時候就會有一種同情大悲的心態跑出來，盡我所能地服務他。（Samuel，男師）

　　上述經驗提醒我們，身體如何成為情感溝通的重要媒介，陌生的彼此如何因為身體感觸而相互調頻，並對不熟悉的情感世界產生感同身受的親密連結，讓邊緣的身體擁有被理解的空間。我們可以從身障

消費者的經驗做進一步的說明。客人 Thomas 提到，相較於自己辛苦的障礙經驗，接受自己的同志身分並不困難，但要同志圈接受自己的障礙卻是「再一次的摧殘」。他認為除了喜歡的是男人這一點，好像也找不出自己有什麼地方符合男同志情慾文化對外表與身體的期待，因為「擔心別人看到自己（障礙）的身體」，無法與非身障男同志一起走入情慾世界。Thomas 的身體障礙經常被同志常規情慾排除在外，男男按摩則提供他不被拒絕的空間，尤其當男師在服務流程中毫不遲疑地撫摸他那障礙的身體，讓他覺得自己可以「像『正常人』一樣被對待，自己（的身體）不再讓人害怕，也不用一直被提醒是個『掰咖』（跛腳）」。

身體是我們理解世界的媒介，人們學會透過身體感知周圍的世界（Despret 2004）。障礙者的身體情慾說明了，我們「體會」世界的方式、我們的情感視野、誰的身影能夠順利走上「正常」的情慾途徑、出現在眾人眼前，都已經被社會常規化了。然而，透過身體的感觸與親密關係跨界，客人的身體不再只是沉默、被輕忽的身體，而能夠傾訴自身的苦楚與社會排除；男師的手則成為能夠傾聽並提供同理照顧的手，撫慰邊緣身體，讓障礙身體暫時跨越同志常規所設下的藩籬，再次擁有親密關係的連結。在此，男男按摩不只是情慾的銷售，也是感同身受的照顧實作；透過手與身體的對話，男師不再畫地自限、拒絕理解陌生的情感視野，進而體現男男按摩中的照顧倫理，以及身體親密邂逅後所衍生的創造意涵。

另外一個經常為同志常規所排除的身體，是每個人都會經歷的老化過程。在「快樂」酷兒的年代，並非所有人都能夠進入同志「驕傲」的領土，甚至唯有國度內的公民，才能擁有定義何謂「快樂」與「幸福」的權利（Ahmed 2010）。當人們在提倡「同志驕傲」、「快樂」酷兒的形象，並且主張同性戀應該像「正常人」一樣享有追求親密關係

的權利時，似乎只有特定的身體（青春、健康）被推崇，特定的形象
（正向、陽光）被鼓勵，特定的親密關係（符合社會「道德」標準）被
讚賞；有些身體（尤其是老、殘、病、醜）被摒棄，有些形象（「淫
亂」、「不潔的」）被遮掩，有些親密實作更被視為污穢、難以理解。
至於讓人感到「噁心」、「匱乏」的身體，則被排除在同志情慾市場與
親密關係的追求之外。男師 Samuel 提到同志圈對於另類身體的排斥情
況：

> 當我朋友每次在談什麼是 gay 的時候，他們都認為 gay 都是
> 跟他們一樣，就是走在同志大遊行、吸引大家目光的一群
> 人……他們不是不願意看，而是真的看不見其他人……就是
> 說（同志圈）還是有老的、病的、醜的、還有窮的……當我
> 提到服務的客人，他們就會質疑我，哪有那麼多邊緣的身
> 體，我說很多啊……你想想你自己每天略過多少交友邀請，
> 那些人就是啊，甚至沒加你，或者是你連看都不想看的，被
> 你封鎖的，你看了會心煩的，這些還不包括無法上網的……
> 我覺得（這份工作）幫我更全觀的了解整個同志的生命與
> 差異性，很多層次，如果整個疊起來甚至比 101 還要高。
> （Samuel，男師）

相較於社會對男同志性工作的污名想像，這些所謂「骯髒」、「污
穢」的男男按摩，卻給予老、殘、病、醜的身體，情感上的照顧與辛
苦生活的出口。業者 Allen 提到，年長的客人早年可能無法選擇「出
櫃」，很多都已結婚生子，直到小孩長大成家，覺得義務已盡，想要找
人分享隱藏已久的祕密時，才發現原來同志圈並不歡迎年老的自己，
而「Gayspa 提供一種自在舒服的感覺，讓客人能夠放鬆做自己，聊

他們想聊的話題……覺得至少有人願意聽他們的故事，當他們情緒上的出口」。男師 Brad 認為自己的工作像長照，照顧那些年長長輩生活上的需求，即便服務過程辛苦仍有意義。他提到曾有一名客人「非常胖，像米其林那樣」，可能因為生病所以下體「不管是有沒有洗澡，就是非常臭」，而且「只用手（打手槍）是出不來（射精），一定要用嘴巴……如果沒用錢買，你覺得有誰願意幫他吹？」Brad 認為除了賺錢，自己的工作可以讓這些被拒絕的身體獲得喘息的機會：「客人來找我，因為他們生活有一部分無法自理，倚賴我的協助……其他（生活）面向可能家人還可以幫忙，但他跟男人的事情就沒辦法……我的服務提供他們其他地方沒有辦法得到的照顧，讓他們至少在這裡（指 Gayspa）還可以作自己，不用活得那麼壓抑、那麼辛苦，離開後覺得至少苦悶的生活還有一些動力。」

　　上述經驗除了說明男師如何提供邊緣同志在情慾上的撫慰，也解釋男同志性消費文化所涉及的照顧意涵（趙彥寧 2008），提供弱勢性少數在情感上的陪伴，彌補因非常規親密關係所失去的原生家庭支持，讓壓抑的生命擁有能被理解的空間。本文強調男男按摩的倫理意涵，並非否認其中涉及金錢考量，也非過度浪漫地以為所有男師都能提供感同身受的照顧工作。然而，揭示男男按摩中的照顧倫理，除了能「體現」男同志常規情慾的不公運作，也能呈現隱身在「同志驕傲」背後的「強迫性快樂」與「身心健全」預設如何排除「不快樂身體」（Love 2008; McRuer and Mollow 2012）。男同志性工作能協助老、殘、病、醜的身體，跨越同志常規情慾所設下的親密藩籬，短暫地再次擁有與他人親密連結的資格。

　　服務邊緣的身體讓男師重新思考常規同志情慾定義的親密意涵。男師 Nick 提到自己一開始服務年長的客人時感到很不舒服，認為他們「色瞇瞇的，老是想揩油、吃你豆腐」。再加上主流男同志情慾市場

對青春肉體的讚揚，更讓老化的身體成為不可欲的對象，「害怕自己有天會變老、變得沒有市場，變得跟他們（年長客人）一樣噁心」。然而，Nick 在服務過許多年長客人之後，對於來自年老身體的碰觸，逐漸發展出不同的詮釋，「你可以區別哪些碰觸的方式讓你覺得不舒服、不受尊重，而哪些只是因為寂寞想要有人陪……很多時候，（年長的）客人來找我們不是為了（性）發洩，而是需要陪伴，害怕寂寞、一直被（同志情慾市場）拒絕」。男師 Daniel 也提到類似的工作經驗，「對（障礙與年長的）客人，性可能不是最主要的目的……而是尋找一種認同……渴望被觸摸，得到那種的滿足，覺得可以做自己、被接受，確認自己不是那麼孤單」。換言之，透過經常性地互動，男師對於來自年老身體的觸碰，開始產生不同的感知詮釋，可以看見他們渴望陪伴與期待被理解；但這些訊息卻被「恐老」的同志情慾文化要求噤聲沉默，並賦予噁心、負面的意涵（王增勇 2011；Jones and Pugh 2005）。男師的身體勞動讓他們有機會能理解不同於常規情慾定義下的身體感觸，願意透過邊緣的身體，看見陌生的情感視野，選擇異於同志常規所建議的認知途徑，反思自身熟悉（卻不自知）的親密預設，進而挑戰主流同志情慾地景對老、殘、病、醜身體的漠視。

2. 照顧實作與污名協商：「我是肉身菩薩在做功德」

　　男師的身體乘載兩種矛盾、互斥的情感：一方面男師常被視為同志情慾的最佳體現，另一方面卻因為性工作的污名，被認為是疾病的傳染源。男師 Ryan 提到成為男師後不容易擁有穩定的關係，「因為大家（男同志）會覺得當師傅很隨便，只要花錢就可以被上……適合玩一玩，不適合談感情」。已經公開出櫃的男師 Mickey 認為因為職業，再次被鎖進男同志性工作的「暗櫃」，因此不會主動跟其他同志朋友提起現在的工作，因為「人家會覺得你好手好腳的，為什麼要做這個」。

男師 Ken 則抱怨跟前男友決定在一起前，彼此都清楚知道過去輝煌的情史，豐富的性經驗是自身魅力的證實，一直到前男友意外發現他當過男師，便建議兩人一起做快篩，「只因我做男師，突然間他（的性）就好像比較高級、比較乾淨……我的就有問題？」學者 David Bimbi 及 Juline Koken（2014）主張，性工作的污名反而提醒男性從業者在工作時從事安全性行為，如同男師 Ryan 的解釋：「當然要安全，我才拿你多少錢？！」即便如此，性工作強大的污名效應，卻能隨意將男師與「危險」性行為畫上等號。

> 別人眼裡認為我們的工作很髒、很複雜……可是我們比客人更擔心自己的健康……但是大家……只會覺得說你客人越多，（得病）風險就越高，好像約砲約再多都不會有事，但男師做一次就會出事，是不是很可笑。（Ryan，男師）

換言之，同志常規對可慾身體的預設，經常透過排除「不良」的身體以保有自身的純淨與正當性。因此，同志社群對男師的污名想像，非但沒有挑戰社會對男同志病理化的歧視，反而不公平地再製男同志（按摩師）為危險、疾病的傳染源，並透過「約砲從寬、執業從嚴」的危險認定標準，合理化同志常規對「偏差」性行為的道德管訓（Huang 2011），進而鞏固常規同志情慾的親密關係政治：情慾作為認同建構，不能拿來銷售，只能作為個人享受。

過去的研究指出，性工作者透過社會推崇的性別價值，如「好父親」（Padilla 2007）、「好母親」（Dewey 2011）與「孝順的兒子」（Kong 2009），來修補職業所帶來的惡名，在本文中男師則藉由「肉身菩薩」與「做功德」等在地通俗佛教語彙，將「骯髒」、「污穢」的男男按摩，轉化為渡化苦難眾生的「積善」行徑，進而與工作中的污名做協商。

我有一位客人因為真的太胖……洗澡洗不到下面，經年累月累積到有一層白色的膜……我撥開（白色薄膜）當下的那一剎那，就聞到味道，就啪，很像被卡車撞到……臭到一個境界，想像它是屎味、汗臭味、狐臭、尿騷，再加很久沒有洗澡的那種（味道）……發酵中和在一起……直接衝腦到我的整個頭皮發麻……當下覺得自己怎麼這麼賤，要做這種工作……但也覺得他（客人）也真的可憐，就覺得為什麼（因肥胖）生活都困難了，還要負擔身上臭這件事情……想想自己真的是肉身菩薩在做功德……會找我們（男師）的通常是找不到情人，雖然客人給錢，我們也是辛苦在工作……肉身菩薩也是要用錢供養，供養我們讓你可以祈求，讓你在生理跟心理得到慰藉……但法律上有什麼好講的？就說你是做黑的，就犯法啊。（Joseph，男師）

在佛教文化脈絡下，做功德鼓勵「助人行為」的積善美德，提倡想要收穫必須先付出，「廣種福田」能夠獲得更多福報（丁仁傑 1998；Salguero 2013）。然而，功德累積並不容易，就如同在田裡辛苦耕種必須付出勞力，做功德的過程不但吃力甚至猥賤，唯有以菩薩般的慈悲心腸，才能承受「以身度化」苦難眾生的艱難。因此，「肉身菩薩」、「做功德」不但透露男師身體工作的困難度與專業需求，也說明男師如何理解自身工作不只是情慾銷售，更是撫慰邊緣身體的照顧實作，讓辛苦的身體能（短暫地）不再孤單和難受。男師在面對污名指控時，藉由賦予男男按摩專業操演外的「良善」立意，換取他人對自身工作的理解，正當化從業動機，挑戰身體工作所帶來的污名。儘管如此，此舉仍有局限，台灣社會對男同志病理化的想像，以及現階段法律上看似合法實則「娼嫖皆罰」的「廢娼狀態」（陳美華 2014：343），都進

一步限縮男師的協商空間，讓做功德成為從業者的自我安慰，而非實質贏得社會對男同志性工作的接受與理解。

六、結論

本文探討男男情慾按摩的身體工作，剖析男同志性工作中身體／情感的複雜互動，說明男男按摩不只是情慾銷售，也是一種跨界的親密關係照顧工作。筆者以女性主義身體工作分析觀點，試圖對現有男性性工作研究做出三點貢獻。首先，筆者將既有男性性工作者對身體工作的分析範疇，延伸到尚未被充分討論的「身體／情感親密連結」，補足既有文獻聚焦在分析「身體／情緒劃界管理」的不足。男師的勞動經驗不但涉及身體與情感的邊界治理，也會溢出邊界而衍生親密關係的跨界與連結，讓我們跳脫只從情慾來理解按摩工作中男男之間的情感互動與親密實踐。

其次，本文說明男男性交易中，身體／情感親密連結的發生機制，挑戰性工作只是性與金錢的交換，呈現性交易中金錢與親密關係的複雜關係。在情慾按摩的身體感觸過程中，男按摩師跨越了「商品交易」的界線，進而跨入感同身受的照顧工作，讓邊緣的身體暫時擁有被剝奪的性親密，短暫跨越同志情慾常規的身體規訓與親密藩籬。

再者，身體乘載著社會文化期待，男男按摩的身體工作「體現」了男同志常規情慾的親密預設與社會排除，揭示同志常規的情感模式，決定了誰的身體不／具備親密實作的資格，並透過情慾的排「外／壞」條款，合理化對不良身體的控管，以保有自身的優勢與正當性。

就理論層次而言，本文試圖從既有的照顧工作文獻開始談起，指出不足之處，進而提出對於身體工作的新觀點。Julia Twigg（2000）認

為，（低階）女性的照顧工作顯示了社會不平等的性別化期待，照顧工作卻同時提供她們在面對工作困境時的重要脫困機制。男男按摩的勞動雖然被污名化，但是在此勞動過程中，男師卻因為情感介入勞動而發展出對於邊緣同志群體（老、殘、病、醜）的照顧倫理，得以反思社會對邊緣身體的病理化想像。男師的照顧倫理也進一步挑戰同志族群內部，情感單一、過度性化的分類認知，呈現男男之間的親密關係尚有支持、陪伴與相互理解，這樣的照顧倫理不是在傳統的家庭看見，而是在男同志的性消費中邂逅，提供老、殘、病、醜的弱勢性少數不被拒絕的空間。此外，本文也回應近期學者試圖捕捉性交易中身體親密邂逅過程中，意義生產的一／異元性（in/determinacy）（Hardy 2013; Walby 2012），亦即身體感知如何體現權力規訓，以及因親密感觸所衍生的不只是情慾的創造性意涵與照顧情感。

最後，本文的政策建議是，我們應再思考目前性交易「看似專區合法、實則娼嫖皆罰」，對於社會弱勢族群親密實作的具體影響與邊緣化效應。我們應該認可性工作確實提供了邊緣性少數被剝奪的性親密關係（Kulick and Rydström 2015; Liddiard 2014）。此外，透過男男按摩初探邊緣身體的親密需求與實作方式，我們也希冀未來的研究能進一步思考，除了性工作外，國家福利體制可以積極提供哪些資源與環境，多元且具體地協作邊緣的族群（如：低社經地位的重度身、心障礙者）發展自身親密實作的能力，享有生命應有的樣貌與基本尊嚴。

問題與討論

1. 請上網搜尋有關女性性工作者與男男按摩的新聞報導各3篇，並比較分析這兩個群體在媒體報導中有哪些異同之處？從中，我們可以找出哪些對女性與男性同志的刻板印象？

2. 障礙者性權倡議組織「手天使」認為，雖然性專區已修法通過，至今尚未有地方政府願意設立專區，導致法律上看似合法，實則「娼嫖皆罰」；性交易場所仍處於違法營業狀態，無法要求店家提供無障礙設施，因此主張「無論性專區有無設立，只要從事性交易的任一方持有身心障礙手冊，均不應處罰」（「障礙者需要性」，2018年3月18日，手天使臉書粉絲頁）。妳／你是否贊成這樣的觀點，為什麼？

參考文獻

丁仁傑，1998，〈文化脈絡中的積功德行為：以台灣佛教慈濟功德會的參與者為例，兼論助人行為的跨文化研究〉。《中央研究院民族學研究所集刊》85: 113-177。

中時電子報，2015，〈男男會館滿春色 警犧牲色相扮同志蒐證〉，6月6日。http://www.chinatimes.com/realtimenews/20150606002958-260402。

方剛，2009，《男公關：男性氣質研究》。中壢：中央大學性／別研究室。

王增勇，2011，〈跨越世代相遇：看見「老年男同志」〉。《生命教育研究》3(1): 169-231。

何春蕤，2001，〈自我培力與專業操演：與台灣性工作者的對話〉。《台灣社會研究季刊》41: 1-52。

吳翠松，2003，〈酒店男公關之研究〉。頁95-144，收錄於何春蕤編，《性工作研究》。中壢：中央大學性／別研究室。

呂思嫺、邱大昕，2011，〈是按摩也是管理：探討女性視障按摩師如何維持勞動時的身體疆界〉。《身心障礙研究》9(4): 253-265。

李宗榮、林宗弘，2017，〈「台灣製造」的崛起與失落：台灣的經濟發展與經濟社會學〉。頁2-43，收錄於李宗榮、林宗弘編，《未竟的奇蹟：轉型中的台灣經濟與社會》。台北：中央研究院社會學研究所。

張晉芬，2015，《勞動社會學》（增訂二版）。台北：政大出版社。

許雅斐，2010，〈社會秩序與強迫淨化：性工作的行政規約〉。《台灣社會研究季刊》80: 107-154。

陳美華，2006，〈公開的勞務、私人的性與身體：在性工作中協商性與工作的女人〉。《台灣社會學》11: 1-53。

_____，2014，〈性工作治理及其排除政治〉。頁343-379，收錄於陳瑤華編，《台灣婦女處境白皮書：2014年》。台北：女書文化。

傅大為、成令方，2004，〈初論台灣泌尿科的男性身體觀〉。《台灣社會研究季刊》53: 145-204。

趙彥寧，2008，〈往生送死、親屬倫理與同志友誼：老 T 搬家續探〉。《文化研究》6: 153-194。

蔡炳衢，2016，《邁向「紅牌」之路：台灣 Gay Spa 男師的身體工作與情／慾勞動》。台北：世新大學性別研究所碩士論文。

蘋果新聞網，2015，〈混進男男會館蒐證 警察保全要害清白〉，6月6日。http://www.nextmag.com.tw/realtimenews/news/20683666。

Ahmed, Sara, 2010, *The Promise of Happiness.* Durham, NC: Duke University Press.

Alcano, Matteo Carlo, 2016, *Masculine Identities and Male Sex Work between East Java and Bali: An Ethnography of Youth, Bodies, and Violence.* London: Palgrave.

Berlant, Lauren, 2011, *Cruel Optimism.* Durham, NC: Duke University Press.

Bernstein, Elizabeth, 2007, *Temporarily Yours: Intimacy, Authenticity, and the Commerce of Sex.* Chicago: University of Chicago Press.

Bimbi, David S. and Juline A. Koken, 2014 ,"Public Health Policy and Practice with Male Sex Workers." Pp. 198-221 in *Male Sex Work and Society*, edited by Victor Minichiello and John Scott. New York: Harrington Park.

Boris, Eileen and Rhacel Salazar Parreñas, eds., 2010, *Intimate Labors: Cultures, Technologies, and the Politics of Care.* Stanford, CA: Stanford University Press.

Bradley-Engen, Mindy S., 2009, *Naked Lives: Inside the Worlds of Exotic Dance.* New York: State University of New York Press.

Brents, Barbara G., Crystal A. Jackson and Kathryn Hausbeck, 2010, *The State of Sex: Tourism, Sex and Sin in the New American Heartland.* New York: Routledge.

Collins, Dana, 2012, "Gay Hospitality as Desiring Labor: Contextualizing Transnational Sexual Labor." *Sexualities* 15: 538-553.

DeMarco, Joseph, 2007, "Power and Control in Gay Strip Clubs." Pp. 111-127 in *Male Sex Work: A Business Doing Pleasure*, edited by Todd G. Morrison and Bruce W. Whitehead. New York: Harrington Park.

Despret, Vinciane, 2004, "The Body We Care For: Figures of Anthropo-zoo-genesis." *Body and Society* 10: 111-134.

Dewey, Susan, 2011, *Neon Wasteland: On Love, Motherhood and Sex Work in a Rust Belt Town*. Berkeley, CA: University of California Press.

Escoffier, Jeffrey, 2003, "Gay-for-pay: Straight Men and the Making of Gay Pornography." *Qualitative Sociology* 26(4): 531-555.

Frank, Katherine, 2002, *G-strings and Sympathy: Strip Club Regulars and Male Desire*. Durham, NC: Duke University Press.

Gimlin, Debra, 2007, "What Is 'Body Work'? A Review of the Literature." *Sociology Compass* 1(1): 353-370.

Hancock, Phillip, Katie Sullivan and Melissa Tyler, 2015, "A Touch Too Much: Negotiating Masculinity, Propriety and Proximity in Intimate Labour." *Organization Studies* 36(12): 1715-1739.

Hardy, Kate, 2013, "Equal to Any Other, but Not the Same as Any Other." Pp. 43-58 in *Body/Sex/Work: Intimate, Embodied and Sexualized Labor*, edited by Carol Wolkowitz, Rachel Lara Cohen, Teela Sanders and Kate Hardy. London: Palgrave.

Hemmings, Clare, 2005, "Invoking Affect: Cultural Theory and the Ontological Turn." *Cultural Studies* 19(5): 548-567.

Hoang, Kimberly Kay, 2015, *Dealing in Desire: Asian Ascendancy, Western Decline, and the Hidden Currencies of Global Sex Work*. Berkeley, CA: University of California Press.

Hochschild, Arlie Russell, 1983, *The Managed Heart: The Commercialization of Human Feeling*. Berkeley, CA: University of California Press.

Huang, Hans Tao-Ming, 2011, *Queer Politics and Sexual Modernity in Taiwan*. Hong Kong: Hong Kong University Press.

Jones, Julie and Steve Pugh, 2005, "Ageing Gay Men: Lessons from the Sociology of Embodiment." *Men and Masculinities* 7(3): 248-260.

Kang, Miliann, 2003, "The Managed Hand: The Commercialization of Bodies and Emotions in Korean Immigrant-owned Nail Salons." *Gender and*

Society 17(6): 820-839.

Kong, Travis S. K., 2009, "More than a Sex Machine: Accomplishing Masculinity among Chinese Male Sex Workers in the Hong Kong Sex Industry." *Deviant Behavior* 30: 715-745.

Kulick, Don and Jens Rydström, 2015, *Loneliness and Its Opposite: Sex, Disability, and the Ethics of Engagement.* Durham, NC: Duke University Press.

Laing, Mary, Katy Pilcher and Nicola Smith, eds., 2015, *Queer Sex Work.* London: Routledge.

Liddiard, Kirsty, 2014, "'I Never Felt Like She Was Just Doing It for the Money': Disabled Men's Intimate (Gendered) Realities of Purchasing Sexual Pleasure and Intimacy." *Sexualities* 17(7): 837-855.

Logan, Trevon D., 2010, "Personal Characteristics, Sexual Behaviors, and Male Sex Work: A Quantitative Approach." *American Sociological Review* 75(5): 679-704.

Love, Heather, 2008, "Compulsory Happiness and Queer Existence." *New Formations* 63: 52-64.

McRuer, Robert and Anna Mollow, eds., 2012, *Sex and Disability.* Durham, NC: Duke University Press.

Minichiello, Victor and John Scott, eds., 2014, *Male Sex Work and Society.* New York: Harrington Park.

Morrison, Todd G. and Bruce W. Whitehead, eds., 2007, *Male Sex Work: A Business Doing Pleasure.* New York: Harrington Park.

Oerton, Sarah and Joanna Phoenix, 2001, "Sex/Bodywork: Discourses and Practices." *Sexualities* 4(4): 387-412.

Padilla, Mark, 2007, *Caribbean Pleasure Industry.* Chicago: University of Chicago Press.

Parreñas, Rhacel Salazar, 2016, "Introduction: Special Issues on Technologies of Intimate Labour." *Sexualities* 20(4): 407-411.

Potts, Annie, 1998, "The Science/Fiction of Sex: John Gray's Mars and Venus in the Bedroom." *Sexualities* 1(2): 153-173.

Povinelli, Elizabeth A., 2006, *The Empire of Love: Toward a Theory of Intimacy, Genealogy, and Carnality*. Durham, NC: Duke University Press.

Salguero, C. Pierce, 2013, "Fields of Merit, Harvests of Health: Some Notes on the Role of Medical Karma in the Popularization of Buddhism in Early Medieval China." *Asian Philosophy* 23: 341-349.

Sanders, Teela, 2005, *Sex Work: A Risky Business*. Cullompton, England: Willan.

Sharma, Ursula and Paula Black, 2001, "Look Good, Feel Better: Beauty Therapy as Emotional Labor." *Sociology* 35(4): 913-931.

Stout, Noelle M., 2014, *After Love: Queer Intimacy and Erotic Economies in Post-Soviet Cuba*. Durham, NC: Duke University Press.

Twigg, Julia, 2000, *Bathing: The Body and Community Care*. London: Routledge.

Walby, Kevin, 2012, *Touching Encounters: Sex, Work, and Male-for-male Internet Escorting*. Chicago: University of Chicago Press.

Weeks, Jeffrey, 2001, "The Sexual Citizen." *Theory, Culture and Society* 15(3-4): 35-52.

Weitzer, Ronald, 2009, "Sociology of Sex Work." *Annual Review of Sociology* 35: 213-234.

Witz, Anna, Chris Warhurst and Dennis Nickson, 2003, "The Labour of Aesthetics and Aesthetics of Organisation." *Orgnisation* 10(1): 33-54.

Wolkowitz, Carol, 2006, *Bodies at Work*. London: Sage.

Wolkowitz, Carol, Rachel Lara Cohen, Teela Sanders and Kate Hardy, 2013, *Body/Sex/Work: Intimate, Embodied and Sexualized Labor*. London: Palgrave.

Zelizer, Viviana A., 2000, "The Purchase of Intimacy." *Law and Social Inquiry* 25(3): 817-848.

推薦文獻及
影片／紀錄片

第一章　性別、勞動身體與國家：台灣商展小姐，1950s-1960s

拍攝者不詳，1959a，「中華民國四十八年國產商品展覽會專輯」（台影新聞史料003卷）。台北：台灣電影文化公司。http://catalog.digitalarchives.tw/item/00/31/9b/62.html。

拍攝者不詳，1959b，「商展小姐慰勞重建官兵」（台影新聞史料096捲／世界新聞第060、065、083輯）。台北：台灣電影文化公司。http://catalog.digitalarchives.tw/Search/Search.jsp?QS=%B0%D3%AEi%A4p%A9j。

陳美華，2017，〈美髮作為身體工作：從苦勞到美感協商的身體化勞動〉。《台灣社會學刊》62: 1-58。

Director unknown, 2011, The 60th Anniversary of the Miss Universe Pageant History. https://www.youtube.com/watch?v=NWvXHoUIM7o.

Ritchie, Michael, director, 1975, Smile. United Artists.

第二章　名模養成：模特兒工作中的身體、情緒和自我

尤鴻翼導演，2017，「野模」。台北：公共電視文化事業基金會。

Entwistle, Joanne and Ashely Mears, 2012, "Gender on Display: Performativity in Fashion Modelling." *Cultural Sociology* 2(1): 1-16.

Holla, Sylvia M., 2018, "Aesthetic Objects on Display: The Objectification of Fashion Models as a Situated Practice." *Feminist Theory* 19(3): 251-268.

Leoup, Manon and Niels Benoist, director, 2018, Speaking Dolls. Paris: Artisans Du Film.

McQuaile, Jenny, director, 2016, Straight/Curve: Redefining Body Image. New York: EPIX.

Mears, Ashley, 2011, *Pricing Beauty: The Making of a Fashion Model.* Berkeley, CA: University of California Press.

第三章 "Gi Su Na Mi Tminun Na O" 我們還在織布：當代文面族群編織勞動的轉化與存續

尤瑪‧達陸（Yuma Taru）導演，2015，「探索新美台灣第1集：南島原美麗」。台北：公共電視文化事業基金會。

工梅霞、伊婉‧貝林，2012，〈「文化動起來」：賽德克族文化產業的研究〉。《民俗曲藝》176: 233-286。

王蜀桂，2004，《台灣原住民傳統織布》。台中：晨星。

弗耐‧瓦旦（林為道，Baunay Watan）導演，1999，「外婆的苧麻」。

江桂珍，2010，《再現傳統的實踐：烏來泰雅族的文化圖像》。台北：國立歷史博物館。

馬躍‧比吼（Mayaw Biho）導演，2011，「山裡的微光」。台北：大肚根文化工作室。

莊榮華導演，2016，「植憶‧職藝：2016台東文創職人紀錄片」。台東：台東縣政府。

Anheier, Helmut and Yudhishthir Raj Isar, 2011, *Heritage, Memory and Identity.* Thousand Oaks, CA: Sage.

第四章 為何無法消除敵意工作環境？分析醫院內處理性騷擾事件的權力運作

李琴、顏子龍，2018，〈美國大學新入職教師的性騷擾培訓：以加州大學柏克

萊分校為例〉。《婦研縱橫》108: 70-75。

陳俊志導演，2002，「玫瑰的戰爭」。台北：美麗少年工作室、婦女新知基金會。

鄭津津，2005，〈性騷擾被害人必是美女？〉。《南主角》53: 39。

Caro, Niki, director, 2005, North Country（北國性騷擾）. Burbank, CA: Warner Bros. Entertainment.

Twohey, Megan, Jodi Kantor, Susan Dominus, Jim Rutenberg and Steve Eder, 2017, "Weinstein's Complicity Machine." *The New York Times*, December 6.

第五章　「每個人的身體都不一樣」：居家照顧服務中的身體工作

王明台導演，2017，「順雲」。台灣：好風光創意執行股份有限公司。

弘道老人福利基金會，2018，《照顧秘書向前衝：深入家庭、社區，打破框架、揪甘心的全方位照顧服務》。台北：天下生活。

安藤桃子導演，2014，「0.5mm」。日本：Zeropictures、Realproduct、Humanité。

草花里樹著，游若琪、鄭啟旭、郭名珊譯，2008-2016，《看護工向前衝》，第1-25集。台北：東立。

曾文珍導演，2015，「長情的告白」。台北：天主教失智老人社會福利基金會。

Stacey, Clare L., 2011, *The Caring Self: The Work Experiences of Home Care Aides*. Ithaca, NY: Cornell University Press.

第六章　「沒有她們、我們關門」：外籍看護工在小型長期照顧機構的勞動實踐

公共電視文化事業基金會，2015，「獨立特派員387集：外勞仙丹」。台北：公共電視文化事業基金會。

公共電視文化事業基金會，2016，「獨立特派員第461集：移工三年之約」。台北：公共電視文化事業基金會。

夏曉鵑，2009，《騷動流移》。台北：台灣社會研究雜誌社。

逃跑外勞著，四方報編譯，2012，《逃／我們的寶島，他們的牢》。台北：時報出版。

顧玉玲，2008，《我們：移動與勞動的生命記事》。台北：印刻。

第七章　美髮作為身體工作：從苦勞到美感協商的身體化勞動

王育麟導演，2017，「阿莉芙」。台北：蔓菲聯爾創意製作有限公司。

吉田大八導演，2012，「野薔薇理髮院」。台北：采昌國際多媒體股份有限公司。

金浩誠導演，2014，「瑞莎」。台東：這難事工作室。

孫介珩導演，2016，「出師記」。台南：看不見電影工作室。

陳美華，2006，〈公開的勞務，私人的性與身體：在性工作中協商性與工作的女人〉。《台灣社會學》11: 1-55。

曾文珍導演，2011，「夢想美髮店」。台北：公共電視文化事業基金會。

Sanders, Teela, Rachel Lara Cohen and Kate Hardy, 2013, "Hairdressing/Undressing: Comparing Labour Relations in Self-employed Body Work." Pp. 110-126 in *Body/*

Sex/Work: Intimate, Embodied and Sexualized Labour, edited by Carol Wolkowitz, Rachel Lara Cohen, Teela Sanders and Kate Hardy. Hampshire, England: Palgrave Macmillan.

第八章　從「禁忌」的身體到「合宜」的身體：禮儀師的勞動過程分析

天馬行空數位有限公司，2017，「生命禮儀：哭喪師」。台北：天馬行空數位有限公司。

佐佐涼子著，李伊芳譯，2013，《空中送行者：我們運送的不只是遺體，我們的使命是帶領「靈魂」回家》。台北：三采文化。

何翰蓁，2016，《我的十堂大體解剖課：那些與大體老師在一起的時光》。新北市：八旗文化。

桑木天、劉博文導演，2017，「哀樂女子天團」。中國北京：北京愛奇藝科技有限公司。

瀧田洋二郎導演，2008，「送行者：禮儀師的樂章」。日本：松竹株式會社。

Harra, Todd and Kenneth McKenzie, 2010, *Mortuary Confidential: Undertakers Spill the Dirt*. New York: Citadel.

Salter, Carol, director, 2017, Almost Heaven（咫尺天堂）. London: Taskovski Films.

第九章　男男情慾按摩中的身體工作：親密關係的劃界與跨界

布里蘭特‧曼多薩（Brillante Mendoza）導演，2005，「情慾按摩院」。台北：佳映娛樂國際股份有限公司。

呂思嫻、邱大昕，2011，〈是按摩也是管理：探討女性視障按摩師如何維持勞

動時的身體疆界〉。《身心障礙研究》9(4): 253-265。

婁燁導演，2014，「推拿」。中國北京：恆大影視文化有限公司。

陳美華，2017，〈美髮作為身體工作：從苦勞到美感協商的身體化勞動〉。《台灣社會學刊》62: 1-58。

盧謹明導演，2017，「接線員」。新北市：鏡象電影製作有限公司。

Kang, Miliann, 2003, "The Managed Hand: The Commercialization of Bodies and Emotions in Korean Immigrant-owned Nail Salons." *Gender and Society* 17(6): 820-839.

Maclaren, Kym, 2014, "Touching Matters: Embodiments of Intimacy." *Emotion, Space and Society* 13: 95-102.

Minichiello, Victor and John Scott, eds., 2014, *Male Sex Work and Society.* New York: Harrington Park Press.

Scott, Catherine, director, 2011, Scarlet Road: A Sex Worker's Journey（性福滿路）. Bondi Beach, Australia: Paradigm Pictures.

名詞索引